Ramón Reichert
Amateure im Netz

Ramón Reichert (Dr. phil.) studierte Philosophie, Medien- und Kulturwissenschaften in Wien, Berlin und London und lehrt zzt. Medientheorie an der Kunstuniversität Linz. Seit 2006 ist er Key Researcher am Institut Europäische Geschichte und Öffentlichkeit der Ludwig Boltzmann Gesellschaft, Wien. 2005 erhielt er den Theodor-Körner-Förderungspreis für sein Forschungsprojekt »Medienkulturen des Lebens. Biopolitik im 19. und 20. Jahrhundert«. 2008/09 ist er Research Fellow am Internationalen Forschungszentrum Kulturwissenschaften (IFK) in Wien. Seine Forschungsschwerpunkte sind Theorie der Neuen Medien, Filmtheorie, Visuelle Kultur, Mediengeschichte und Popularkultur.

RAMÓN REICHERT

Amateure im Netz. Selbstmanagement und Wissenstechnik im Web 2.0

[transcript]

Gefördert durch: Referat Wissenschafts- und Forschungsförderung der Kulturabteilung Wien/Bundesministerium für Wissenschaft und Forschung (bmwf), Wien

Bibliografische Information der Deutschen Nationalbibliothek
Die Deutsche Nationalbibliothek verzeichnet diese Publikation in der Deutschen Nationalbibliografie; detaillierte bibliografische Daten sind im Internet über http://dnb.d-nb.de abrufbar.

Umschlaggestaltung: Kordula Röckenhaus, Bielefeld
Umschlagabbildung: Ramón Reichert
Lektorat: Ramón Reichert
Korrektorat: Birte Kassenbrock, Bielefeld
Satz: Jörg Burkhard, Bielefeld
Druck: Majuskel Medienproduktion GmbH, Wetzlar
ISBN 978-3-89942-861-2

Gedruckt auf alterungsbeständigem Papier mit chlorfrei gebleichtem Zellstoff.

Besuchen Sie uns im Internet:
http://www.transcript-verlag.de

Bitte fordern Sie unser Gesamtverzeichnis und andere Broschüren an unter:
info@transcript-verlag.de

Inhalt

1. Das Zusammenspiel von Selbstmanagement, Wissenstechniken und kulturellen Formationen. Eine Einleitung

Weblogs, Community-Seiten, Wikis, Pod- und Videocasts sind ein Phänomen alltagskultureller Kommunikation. Die exponentielle Verbreitung moderner Informationstechnologien und die neuen Vernetzungsstrukturen im Internet erlauben kollektive Beziehungen, die vorher unmöglich waren. Damit einhergehend ist eine spezifische Medienkultur der Selbstpraktiken entstanden, die vielfach die Form von Selbstführung und Bekenntnis, von Buchführung und akribischem Leistungsvergleich, von experimentellem Selbstverhältnis und Selbstinszenierung als ästhetische Praxis, annimmt. Die Diskurse der Selbstaufmerksamkeit und Selbstbeobachtung sind tief in den Alltag eingedrungen und haben dazu geführt, dass es heute alltäglich und selbstverständlich ist, wenn die unterschiedlichsten Menschen in Medienöffentlichkeiten bereitwillig über sich selbst Auskunft geben und sich damit als Objekt der Betrachtung in Szene setzen.

Die neuen Ausdifferenzierungen der digitalen Kommunikation sind von einem emphatischen Individualitätskonzept geprägt: Weblogs, Wikis und soziale Netzwerkseiten fungieren als subjektzentrierte Praktiken und Machtverhältnisse, die von den Internetnutzern die Bereitwilligkeit abverlangen, immer mehr Informationen und Daten über ihre Person und ihr Leben zu veröffentlichen, die jederzeit und weltweit mittels Netzrechner abgerufen werden können. Der allgemeinen Gegenwartstendenz zur Mediatisierung des Alltäglichen kommt die neue Praxis der autobiografischen Selbstthematisierung auf den Aufmerksamkeitsmärkten des Internet entgegen. Sie haben einen Trend gesteigerter Visibilitätszwänge etabliert, der heute jenseits der klassischen Bildungseliten alle Schichten erfasst. Der verzweigte Diskurs der Selbstthematisierung verlangt von jedem einzelnen die *Bereitschaft*, die neuen medialen Formen der Selbstdarstellung zu erlernen, zu beherrschen und weiterzuentwickeln. Der Boom, sich selbst in Bekenntnisformaten auszustellen, hat wesentlich zur *Normalisierung* von Visibilitätszwängen beigetragen. Im beweglichen Feld rechnergestützter Datengewinnung und -verarbeitung nehmen sowohl Visualisierungstechniken zur Wissensproduktion und Wahrnehmungskonstitution als auch Programme zur Auswertung und Archivierung digitaler Nutzung einen zusehends größeren Raum ein (z.B. die Retrieval-Modi *sorting, counting, ranking, marking*). In welchem Verhältnis stehen diese computerbasierten Darstellungstechniken, Wissensrepräsentationen und Normierungsverfahren von Aufmerksamkeit mit der Ausprägung agonaler Subjektkonstitutionsprozesse?

Die Vielfalt partieller und pluraler Selbstentwürfe im Netz entfaltet eine Wirkkraft, die nicht nur die Bedingungen der konstruktiven Bestimmung des Subjekts tangiert; sie erfordert auch die theoretische Selbstreflexion eines entgrenzenden begrifflichen Denkens der neuen Medien. Es wird damit eine Perspektive nahe gelegt, entlang derer transdisziplinäre Thesen aus den Bereichen der Subjekttheorie, der Cultural Studies, der Medienwissenschaft, der Diskursanalyse, der Postcolonial Studies und der Queer Theory entwickelt werden können.

1.1 Web 2.0

Tim O'Reilly und Dale Dougherty vom Computer-Fachverlag O'Reilly haben im Jahr 2004 mit dem »Web 2.0« einen Trendbegriff für die Entwicklung neuer digitaler Medienformate und Kommunikationstechnologien geschaffen. Seither wird das Web 2.0 in den öffentlichen Debatten oft als ›Netz der Amateure‹ und ›neues Mitmach-Netz‹ bezeichnet. Dieser medienkulturelle Populismus stellt die Handlungsfähigkeit der Social Software als ›die‹ Ermöglichung eines ›ungehinderten‹ Austausches von Informationen, einer ›schrankenlosen‹ Partizipation und einer ›hierarchiefreien‹ Kollaboration nach dem Prinzip des *peer-to-peer* in Aussicht.

Die Mehrzahl der Web-2.0-Gründungsnarrative entwickelt ihre Argumentation auf der Basis *technisch* begründeter Sozialutopien. Sie propagieren, dass die neuen Vernetzungsstrukturen im Internet die konventionelle Sender-Empfänger-Struktur, welche die technischen Massenmedien des 20. Jahrhunderts noch kennzeichnete, endgültig aufheben würden. Mittlerweile hat die Mediatisierung der sozialen Alltagspraxis eine affirmative Medienberichterstattung hervorgebracht, welche die Handlungsfähigkeit der Konsumenten und Konsumentinnen im Netz mehr oder weniger unkritisch überhöht: Im Jahr 2003 wurde das »Weblog« in den USA zum Wort des Jahres ernannt; und 2005 rief die BBC das Jahr des »Digitalen Bürgers« aus; und im darauffolgenden Jahr kürte das Time Magazin das »You« zur »Person des Jahres«. Blogs[1], Wikis[2] und

1. Das Weblog (ein Neologismus, der sich aus »Web« und »Log« zusammensetzt) besteht aus einer Kombination von Kommentaren, Found Footage aus dem Netz, Tagebuch-Einträgen, Aphorismen, Notizen und Essays und dient überwiegend der Unterhaltung und der persönlichen Selbstdarstellung im Internet.

2. Ein Wiki archiviert Webseiten, die von den Benutzerinnen und Benutzern nicht soziale Netzwerkseiten[3] haben einen maßgeblichen Einfluss auf die Wahrnehmungskultur der Selbstdarstellung. Soziale Netzwerkseiten wie *MySpace, Xing(OpenBC), Facebook,* kooperative und kollaborative Softwaretechnologien für das Informations- und Wissensmanagement wie *Wikipedia,* soziale Bookmarkmanager wie *del.icio.us, Furl, Mister Wong,* 3D-Rollensimulationen wie *Second Life, The Sims,* Foto- und Video-Sharing-Portale wie *YouTube, sevenload.de, Flickr,* Literaturverwaltungen wie *LibraryThing.com, BibSonomy, CitULike,* Office Suites wie *ThinkFree, Google Mail, Google Docs, Spreadsheets, EchoSign, Zoho,* personalisierte Startseiten wie *My.Yahoo, Netvibes, Surprglu* oder Karten wie *Google Maps, Google Earth, World Wind 1.3* und *Twittervision* werden heute als neuer Trend in der Globalisierung des Internets präsentiert.

Mit den Web-2.0-Technologien haben sich ›anwenderfreundliche‹ Softwarelösungen etabliert, die auch ›unerfahrene‹ User/-innen in die Lage versetzen sollen, ihre ›Do-It-Yourself‹-Strategien zu verfolgen und multimediale Formate im Internet zu publizieren. Mit der Verbreitung der Social Software ist ein bewegliches diskursiv-operatives Netz entstanden, denn Nutzer/-innen verstehen sich weniger als passiv Konsumierende, sondern verorten sich vielmehr als aktiv ermächtigende Subjekte in Amateur- und Subkulturen. Die Medienamateure von heute sind multimedial versiert, erstellen ihr persönliches Profil in sozialen Netzwerken, beteiligen sich aktiv an Forendiskussionen, nutzen das Web Content Management zur Selbsterzählung und Selbstinszenierung, engagieren sich als Netzwerker/-innen in den Clubs der Gated Communities, checken den Webtraffic ihres bei YouTube upgeloadeten Videos, verknüpfen Netzwerk-Hyperlinks, posten ihre Artikel, Fotos, Musik, Grafiken, Animationen, Hyperlinks, Slide Shows, Bücher-, CD- und Software-Rezensionen, kommentieren den Relaunch ihrer Fansites, verschicken selbst gestaltete E-Cards, updaten ihr Online-Diary, changieren zwischen unterschiedlichen Rollenstereotypen in Online-Games, leisten gemeinnützige Arbeit als Bürgerjournalisten, exponieren Privates und Vertraulichkeiten und nutzen hierfür alle angebotenen synchronen als auch asynchronen Formen der computervermittelten Kommunikation: E-Mail, Foren, Chat, Instant-Messages (vgl. Kap. 2.1).

Die Abkehr vom dezentralisierten Web ›sozial isolierter‹ Individuen und die Hinwendung zum sozialen Web sich ›aktiv vernetzender‹ Gemeinschaften hat zu kontroversiell geführten Debatten um den Stellenwert dieser neuen Selbstpraktiken im Netz geführt. Der Web-2.0-Diskurs oszilliert zwischen zwei Argumentationslinien: Der emanzipatorische *Befreiungsdiskurs* erwartet von der Kommunikationskultur internetbasierter Sozialräume eine demokratische Transformation sozialer Beziehungen und produziert Visionen von

nur gelesen, sondern auch online geändert werden können. Wikis ermöglichen es verschiedenen Autorinnen und Autoren, gemeinschaftlich an Texten zu arbeiten.

3. Soziale Netzwerkseiten (Social Networking Sites) sind Internetplattformen zur Bildung von sozialen Netzwerken. Mitglieder von Social Networking Sites können ein Profil anlegen und Kontakte zu anderen Bekannten, Freunden, Kollegen und Mitarbeitern pflegen. Unter anderem besteht die Möglichkeit, Fotoalben anzulegen, Gruppen zu gründen und interne Nachrichten an andere Mitglieder zu senden.

befreienden virtuellen Erfahrungen. An die Stelle des Nonkonformismus als politische Kategorie des Widerstands rückt im affirmativen Netzdiskurs ein Nonkonformismus der affektiven Selbstermächtigung. Dieser neue nonkonformistische Lebensstil hat sich zu einer konsumorientierten Populärkultur entwickelt. Populäre Lebensstile im Netz können äußerst unterschiedliche Funktionen einnehmen und sind nicht deckungsgleich mit dem kulturellen Populismus der Kreativwirtschaft, die mit Versatzstücken sozialutopischer Wissensbestände narrative Freiheitstechnologien zu recyceln versucht (vgl. Kap. 2.2). Die Frage nach dem bedeutungsgenerierenden Potenzial der Signifikationsprozesse (*signifying practices*) behält immer auch das strategische Verhältnis von Repertoirebildung, Kanonisierung und Normierung im Blick. Eine institutionskritische Betrachtung der Handlungsfähigkeit der Amateure im Netz fragt daher auch nach ihren *Handlungsbedingungen* und *-möglichkeiten* vermittels standardisierter Komponenten und Lösungen der Web-2.0-Technologien (vgl. Kap. 3.1).

Eine Gegenposition zur Empowerment-These wie sie Tim O'Reilly in »What is Web 2.0« (2005) formulierte, äußerte jüngst der Web-2.0-Kritiker Andrew Keen in seinem Buch »The Cult of the Amateur« (2007). Seine Kulturkritik der neuen Vernetzungsstrukturen polemisiert gegen die Amateur-Beiträge in Internet-Sites und stilisiert die *blogosphere* zum Feindbild des ›professionellen‹ Journalismus.[4] In seiner Polemik gegen die Demokratisierung der digitalen Kommunikationskultur befürchtet er die ›Trivialisierung‹ öffentlicher Kommunikation durch die Ausweitung ›minderwertiger‹ Amateurkultur, die zur Verdrängung ›qualitätsorientierter‹ Expertenkultur führen würde.[5] Keens äußerst kritische Betrachtung der Massenmedien verortet den Kulturbegriff in einem ›ursprünglichen Verblendungszusammenhang‹ und setzt die Amateurkultur als ›Verfallserscheinung‹ der Kulturindustrie herab. Er spricht sich für eine dominant-hegemoniale Position der Professionalisten aus, die bevorzugte Lesarten und Meinungen (*preferred meanings*) produzieren sollen. Damit polemisiert er gegen die Überdeterminierung des Decodierungsprozesses und plädiert für die Bewahrung der dominanten Position der Textproduzenten als gesellschaftlicher Elite. Dieser theoretische Elitismus ist jedoch unhaltbar, weil er die vermeintliche ›Abgeschlossenheit‹ von bedeutungsgenerierenden Prozessen in den aktuellen Debatten, die um eine veränderte Theoretisierung des Zeichenbegriffs kreisen, nicht mehr verorten kann. So macht die Dialektik der Bedeutungsbildung die Verbindung

4. »Before the Web 2.0, our collective intellectual history has been one driven by the careful aggregation of truth – through professionally edited books and reference materials, newspapers and radio and television. But as all information becomes digitalized and democratized, and is made universally and permanently available, the media of record becomes an Internet on which missinformation never goes away.« (Keen 2007: 75)

5. »An amateur is a hobbyist, knowledgeable or otherwise, someone who does not make a living from his or her field of interest, a layperson, lacking credentials, a dabbler.« (Keen 2007: 36)

zwischen Signifikat und Signifikant zu einem Moment temporärer Stabilität in einem permanenten Prozess (Engelmann 1990: 21).

Der *Befreiungsdiskurs* und die *Kulturkritik* besitzen eine entscheidende Gemeinsamkeit: sie verabsäumen es, die soziale Alltagspraxis der Amateure zu berücksichtigen. Der theoretische Ausgangspunkt des *Befreiungsdiskurses* ist die emanzipatorische Überschätzung des Amateurs; die *Kulturkritik* hingegen verachtet die Amateure als ›kulturelle Deppen‹ (*cultural dopes*) der Kulturindustrie. Beide Diskurspositionen beschränken sich jedoch mehr oder weniger auf abstrakte Verallgemeinerungen, pauschale Vereinfachungen und tendieren zu einer oppositionellen Argumentation. Eine der Stärken der Theorieansätze im Umfeld der Cultural Studies ist es hingegen, diese Blickweise umzukehren und die kulturellen Praktiken und Institutionen im Kontext von gesellschaftlichen Machtverhältnissen in das Zentrum ihrer Untersuchungen zu stellen (vgl. Bell 2006).

1.2 Medialer Konvergenzraum und kollektive Wissensallmende

Die Anwenderbereiche im Content Management wurden innerhalb der letzten Jahre zu E-Commerce-Komponenten umgebaut und in der Folge kontinuierlich automatisiert und standardisiert, um möglichst viele Hindernisse für die ›freie‹ Entfaltung individualisierender Anwendungen auszuschalten. Die zunehmende Automatisierung der Daten- und Informationsverarbeitung im Bereich der multifunktionalen Informations- und Kommunikationsinfrastruktur suggeriert, dass mit der Standardisierung und Normierung der Bedienfunktionen den Nutzern/Nutzerinnen zu einem gesteigerten Ideenreichtum verholfen werden könne.

Das Internet ist innerhalb weniger Jahre zum zentralen Konvergenzraum medial vermittelter Kommunikation geworden. Die Vervielfachung der Publikations- und Kommunikationsformate hat dazu geführt, dass Millionen von Usern/Userinnen ihre Alltagskommunikation öffentlich im Kontext digitaler Netzwerke ausbreiten. Durch ihre Online-Präsenz ist die biografische Selbstdarstellung ein Gegenstand des öffentlichen Interesses, welches sich der persönlichen Daten und Informationen nach dem Prinzip der freien Verfügbarkeit von Wissensbeständen (Wissensallmende) bemächtigen kann. Öffentlich konsumierbare Biografien können folglich als eine Wissensallmende, das ist das gemeinsame Gut (Gemeingut) der Informationsgesellschaft, bezeichnet werden. Die so entäußerten Daten können über die technischen Fortschritte auf dem Gebiet der Datenpräparation, Datenauswahl, Datensäuberung sowie der Ergebnisinterpretation des Data-Minings effizienter miteinander verknüpft werden. Suchmaschinen machen vor allem mit Werbemechanismen Profit und sind in erster Linie Werbeträger im Netz (Vogelstein 2007). Die gezielte Vermarktung von Werbeplätzen mit neuen Technologien der personalisierten Suche zählt zu den Kernkompetenzen der Suchmaschinenbetreiber. Deshalb analysieren die Betreiber von Suchmaschinen die Daten ihrer User/-innen in deren Suchanfragen und E-Mails, Profilen, Postings, Blogger

Weblogs und neuerdings auch in deren Fotos und Videos. Die gesammelten Daten schaffen die Grundlage für eine noch engere Verzahnung ökonomischer Interessen mit persönlichen Nutzungskontexten (vgl. Kap. 3.3). Neben den Anbietern selbst ergeben sich sowohl für gewerbliche und staatliche als auch private Nutzer/-innen immer bessere Möglichkeiten, sich die Daten über verbesserte Search-2.0-Techniken zu erschließen, um sie anschließend zu Profilen und Dossiers zusammenzufügen und Rückschlüsse auf das Verhalten und die personale Identität einzelner Personen zu ziehen. Zahlreiche Online-Portale im World Wide Web bewirtschaften erfolgreich die Humanressourcen an der Schnittstelle von digitalem Lifestyle und kommerziellen Branding-Strategien. Die derzeit einflussreichen Online-Portale, Profil- und Netzwerkseiten *YouTube, MySpace, Wikipedia, Flickr, Friendster* und *Facebook* versuchen, den Paradigmenwechsel von der Rezeption zur Produktion für ihre kommerziellen Interessen zu nutzen. Im Netzkonsumismus wird soziales Networking als Essenz definiert – eine Essenz, die sich nur durch den Erwerb von dementsprechenden Dienstleistungen verwirklichen lassen soll. Einerseits vermitteln die Internet-Dienste des E-Commerce Business ihren Kunden, dass sie ihren privaten Impuls, sich selbst darzustellen, technologisch unterstützen. Doch im gleichen Atemzug wird davor gewarnt, konkurrierende Dienstleistungsunternehmen für das persönliche Empowerment in Anspruch zu nehmen. Von den Konsumenten und Konsumentinnen wird seitens der Produktion erwartet, dass sie sich mit der Inanspruchnahme der Dienstleistungen und Produkte immer auch mit dem Imagedesign ihrer Anbieter identifizieren würden. Dieses statische Modell blendet jedoch den »aktiven, kreativen und produktiven Prozess der Konsumation aus, bei dem es um Lust, Identität und Bedeutungsproduktion geht« (Storey 1993: 198). Diese Prozesse der Subjektkonstitution, der Produktion und Reflexion des Selbst können sich jedoch nicht auf ein ›neutrales‹ Terrain zurückziehen, sondern ereignen sich in einem hybriden Wahrnehmungs- und Rechenraum, in welchem die Technologien des Selbst immer auch von rechnergestützten Operationen überlagert werden. Mit dem Trendbegriff des »Networked Self« (Popcorn 2007) umschreiben Marktforscher das Identitätskonstrukt eines kooperativ organisierten Konsumverhaltens, dessen Auswirkungen auf Unternehmen und die globalen Märkte erkundet werden soll. Das digitale Consumer Profiling erstellt psychografische Userprofile der neuen Amateure und dennotiert universalisierbare ›Bedürfnisse‹, ›Interessen‹ und ›Emotionen‹. Eines der besonderen Kennzeichen der neuen ›Anwenderfreundlichkeit‹ im Netz besteht also darin, Userprofile nicht nur von Konsumierenden, sondern auch von Produzierenden zu erstellen. Als Synomym für die neue Amateurkultur im Netz 2.0 wurde der Begriff der »Prosumer Culture« erfunden, der Personen bezeichnet, die gleichzeitig Verbraucher/-innen (*consumer*) als auch Hersteller/-innen (*producer*) des von ihnen Verwendeten sind (vgl. Kap. 2.4).

1.3 Ein Prototyp liberaler Regierungstechnologie

Das Netz der Amateure kann als ein Prototyp liberaler Regierungstechnologie verstanden werden. Seine Attraktivität liegt angeblich darin begründet, dass es scheinbar ›wirklichen‹ und ›individuellen‹ Bedürfnissen *zwanglos, neutral* und *kostenfrei* zur Verfügung stehe. Im Web 2.0 tummeln sich sogenannte ›kostenfreie‹ Anbieter, stellen einen Zusammenhang zwischen ökonomischer Kostenfreiheit und demokratischer Freiheit her und stilisieren sich als Sozialromantiker des gemeinnützigen Ehrenamtes, »um die Tatsache zu verschleiern, dass die Förderer dieser Ideologie und die virtuelle Klasse insgesamt an anderen Stellen im Internet kräftig Geld verdienen« (Lovink 2007).

Die Web-2.0-Unternehmensdiskurse vereinen Werbejargon mit zivilgesellschaftlichen Argumentationslinien. In immer wiederkehrenden rhetorischen Figuren betonen sie ›bedürfnisorientierte‹ Rahmenbedingungen, ›gleichberechtigte‹ Partizipationschancen oder ›basisdemokratische‹ Kollaborationen. Alles, wofür das Web 2.0 steht, gilt allgemein als zweifelsfrei gut, als Zeichen des Fortschritts in einer aufgeklärten Weltgesellschaft, die in sämtlichen Lebensbereichen Wirkung entfaltet. Doch das Web-2.0-Konzept lässt auch Ambivalenzen, Ungleichheiten und Legitimationsdefizite wieder entstehen. Wer sich nicht freiwillig *innerhalb* der Communities vernetzt, dem droht durch eine ungleich verteilte Handlungsfähigkeit die soziale Inexistenz. Die neuen Vernetzungsstrukturen im Internet ermöglichen zwar Handlungs- und Kooperationschancen jenseits der legitimierten Institutionen, bleiben aber auch anfällig für Mikropolitik und personenbezogene Machtausübung (Grande 2006: 4). Infolgedessen siedeln sich kooperative Netzwerke an der Grauzone von Selbstpraktiken, Herrschaft und Macht an. Die Zonen uneindeutiger Zugehörigkeit und flexibler Teilexklusion bzw. Teilinklusion ermöglichen neue Formen von Responsibilisierungs- und Visibilisierungszwängen, wie sie von Herzfeld (2001) oder Agamben (2002) diskutiert werden. Die exponentielle Verbreitung neuer Informationstechnologien und Vernetzungsstrukturen im Internet führt zur »hegemonic structure of consciousness and especially of visual surveillance« (Herzfeld 2001: 266). Der Einzelne kann nicht grundsätzlich entscheiden, ob er innerhalb der Netzwerke existieren will oder nicht. Die Frage nach der *Selbstmächtigkeit* des Individuums gegenüber den Machtstrukturen der Netzöffentlichkeit ist angesichts der Bedingungen, unter denen sie selbst steht, problematisch geworden. Die Vorstellung von einem autonomen Individuum, das in seiner angeblichen Mächtigkeit entscheidet, aus dem Netz auszusteigen, scheint ebenso illusorisch zu sein wie das apokalyptische Szenario von seinem Ausgeliefertsein. Zwischen diesen Polen situieren sich die Selbstpraktiken der Amateure im Netz, die vor der Herausforderung stehen, sich selbst in ihrem Vernetztsein zu reflektieren. Die allgemeine Entgrenzung von Macht und Herrschaft zeigt sich in der Organisation der Netzwerke, die in Prozesse der Ökonomisierung und der internen Vermarktlichung verwickelt sind. An die Stelle hierarchischer Befehls- und Kontrollstrukturen treten Strukturen, in denen die Subjekte miteinander konkurrieren sollen. Die neue herrschende Klasse besteht aus den Virtuosen der Netzwerkarbeit und den

Professionalisten der Selbstvermarktung, die jene ins soziale Abseits verdrängen, die nicht in der Lage sind, sich mittels populärkultureller Distinktionsarbeit, Mode und Lifestyles auf den Aufmerksamkeitsmärkten zu behaupten (vgl. Kap. 2.3). Einerseits wird der ›ungezwungene‹ Zugang zum Netz mit einem missionarischen Eifer von Freiheitstechnologen proklamiert, andererseits schafft der kreative Imperativ neue Abhängigkeiten und Ungleichheiten in der Netzöffentlichkeit.

1.4 Die soziale Morphologie des Netzes

Das Netz hat heute überwiegend positive Konnotationen (vgl. zur historischen Semantik der Netzmetapher Boltanski/Chiapelle 2003: 149f) und repräsentiert als Leitmetapher der Selbst- und Anderenbezüglichkeit ein neues Modell sozialer Beziehungen: »Wir sind in der Epoche des Simultanen, [...] des Nebeneinander, des Auseinander. Wir sind, glaube ich, in einem Moment, wo sich die Welt weniger als ein großes, sich durch die Zeit entwickelndes Leben erfährt, sondern eher als ein Netz, das seine Punkte verknüpft und sein Gewirr durchkreuzt.« (Foucault 1991: 34) Michel Foucaults Dispositiv-Konzept betont die enge Wechselbeziehung der einzelnen Komponenten zueinander und führt den Begriff des Netzes ein: »Das Dispositiv selbst ist das Netz, das zwischen diesen Elementen geknüpft werden kann.« (Foucault 1993: 119f) Ein in dieser Hinsicht akzentuiertes Dispositiv-Modell erfasst ein analysierbares Netz von Bedingungen. In einer erweiterten Perspektive kann die bis in die kapillaren Bereiche des Lebens reichende Ausdehnung von Macht und ihre Ablagerungen in elementaren Situationen der handelnden Subjekte aufgezeigt werden. Schließlich kann die strukturelle Beziehung heterogener Elemente, die im Mediengebrauch oft gar nicht reflektiert werden, aber dennoch in strategisch relevanten Beziehungen zueinander stehen, sichtbar gemacht werden. Die gängige Annahme, dass Medien die Betrachterposition ›erweitern‹ und ›verstärken‹ erfährt in dieser Perspektive eine Relativierung. Vielmehr lässt sich belegen, dass der Prozess der Subjektkonstitution durch mediale Anforderungen überlagert wird. Aus dem Umstand, dass mediale Dispositive historischen Konjunkturen unterliegen, kann in der Folge abgeleitet werden, dass die Prozesse der Subjektivierung mittels einer medialen Historiografie erschlossen werden können. Das Netzdispositiv fungiert in dieser Hinsicht nicht als ein feststehender Rahmen, da es selbst historisch bedingt ist und sich in einem permanenten Transformationsprozess befindet. Insofern ist die Kontextualität von Wissen im Netz ein konstitutiv unvollendetes Projekt und das Netzdispositiv kann demzufolge als eine Ermöglichungsanordnung begriffen werden. Als Rahmenbedingung ist das Dispositiv nicht selbst eine Unterscheidung, sondern *ermöglicht* oder *verhindert* diese und als eine Bedingung von Möglichkeit konfiguriert es einen Imaginationsraum der Wissensordnungen und der Praktiken des Selbst, ohne damit das Wissen und das Subjekt letztlich zu definieren.

Das Netzdispositiv bricht mit dem vertikal-hierarchischen Modell der Maschinenbürokratie; an seine Stelle tritt das netzförmige Machtmodell des

Organisationstypus ›Markt‹. Netzwerkstrukturen, Kommunikationspraktiken und Projektmanagement stehen für die beweglichen Relationierungen heterogener Wissens-, Macht- und Subjektivitätsgefüge. Der Raum des Netzes hat nichts mit einem ›natürlichen‹, immer schon vorhandenen geografischen oder physischen ›Behälter‹ zu tun, sondern reguliert situative Kontexte, wahrscheinliche Handlungen und Gelegenheitsstrukturen und zeichnet sich durch eine spezifische Verschränkung von Wissens-, Macht- und Subjektverhältnissen aus. Die Netzmetapher zählt zu den hegemonialen Metaphern der Gegenwartsgesellschaft (Vattimo 1997: 3-5), steht heute für eine soziale Entgrenzungsdynamik gesellschaftlicher Zugehörigkeit und kennzeichnet die Verflüssigung von Institutionen und die Entstehung von hybriden Strukturen. Dynamische Netzwerke mit flexiblen Strukturen bilden die neue soziale Morphologie der gegenwärtigen Gesellschaftsordnung: »Hypertext ist die Technologie zur Theorie, die Umsetzung der Dekonstruktion und postmodernen Multiplizität mit technischen Mitteln.« (Simanowski 2000: 137)

1.5 Theatralisches Paradigma und digitales Paradigma

In den Untersuchungen der kulturellen Praktiken im Internet hat sich ein theatralisches Paradigma formiert, das sich heute in unterschiedlichen Wissensfeldern, von der Grundlagenforschung bis zur angewandten Forschung des Cyberspace-Designs ausdifferenziert. Der theatralische Ansatz geht von einer Gegenwartskultur aus, die sich in schauspielerischen Prozessen der Inszenierung und Darstellung verständigt (vgl. Laurel Willems/Jurga 1998).

Eine der ersten theoretischen Publikationen zum Paradigma-Wechsel im Interface-Design ist das Buch »Computers as Theatre«, das die bei Atari tätige Game-Designerin Brenda Laurel im Jahr 1991 veröffentlichte. In ihrem Buch fordert sie ein Interface-Design, das mittels eines dramaturgischen Manuals operiert und betont damit die performativen Aspekte im Screen-Design. In Anlehnung an die theatralischen Partizipationserlebnisse der griechischen Tragödie und der Shakespeare-Bühne plädierte sie für eine *kulturelle Wende* der Computernutzung und erklärte den Computerschirm zum *kulturellen Interface*. Die Medienspezifik von Computern besteht ihr zufolge weniger darin, Wissen zu repräsentieren, sondern Handlungen zu ermöglichen, an denen Menschen partizipieren. Mit dem von Laurel postulierten Partizipationserlebnis wird das Interface Design, das die User/-innen immersiv mit dem Geschehen im Cyberspace verschmelzen lassen soll, aufgewertet. Mit ihrer räumlichen Orientierungsmetapher des »vanishing interface« verdeutlicht sie das Bild vom ›Eintauchen‹ in den ›Cyberspace‹ und macht das Vergessen der Medialität der rechnergestützten Systeme zur Grundbedingung der teilnehmenden Interaktivität der User/-innen.

Tatsächlich fungieren rechnergestützte Systeme nicht nur zum Berechnen und Speichern, sondern werden zunehmend als ›Bühne‹ für ›Informationsinszenierungen‹ und ›Internet-Auftritte‹ angesehen (vgl. Causey 2006). Der Prozess der Subjektivierung spielt sich in einem als theatrale Bühne begriffenen öffentlichen Raum ab, in welchem die Subjekte sich in Szene setzen und dabei versuchen, sozialen Erfolg zu erzielen oder Aufmerksamkeit zu binden. Allerdings bleibt der Raum für Theatralität auf das Spiel der sekundären *Rahmungen* beschränkt, die in akzidentellen Transformationen und flexiblen Inszenierungen nur das umsetzen können, was der primäre Rahmen an Spielraum zulässt. Die strukturelle Hegemonie ist hingegen im primären *Rahmen* verankert, dessen Wirkungsweise relativ stabil ist und nicht mehr mit der theatralen Metapher beschrieben werden kann. Rahmen zeichnen sich durch eine primäre Zeichenhaftigkeit aus, erzeugen Repräsentations- und Bezeichnungsfunktionen, verteilen Positionen und Funktionen und markieren typisierte Dispositionen für Individuationen (Identität, Geschlecht, Beruf, Nationalität etc.). Kritiker dieses Trends wenden ein, dass Interfaces, die am Computerscreen Information als »virtuelles Theater« in Szene setzen, gleichzeitig die technisch unveränderten Prinzipien des Storage and Retrieval verhüllen (Giannachi 2007: 13). In diesem Zusammenhang wird moniert, dass sich mit der Kulturalisierung des Interface auch eine strategische Ausblendung von arbeits- und ingenieurwissenschaftlichen Diskursen vollzieht. Demgegenüber richtet der ingenieurwissenschaftliche Diskurs sein Augenmerk mehr auf die logischen Verknüpfungen als auf die Fragen sozialer Kommunikation (vgl. Kittler 1998: 119-132).

Während soziale Netzwerkseiten wie etwa *Facebook* auf ihren Oberflächen die Erfassungstechniken geläufiger Wissensmedien wie der tabellarischen Übersicht einsetzen, verarbeiten sie im Unsichtbaren den Datenstrom in dynamisch-relationalen Operationen. Während festgelegte Klassifikationsraster für die User/-innen Orientierungshilfen bieten sollen, hat sich – unbemerkt vom Tagesgeschäft der persönlichen Biografiearbeit – im Inneren der Netzwerke ein *digitales Paradigma* formiert. Das topografische »See-and-Point«-Prinzip der Benutzeroberfläche referiert zwar auf die alten *loci* und *imagines* der antiken Gedächtniskunst, ist aber darauf ausgerichtet, eine effizientere Erlernbarkeit von Betriebssystem und Programmen zu ermöglichen (Altmann 1987: 108-114).

Der theatralische Ansatz versteht den Cyberspace als eine Art Theater, in welchem das Publikum auf eine körperliche Weise an der Simulation virtueller Welten partizipiert. Schauspielerei wird in diesem Kontext nicht nur als eine Form des körperlichen Ausdrucks, sondern als eine kognitive Leistung, soziale Wirklichkeit zu generieren, verstanden. Zu agieren bedeutet demnach, seinen Körper an eine gespielte Figur zu delegieren und damit ›jemand anderer‹ zu werden, in einem ›anderen Umfeld‹, und deswegen eine ›andere Realität‹ zu erleben. Zur Zeit des Aufstiegs von Desktop Publishing und Ikonen-orientierter User-Interfaces hat der Diskurs über karnevaleske Rollenspiele lange Zeit die Kulturstudien der sozialen Kommunikation im Internet beschäftigt (vgl. Glesner 2005). Mit der Aufwertung der *signifying practices* hat sich einerseits das theatralische Paradigma etablieren können, andererseits rücken dadurch medienarchäologische Fragestellungen in den Hintergrund und wurden in den Fragestellungen der kulturwissenschaftlichen Perspektive kaum berücksichtigt. Das theatralische Paradigma hat das Interface-Design theoretisch aufgewertet und die Raummetapher des navigierbaren Raums zusätzlich ästhetisiert: »Mapping ist die Erzeugung visueller Metaphern für die Darstellung von Information, ein Werkzeug zur Reduzierung von Datenkomplexität, was im digitalen Zeitalter bedeutet, das Alphanumerische auf das Visuelle zu mappen.« (Ernst 2004) Mit der theoretischen als auch praxisnahen Investition in die Diskurse der Theatralität wurde eine sich nicht primär auf das Interface-Design beziehende kybernetische Architektur, lineare literarische Künste sowie die mathematische Topologie des Computing abgewertet. Mit dem theatralischen Paradigma eng verknüpft ist hingegen der *visual turn*, der die *Sichtbarkeit als Informationskanal* privilegierte und die auf der räumlichen Wahrnehmung aufbauenden bildenden Künste aufwertete. Das mit der theatralischen Computer-Metaphorik eng verknüpfte kulturwissenschaftliche Paradigma der *signifying practices* vernachlässigt bis heute die medienarchäologischen Perspektive des Computing und die Topologien der zeitbasierten Medien und mit ihnen das Netzdispositiv, die Vektorisierung des Raums und die Materialität von Kabeln, Schaltkreisen, Prozessoren. Einen Mittelweg zwischen beiden medialen Ordnungen schlägt Lev Manovich ein, der sich dem Netzdispositiv aus der Perspektive der visuellen Kultur nähert und die Dichotomie zwischen dem kognitiven Raum der digitalen Datenverarbeitung und dem visuellen Wahrnehmungsraum in das kulturelle Interface verlagert:

»This concept of a screen combines two distinct pictorial conventions – the older Western tradition of pictorial illusionism in which a screen functions as a window into a virtual space, something for the viewer to look into but not act upon; and the more recent convention of graphical human-computer interfaces that divides the computer screen into a set of controls with clearly delineated functions, thereby essentially treating it as a virtual instrument panel. As a result, the computer screen becomes a battlefield for a number of incompatible definitions – depth and surface, opaqueness and transparency, image as illusionary space and image as instrument for action. The computer screen also functions both as a window into an illusionary space and as a flat surface carrying text labels and graphical icons.« (Manovich 2001: 90)

Eine Theorie der Medienaneignung muss zumindest hier ansetzen und die Sichtbarmachung des Unsichtbaren mittels medienspezifischer *Wissenstechniken der Datenvisualisierung* thematisieren. Den Wissenstechniken im Netz wird die Aufgabe zugewiesen, die Lücke zwischen den Repräsentationen und der Ikonografie der *Oberfläche* und dem *Datenstrom* der IP-Protokolle zu schließen. Diese Wissenstechniken erzeugen einerseits einen *Rahmen* relativer Stabilität und Autonomie, andererseits ermöglichen sie auch *Rahmungen*, die sich gegenüber dynamisch generierten Inhalten kontingent und flexibel verhalten. Verfahrensweisen wie das Mappen – das ist die visuelle Veranschaulichung quantifizierbarer Information – fungieren in erster Linie als Kontrolltechniken und verknüpfen Bruchstücke der Disziplinarordnungen (z.B. das Blickregime) mit bürokratischen Verfahren der nicht-narrativen, datenbasierten Wissensproduktion und -archivierung. Auf sozialen Netzwerkseiten sind mediale Selbstdarstellungen aber weniger »theatral«, sondern vielmehr »industriell« organisiert. Diese Semiotiken zielen darauf ab, eine Handlung, eine Reaktion, ein Verhalten, eine Einstellung oder eine Haltung auszulösen, sie bezeichnen nicht, sondern aktivieren und motivieren die Nutzer/-innen.

1.6 Soziale Tektonik technischer Medienumbrüche

Digitale autobiografische Medienformate rekurrieren in Aufbau, Stil und Gestaltung auf frühere biografische Medienkulturen und ihre Instrumente der Selbststeuerung wie Tagebücher, Briefe, Lebensläufe, High School-Jahrbücher, Familienalben, Amateurfilme, Memoiren u.a. (Killoran 2003) Einerseits ist die Erfindung des Selbst zwar eng mit der Geschichte technisch unterstützter Selbstreflexion verknüpft, doch andererseits formieren technische Medienumbrüche spezifische Repräsentationsformen von Subjektivität und durchlaufen verschiedene Etappen der sozialen Aneignung. Dazu gehört auch die Dezentrierung und Fragmentierung von Subjektivität sowie die Zerstörung von ästhetischen Ordnungs- und Diskursstrukturen mittels anarchisch-subversiver Praktiken. Gegen das verbreitete Verfahren, ›die‹ Gesellschaft auf einen Begriff bringen zu wollen und sie auf ein kohärentes Integrationsprinzip zurückzuführen, bevorzugt dieser Untersuchungsrahmen einen Zugang zur Gesellschaftsanalyse, der die Übergänge von *Mikrotechniken* und *vielfältigen Denkweisen* zu den sich verdichtenden und verstetigenden Makrostrukturen und Diskursen aufzeigt. Modelle der gradlinigen Ablösung einer Gesellschaftsform durch eine andere können die Vielfältigkeit und Widersprüchlichkeit von Herrschaftstechniken nicht angemessen thematisieren, da Medienumbrüche zu keinem homogenen Wahrnehmungsregime führen. Vielmehr überzeugt die Annahme, dass die Entwicklung der modernen Wahrnehmungskultur von *historischen Ungleichzeitigkeiten* geprägt ist, die sich aus miteinander konkurrierenden sozialen Praktiken (Bredekamp 1975) und ihren Konzepten, Projekten, Experimenten, Instrumenten und Netzwerken zusammensetzen (Crary 1996):

> »Information and Communication technology shapes our perceptions, distributes our pictures of the world to one another, and constructs different forms of control over the cultural stories that shape our sense of who we are and our world. The instant we develop a new technology of communication – talking drums, papyrus scrolls, books, telegraph, radio, televisions, computers, mobile phones – we at least partially reconstruct the self and its world, creating new opportunities for reflection, perception, and social experience.« (Burnett/Marshall 2003: 61)

Die performative und subversive Energie der sozialen Aneignungspraktiken sorgt dafür, dass die Tektonik technischer Medienumbrüche inhomogen, dystop und divergierend verläuft. Dementsprechend evozieren die Selbstpraktiken und Wissenstechniken der Amateure im Netz unvorhersehbare Bruchstellen, Ambivalenzen und Widerständigkeiten. Insofern macht es Sinn, zwischen den traditionellen, handwerklichen Künsten, den analogen Medien und den digitalen Medien *transformative Beziehungen* geltend zu machen.

Die digitale Medienkultur hat die materiale Trennung von Wort, Bild und Ton aufgehoben und in einem universellen Code vereinheitlicht. Die multiple, multi- und intermediale Kombinierbarkeit verschiedener Medien hat zur Enthierarchisierung früherer Leitmedien geführt. Die gattungspoetisch festgeschriebenen Formen und einzelmedienontologisch abgetrennten Kunstrichtungen wie Malerei, Film, Musik, Malerei, Literatur und Medien hybridisieren sich. Zeitung, Buch, AV-Medien, Theater und Fernsehen konvergieren heute in computerunterstützten Mediensystemen. Mittlerweile ist die Debatte um die Leitmedien obsolet geworden und durch diejenige um Medienkonvergenz ersetzt worden. Die intermediale Konvergenz der unterschiedlichen Medien transformiert letztlich auch die Konstellationen der Subjektkulturen der Gegenwart (vgl. Reckwitz 2006).

Die Selbstpraktiken im Web 2.0 zerstreuen sich in unterschiedlichen Netzwerken und reproduzieren autobiografische Fragmente und Splitter, die von den Verfassern bestenfalls temporär besetzt werden können. Biografische Selbstdeutung situiert sich folglich im andauernden Prozess von Selbst- und Fremdaneignung. Folglich ändert sich die Logik der ästhetischen Repräsentation der Subjekte im Netz. Das Selbst kann zwar von einer Reihe externer Techniken ergriffen, geformt und kontrolliert werden, ist jedoch auch imstande, sich dem institutionellen Zugriff zu entziehen und neue Formen, Affekte und Intensitäten zu erfinden.

1.7 Selbstmanagement

Die Praktiken, mit denen ein Individuum im Netz ein Verhältnis zu sich selbst herstellt, sind immer auch in Prozeduren der *gelenkten Selbstführung* involviert. Hierzu gehören Subjektivierungspraktiken wie sie die Organisationskultur des *Selbstmanagements* artikuliert (vgl. DeWaele 1993; Hofstede 2006). Mit der Ausdehnung des unternehmerischen Diskursfeldes sind Postulate, unternehmerisch zu handeln, wirkmächtiger geworden. Boomende Managementkonzepte des unternehmerischen Handelns, Erfolgs- und Selbstmanagementtraktate entfalten heute ihre vielfache Wirkung in subjektiven Handlungsorientierungen und haben ein Wissensregime der unternehmerischen Subjektivierung entwickelt, dessen Macht darin besteht, Menschen im Rahmen ökonomischer Klugheitslehren in den Technizismus effizienter und effektiver Selbstdarstellung, Lebensführung, Zeitplanung und Arbeitsorganisation einzuüben (vgl. Kap. 2.4). Heute durchdringen die Wissensmedien der Social Software und das Ordnungswissen des Selbstmanagements die Poren alltagskultureller Kommunikation: Persönlichkeitsprofile, Rankingsysteme, Fragebögen, Checklisten, Eignungsdiagnosen, Hierarchiediagramme, Bedarfsanalysen, Kontroll- und Feedbackmechanismen, Beurteilungssysteme, Kompetenzdatenbanken, Korrespondenz-Support, Laufbahn- und Beförderungsplanung, Bildungscontrolling und Anreizsysteme sind operative Bestandteile der Social Software des Web 2.0 (vgl. Kap. 3.1 und 3.6). Der sukzessive Aufstieg der »kreativen Klasse« (Florida 2002) hat zur Überlagerung von Selbstthematisierung und Managementdiskursen in der Populärkultur, der Arbeitssphäre, der Freizeitgestaltung und der therapeutischen Kultur geführt. Die Fähigkeit zum *Selbstmanagement* gilt heute als unabdingbare Voraussetzung für das Bestehen in den Arbeits-, Aufmerksamkeits- und Beziehungsmärkten.

Die Managementliteratur übernahm den Begriff »Selbstmanagement« aus der von Frederick Kanfer geprägten klinischen Verhaltenstherapie (Kanfer u.a. 1990). Zu dem innerhalb der Verhaltenstherapie systematisch angewandten Selbstmanagement zählen folgende Fähigkeiten, Fertigkeiten und Techniken: »Selbstbeobachtung«, »Selbstinstruktion«, »Zielsetzung«, »Selbstkontrolle« und »Flexibilität«. Die Methodik des Selbstmanagements berücksichtigt biografische Sozialisation, persönliche Lebensführung, kulturelles Umfeld und berufliche Laufbahnplanung im alltäglichen Leben. Als ›Freiheitstechnologie‹ ermöglicht die soziale Software Designkonzepte freiheitlicher Lebensformen und Lebensstile und versucht, ihre Protagonisten möglichst effektiv und effizient anzusprechen. Unter der Beibehaltung der Illusion der Selbsterschaffung soll auf jeden einzelnen ein indirekter Zwang ausgeübt werden, sich zu den eigenen Fähigkeiten, Begabungen und Fertigkeiten zu bekennen und sich beraten, belehren und evaluieren zu lassen. Normative Bildungsanforderungen wie das lebenslange Lernen mit Hilfe digitaler Lernjournale im eLearning, das Erlernen der Selbstreflexion und Selbststeuerung in Lerntagebüchern und multimedialen Tagebüchern, das regelmäßige Update persönlicher ePortfolios, die Selbstevaluierung in Kompetenzrastern und Credit-Point-Systemen und die Ego-Taktiken der Virtuosen der Biografiearbeit haben dazu geführt, dass die Rechtfertigungssysteme kapitalistischer Diskurse die Freiheitsdiskurse mehr oder weniger absorbieren (vgl. Kap. 3.8, 3.9 und 3.10).

Die vormals alternativen Begriffe der Kulturrevolution wie *Autonomie, Kreativität* und *Authentizität,* die sich einst gegen die Leistungsgesellschaft richteten, bezeichnen heute *Alleinstellungsmerkmale* der Leistungseliten. Sich selbst als aktiv, unabhängig, kreativ und individualistisch zu verstehen ist heute *Commonsense* geworden. Der *Commonsense* ist ein Produkt der kulturellen Hegemonie und verwandelt Prozeduren der Fremdführung in Identitätsentwürfe der Selbstführung. Der *Commonsense* repräsentiert das praktische Wissen, das für alle verfügbar sein soll. Die diskriminierende Unterscheidung in positiv-schöpferische und negativ-instrumentalisierende Anteile spielt für den Host keine Rolle mehr. Das soziale Netz 2.0 ist mit seiner ›Anwenderfreundlichkeit‹ auf die Maximierung des *many-to-many*-Prinzips ausgerichtet. Der in die soziale Software implementierte *Commonsense* gesteht den Anwendern/Anwenderinnen bestenfalls ein vorbehaltloses ad-hoc-Wissen zu. Die ›praktischen‹, ›einfachen‹ und ›unkomplizierten‹ Standardisierungen von Software und Interface fokussieren möglichst kurze Anlernzeiten bei der Nutzung und dequalifizieren damit die Amateure. Auf dem Gebiete des *Commonsense* ist jeder Amateur ein Experte und der *Commonsense* ein Eigentum der Allgemeinheit. Kulturell formatierter *Commonsense* ist dogmatisch wie religiöses Wissen: »a totalizing frame of thought with which to the ways of the world« (Rapport/Overing 2000: 59).

Selbstbestimmung und Selbständigkeit haben sich von ihrem emanzipatorischen Kontext gelöst und sind heute im Business-Portfolio als Versatzstücke kommerzieller *Freiheitsdiskurse* zu finden. Die Amateure im Netz bedienen sich auf vielfache Weise der *Diskurse des Selbstmanagements*, da sie von einem emphatischen Individualitätskonzept geprägt sind. Mit den selbstregulierenden Methoden der Organisationskultur machen die Medienamateure die Subjektivierungsanforderungen zum Objekt ihrer eigenen Verantwortung und verinnerlichen damit die Herrschaftspraxis der *indirekten Selbstführung*, die sie letztlich auch mittels Wissensrepräsentationen sichtbar und objektivierbar machen (vgl. Kap. 3.2). Die Formierung von Subjektivität findet nicht nur als Unterwerfung unter vorgegebene Anordnungen des Wissens und der Kultur statt, sondern muss vielmehr als ein instabiles Verhältnis von Unterwerfung, Ermöglichung und Entunterwerfung gedacht werden. Die Praktiken der Selbstthematisierung und Selbstreflexion entfalten eine ambivalente Gleichzeitigkeit von diskursiver Unterwerfung unter die Bedingungen der »Imagepflege« (Goffmann 1986) und Lücken und Nahtstellen außerhalb der legitimen Formen der Selbstdarstellung, die quer zu den distinkten Subjektpositionen hegemonial definierter Koordinaten liegen.

Soziale Netzwerke stehen für die global veränderten Bedingungen der subjektiven Selbstbestimmbarkeit. Ausgerüstet mit rechnergestützten Datenbanktechnologien entwickeln sie Prozeduren für die Erkennung und Reproduktion von Identitäten. Als Identitätsgeneratoren tragen sie zur Strukturierung von Machtverhältnissen bei, indem sie darauf bedacht sind, Praktiken des Selbstmanagements, diskursive Prozesse der Wissensgenerierung und eine ›neue‹ Selbstverwirklichungskultur zu induzieren. In der Rolle als gesellschaftliches Produktionsmittel produzieren sie mit ihren Fragebögen, eFormularen und den binären Kodierungen ihrer Datensatzvariablen konformistische Normalidentitäten und soziale Entitäten. Mit ihren vorstrukturierten Applikationen stellen sie technisch-kulturelle Verfahren der Verwaltung, des Suchens, der Abbildung, des Filterns, des Kodierens und der Mustererkennung zur Verfügung und fixieren damit spezifische Regulative zur Wissenserfassung und -repräsentation von Identitäten. Die Transformationen persönlicher Daten orientieren sich nach Regeln, die als *immanente* und *begleitende* Regeln unterschieden werden können. *Immanente Regeln* bezeichnet all das, was durch die grafische und logische Struktur der elektronischen Dokumente (Raster, Verknüpfung) und notwendige begriffliche Determinierung der Datensätze, -elemente und -felder vorgegeben ist. Die *begleitenden Regeln* des Mediengebrauchs ergeben sich aus der kulturellen Einbettung in Lektüre-, Schreib-, Erzähl- und Wahrnehmungspraktiken der Kompilatoren. Damit sind nicht die expliziten Anweisungen, Belehrungen und Direktiven gemeint, sondern die ›unreflektierten‹ Gebrauchsweisen der Anwender, die mit der kulturellen Gebräuchlichkeit und Geläufigkeit der jeweiligen Applikationen einhergehen.

Das *Selbstmanagement* ist Bestandteil des Alltagshandelns und setzt sich aus spezifischen *Wissenstechniken* zusammen, die alle darauf abzielen, die *Selbstpraktiken*, das hegemoniale *Ordnungswissen* und die Anforderungen der *kulturellen Formationen* aufeinander zu beziehen. Um die soziale Dimension der Subjektivierung im Diskurs des Selbstmanagements abschätzen zu können, ist es notwendig, die jeweiligen Subjektpositionen im historisch bedingten Zusammenspiel von *Selbstpraktiken, Wissensordnungen* und *kulturellen Formationen* zu reflektieren.

1.8 Wissenstechniken

Selbstpraktiken sind stets auch an ein Ordnungswissen gebunden, das sich über spezifische Prozesse der Wissensproduktion, das sind Wissenstechniken und ihre mediale Darstellungsformen, vermittelt. *Wissenstechniken* generieren Wissen und verändern permanent die Modi der Wissensrepräsentation. Sie umfassen normative, normierende oder normalisierende Aussageordnungen und -komplexe und konstituieren Selbsttechniken hinsichtlich zu bewältigender Handlungsvollzüge in beinahe allen Lebensbereichen. Ihre strukturelle Wirksamkeit beziehen die *Wissenstechniken* aus dem Umstand, dass soziale und politische Selbst-, Macht- und Ungleichheitsverhältnisse als Wahrheits- und Evidenzeffekte inszeniert werden sollen, ohne ihren Urheber in Erscheinung treten zu lassen. In allgemeiner Hinsicht strukturieren die Wissensmedien ein intermediales Netzwerk von Beziehungen und Anknüpfungen. Auch das Internet setzt sich aus ›Seiten‹ zusammen, die mit anderen Seiten verknüpft sind und deren Inhalt (*content*) jederzeit verändert und mittels Datenübertragung der Übertragungsmedien auf allen Netzrechnern (Endgeräten) weltweit abgerufen werden kann. Es ist in ein intermedial prosperierendes Feld heterogener Kultur- und Medienpraktiken verflochten und kann als ein Netzwerk von Techniken und Institutionen begriffen werden, die den flexibilisierten Medienamateuren die Entnahme, Speicherung und Verarbeitung immer und überall verfügbarer Daten erlauben. Das Internet-Dispositiv verschränkt wahrnehmungstheoretische, apparative, technische, soziale und politische Aspekte. Im Gegensatz zu anderen Medienformaten wie Büchern, Filmen, Musikstücken, Videospielen oder Fernsehserien sind Blogs, Wikis, Foreneinträge oder Datenbanken im Internet per se *unabgeschlossen.* Die Bedingung der Versammlung, Ausstellung und Generierung von persönlichem Content im Internet ist seine ständige Modifikation, Weiterentwicklung, Anpassung und Verknüpfung. Die dynamischen Konflikte um Deutungsmacht und das taktische Spiel mit Editierungen, Kommentaren, Feedback und Diskussionen beeinflussen die Selbstkonstitutionsprozesse im Internet, die technisch, konzeptuell und funktional vom Netzdispositiv und von der Partizipation der User/-innen abhängig sind. Soziale Netzwerke haben sich jedoch nicht erst mit dem Auftreten der E-Commerce-Anbieter herausgebildet, denn bereits lange Jahre vor der verbreiteten Nutzung des Internets ab Mitte der 1990er Jahre gab es im Heimcomputerbereich soziale Netzwerke des Datenaustauschs, die mit dem persönlichen Tausch von Disketten, dem Postversand von Datenträgern (*snail mail*) oder den im privaten Bereich betriebenen Mailbox-Systemen (*bulletin board systems*) entstanden sind (Abbate 2000: 37). Neben den informellen Medienaneignungspraktiken der Amateure, die konstitutiv für die Erfindung und Entwicklung von technischen Medien sind und ein *wildes und subversives Amateurwissen* ausgebildet haben, existieren gegenläufige Aneignungspraktiken, mit denen versucht wird, mittels spezifischer Wissensmedien und -techniken einen breitenwirksamen, majoritären Mediengebrauch zu etablieren. Die Wissenstechniken nutzen medienspezifische Darstellungsformen zur Konstellation und Korrelation ihrer *Wissensobjekte, Erkenntnisbereiche* und *Wissensbestände*. Neben ihrem multi- und intermedialem Zusammenspiel verfügen die Wissensmedien ›Text‹, ›Bild‹, ›Tabelle‹, ›Grafik‹, ›Zeichnung‹ oder ›Animation‹ über medienspezifische Besonderheiten, die Verwendungskontexte rahmen sollen. Von der Disponibilität der Wissensmedien ausgehend, lassen sich immer auch bestimmte Anwendungsgrenzen und ungleichzeitige Verschiebungen medienspezifischer Formen der Selbstkonstitution, des Wissens und der kulturellen Formierungen verorten (vgl. zur Medienspezifik des Wissenstransfers Antos 2001). Daran anschließend kann die methodologische Frage aufgeworfen werden, ob die Praktiken der Selbstpräsentation als *abgeleitete Funktionen* medialer Strategien und Taktiken angesehen werden können. Damit wird klargestellt, dass es nicht die empirische Fülle und die Intentionalität des Subjekts ist, die der Bedingung der Wissensgenerierung zugerechnet werden kann. Demzufolge ist das Web 2.0 mehr als nur ein Speichermedium, mit dem Wissen als praktische Anwendung von Daten und kontextualisierenden Informationen übertragen werden kann: Es popularisiert eine normalisierende Verwertungslogik von Arbeit, Wissen und Subjektivität. Die somit angedeutete institutionelle Rahmung der Selbstpraktiken und Wissensordnungen wirft politische Fragestellungen auf, welche die Bedingungen der Möglichkeit, Subjektivität überhaupt herzustellen, miteinbeziehen. Der Frage nach den *Techniken des Wissens* stellt sich folglich nicht vor dem Hintergrund einer neutralen Wissenschaft, sondern verweist auf ein *politisch-strategisches Projekt*, das auf die blinden Flecken der Subjektherstellung aufmerksam macht. Dieser Blickwechsel zeigt, dass der für das ›Mitmach-Web‹ so zentrale Begriff der ›Freiwilligkeit‹ auf einen instrumentellen Verwendungskontext zurückgeht. Versteht man ›Freiwilligkeit‹ hingegen unter dem Aspekt der Adressierbarkeit von Individuen, also der Platzierung des Subjekts innerhalb des Netzes, dann ändert sich der semantische Kontext und ›Freiwilligkeit‹ steht für neue Motivationspotenziale zur Erschließung humaner Ressourcen. Doch die Annahme, Individuen adressieren zu können, ist ebenso Spekulation wie jener an die Adressierbarkeit des Mediums selbst. In einer wechsel- und gegenseitigen Konstitutionsbeziehung erschaffen die Medien die Subjekte und die Subjekte die Medien. Daran anknüpfend muss also eingeräumt werden, dass es kein Wissen geben kann, das nicht gleichzeitig auf bereits gegebenen Machtbeziehungen aufbaut. In beiden Sichtweisen wird die Interdependenz von Medium und Subjekt als ein Schauplatz von Herrschafts- und Machtspielen thematisierbar.

1.9 Kulturelle Formationen

Freiheitlich argumentierende Netzdiskurse gehen von einer Multiplizierung von Öffentlichkeiten als notwendigen Bestandteil eines radikaldemokratischen Projekts aus und postulieren die Ausdehnung des öffentlichen Raums als Raum von Publizität und Agonalität auf möglichst viele gesellschaftliche Bereiche und Institutionen. Gegen die liberale Annahme einer Pluralität unterschiedlicher Lebensformen und Subjektpositionen in radikaldemokratischen Netzwerken, die nebeneinander existieren, macht die Theorie der kulturellen Hegemonie auf die gesamtgesellschaftlich verbindlichen Festlegungen einer legitimen Identität aufmerksam. Kulturelle Hegemonie wird als Wirkungsmacht und Bedeutungsinhalt in Bezug auf die Aspekte der gesellschaftlichen Macht, der subjektiven und diskursiven Praktiken wirksam. Der Begriff ›Kultur‹ kennzeichnet keine »analytische Pseudo-Entität« (Rabinow 2004: 116), sondern verweist auf konfliktive und umkämpfte Austragungsorte für Kämpfe um die kulturelle Hegemonie, die einen »Raum mannigfaltiger Entzweiungen« (Foucault 1997: 222) und taktischer Spiele öffnen. Kulturelle Praktiken entstehen folglich aus sich oftmals überlagernden sozialen Kräfteverhältnissen und sind konfrontiert mit einem Set von Regeln, welche die Individuen selbst nicht erschaffen haben. Fasst man plurale Lebensformen und Subjektpositionen als Produkte kultureller Modellierung auf, kann der Konformismus nonkonformistischer Positionen und damit die strukturellen Bedingungen liberaler Subjektkonstitutionen aufgezeigt werden.

In pluralistisch verfassten Demokratien ist der Kampf um kulturelle Hegemonie in der Öffentlichkeit ein entscheidendes Strukturelement geworden. Im Internet bieten Diskussionsforen, Mailboxen, Newsgruppen und Chats zahlreiche Möglichkeiten, den Kampf um kulturelle Hegemonie auszutragen. *Bedeutungsapparate wie Blogs, Wikis und soziale Netzwerkseiten tragen dazu bei, die am Diskurs des Managements und des Marktes orientierten Selbsttechniken als Selbstverständlichkeiten zu stilisieren.* Auf einer grundlegenderen Ebene operiert die kulturelle Hegemonie weniger mit Macht- und Zwangseffekten, sondern suggeriert mittels leerer Signifikanten wie ›Freiheit‹, ›Offenheit‹, ›Selbstbestimmung‹, ›Partizipation‹ erstrebenswerte Subjektpositionen und soziale Praktiken einer Mehrheit, die damit den Status der kulturellen Alternativenlosigkeit erhalten.

In Claude Leforts und Marcel Gauchets radikaler Demokratietheorie wird dieser Ort, der die Spaltung von ›Macht‹ und ›Zivilgesellschaft‹ strukturiert, als ›leere Stelle‹ ausgewiesen, an dem es konstitutiv unmöglich sein soll, sich als absoluter Beobachter über das Gemeinwesen einzurichten: »Dieser Ort gehört nicht zu unserem Handlungsfeld, doch gerade aufgrund dieser Abwesenheit zählt er in diesem Feld und organisiert es zugleich. Und gerade weil dieser Ort abwesend ist, umschreibt sich der gesellschaftliche Raum von ihm aus.« (Lefort/Gauchet 1990: 101) Lefort und Gauchet postulieren eine leere Stelle der Vergesellschaftung und weisen diese als einen abwesenden Ort aus, der nicht zum gesellschaftlichen Handlungsfeld gehört, dieses aber insgesamt strukturiert. Auf welche Weise diese ›symbolische Versicherung‹ den ›Menschen‹ gegeben ist, wird von den Autoren jedoch nicht einsichtig gemacht, sondern fraglos behauptet. Weiterhin wird die ›Spaltung‹ zwischen ›Zivilgesellschaft‹ und ›Macht‹ in ontologischen Oppositionen von Innen/Außen, Abwesenheit/Anwesenheit und besetzt/unbesetzt verschränkt. Der Umstand, dass diese ›symbolische Versicherung‹ empirisch niemals realisiert werden kann, wie behauptet wird, aber den ›Menschen‹ als regulative Idee

›gegeben‹ ist und ihr Streben bestimmen soll, lässt vermuten, dass diese ›Gegebenheit‹ auf ein transzendentes Äußeres, das unvermittelt ›wirksam‹ ist, rekurriert. Dieses transzendente Äußere, das gleichermaßen als Herrensignifikant auf mysteriöse Weise wirken soll und ein homogenes Feld strukturiert, verweist wiederum auf das Konzept der ›ursprünglich‹ gegebenen Trennung der Sphären, zwischen denen nachträglich der ›Mensch‹ zu vermitteln hätte. Die räumliche Umsetzung dieser ›symbolischen Versicherung‹ kann aber erst möglich werden, indem Lefort und Gauchet diese in einen immer schon vorausgesetzten Raum projizieren. Wird die ›leere Stelle‹ als für jeden *erreichbar* und *besetzbar* ausgewiesen, dann figuriert die Stelle aber nicht als uneinholbare, unbesetzbare Differenz der durchgängigen Schematisierung des Raums, sondern ist in einer als ›durchlässig‹ normierten Räumlichkeit, welche bereits *vollkommen* orientiert und erschlossen sein soll, fixiert. Diese Imagination vollkommener Erschließbarkeit des sozialen Raums läuft auf die logistische Frage der möglichen Besetzbarkeit hinaus. Entscheidend ist, dass mit stets möglicher Usurpation der ›leeren Stelle‹ nur noch kriegslogistische Fragen der rechtzeitigen Erschließung und Grenzziehung oder marktlogische Fragen des *agenda setting* verhandelt werden können.

Die kulturelle Hegemonie radikaldemokratischer und selbstbestimmter Subjektivität im Netz verkörpert keine hyperstabile Dominanz, sondern ist als ein instabiles, in sich widersprüchliches Gebilde zu betrachten. Dementsprechend ist die kulturelle Hegemonie von einer permanent möglichen Selbstdestabilisierung betroffen. Die in einem kulturellen Kontext und in einer bestimmten historischen Phase entstehenden Subjektpositionen entstehen nicht aus einem Prozess der gesteigerten Rationalität auf festem Fundament, sondern sind Effekte fragiler Herrschaftszusammenhänge, die sich der Universalisierung entziehen und daher jederzeit unterwandert werden können. Dementsprechend kann eine Analyse der hegemonialen Selbstpraktiken die Instabilität und Widersprüchlichkeit sowohl der Wissensordnung als auch der kulturellen Ordnung sichtbar machen, in denen sich das Scheitern der Schließungen nachvollziehen lässt. Kulturelle Hegemonien können zwar als eine treibende Kraft der Stabilisierung und Destabilisierung von Gesellschafts- und Wissensordnungen interpretiert werden, bleiben aber immer auch von ergebnisoffenen Konfliktkonstellationen abhängig, die sie in ihrem eigenen Dominanzstreben bedrängen.

Dieser Ansatz eröffnet auch die Frage nach der Einlagerung von Kontrolldiskursen in kulturelle Formationen. *Kontrolle* als Machttechnik beruht weniger auf einem verbindlichen Holismus, sondern auf abrufbaren Differenzen, für die sich einzelne optional entscheiden können. Im Netzwerkprofil, ePortfolio und Online-Diary können sich *Wissenstechniken* und *kulturelle Formationen* überlagern, um ein unternehmerisches Vorbild für ein flexibilisiertes *Selbstmanagement* zu artikulieren (vgl. Kap. 3.5). Wenn angenommen wird, dass Kontrolldiskurse plurale Lebensformen und kulturelle Formationen überlagern, dann muss auch begründet werden, wodurch sich die kulturellen Formationen der digitalen Kommunikation von früheren Medienkulturen (auch in normativer Hinsicht) unterscheiden und wie weit etwa die medialen

Formierungen des Selbst reichen, d.h. ob sie ihre Wirkungskraft umfassend oder nur segmentär entfalten.

1.10 Die Medien als soziale Institution

Die Ausdifferenzierung des medientheoretischen Feldes hat den Gegenstand der Medientheorien immer weiter ausdehnt und einen weiten Medienbegriff entstehen lassen. Dieser reicht von der Medialität literarischer und künstlerischer Werke und Formen bis hin zu den modernen Massenmedien wie etwa dem Fernsehen und den Neuen Medien. Ein derart erweiterter Medienbegriff ermöglicht es, eine mediale Adressierung des Wissens anzunehmen. Diesseits der Debatten um den Stellenwert des technisch-medialen Apriori als Ermöglichung von Kommunikation (Klinkert 2004: 67-77), wonach Differenz Vermittlung einschließt, durchdringen Begriffe, Konzepte und Metaphern des Medialen die Diskurse ›über‹ das Mediale und sind Produkte weitreichender Medialisierungen des Wissens:

»Wir denken nicht *über* Medien nach, wir denken *in* ihnen; deshalb können sie uns jene Kopfschmerzen verursachen, die für rekursives Denken typisch ist. Es gibt keine privilegierte Metasprache über Medien in der Semiotik, Linguistik oder Diskursanalyse.« (Mitchell : 2001: 159)

Bei der Bestimmung der Medien ist ein Rückzug auf eine medienunabhängige Metasprache nicht mehr haltbar. Die Medialisierung des Wissens steht in einer Austauschbeziehung mit Diskursformationen, die darüber bestimmen, was eine bestimmte Medienkultur als eine ›soziale Wirklichkeit‹ der Aneignung ansieht. Zur Vermeidung eines technologischen Determinismus, der die technischen Bedingungen der Möglichkeit zum Apriori des kulturellen Wissens erklärt, muss die Interrelation oder wechselseitige Austauschbeziehung zwischen den technischen Wissensformationen und den kulturellen Kontingenzen zum Bestandteil einer elaborierten Medientheorie werden. Eine Theorie der Medienamateure hat demzufolge zu berücksichtigen, dass technische Medien und kulturelles Wissen gemeinsam einen Möglichkeitsraum konfigurieren, innerhalb dessen neue Medien überhaupt erst entstehen können:

»Medientechnologien werden erst durch die Entwicklung, ihre Veränderung und ihre Anpassung an die Interessen bestimmter sozialer Gruppen zu den materiellen Artefakten, um die sich neue Kommunikationsweisen und neue intellektuelle Konfigurationen bilden. [...] Es ist mittlerweile ein Allgemeinplatz festzustellen, dass vermeintlich so divergente Diskurse wie Politik, Epistemologie und Ästhetik in einem nahtlosen Gewebe alltäglicher Praktiken miteinander verknüpft sind und dass Problemlösungen innerhalb der politischen Ordnung gleichzeitig immer auch eine Neuordnung der Grundlagen des Wissens und die Transformation der Kodes sowohl der politischen Repräsentation als auch der Darstellung von Natur voraussetzen.« (Lenoir 2001: 212)

Vor diesem Hintergrund muss sich folglich die Vorstellung eines zielgerichteten Übergangs von der technischen Erfindung zur kulturellen Aneignung auflösen. Denn Medien vermitteln nicht nur Apparate, Programme und Codes für Individuen, sondern stellen komplexe soziale Institutionen dar, die mittels einer Vielfalt von Praktiken, Gewohnheiten, Fähigkeiten und Techniken konstituiert sind und eine Reihe materieller Instrumente der Kommunikation integrieren. Daraus folgt, dass Medien *gemischte Medien* sind, die in ihrem Vermittlungsprozess mentale Prozesse wie das Erinnern, das Wahrnehmen und kognitive Akte in einer gegenseitigen Konstitution hervorbringen. Eine Mediengeschichte der Aneignungspraktiken wendet sich programmatisch von affirmativen Gebrauchsanleitungen neuer Medientechnologien ab. Amateure profilieren sich nicht a posteriori mittels ihrer Aneignungspraktiken, da diese bereits innerhalb der technischen Medien implementiert sind. Die Aneignung kann folglich nicht länger als eine Praxis angesehen werden, die in einer Logik der Nachträglichkeit die Grammatik des Technischen erweitert, fortführt, überschreitet und verändert. Obwohl die Aneignung im technischen System eine bereits mitgedachte *Variable* mit spezifischen Funktionseigenschaften darstellt und in Prozeduren *möglicher* Anwendungen zerlegt wurde, partizipiert sie bereits im Entstehungsprozess neuer Medien. In einer medienhistorischen Perspektive kann die Aneignung als Konstruktion innerhalb der *Rahmungen* von Medienkultur angesehen werden. So eröffnet sich ein neuer, vielversprechender Ansatzpunkt, der die Debatten über das, was eine bestimmte Diskurskultur als ›Aneignung‹ ansieht und mit bestimmten Prädikaten bewertet, differenzieren kann.

1.11 Die kulturellen Praktiken der Medienaneignung

Aus den vorangegangenen theoretischen und methodologischen Fragestellungen ergeben sich in der Folge eine Reihe weiterer Fragen bezüglich der Konzeptualisierung der Medienaneignung der Amateure, die bislang nur am Rande angesprochen wurden und die in den nachfolgenden Ausführungen thematisiert werden müssen. Zunächst ist zu klären, welchen Stellenwert die Aneignungspraktiken in den jeweiligen Bezugsverhältnissen aufweisen. Es ist für die Ausbildung einer kulturwissenschaftlichen Perspektive im Bereich der neueren Rezeptions- und Wirkungsforschung zu ›interaktiven‹ Kommunikationsmedien von entscheidendem Vorteil, einen erweiterten Begriff von produktiver Medienaneignung zu gebrauchen (Winter 1995; Göttlich 2006), denn intermediale Formate, Appropriationen, Evidenzstrategien, Fakes und Wahrheitsdiskurse haben im Netz eine hybride Wahrnehmungskultur und soziale Spielregeln einer neuen Repräsentationspolitik entstehen lassen. Im Rahmen der Theorie institutioneller Mechanismen ging man bisher jedoch davon aus, dass deutungskulturelle Aneignungspraktiken den symbolischen Repräsentationen eine institutionelle Relevanz verleihen (Geertz 1997: 9). Nach diesem Ansatz stabilisiert das aneignende Handeln die Bedingungen der herrschenden Repräsentationspolitik. Konzediert man hingegen den

Amateuren und Amateurinnen eine aktive, kontingente und produktive Handlungsfähigkeit zu, dann erscheinen ihre diskursiven Praktiken befähigt, den Weg für die Verschiebung und Umkehr der kulturellen Hegemonie und der ihr korrespondierenden politischen Institutionalisierungen zu bahnen. Ihre Praktiken bezeichnen eine spezifische Art und Weise der Aneignung möglicher Bedeutungen, welche ihre grundsätzliche Wiederholbarkeit (Iterierbarkeit) aufzeigt, denn jede »Iteration kann mit dem gegebenen Kontext brechen und auf absolut nicht sättigbare Weise unendlich viele neue Kontexte zeugen« (Derrida 2001: 32).

Die Modi der Vervielfältigung neuer Kontexte ist jedoch davon abhängig, inwiefern es den sogenannten ›Endusern‹ und ›Enduserinnen‹ gelingt, zu Medienpraktikern zu werden und mediale Darstellungsräume zu generieren, in welchen Medialität und Wissen in einem ständigen Gleiten einer Repräsentation unter die andere unentscheidbar werden. Die damit in Gang gesetzte Iterierbarkeit der Bedeutungen hat schließlich zur Folge, dass die medialen Repräsentationsräume und Darstellungstechniken ihre ›ursprüngliche‹ Referenz verlieren und »ihren Sinn als Abbildung unterlaufen« (Rheinberger 2005: 22). Online-Formate wie das Webportal *Second Life* oder user/-innengenerierte Formate wie *YouTube* und *MySpace* können demzufolge als ein mediales Aggregat diskursiver, medialer, visueller und technischer Verfahrensweisen aufgefasst werden. Letztlich tangiert die datentechnische Wissensverarbeitung alle Enduser und Enduserinnen gleichermaßen und führt zur Angleichung der Praxisfelder von ›Amateuren‹ und ›Profis‹.

Um zu vermeiden, dass kollektive Totalitäten in die Kulturanalysen eingehen, gilt es, die Totalitätsperspektive ›Kultur‹ zu verlassen und den Bezugsrahmen ihrer Bedeutungsebenen auszuweiten (vgl. Hall 1999: 124). Der Untersuchung der Medienaneignungsprozesse der Amateure liegt daher ein erweiterter Begriff von Medienaneignung zu Grunde. Die Annahme, dass weitverzweigte Stildiskurse und Aneignungspraktiken vorgegebene politische Kodierungen legitimieren, unterstellt den Praktiken der Amateure und Amateurinnen eine temporalisierte Passivität grundsätzlicher ›Nachträglichkeit‹, als ob ihre Handlungen immer schon im Voraus domestiziert worden wären. Diese Totalitätsperspektive der Mediennutzungsanalyse muss zwangsläufig queere Interventionen der Amateure und Amateurinnen verkennen und aus der Praxisanalyse ausblenden. Die jeweiligen Aufmerksamkeitsmärkte parodierend durchkreuzen sie die Logik technischer Bedienbarkeit und produzieren aktiv ihre eigenen politischen Kodierungen und erzeugen damit ein bewegliches Verhältnis zwischen den Bedingungen der Macht und den Wirkungen subjektiver Aneignungspraktiken. Judith Butler macht in ihrer »Theorie der Subjektivation« auf die Reiteration der Macht als ihre notwendige strukturelle Bedingung aufmerksam:

»Die Bedingungen der Macht müssen ständig wiederholt werden, um fortzubestehen, und das Subjekt ist der Ort dieser Wiederholung, einer Wiederholung, die niemals bloß mechanischer Art ist. Die Erscheinung der Macht verschiebt sich von der Bedingung des Subjekts hin zu seinen Wirkungen [...]. Die Reiteration der Macht verzeitlicht nicht nur die Bedingungen der Unterordnung, sondern erweist diese

Bedingungen auch als nichtstatisch, als temporalisiert – aktiv und produktiv. Die Perspektive der Macht verändert sich: Sie wird aus dem, was von Anfang an und von außen auf uns einwirkt, zu dem, was in unserem gegenwärtigen Handeln und seinem in die Zukunft ausgreifenden Wirkungen unseren Sinn für die Handlungsfähigkeit ausmacht.« (Butler 2001: 21)

Somit speisen sich die Potenziale der widerspenstigen Praktiken aus dem Inneren der Repräsentationspolitik selbst. So ist es kein Zufall, dass sich im Internet die Konflikte und Auseinandersetzungen im Bereich der audiovisuellen Medien bündeln, insofern den Medien Foto, Film und Video ein Darstellungsmonopol auf ›Evidenz‹, ›Wahrheit‹ und ›Identität‹ zugeschrieben wird.

Als widerständige Handlung ermöglicht die Aneignung dem Amateur vorerst, sich dem Assimilationsdruck der kulturellen Hegemonie zu entziehen. Die Aufwertung produktiver Aneignungsstrategien verändert also in gewisser Weise die Perspektive der Macht. Versteht man Aneignung als einen, die gesamte Rezeption und ihre Folgehandlungen durchkreuzenden Prozess, dann können folglich auch die Aspekte der produktiven Medienaneignung aufgewertet werden (Winter 1995). In dieser Hinsicht ist die vom Amateur vollzogene Fluchtlinie taktischen Handelns nicht mehr als ein Ausdruck eines autonomen und individuellen Befreiungsaktes zu begreifen, sondern verweist vielmehr auf das instabile Selbstverhältnis von Subjektivierung und Entsubjektivierung. Die mittels der Amateure vollzogene Reiteration der Macht reproduziert weder direkt noch indirekt die Bedingungen der majoritären Repräsentationspolitik, sondern transformiert ihre Repräsentationselemente. Aus dieser Transformation hervorgehend kristallisieren sich unterschiedliche Redepositionen der Amateure/Amateurinnen heraus, die in genauen Untersuchungen zu klären sind (z.B. der *digital divide* zwischen *digital natives* und *digital immigrants*). Die programmatischen Thesen der kulturellen ›Assimilation‹ und der kulturellen ›Emanzipation‹ müssen folglich in ihrer Einseitigkeit revidiert werden (Pippa 2003; Mossberger u.a. 2008). Ziel dieser Untersuchung ist es, die medienspezifischen Prozeduren sozialer Normalisierung und Subjektkonstitution im Spannungsfeld zwischen ›begeisterter‹ Selbstdarstellung und ›verinnerlichten‹ Kontrolldiskursen aufzuzeigen.

Eine weiterführende Perspektive eröffnet die vom Postkolonialismustheoretiker Homi K. Bhabha entwickelte Analyse der »Hybridisierungsprozesse« (1994: 102-122). In seiner Theorie der »kulturellen Hybridität« macht er darauf aufmerksam, dass die Durchsetzung kolonialer Herrschaft von der Übernahme ihrer Autoritätsdiskurse durch die Unterworfenen abhängig ist. Die im Akt der Unterwerfung vollzogene Wiederholung (Reiteration) kolonialer Autoritätssymbole unterwandert die Darstellungsstrategien herrschaftlicher Repräsentation. Die Praktiken der Wiederholung führen eine Differenz in die gesellschaftlichen Verhältnisse ein, die sich sowohl auf die koloniale Autorität als auch auf die unterdrückte Gesellschaft auswirkt. Die Repräsentationspolitik der Kolonialmacht wird destabilisiert, transformiert – die Symbole der Autorität »hybridisieren« in Zeichen der Differenz. Das Konzept der kulturellen Hybridisierung (vgl. Coombes/Brah 2000) macht die Produktion kultureller Differenzierung als einen Effekt diskriminierender Praktiken sichtbar und verhindert dadurch, die Aneignungspraktiken der Medienamateure voreilig mit der Technikutopie herrschaftsfreier Kommunikation gleichzusetzen. Diese Homogenisierungsstrategie verkennt das ungeordnete Zusammenspiel unterschiedlicher und teils konfligierender Praktiken im Netz, die sich mehr oder weniger als Anfechtung normativer Zurichtungen verstehen (vgl. Hardt/ Negri 2004).

Seit dem Aufstieg der Massenmedien im Laufe des 19. Jahrhunderts sind die Erfindung und Verbreitung der Medien mit ökonomischen Interessensgemengen eng verflochten. Die kommerzielle Verwendung der Medientechnik richtet sich auch heute noch gegen die Autonomisierung und Spezialisierung der Elitenkunst und definiert Medien als Instrumente zur Befriedigung einer ästhetischen Nachfrage einer möglichst großen Anzahl von Menschen. Diese marktkonforme Kodierung der Mediennutzung ist Bestandteil popularisierender Meistererzählungen seit der Aufklärung und findet ihre vorläufig letzte Version in den Manifesten zum Web 2.0. Doch Medien entstehen nicht bloß aus technischen und ökonomischen Motiven heraus, sondern verändern sich aus ihrem Gebrauch heraus. Der Gebrauch der Medien erschöpft sich nicht darin, dass Technik nur benutzt, sondern auch hinsichtlich ihrer veränderten Wahrnehmungsweisen auch künstlerisch modifiziert und weiterentwickelt wird. Amateure erarbeiten sich die Technik selbst und experimentieren mit ihr, indem sie sie modifizieren, eigene Inhalte produzieren und ihre technischen Grenzen ausloten. Dieter Daniels schreibt über die diesbezüglichen Fähigkeiten der Medienamateure:

> »Der Amateur greift aktiv in den Produktionsprozess seines Mediums ein. Er bedient nicht nur vorhandene Apparate, sondern Herstellung und Einrichtung dieser Geräte sind ein ganz wesentlicher Faktor seiner Leidenschaft.« (Daniels 2002: 185)

Eine Repräsentationspolitik wird erst dann institutionell wirkmächtig, wenn sie in ein Netz diskursiver Praktiken eingebettet ist und deutungskulturell verstärkt wird. Andererseits muss berücksichtigt werden, dass kulturelle Hegemonien grundsätzlich instabile, kontingente und in sich widersprüchliche Formationen darstellen, die zahlreiche Ansatzpunkte für ihre eigenen Selbstdestabilisierungen liefern. Dementsprechend verlieren die Repräsentationspolitik und ihre diskursiven Hegemonien, die beeinflussen, welche soziale Praktiken in einer Gesellschaftsformation als erstrebenswert und alternativlos gelten, ihre vorgebliche kulturelle Dominanz und können jederzeit unterwandert werden.

Es ist also der Prozess des Wiederholens und der Nachahmung (Reiteration), durch den sowohl das Subjekt als auch kulturelle Signifikation entsteht. Die Hegemonie medialer Repräsentationen wird nicht einseitig von Institutionen, Medienkanälen oder ›frei‹ entscheidenden Individuen determiniert, sondern geht aus relationalen Verhältnissen hervor, so wie umgekehrt Beziehungsgefüge und Machtbeziehungen geschaffen werden. Die Annahme einer Überlagerung von kultureller Signifikation und Machtverhältnissen nimmt Kenneth Gergen zum Anlass, seine These der kontextgebundenen Verhandelbarkeit und Veränderbarkeit sozialer Relation und kultureller Signifikation zu formulieren: »If others do not treat one's utterances as communication, if they fail to coordinate themselves around the offering, such utterances are reduced to nonsense.« (Gergen 1994: 265) Die Annahme der bisherigen Konzepte, dass Medien zur Legitimation von Machtverhältnissen und Subjektkonstitution benutzt werden, gewinnt eine neue Dimension, wenn berücksichtigt wird, dass Medien erst im Prozess ihrer Aneignung entstehen, nämlich im Prozess des *relating* und *constructing* von diskursiven Netzen. Diese Vorstellung von Medienaneignung als konstruktivem Prozess wirft die Frage auf, welche diskursiven Wiederholungen es konkret sind, mit denen Auslassungen und Beschränkungen hegemonialer Medienkultur sicht- und sagbar werden können.

Die Untersuchung der politischen Dimension der Medienaneignung setzt bei den kulturellen Praktiken der Amateure an und versucht herauszufinden, inwiefern sie politisch transformative Praktiken des Selbst generieren können. Dieser Ansatz der kritischen Wiederaneignung einer hegemonialen Kultur zählt freilich zu den zentralen Anhaltspunkten in den Cultural Studies und wurde als kulturelles Empowerment emanzipierter Subjektpositionen aufgewertet (vgl. Hall 1999: 102).

In seinem Aufsatz »Putting Policy into Cultural Studies« thematisiert Tony Bennett das Verhältnis der transformativen Praktiken des Selbst zu politischen Projekten von Kollektiven und fragt nach den Perspektiven einer *kulturellen Politik* (Bennett 1992: 24). Dabei geht es ihm vorrangig um den Nachweis, dass bereits der Kulturbegriff in der theoretischen Kulturanalyse eine bestimmte *politische Markierung* aufweist. Er weist darauf hin, dass der Begriff der Kultur überwiegend im Praxisfeld der Signifikationsprozesse (*signifying practices*) verortet wird und damit für eine bestimmte Idee von Politik steht (vgl. Bhaba 1994: 102-122). Vor diesem Theoriehorizont erweist sich das Kulturelle zwar als ein Effekt sozialer Unterscheidbarkeit, markiert jedoch die politische Veränderung ausschließlich auf der Ebene der Signifikation. In dieser Vorstellung firmiert Kultur als ein *privilegiertes Feld* des Ringens um Hegemonie, dessen Organisation durch Bildungsprozesse über die Bedingungen, Möglichkeiten und Wirkungen widerspenstiger Artikulationen entscheiden. Damit wird eine Deckungsgleichheit von politischen und diskursiven Praktiken behauptet. Die Reduktion politischer Widerständigkeit auf Artikulationsformen der Signifikation und Resignifikation hat dazu geführt, dass in den jüngsten Theoriedebatten der Cultural Studies die Aufmerksamkeit auf die ökonomische Kontextualisierung der kulturellen Praktiken gelegt wurde und mittlerweile sogar ein »economic turn« für die Kulturstudien ausgerufen wurde (Tonkiss 2007: 214).

Nimmt man diesen Einwurf ernst, dann muss die Frage nach den institutionellen Bedingungen, welche die verschiedenen Felder der Kultur regulieren, erhoben werden. Die vorliegende Untersuchung verortet die institutionelle Rahmung des Mediengebrauchs in den Wissenstechniken der sozialen Software, die wirtschaftlichen Anwendungskontexten entstammen. Verschiebungen von Machtverhältnissen können so an die Praktiken kultureller Resignifikationen delegiert werden. In dieser Sichtweise erscheint Kultur als Differenzial der Macht und repräsentiert nicht nur deren Nicht-

Identität mit sich selbst, sondern partizipiert auch auf eine gewisse Weise an den Ausprägungen herrschender Medien- und Repräsentationspolitik, unter deren Bedingungen kulturelle Praktiken ihre konkrete Gestalt und Verhältnisbestimmungen verändern. Die sich auf diese Weise formierenden Praktiken der Resignifikation kultureller Artefakte sind allerdings gezwungen, sich im Rahmen einer gewissen Komplizenschaft mit der Macht, gegen die sie opponieren, zu artikulieren: »Im Akt der Opposition gegen die Unterordnung wiederholt das Subjekt seine Unterwerfung.« (Butler 2001: 16)

Der Befund, dass die kulturellen Praktiken der Medienaneignung geeignet sind, die Machtstrukturen und Aufmerksamkeitsmärkte der Medienkanäle zu transformieren und zu verschieben, trifft keine Aussage über den politischen Stellenwert der kulturellen Signifikationen und Resignifikationen. Die entscheidende Frage bleibt daher, ob die Verfahren der Kontextmodifizierung, der Dekonstruktion oder das Hypertextifizieren in den *signifying practices* ausreichen, um die intrinsischen Widersprüche von Machtkonstellationen derart zu dynamisieren, damit kulturelle Produktionen nicht erneut den Funktionsweisen bestehender Machtverhältnisse untergeordnet werden können.

In den Kulturwissenschaften hat sich mit dem sogenannten *spatial turn* ein Ansatz herausgebildet, der über eine bloße Diagnose raumgeprägter Sozialverhältnisse hinausgehend eine »Produktion neuer Raumdifferenzen« (Ahrens 2001: 132) und somit eine Ausprägung eines *kritischen Raumverständnisses* postuliert. Die Auseinandersetzung mit den unterschiedlichen Raumrepräsentationen und mit dem kulturwissenschaftlich adaptierten Begriff des ›Mapping‹ geht von einer *sozialen Produktion von Raum* aus (vgl. Kap. 3.10). Raum wird als ein vielschichtiger und oft widersprüchlicher gesellschaftlicher Prozess angesehen und meint »eine spezifische Verortung von kulturellen Praktiken, eine Dynamik sozialer Beziehungen, die auf die Veränderbarkeit von Raum hindeuten« (Bachmann-Medick 2007: 289). Die ›Verortung‹ der kulturellen Praktiken operiert mit einer bestimmten Vorstellung von Kartografie. Die Karte funktioniert als ein Medium, das von vornherein lesbar und sichtbar ist und wie ein nicht-mimetisches Bild funktioniert. Auch widerständige Praktiken sollen mit der Methode der Karte sichtbar gemacht werden. In seinem Kommentar zu René Magrittes »Dies ist keine Pfeife« (1997) beharrt Michel Foucault jedoch auf der strikten Trennung von Sichtbarem und Lesbaren und macht uns darauf aufmerksam, dass der Annahme *eines* einzigen Machtraums die ontologische Problematik der Totalität, Metaphysik und der Identität inhärent ist.

Mit ihrer Analyse der *signifying practices* verorten die Kulturwissenschaften die widerständigen Praktiken im Bereich des *enduser interface*. Diese Aufmerksamkeit gegenüber den Praktiken der kulturellen Resignifikation blendet jedoch den Bereich der formalen Modellierung von Dienstarchitekturen für Multimediadienste aus. Im Unterschied zum Begriff des kartografischen Raums, der damit von den Kulturwissenschaften offensichtlich bevorzugt wird, operieren technologische und mathematische Wissenstechniken und -medien hingegen mit formalen Modellierungen und diskreten Kodierungen des Raums. Dieser digitale Raum mathematischer Operationen ist für die meisten Amateure und Amateurinnen weder lesbar noch sichtbar. Das

Sichtbare und das Lesbare bleiben auf das Spiel raumzeitlicher Metaphern der Datennavigation beschränkt. Geläufige 3D-Simulationen konfigurieren räumliche Metaphern für die kartografische Navigation im Anwenderbereich und bilden somit einen Gegensatz zur topologischen Operativität der digitalen Kalkulation, die im Rahmen der Anwendung unbemerkt abläuft.

Eine Möglichkeit, den Amateur als radikalen Akteur zu denken, entwerfen Gilles Deleuze und Felix Guattari in ihrem 1980 veröffentlichten Werk »Mille Plateaux«, das in der Folgezeit für viele Theoretiker zum Inbegriff der Netztheorie avancierte. Zur Bestimmung kontrasignifikanter Praktiken haben Deleuze und Guattari den Begriff des »asignifikanten Diagramms« geprägt (Deleuze/Guattari 1997: 191). Dieser Begriff unterscheidet sich von den retroaktiven Konzepten der Differenzproduktion in der Medienaneignung (Resignifikation, Reframing, Rekontextualisierung). Im asignifikanten Diagramm werden nicht zwei konfligierende Formen des Zeichengebrauchs aufeinander bezogen, da jenseits des herrschenden Zeichenregimes ein neues Regime im Entstehen ist, das aber nicht das gleiche Territorium wie das dominante Zeichenregime für sich beansprucht. Ein solches Diagramm ermöglicht es, Aneignungspraktiken anzuzeigen, die sich der Symbolisierung in einem gegebenen Zeichenregime entziehen, den Bruch mit der dominanten Segmentierung vollziehen und somit ein künftiges Potenzial andeuten: »Asignifikante Diagramme enthalten Knoten der Koinzidenz, die jederzeit Zentren der Signifikanz und virtuelle Subjektivierungspunkte bilden können.« (Ebd.) Hier entstehen keine defizitär motivierten Konflikte um das Zeichen, sondern »Fluchtlinien, die primär sind, die in einem Gefüge keine Phänomene des Widerstands oder Gegenangriffs sind, sondern Punkte der Schöpfung und der Deterritorialisierung« (ebd.: 194). Den im Netz produzierten asignifikanten Verknüpfungen und Überlagerungen kann kein eindeutiger Ort in einem Zeichenregime zugewiesen werden. Die asignifikanten Diagramme können von den Zeichenregimen zwar verarbeitet, aber nicht integriert werden, weil sie nicht-narrative und asubjektive Repräsentationen darstellen. Eine Dynamisierung der inneren Widersprüche der hegemonialen Medienkultur könnte also darauf hinauslaufen, die Konstitutionsbedingungen gesellschaftlicher Ordnung und die Bedingungen der Subjektivitätskonstitution durchgreifend zu erschüttern.

1.12 Selbstpraktiken, Wissensapparate, Kulturtechniken

Ein Medium ist nicht nur ein Ensemble von technischen Apparaten, Instrumenten, Programmen und Codes, sondern immer auch ein »Effekt andersartiger Kräfte und Machtverhältnisse« (Crary 2002: 14) und eine »komplexe soziale Institution, die durch eine Geschichte von Praktiken, Ritualen, Gewohnheiten, Fähigkeiten und Techniken ebenso konstituiert wird wie durch eine Reihe materieller Objekte und Räume« (Mitchell 2001: 159). Medien sind demzufolge nicht auf neutrale Informationskanäle zu reduzieren, die einfach nur Botschaften übertragen, sondern »entfalten eine Wirkkraft, welche die

Modalitäten unseres Denkens, Wahrnehmens, Erinnerns und Kommunizierens prägen« (Krämer 1998: 14). Medialität stellt in der Forschung eine privilegierte Kategorie dar, die oft als ein autonomes und sich selbst begründendes Problem verstanden wird. Demgegenüber geht es hier um den Nachweis, dass Kommunikations-, Informations- und Visualisierungsmedien neue macht-, wissens- und subjekttechnologische Formationen konfigurieren (Turkle 2007: 505-523). Der Ansatz, dass Medien ›soziale Institutionen‹ verkörpern, impliziert nach Mitchell eine offene und unabgeschlossene Austauschbeziehung der »gegen- und wechselseitigen Konstitution« (Mitchell 2001: 159). Diese Sichtweise ist entscheidend bei der theoretischen Aufwertung der Handlungsfähigkeit *amateurhafter Praktiken*. Aus technikgeschichtlicher Hinsicht muss zwar berücksichtigt werden, dass Standardisierungen und Normierungen einen konjunkturellen Einfluss auf Amateurkulturen ausüben und somit einen entscheidenden Faktor mediengeschichtlicher Umbrüche darstellen (King 2003: 183-191). Dennoch ist die Subjektivität der Amateure und Amateurinnen eingebunden in Machtverhältnisse und Wissensbeziehungen, innerhalb derer sie von anderen und sich selbst geformt werden und zur Formung ihres Selbst erst befähigt werden. Sie können von einer Reihe externer Techniken ergriffen, geformt und kontrolliert werden, sie sind jedoch auch imstande, sich diesem institutionellen Zugriff zu entziehen und neue Formen, Affekte und Intensitäten zu erfinden.

Wenn also das Verhältnis von sozialer Software und Selbstpraktiken *nicht* als determinierte Beziehung verstanden werden soll, sondern als *strategische Machtbeziehung*, die offen bleibt für ihre Abweichungen oder Veränderungen, dann müssen die Beiträge, welche die Amateure im Netz selbst einbringen, auch dementsprechend differenziert werden – ein Ansatz, der bis heute weitgehend unberücksichtigt geblieben ist: »Entsprechend haben die Medienamateure noch weit weniger Beachtung gefunden und bilden eine Art blinden Fleck aller bisherigen Medientheorie. Um ihre Rolle für die Wirkung und Entstehung der Medien auch nur annähernd zu klären, bleibt allein der Weg einer dicht an ihrer Praxis verlaufenden Argumentation.« (Daniels 2002: 207)

Besteht der Anspruch, Subjektivierung nicht als bloße Ausführung überindividueller Technologien oder als passive Aneignungspraxis zu verstehen, ist es notwendig, einen differenzierten Begriff sozialer Praxis zu entwickeln, um nach dem *Mediengebrauch* fragen zu können, der in der Praxis von den Medienamateuren gemacht wird. Demzufolge müssen die Praktiken der subjektiven Aneignungen und Aushandlungen im Konflikt verschiedener Diskurse und Praxen in ihrer relativen Autonomie gedacht werden, um den Raum für widerstreitende Handlungsspielräume, Bruchstellen, Aushandlungspraxen und Regulierungsweisen offen zu halten. Die Alltagskunst der Amateure im Netz besteht letzten Endes darin, innerhalb eines hegemonialen Rahmens trickreiche Taktiken des Umgangs mit den Zwängen zur Selbstdarstellung, den normativen Wissenstechniken und den kulturellen Formationen zu entwickeln. Um die Handlungsspielräume im Vermittlungsverhältnis zwischen Sozialität und Subjektivität genauer zu fassen, scheint es also im Fortgang der Untersuchung angebracht, die Veränderungsmöglichkeiten, welche die

Subjekte zum Ausgangspunkt ihrer widerspenstigen Praktiken zu nehmen, in Betracht zu ziehen.

Als heuristische Suchbegriffe besitzen *Selbstmanagement, Wissenstechniken* und *kulturelle Formationen* eine explorative Kreativität und bilden ein nahezu unauflösliches Geflecht paradoxer Beziehungen zwischen Flirt und dem Bewerbungsgespräch, zwischen individueller Schnappschussästhetik und den Pathosformeln des kollektiven Gedächtnisses oder zwischen den Online-Diaries und den Techniken zur Wissenserfassung. Um eine Verortung der Selbstpraktiken zu untersuchen, scheint es angemessen, die Biografieforschung sowohl historisch als auch theoretisch an die Diskursivierung der Medienumbrüche zu koppeln. Die Frage nach der Mediatisierung des Selbst versucht, die Brüche und Zwischenräume im Verhältnis des Selbst zu den Medien zu verorten. Wenn mittels der kulturellen Praktiken die Apparate der Wissensanordnungen anders verwendet werden, als dies geplant ist, und dadurch Störungen entstehen, dann ist das weniger eine Subversion der Wissensapparate selbst als eine Subversion der sozialen Software und ihrer Codes, welche die Möglichkeiten ihrer Verwendung regeln. Die instabilen Verhältnisse von Code, Apparat und Aneignungspraktiken führen nicht zu letztgültigen Formen, sondern entfesseln im wechselseitigen Zusammenspiel ihrer Elemente Störungen und Dissonanzen, erzeugen Sichentziehendes und Nichteinordnenbares und eröffnen andere Räume oder Fluchtlinien, die sich einer positiven Deutungskultur mehr oder weniger verweigern. Derart unscharf gewordene ›Demarkationslinien‹ zwischen den Praktiken der Subjektivierung und den technischen Medien schärfen eine analytische Perspektive für die semiotischen und symbolischen Verschiebungen beider Ordnungen. Die Ereignung von Andersheit und Differenz erfasst gleichermaßen die Kulturtechniken der Selbstkonstitution und löst sie von ihrer statischen Zugehörigkeit zu einem ›ursprünglichen‹ Kontext. Die Praktiken der Amateure/Amateurinnen durchkreuzen die lebensformativen Imperative von *Selbstmanagement* und *Wissenstechnik* und machen aus ihnen etwas *Anderes*, das nicht mehr im selben Schema formulierbar ist. Aus ihrem Inneren heraus zerfallen die einst mächtigen Blöcke der personalen, sozialen, epistemischen und technologischen Immunität und erweisen sich als inkonstistent. Die hegemoniale Kultur wird derart an ihre Grenzen geführt, und zwar so, dass in ihrem Repertoire Brüche und Lücken entstehen, die den Blick auf ein Anderes frei machen.

2. Selbstmanagement

»Wenn sich der Kapitalismus auf zahlreichen Umwegen das Netzparadigma zu eigen macht, das zum Teil gegen den Authentizitätsbegriff konzipiert worden war, so liefert dies Argumente und sogar Legitimation für die zunehmende Ökonomisierung des Menschen. Der Kapitalismus hat sich Freiräume des Handelns und der Ökonomisierung erschlossen, wie er sie in einem solchen Ausmaß noch nie zuvor besessen hatte.«
Luc Boltanski, Ève Chiapello, Der neue Geist des Kapitalismus

»Broadcast Yourself!«
Slogan des Videoportals YouTube

Im Frühjahr 2004 verkündeten Tim O'Reilly und Dale Dougherty ihre Version eines optimistischen Netzparadigmas: das »Web 2.0«. Ihr medienwirksames Branding-Konzept enthält Vorstellungen eines ›nicht-hierarchischen‹, ›freizugänglichen‹ und ›bedienerfreundlichen‹ Web auf der Basis kooperativer und kollaborativer Konstrukte (O'Reilly 2005). In der Abkehr vom ›passiven‹ Surfen im dezentralisierten Web und der Hinwendung zum ›aktiv‹ vernetzen Community-Web sehen O'Reilly und Dougherty eine Wiederkehr basisdemokratischer Graswurzelbewegungen. Zur Steigerung der Aufmerksamkeit receycelt das Web-2.0-Vernetzungsmodell frühere radikaldemokratische Desiderate des Netzes (Barlow 1996) und sozialutopische Gründungsnarrative von einem ›neuen‹ Medium, das aus Empfängern endlich Sender und aus ferngesteuerten Konsumenten endlich selbstbestimmte Produzenten machen soll (vgl. Brecht 1932; Enzensberger 1970). O'Reilly und Dougherty verstehen unter den Organisationsprinzipien und -strukturen des Web 2.0 eine neue Amateurkultur der Partizipation und des ›ungehinderten‹ und ›freien‹ Austausches von Informationen: Jeder einzelne soll ohne aufwendige Produktionsverfahren, teure Produktionsmittel und zu erlernendes Know How ein Autor, Künstler und Wissenschafter werden können, um sich selbst zu verwirklichen.

Wachsende Nutzerzahlen und boomende Werbeeinnahmen machten in den letzten Jahren Internet-Dienste für das E-Commerce Business interessant. Online-Portale wie *YouTube, MySpace* oder *Flickr* haben die neuen Möglichkeiten zur Selbstorganisation, Partizipation und Produktion von *user created content* massenhaft verfügbar gemacht. Pitas und Blogger machen das Publizieren von Einträgen gänzlich ohne HTML-Kenntnisse möglich (Zuern 2003). Die forcierte Vernetzung von Spiel-, Print-, Marken- und TV-Inhalten hat zur Aufweichung der Trennlinien zwischen den einzelnen Medienkanälen geführt. Aus ihrer rhetorisch formulierten Fragestellung »What is Web 2.0« haben O'Reilly und Dougherty allerdings eine rein technische Beschreibung der Neustrukturierung und Neubewertung der Produktion, Distribution und Rezeption kommerzieller Webanwendungen entwickelt:

»Web 1.0	Web 2.0
DoubleClick	Google AdSense
Ofoto	Flickr
Akamai	BitTorrent
mp3.com	Napster
Britannica Online	Wikipedia
Homepage	Blog
Seitenaufrufe	»cost per click«
Veröffentlichung	Beteiligung
Content Management	Wikis
Taxonomie	Tagging«
(O'Reilly 2005)	

Mit dieser anwendungsorientierten Perspektive werden allerdings soziale, politische und kulturelle Rahmenbedingungen aus der Betrachtung alltäglicher Netzpraktiken mehr oder weniger ausgeblendet. Die neu belebte Debatte zur Interaktivität, Konnektivität und Kollaborativität der Netzöffentlichkeit fällt jedoch in eine Zeit, in der die tägliche Medienberichterstattung eine Krise der etablierten politischen Repräsentation beschwört. Die Vision vom demokratischen Netz ist von einer tief greifenden Kritik gegenüber der politischen Repräsentation der Bürgerinnen und Bürger geprägt. Radikaldemokratische Netzpraktiken deklarierte das anerkannte *Time Magazine* zur gesellschaftspolitischen Trendwende und kürte zum Jahreswechsel 2006 die Person des Jahres: »You. Yes You. You control the Information Age. Welcome to your world«. (Abb. 1) Innerhalb einer Aufmerksamkeitsökonomie, die auf Neuheit und Differenz basiert, bedeutet die potenzielle Integration jedes Einzelnen in die Sichtbarkeit der Internetöffentlichkeit jedoch keine Ausweitung politischer Repräsentation. Denn die Internetöffentlichkeit besteht überwiegend aus kultureller und ästhetischer Repräsentation, deren Verbindung zur politischen Repräsentation fragwürdig bleibt, wenn in Betracht gezogen wird, dass die vermeintlich souveräne Selbstermächtigung des Subjekts in das Spiel opponierender Bedeutungsfelder und in die Paradoxieanfälligkeit tendenziöser Geschmacksurteile involviert ist. Im Unterschied zur erhofften Radikaldemokratie und kritischen Netzöffentlichkeit ist vielmehr ein unübersichtliches Gewirr von Subgruppen und eine Kommunikationskultur der Selbstthematisierung entstanden, in dessen Dunstkreis der kreative Imperativ »Erzähle dich selbst« (Thomä 1998) neuen Aufschwung erhalten hat. Möglicherweise haben heute die »Ausweitung der Bekenntniskultur« (Burkart 2006) und die mit ihr einhergehenden medialen Formen der Selbstbeobachtung die Thematisierung der politischen Repräsentation in den Hintergrund verdrängt.

Abbildung 1: Time Magazine, »Person of the Year«, 2006

Die technische Entwicklung von Retrieval-Systemen hat dazu geführt, dass biografische Daten mittels des computergestützten inhaltsorientierten Suchens effektiver in Datenbanken zusammengefasst werden können. Im Unterschied zu biografischen Daten, über deren Aufzeichnung, Speicherung, Verarbeitung und Veröffentlichung die Betroffenen nicht (Videoüberwachung) oder nur bedingt (Melderegister, Bildungsevidenz) entscheiden können, gibt es eine Vielzahl digitaler Lebensdokumente, die als Selbstpräsentation eines Individuums in digitalen oder hypertextuellen Medienformaten veröffentlicht werden. Digitale autobiografische Medienformate sind persönliche Websites, Weblogs, Online-Diaries, E-Portfolios, Lifelong capture-Systeme, Foreneinträge u.a.m. Die gängigen Medienmanuale der Selbststeuerung dienen in einem hohen Ausmaß normativen Bildungsanforderungen: E-Portfolios, Kompetenzraster, Lern-Journale, Dossiers, Credit-Point-Systeme und kollaborative Kommunikationssysteme vermitteln zwischen den Anforderungen und Zumutungen der Managementstile, Wissenstechniken, Ego-Taktiken und der Kommerzialisierung der Netzdienste. Führen der im Netz forcierte Verdrängungswettbewerb von *Virtuosen* der Biografie- und Identitätskonstruktion, ihren individualistischen Lebensformen und eine allgemeine »Kultivierung des Selbst« (Ehrenberg 2004) letztlich dazu, *dass Freiheitsdiskurse vollständig von den Rechtfertigungssystemen kapitalistischer Diskurse absorbiert werden*? Die Vermischung von Hoch- und Popularkultur ist heute mehr oder weniger gesellschaftlich anerkannt; ein neuer Elitarismus des zwanglos eleganten *codeswitching* hat sich etabliert, der die virtuose Beherrschung der Codes voraussetzt. Läuft die Zelebrierung von nichtelitären Kulturformen nicht auch Gefahr, konsumistische Medienpraktiken als *one-best-way*-Prinzip abweichender Interpretation zu überhöhen. In einer ersten Annäherung an diese vielschichtige Fragestellung kann festgehalten werden, dass sich Begriffe wie etwa ›Selbstbestimmung‹, ›Selbständigkeit‹ und ›Gleichberechtigung‹ von ihrem emanzipatorischen Kontext gelöst haben und heute als Versatzstücke kommerzieller *Freiheitstechnologien* konsumiert werden (vgl. Foucault 2000: 41-67).

Heute verleihen die emanzipatorischen Ideale der Neuen Linken und der Revolutionäre der 1968er-Bewegung der kapitalistischen Werteordnung ein selbstzufriedenes Image. Aber unter welchen Bedingungen konnte es geschehen, dass die alternativen Begriffe der Kulturrevolution wie etwa *Autonomie, Kreativität* und *Authentizität*, die sich einst gegen die Leistungsgesellschaft richteten, heute zu *Persönlichkeitsmerkmalen der Leistungselite* innerhalb der kapitalistischen Gesellschaft geworden sind? In ihrer Untersuchung über den »neuen Geist des Kapitalismus« knüpfen Luc Boltanski und Ève Chiapello an die Protestantismusthese Max Webers an und führen den Nachweis, dass sich der projektbasierte Kapitalismus des 21. Jahrhunderts die anti-kapitalistischen Ideen der *Selbstverantwortung* und *Kreativität* zunutze gemacht hat, um Ansehen und Akzeptanz bei seinen ehemaligen Kritikern zu gewinnen (Boltanski/Chiapello 2003).

Bei der Erforschung der strukturellen Hintergründe und historischen Markierungspunkte machen Ansätze der soziologischen Biografieforschung die seit Mitte der 1960er Jahre entstehende Alternativ- und Subkultur – Selbsterfahrungsgruppen, Wohnkollektive, politische Zirkel – geltend und verweisen auf die sozialen Umbrüche der Bildungsexpansion, der Frauenbewegung, der sexuellen Liberalisierung und der Anti-Pädagogik (Eberlein 2000). Mit der multiplen und multimedialen Aufgliederung der Selbstthematisierung korrespondiert eine strukturelle Freisetzung der Individuen aus traditionellen Vergesellschaftungsformen und festen Klassenstrukturen (Blood 2002: 13; Bucher 2005: 187-218). Diese Freisetzung erhöht zwar die individuelle Handlungsmöglichkeit im Sinne gesteigerter Mobilität und Flexibilität, andererseits begünstigt sie Unterscheidungen, die heute direkt am Individuum ansetzen: Individualität wird heute vorrangig in ihren Distinktionsbestrebungen beurteilt und vermessen (Bourdieu 1982: 12). Einen weiteren Schub erhält die Selbstthematisierungskultur mit der Privatisierung des Fernsehens in den 1980er Jahren. Mit dem neuen Fernsehformat der Talkshow konkurrenziert das kommerzielle Fernsehen um Marktanteile in einer boomenden *Bekenntnis- und Geständniskultur*. Das Fernsehen der 1980er Jahre kommuniziert weniger Formen der authentischen Selbstdarstellung, sondern raffinierte Rollenspiele und Selbstinszenierungen (Reinhardt 2006: 171-184). Sein populärer Utilitarismus verankert die expressiven Tendenzen der medialen Selbstdarstellung in der Konsumästhetik (Hochschild 2003). Selbstverwirklichung wird immer weniger in alternativen Lebensformen bestehender Gegen- und Subkulturen, sondern vielmehr im Konsumhedonismus gesucht (Campbell 1987). Im heutigen globalen Konsumkapitalismus knüpft sich die Selbsterfüllung im Konsum an neue Techniken der Normalisierung. Die Thematisierung des Selbst verortet sich verstärkt in einem narrativen Feld, das die Soziologin Eva Illouz mit dem Begriff »emotionaler Kapitalismus« kennzeichnet:

»Der emotionale Kapitalismus ist eine Kultur, in der sich emotionale und ökonomische Diskurse und Praktiken gegenseitig formen, um so jene breite Bewegung hervorzubringen, die Affekte einerseits zu einem wesentlichen Bestandteil ökonomischen Verhaltens macht, andererseits auch das emotionale Leben – vor allem das der Mittelschichten – der Logik ökonomischer Beziehungen und Austauschprozesse unterwirft.« (Illouz 2006: 13)

Zu den Charaktereigenschaften einer erfolgreichen Persönlichkeit zählt heute die ›Marktfähigkeit‹ und eine ›unternehmerische‹ Einstellung: Diskurse der Selbstbeherrschung und -kontrolle müssen sich folglich mit den *Techniken des Selbstmanagements* vertraut machen (Bublitz 2006: 105-125). Die im Kontext der *geführten* Selbstpraktiken vieldiskutierte These von der ›Ökonomisierung des Sozialen‹ begreift

»den Neoliberalismus als eine politische Rationalität, die auf eine ›Ökonomisierung des Sozialen‹ zielt und den Abbau staatlicher Leistungs- und Sicherungssysteme an den Appell an ›Eigenverantwortung‹ und den Aufbau selbstregulatorischer Kapazitäten koppelt. Dazu gehört das gesellschaftliche Leitbild einer ›autonomen‹ Subjektivität, wobei die eingeklagte Autonomie in der Ausrichtung des eigenen Lebens an betriebswirtschaftlichen Effizienzkriterien und unternehmerischen Kalkülen besteht.« (Bröckling/Krasmann/Lemke 2000: 30)

Die sich entlang der Produktivität des Lebens sedimentierenden Macht- und Herrschaftstechnologien sind jedoch keine Phänomene, die *ursächlich* mit dem Auftauchen des Neoliberalismus entstanden sind. Subjektivierungspraktiken wie Gewissensprüfung, Selbsterkenntnis oder Selbstkontrolle etablierten sich spätestens zum Ende des 18. Jahrhunderts für das Bürgertum. Heutige Selbstkonstitutionsprozesse im Netz rekurrieren folglich auch auf bereits vorhandene und tradierte Techniken des Selbst und Techniken des Wissens und können daher als besondere Objektivierungen von *historisch* und *sozial* bedingten Subjektivierungen aufgefasst werden. Mit ihrer Rhetorik der lückenlosen Verwertbarkeit des Lebens verstellt die heute viel beklagte ›Ökonomisierung des Sozialen‹ einerseits die Perspektive auf abweichende

Selbstpraktiken; andererseits suggeriert sie eine ›lückenlose‹ Verwertung des Lebens und annihiliert damit die dissidenten Praktiken alternativer Selbstverhältnisse. Andererseits muss eingeräumt werden, dass sich – unabhängig von der historischen Markierung des Neoliberalismus – das Subjekt nie *außerhalb* von Machtverhältnissen als eine ›autonome‹ und ›unverfälschte‹ Instanz situieren konnte, denn in seiner Gestaltbarkeit war es immer auch ein Effekt bestehender Machtverhältnisse und verwies damit auf einen immanenten Widerspruch seiner Subjektwerdung (vgl. Cruikshank 1993: 327-344).

Auf diesen unauflöslichen Widerspruch von Subjektivierungsprozessen verweisen heute zahlreiche Untersuchungen zu den Strukturen, Mechanismen und Bedingungen der Formation von Subjektivität im Internet, die zum Schluss kommen, dass »sich die Selbstpraktiken immer im ambivalenten Spannungsfeld von Subjektivierung und Entsubjektivierung bewegen« (Lüders 2007: 249). Ambivalente Selbstpraktiken wie sie zum Beispiel durch *Fake-Identitäten* (Identität mit vorsätzlichen Falschangaben) zum Ausdruck kommen, artikulieren kein oppositionelles Gegenprogramm zu ›maßgeblichen‹ Subjektformen, sondern versuchen, sich dem Zugriff hegemonialer Identitätsdiskurse temporär zu entziehen. Damit distanziert sie sich von utopischen Entwürfen der Gegenkraft und zielt vielmehr auf eine permanente Absetzbewegung und eine Praxis der »Entsubjektivierung« (Foucault 1996: 27). Wenn Foucault als ›letzte‹ Möglichkeit widerständiger Praxis die Entsubjektivierung aufruft, dann muss in diesem Zusammenhang gefragt werden, wie das Verweigern von Subjektivität möglich sein kann. Zunächst verfährt Foucault ex negativo und stellt der befreienden Selbstbehauptung die Entsubjektivierung und das Anderswerden als Prozess gegenüber.

Nach Foucault ist die Kritik eine experimentelle und ortlose Praxis, die letztlich auf eine Ambivalenz zwischen Subjektivierung und Entsubjektivierung hinausläuft. Entsubjektivierung ist folglich immer auch in einer Ambivalenz befangen, die eine fassbare Identifizierung unmöglich macht. Dementsprechend sind Blogs, Foren und Wikis der Ausdruck ambivalenter Selbstpraktiken im Spannungsfeld zwischen Selbst- und Fremdführung. Subjektwerdung im Netz oszilliert zwischen Unterordnung und Ermächtigung, zwischen Freiheit und Regulierung (vgl. Aycock 1995). Die Ambivalenz behält zugleich die Möglichkeit von Kritik wie die Unmöglichkeit einer Instanz ein, welches sich als wahres Selbst bestimmen könnte. Im Unterschied zum Subjektivierungsregime, das auf das Zu- und Abrichten der Subjekte abzielt, beharrt die Entsubjektivierung auf einem kritischen Verhältnis zur Politik des Selbst- und Identitätsmanagements und versucht, die Imperative zur Selbstfindung zu überwinden, ohne sich jedoch in Selbstauflösung zu verlieren. Die Unfähigkeit, über Entsubjektivierung zu befinden, ermöglicht Amateuren/Amateurinnen im Netz einen Handlungsspielraum bis in die feinsten Verzweigungen des Alltagslebens hinein. In diesem Sinne meint Entsubjektivierung eine mehr oder weniger kontingente Erfahrung, die uns eher widerfährt, als dass sie von uns beherrscht und kontrolliert werden würde und damit die Grenzen der kohärenten Subjektivität überschreitet. Inwiefern darin Entgrenzung zu einer Subjektivierungsform zu werden vermag, muss folglich offen bleiben.

Abbildung 2: Logo des Online-Videoportals YouTube

Der Aufstieg der »kreativen Klasse« (Florida 2002) führte zur Ausweitung der Selbstverwirklichungsdiskurse in die Bereiche der Populärkultur, der Arbeitssphäre, der Freizeitgestaltung und der therapeutischen Kultur.[1] Mit dem Glauben an unerschöpfliche Potenziale des Individuums stieg Kreativität zum »Heilswort« (Hentig 2000: 9) einer zivilreligiösen Verhaltenslehre auf. Die Überbietungsrhetorik der Web-2.0-Diskurse deklariert einen neuen kreativen Imperativ: Kreativität gilt nun als eine säkularisierte menschliche Fähigkeit (Abb. 2). Im Netz kommt es weniger darauf an, auf unverfälschten Lebenserfahrungen zu insistieren, sondern mit Hilfe der *erlernten Medienkompetenz* an seiner vorteilhaften Selbstdarstellung zu ›basteln‹. Der Begriff der Kreativität hat für die Subjektkonstitution weitreichende Folgen, denn er suggeriert die Möglichkeit einer permanenten Selbsterfindung des Subjekts mittels der neuen Medien, deren Gebrauch stets eine neue Perspektive auf schöpferische Potenziale des Individuums eröffnen soll. Protagonistinnen und Protagonisten der Kultur- und Medienberufe stellen heute die Resultate ihrer kreativen Potenziale in informellen E-Portfolios ins Netz, um sich auf einem hyperindividualisierten Arbeitsmarkt selbst zu vermarkten. Die Selbstnarrationen rekurrieren nicht auf ein authentisches Kernselbst, sondern setzen sich aus den Vernetzungsstrukturen der Konsumkultur zusammen (vgl.

1. Menschen aus allen Bereichen der Arbeitswelt können der kreativen Klasse zugeordnet werden, wenn ihre Arbeit einen kreativen Prozess beinhaltet. Florida unterteilt die kreative Klasse in zwei Gruppen: Die Mitglieder der *Supercreative Core* arbeiten in wissensintensiven Bereichen (Wissenschaftler, Künstler, Professoren, Lehrende, Designer, Unternehmer u.a.) und produzieren etwas Neues. Diese Innovationen manifestieren sich z.B. in Produkten, optimierten Prozessen oder neuen Wissensgütern. Die zweite Gruppe ist diejenige der *Creative Professionals*, deren Hauptaufgabe es nicht ist, etwas Neues zu erschaffen, sondern darin besteht, eigenständiges Denken und kreative Problemlösungen sinnvoll anzuwenden. Mitglieder dieser Gruppe sind z.B. Anwälte, Manager, Facharbeiter oder Ärzte.

Tillmann 2006: 33-50). Die in Blogs, Communities und Portalen verwendete Social Software der Open-Content-Systeme und Webservice-Statistiken konstituiert Visibilitätszwänge hochtransformativer Gegenwartsgesellschaften, Prozesse sozialer Exklusion und diskursive Konflikte um Deutungsmacht.

Lebensplanung ist aus der Alltagskultur nicht mehr wegzudenken und hat sich in Selbstentwürfen als Normvorgabe erhärtet. Das Geschichtenerzählen ist zwar ein grundlegender Modus der Wissensvermittlung[2], der durch die Entwicklung der Medientechnologie einer kontinuierlichen Transformation unterliegt, doch mit der Veränderung der Selbsterfahrung im Zeitalter der Informationstechnologien, deren Organisationszentrum das Individuum ist, sind neue *Normalitätsstandards* entstanden (Floyd 1999: 21-44). Die Virtuosität, die Alleinstellungsmerkmale des eigenen Selbst in Multimedia-Shows in Szene zu setzen, zählt zu den selbstreflexiven Kernkompetenzen sogenannter ›leistungsorientierter‹ Subjekte.[3] Die *virtuose Beherrschbarkeit* der eigenen Selbstinszenierung verweist immer auch auf einen medienpraktischen Elitismus, der ein Subjekt voraussetzt, das beim *codeswitching* über alle Codes ›spielerisch‹ verfügt. Diese ›kompetente‹ Balancierung zwischen Selbsterzählung und Selbstmotivation gehört nicht nur im beruflichen Bereich zur Leitnorm elitärer Managerausbildung, sondern ist zum unverzichtbaren Bestandteil der Selbstbeschreibungen in medial generierten Netzwerken aufgestiegen. Die Implementierung der digitalen Medien im alltäglichen Leben hat neue soziale Netzwerke, damit assoziierte Mediendiskurse und eine Medienkultur hervorgebracht, die zur Verallgemeinerung und Demokratisierung ehemals exklusiver Formen der Selbsterzählungen führen. Das Erzählen über sich selbst ist eine Praxis, die damit neue Anforderungen an die Selbstreflexion der Individuen stellt: »Schließlich trägt das Internet [...] zu einer Textualisierung der Subjektivität bei [...], das heißt zu einer Art des Selbstzugangs, die das Selbst mit Hilfe visueller Mittel der Repräsentation und Sprache externalisiert und objektiviert.« (Illouz 2006: 119) Gewandelt hat sich jedoch nicht nur die *Anzahl* derer, die befähigt und in der Lage sind, ihr Selbst zu reflektieren; vielmehr bedingen *semantische Kontexte, mediale Dispositive* und *soziale Gebrauchsweisen* die Transformationen der Selbstthematisierung. Digitale Netzwerke fungieren immer auch als normative Systeme, die auf Menschen Druck ausüben, sich am Prozess der Selbstthematisierung zu beteiligen und Bekenntnisse zu Lebensstil, Kulturbetrieb oder Freizeitindustrie zu fabrizieren. Vor diesem Hintergrund wird die als mach- und planbar wahrgenommene Lebensgeschichte zum Gegenstand medialer Erzählstrategien, mit denen versucht wird, das eigene Leben entlang anerkannter Biografiegeneratoren, mittels sozial anerkannter Erzählmuster und multimedialer Medienformate[4] zu verorten.

2. Der Begriff ›Erzählen‹ wird hier wie im alltäglichen Gebrauch als ein Überbegriff für alle narrativen Formen benutzt (vgl. Genette 1998: 13).

3. Auch die wissenschaftlichen Diskurse konkurrenzieren um Aufmerksamkeit und versuchen, am neuen Trend der Selbstkultur zu partizipieren, indem sie narrative Theorien über die zeitgenössische Identitätsbildung im Netz formulieren (Kraus 1996; Murray 1997; Ryan 1999; Brockmeier/Carbaugh 2001; Straub/Renn 2002).

4. Unabhängig von der medialen Realisierung bezeichnet der Begriff ›Multimedia‹

Multimediale Dispositive generieren und strukturieren biografische Erzählformen. Heute zählt der ›Mixed Media‹-Erzählstil zur alltäglichen Normalität im weltumspannenden hypermedialen Netzwerk des Internets.[5] Das Hypermedium Internet subsumiert alle bisherigen Kommunikationsmedien und -wege unter ein- und derselben Medienoberfläche in multimedialen Darstellungsformen. Dabei vernetzt es *Hypertexte*, die sich aus schriftlichen, auditiven, visuell-dynamischen, fotografischen und grafischen Dokumenten zusammensetzen[6] und auf technischen Plattformen bearbeitet werden können. Die damit einhergehende Aufhebung der Differenz zwischen Lese- und Schreiberechten stellt den traditionellen Begriff vom Autor und der Autorin in Frage und kündigt eine neue Wissensordnung an, in der die Rollenaufteilung zwischen dem aktiven Autor und dem passiven Leser verschwinden könnte. Mit ihren alltäglichen Praktiken modifizieren die Amateure/Amateurinnen den digitalen Raum, entwickeln affektive Handlungsfähigkeiten und knüpfen ein widerspenstiges Netz (*bottom up*), das sich vermöge ihrer *sozialen Gebrauchsweisen* unaufhörlich ausweitet (vgl. die Konzeption der populären Handlungsfähigkeit bei Grossberg 1997: 201f). Als Gegenstück zu dem von Foucault (1977: 173-292) beschriebenen systematisch-zweckrationalen *Netz der Disziplinierungsmacht* sind Computernetze den Akteuren nicht auferlegt, sie sind kein fertiges Produkt, sondern ein fortlaufender Prozess. Die in das Alltagshandeln im Hier und Jetzt situierten Akteure können die Regeln, Produktlogiken oder Systemzwänge mittels unbegrenzter Praktiken unterlaufen und bilden für de Certeau (1984: 18-32) ein Netz der *Antidisziplin*, dass sich in der kreativen Nutzung von Freiheitsspielräumen oder günstigen Gelegenheiten bewährt.

Dem Wechselverhältnis von Selbstreflexion und erzählenden Verfahren inhäriert immer auch eine historische Dimension; es verweist auf eine langfristige Ausprägung individueller Ausdrucksformen. Selbstreflexion meint folglich keine ontologische Eigenschaft des Subjekts, sondern den Prozess, sich auf sich selbst zu beziehen und wird im jeweiligen gesellschaftlichen und

das verteilte Vorkommen mehrerer medialer Repräsentationen, wobei meistens als Kriterium angegeben wird, dass mindest ein zeitbasiertes Medium dabei sein muss.

5. Mit zunehmender technischer Entwicklung nimmt die Tendenz der semiotischen Anreicherung von Hypermedialität zu. Sie ist eng mit der *Operationalisierung* der Rezeption verbunden, die mit der nautischen Metapher des ›Navigierens‹ umschrieben wird. In der Rezeptionsforschung zur Nutzungsdynamik werden spezifische ›Navigationsstile‹ in vordefinierten Lesewegen unterschieden (scanning, browsing, searching, exploring, wandering u.a., vgl. McAleese 1993: 8ff.).

6. Verbindungen sind das Hauptmerkmal von Hypertextualität (Landow 1994) und vergleichbar mit räumlicher Kontiguität in anderen Medien. Hypertextuelle Instruktionen verweisen auf andere Texte oder Knoten, die in kausaler oder temporaler Weise miteinander verknüpft sind. Hypertexte beziehen sich auf Modelle nicht-sequentieller, nicht-linearer Organisationen von Wissen und der Erarbeitung von Information. Die Realisierung des Hypertext-Konzeptes wurde erst mit der Entstehung einer *grafischen* Benutzeroberfläche (englisch: *Graphical User Interface*) möglich, die mit Hilfe der Tastatur und der Computer-Maus aktiviert werden kann.

historischen Kontext immer wieder von neuem ausgehandelt. Erst durch die Möglichkeit, eigene Wahrnehmungen in Bezug auf sich selbst zu thematisieren, wird das Individuum zum Subjekt: »Die Substantivierungen des Selbst sind irreführend, weil sie suggerieren, das ›Selbst‹ sei der aktive Part. Tatsächlich ist aber gemeint: Das Ich oder das Subjekt thematisiert ›sich selbst‹. ›Das Selbst‹ ist also nicht, wie die Sprache – fast unvermeidlich – suggeriert, ein ›Ding‹, sondern die reflexive Seite des Bewusstseins.« (Burkart 2006: 18) Das biografische Selbst kann folglich als ein Aggregat diskursiver, medialer, visueller und technischer Verfahren verstanden werden. Einerseits ist das Subjekt als Konstituierendes immer schon medial konstituiert, andererseits eröffnet es mit seiner iterativen und signifizierenden »Kraft zum Bruch« (Derrida 2001: 27) unendlich viele neue Kontexte. In ihrer grundlegenden Verflechtung ermöglichen sich Aktivität und Passivität, Konstituierendes und Konstituiertes wechselseitig. Diese Umformung der Medien bleibt aber umgekehrt auch wiederum nicht folgenlos für das Subjekt, so dass die Entstehung von Sinn als ein sich ständig fortschreibender Prozess begriffen werden muss und für einen ständigen Überschuss an Bedeutung sorgt, der eine unaufhörliche Fortschreibung dieser Verflechtung aufzuzeigen vermag. Demzufolge ist dem Subjekt die vollkommene Aneignung seiner Selbst ebenso versperrt wie auch im Umkehrschluss seine totale Enteignung durch die anderen. Unter Berücksichtigung der immanenten Widersprüchlichkeiten der Selbstpraktiken können weder die Medienamateure/Medienamateurinnen selbst noch die Medientheorie der Amateure/Amateurinnen einen Sonderstatus in der Welt als sinnkonstituierende Instanz beanspruchen. Mittels ihrer Selbstpraktiken konstituiert sich vielmehr ein Raum von offenen Horizonten und Unbestimmbarkeiten, worin jede Deutung eine *chiastische Struktur* erhält. Die wechselseitige Verflechtung von Subjekt und Medium hat Merleau-Ponty in seinem Spätwerk mit dem *Begriff des Chiasmus* umschrieben (1986: 172-203). Der Begriff Chiasmus leitet sich von dem griechischen Buchstaben Chi (X) ab und bezeichnet eine kreuzweise syntaktische Wortstellung. In seinem unvollendeten Theoriefragment tritt an Stelle des griechischen Begriffs der Terminus ›Überkreuzung‹, mit dem er eine Abkehr von der traditionellen dualistischen Sichtweise zu überwinden versucht. Mit der Figur des *Chiasmus* schließt er völlige Kongruenz ebenso aus wie völlige Inkongruenz. Infolgedessen zeigt sich die Aktivität der Sinngenerierung als *brüchiger Sinn*. Durch die chiastische Konstellation medialer Praktiken entstehen Paradoxien, die nicht mehr mit begrifflichen oder interpretativen Methoden angeeignet werden können. Derart sich überkreuzende Bedeutungsprozesse führen in die Interpretationen widerständige und singuläre Momente ein, welche den Erklärungsversuch einer geschlossenen Sinntotalisierung kontinuierlich unterlaufen.

Hatte man es zunächst mit einer kleinen Selbstfindungs-Elite zu tun, die in die Lage versetzt werden sollte, sich reflexiv auf sich selbst zu beziehen, so durchdringt heute ein gesellschaftlicher Trend die Spätmoderne: die *Demokratisierung* und *Veralltäglichung* der Selbstthematisierung. Waren es in der Vergangenheit vielmehr religiös, rechtlich und politisch motivierte Zusammenhänge, in denen es um Selbsterforschung und -befragung in Form von Bekenntnissen und Geständnissen ging (vgl. Hahn/Kapp 1987), haben sich im Zeitalter digitaler Kommunikation neue mediale Formen der demonstrativen Selbstbezüglichkeit ausgebildet, der ein erweitertes Spektrum von narrativen Medien zur Verfügung steht: Geräusche, Musik, Stimme, kinetische Bilder, Fotos und Text können zu einer Geschichte komponiert werden. Vor dem Hintergrund dieses dynamischen Aggregats medialer Technologien, Selbstpraktiken und sozialer Strategien sollen folgende Fragen diskutiert werden. Auf welche Art und Weise formen digitale Netzwerke die Selbstthematisierungen der Subjekte und unter welchen Voraussetzungen werden die Praktiken der Subjekte selbst zur Normalität gesellschaftlicher Diskurse? Welche neuen Identitätsfolien haben sich als Folge der neuen Ethik des selbstverantwortlichen Handelns herausgebildet? In welchem Verhältnis stehen normalisierende Selbsttechniken und widerständige Praktiken des Selbst? Wie unterscheiden sich gegenwärtige von den bisherigen Erzählformen des Selbst? Auf welche Weise verändern mediale Präsentationsformen die Möglichkeiten narrativer Selbstdarstellungen?

2.1 Erzählökonomie im Web 2.0

Das narrative Selbst zählt heute zu den entscheidenden Analysekategorien der Biografie- und Identitätsforschung.[7] Diese betrachtet Identitätsformationen, Selbstpraktiken und Prozesse der Subjektivierung unter dem Gesichtspunkt ihrer gesellschaftlich-kulturellen Bedingungen und untersucht die sozialen, diskursiven oder narrativen Konstruktionen der Selbstthematisierung (Kraus 1996; Gergen 2002). In den Diskussionen um den Stellenwert der Selbstthematisierung in Blogs, Wikis, Chats und Foren hat sich jüngst eine Art semantisches Begriffsfeld herausgebildet, mit dem versucht wird, die Praktiken der Subjektivierung zu definieren. Dieses semantische Netz spannt sich zwischen den Begriffen ›Identitätsarbeit‹, ›Biografiearbeit‹, ›Selbstnarration‹ und ›Selbstmanagement‹ auf und ist von einem emphatischen Individualitätskonzept geprägt (Stepnisky 2006: 154f). Zahlreiche Theorieentwürfe der Netzsoziologie setzen ein affirmatives Verhältnis von Selbstreflexion, Lebensgeschichte und Medienaneignung voraus und haben auf diese Weise den Begriff des *Empowerment* in die Konzeption der ›Biografiearbeit‹ eingeführt (Kraus 1996; Keupp u.a. 1999). So geht die Theorie des »Empowerment Writing« (Pitts 2004) davon aus, dass Menschen ihre *reflexiven Fähigkeiten und Möglichkeiten* durch das Erzählen ihrer eigenen Geschichten wesentlich erweitern. Die narrative Kreativtechnik des Empowerment hat zum Ziel, Möglichkeitsräume aufzuzeigen, in denen Menschen in diskursiver Form die für sie identitätsrelevanten Ereignisse im Rahmen einer Lebenserzählung sag- und sichtbar machen können und in der *reflexiven Aneignung ihrer lebensgeschichtlichen Erfahrungen* den Wert des eigenen Lebens gegenüber Identitätsreduktionen und Ohnmachtserfahrungen aufbauen können: »The reflexivity of modernity extends into the core of the self. Put in another way, in the

7. Die Identitätsforschung ist ein heterogenes Feld, in dem es um die wissenschaftliche Analyse der Identitätsbildung geht (Bruner 1998).

context of a post-traditional order, the self becomes a reflexive project.« (Giddens 1991: 32) Mit seiner Betonung von Selbstbestimmung und autonomer Lebensführung hat das Konzept des Empowerment, das im Bereich der Gesundheitspsychologie und der Sozialen Arbeit in den USA entwickelt wurde (Rappaport 1985: 257-278), den Selbstpraktiken biografischer Reflexivität zu einer Medienpräsenz verholfen, die es in dieser breiten Auffächerung bisher noch nicht gegeben hat.

Zahlreiche Theorieansätze der Biografieforschung gehen davon aus, dass Selbstnarrative den Prozess des Balancierens innerer Subjektansprüche und der jeweiligen Gegenwartswelt stützen: »It is the stories that we have about our lives that actually shape or constitute our lives.« (White 1998: 226) In diesem Zusammenhang werden Selbstnarrationen oft als Heilmittel gegen die Zumutungen der ›Fragmentierung‹ und ›Dezentrierung‹ postmoderner Subjektivität angesehen: »Autobiography – particularly in the broad sense of an interpretative self-history produced by the individual concerned, whether written down or not – is actually at the core of self identity in modern social life.« (Giddens 1991: 76) Andererseits wird dem Storytelling unterstellt, es würde durch seine Fiktionalisierung die Tatsachen der sozialen Wirklichkeit ausblenden: »Since human beings are story-telling beings, we are bound to rebel against the drift to storylessness.« (Sandel 1996: 350f) Im Unterschied zur Konzeption eines operationalisierbaren »Identitätsmanagements« (Rowden 2004) mittels narrativer Formen weist White darauf hin, dass Selbsterzählungen notwendigerweise auch Zensur einschließen: »No sole personal story or self-narrative can handle all of the contingences of life« (ebd.: 226):

> »In striving to make sense of our lives, we face the task of arranging our experiences of events in sequences across time in such a way as to arrive at a coherent account for ourselves. Specific experiences of events of the past and the present, and those that are predicted to occur in the future, are connected to develop this account, which has been referred to as a story of self narrative.« (White 1998: 22)

Jenseits simpler Normativierungen ist der Alltag des vernetzten Selbst von flexibilisierten Handlungssituationen bestimmt, in denen von ihm Rechenschaft, Auskunft und Reflexion über sein Handeln erwartet wird: Es soll gleichzeitig informieren, erzählen, teilnehmen, aufklären, spielen, kreativ sein und medial versiert sein. Soziale Netzwerkseiten wie *MySpace* ermöglichen die kostenlose Einrichtung und Nutzung von ›Benutzerprofilen‹ mit multimedialen Content (Fotos, Videos, Blogs, Gruppen). In den USA gilt *MySpace* – im Gegensatz zum arbeitsnetzwerkorientierten *Facebook* – als das soziale Netzwerk für Privates und Freizeit (Abb. 3). Mehr als eine biografische Modeerscheinung ist das selbstironische, unpathetische, stilplurale und multimediale Erzählen eine gesellschaftliche Institution geworden und wird daher auch als eine Normerwartung wahrgenommen. Das Erzählen über sich selbst ist mehr als bloß ein Akt der partikulären Selbstbehauptung: *Wer heute nicht mehr bereitwillig von sich erzählen möchte, gilt in einer sich ausweitenden Bekenntniskultur als asozial* (vgl. Burkart 2006: 7-40).

Im Rahmen der Transformation traditioneller Klassen- und Schichtenla-

Abbildung 3: Layoutdesign für die soziale Netzwerkseite MySpace, www.myspace.com

gen, Familienformen und Normallebensläufen und den damit verbundenen Handlungs- und Orientierungsverbindlichkeiten spielen *Biografien* nicht nur in alltagskulturellen Lebenskontexten, sondern auch im Beruf und in der Arbeitswelt eine zunehmende Rolle:

»Identität gilt nicht länger mehr als eine statische, durch klare Rollenverteilungen, Tradition und sozialen Status festgelegte Größe, vielmehr wird Identität als ständig changierendes Resultat von Inszenierungsstrategien und Selbst-Erfindungen begriffen. Zwar schränken milieuspezifische Rahmenbedingungen die Beliebigkeit bei der Gestaltung der eigenen Biographie ein, doch scheint der Freiraum für den Entwurf des eigenen Selbst ungleich größer zu sein als noch vor wenigen Jahrzehnten.« (Becker 2000: 18)

Herausgelöst aus den starren Zugehörigkeiten zu sozialen, politischen oder geschlechtlichen Identitätskonstruktionen zählt die Frage der *Lebensplanung* heute zu den gebräuchlichen Rechenschaftspflichten des einzelnen (Siebers 1996: 24). Die alltägliche Biografiearbeit mittels der *digitalen Portfolios* erhöhen den sozialen Druck, das eigene Leben als *›Endverbrauch‹ von Lebenschancen* wahrzunehmen (Hartnell-Young/Morriss 2006). Im Arbeits- und Bildungsmarkt zählt das Konzept der Biografizität mittlerweile zu den Schlüsselqualifikationen (Hoernig 1995: 20f).

In netzbasierten Blogs, Foren oder Social Networks verhandeln die Teilnehmerinnen und Teilnehmer die Möglichkeitsräume ihres eigenen Lebens immer wieder neu und stellen dabei ihre Lebenskontexte als anpassungsfähig, flexibel und veränderbar dar (Johnson 2001: 45-60). Für jeden einzelnen scheint es immer wichtiger zu werden, sich gleichzeitig als *Regisseur und Darsteller* des eigenen Lebensprojektes zu stilisieren (Abb. 4). Die Konzeption des persönlichen Lebenslaufes als unabgeschlossenes und vorläufiges Projekt, an dem regelmäßig und fortdauernd gearbeitet werden müsse, spiegelt sich im

Abbildung 4: Online-Guide Videoblogging

Weblog wieder, das sich per definitionem *under construction* befindet. Eines der bekanntesten Formate, das für viele prototypisch für das Web 2.0 steht, ist das Weblog (Blog), worunter eine kontinuierlich aktualisierte Webseite verstanden wird, deren Beiträge rückwärts chronologisch dargestellt sind und in der Regel von anderen Nutzern kommentiert werden können. Ein Weblog dient bekanntlich der Dokumentation und Archivierung von persönlichem Wissen und kann die Form eines Tagebuches, eines Journals, einer What's-New-Page oder einer Linksammlung zu anderen Webseiten annehmen (Przepiorka 2006: 14). Im Weblog als Teil des digitalen Medienumbruchs vermischen sich Selbstpraktiken und Medientechniken. Es verbreitete sich in den letzten Jahren rapide: so zählte die spezialisierte Suchmaschine *technorati.com* im März 2008 über 90 Millionen Blogs. Die Einsatzweisen des neuen Medienformats haben sich ausdifferenziert. Neben den anteilsmäßig dominierenden persönlichen Online-Journalen, die jedoch in sich schon große Unterschiede in Themen, Stil und Gestaltung aufweisen, finden Weblogs heute in der Organisationskommunikation, als Instrument im E-Learning oder als Ergänzung professioneller publizistischer Angebote breite Verwendung. Die wachsende Anzahl von autobiografischen Weblogs kann etwa als ein Indikator dafür angesehen werden, dass digitale Medien- und Kommunikationsformen personale und gesellschaftliche Funktionen und Vermittlungsleistungen erfüllen (Abb. 5). Die Themen und Probleme, die mit der Verbreitung digitaler Informations- und Kommunikationstechnologien virulent geworden sind, bringen neue Fragen nach der Medialisierung von Erzählformen und Erzählkulturen mit sich. Auf welche Weise wird das Subjekt der Erzählung medialisiert? Und inwiefern handelt es dabei um eine medienspezifische Narration? Inwiefern sind digitale Medien überhaupt narrativ?

Im Weblog als Teil des digitalen Medienumbruchs vermischen sich Selbstpraktiken und Medientechniken. Die auf diesen Aspekt aufbauende Social Software ist ein Sammelbecken hybrider Kulturtechniken und synäs-

Abbildung 5: Xu Jinglei, »World's Most Famous Blogger 2007«

thetischer Selbstpraktiken und stimuliert Überlagerungseffekte der subjektiven und der medialen Sphäre. Einerseits ist dadurch die Ästhetisierung der Lebenswelt intermedial bedingt, andererseits hat die massenhafte Mediennutzung zur amateurkulturellen Profanierung der Ästhetik beigetragen. Im Unterschied zu traditionellen Gemeinschaften lässt die Massenkultur jenseits der gemeinsam geteilten Identität (Sprache, Geschichte, Religion, Erziehung) *voraussetzungslose Gemeinschaften* entstehen. Soziale Software, die mit Nicknames operiert, stiftet folglich nicht kollektive Identitäten, sondern transitorische Communities, deren Mitglieder sich nicht kennen – ihnen fehlt eine gemeinsame Identität und kollektive Erinnerung, die sie teilen könnten.

Das Magazin www.trendwatching.com hat sich darauf spezialisiert, die neuen Trends der Blogosphäre zu dokumentieren. Mit dem Begriff »Life Caching« beschreiben die Trendwatcher das Phänomen der lückenlosen medialen Dokumentation des eigenen Lebens:

»Trendwatching.com has dubbed this emerging mega trend *Life Caching*: collecting, storing and displaying one's entire life, for private use, or for friends, family, even the entire world to peruse. The *Life Caching* trend owes much to bloggers: ever since writing and publishing one's diary has become as easy as typing in www.blogger.com, millions of people have taken to digitally indexing their thoughts, rants and God knows what else; all online, disclosing the virtual caches of their daily lives, exciting or boring.« (www.trendwatching.com)

So wie der Cache eines Browsers betrachtete Inhalte zwischenspeichert, so konservieren Millionen Internetbesucher mit den Werkzeugen des Web 2.0 ihre Biografien. Jahr für Jahr, Monat für Monat, Kapitel für Kapitel verarbeiten hochauflösende Kameras in Mobiltelefonen, USB-Sticks, I-Pods, MP3-Player und Blogsoftware alltägliche Begebenheiten, flüchtige Ereignisse und *kleinste soziale Anlässe.* Sogenannte *Lifelong Capture Systeme* treten mit dem Anspruch an, die Mikrophysik autobiografischer Ereignisse ›lückenlos‹ aufzuzeichnen. Eine regelmäßig sich vervielfachende Speicherkapazität, eine erhöhte Bandbreite der Internetanschlüsse und progressiv sinkende Anschaffungskosten für Aufzeichnungs- und Speichermedien haben dazu geführt, dass Amateure/Amateurinnen häufig die Kontrolle über die Verwaltung ihrer biografischen Daten verlieren. Vor diesem digital erzeugten Hintergrund sind Softwareprogramme wie »Stuff I've seen« und »MyLifeBits« (Abb. 6) entwickelt worden, die darauf abzielen, dass Benutzerinnen und Benutzer jedes ihrer gesammelten Dokumente, Bilder und Töne wieder finden können, anstatt »shoeboxes full of photos, photo albums and framed photos, home movies, old bundles of letters, bookshelves and filing cabinets« (Gemmell 2002) in Datenbank-Friedhöfen aufzubewahren.

Abbildung 6: Microsoft-Forschungsprojekt MyLifeBits

Die *Defense Advanced Research Projects Agency* (Darpa), die Forschungsabteilung des Pentagon, initiierte 2003 das Forschungsprojekt »LifeLog« (Abb. 7). Es sollte die Möglichkeiten erforschen, die ›threads‹ des Lebens eines Menschen in einem ›Lebensarchiv‹ zu speichern, das aus drei Komponenten bestehen soll: »anywhere/anytime«-Datenerfassung und -speicherung, Repräsentation und Abstraktion sowie Datenzugriff und Benutzerinterface. Ziel dieses vom Pentagon finanzierten Forschungsprogramms war es, die Effektivität technischer Medien bei der Nachrichtenaufklärung zu steigern: eine biografische Rasterfahndungs-Software sollte es den Versuchspersonen ermöglichen, vergangene Ereignisse präziser zu lokalisieren und schneller abzurufen: Erfasst werden sollen physikalische Daten, die von den Benutzern mittels mitgeführter Hardware stammen: visuelle, auditive und sogar haptische Sensoren zeichnen etwa auf, was die (freiwilligen?) LifeLog-Benutzer sehen, hören und fühlen. Zudem soll LifeLog aber auch noch die »schwindelerregenden Mengen an Kontextdaten erfassen, denen der Benutzer täglich ausgesetzt ist, wenn er Radio hört, vor dem Fernseher sitzt, Zeitungen, Bücher oder Dokumente liest, im Web surft oder auf Datenbanken zugreift« (Rötzer 2003). Dieses medientechnische System, das heute beim Kampfeinsatz der US-Armee im Einsatz ist (Shachtmann 2004), war das Vorbild für die technische Entwicklung der *Living Memory Box*, die heute Familien beim Aufbewahren ihrer multimedialen Erinnerungen behilflich ist (Gemmell 2006).

Abbildung 7: Defense Advanced Research Projects Agency, United States Department of Defense

Im Unterschied zu den Aufzeichnungspraktiken der Medienamateure/Medienamateurinnen früherer Zeiten werden nicht nur herausragende soziale Anlässe und biografische Schwellensituationen *narrativ bilanziert* (Geburt, Hochzeit, Kommunion, Schulabschluss, Ferien, Ausflüge usw.). In der Ära der digitalen Medien (Fotografie, Video, Handycam, Internet Cam) »genügen kleinste Anlässe, um eine Selbstthematisierung in Gang zu bringen« (Schroer 2006: 61). Life Caching funktioniert wie ein »Aufschreibesystem«[8]. Es verwandelt das eigene Leben in einen Arbeitsgegenstand und in ein mediales Tool. Die technischen Diskursnetzwerke des Lebens umfassen nicht nur die Verwaltung seiner alltäglichen Geschäfte wie die Regelung von Erwerbsarbeit und Haushaltsführung, sondern die Ausrichtung auf einen weiteren Horizont, um dem Leben *orientierende Perspektiven* zu eröffnen. Life Caching ist die zeitgemäße Version der von Max Weber vorgeschlagenen Definition der »Lebensführung«. Er definiert die Lebensführung als einen »Versuch zur Systematisierung aller Lebensäußerungen, der Zusammenfassung also des

8. Mit dem Begriff »Aufschreibesystem« bezeichnet Friedrich Kittler in seiner gleichnamigen Habilitation »das Netzwerk von Techniken und Institutionen [...], die einer gegebenen Kultur die Adressierung, Speicherung und Verarbeitung relevanter Daten erlauben. So bilden Techniken wie der Buchdruck und an ihn gekoppelte Institutionen wie Literatur und Universität eine historisch sehr mächtige Formation, die im Europa der Goethezeit zur Möglichkeitsbedingungen der Literaturwissenschaft selber wurde.« (Kittler 1985: 501) praktischen Verhaltens zu einer Lebensführung, gleichviel, wie diese im Einzelfall aussehen möge« (Weber 1972: 275).

Während das selbstdistanzierte Verhältnis sozial erwünscht ist, wird eine individuelle Erzählverweigerung in der Netzöffentlichkeit als ein sozialer Tabubruch geahndet. Dementsprechend stilisiert die Ratgeberliteratur zum digitalen Storytelling die Bloggerinnen und Blogger zum Gegenpol drohender »Subjektdezentrierung in digitalen Netzwerken« (Gaggi 1998) und empfiehlt, mittels Erzählungen ein Bollwerk der narrativen Identität zu stiften (Picot/Fischer 2006; Senge 2006). In dieser Hinsicht versteht die einschlägige Literatur das Anlegen von E-Portfolios als eine Disziplin im biografischen Bilanzieren: »Die Institution des Lebenslaufs konstituiert nicht allein eine ›Ordnung richtiger Zeit‹, sondern auch eine ›Ordnung richtigen Zusammenhangs‹.« (Brose u.a. 1993: 51) Als ordnungsstiftende Instanz führt das ›Identitätsmanagement‹ den auktorialen Erzähler an, der als Garant der »personalen Identität«[9] aufgewertet wird, und meint damit, dass das Gelingen biografischer Kommunikation davon abhängig ist, inwiefern die Bloggerinnen und Blogger bereit sind, konstant und gewissenhaft an ihrem Portfolio als Leistungsnachweis ihres Lebens zu arbeiten (vgl. Keupp 1997: 11-39). Als ›identitätsbildend‹ gelten weniger Repliken auf das bereits Erreichte in der Vergangenheit, sondern Verweise auf die *morgen machbare Gegenwart*.

Als performative Äußerungen sind Biografien das Resultat einer komplexen sozialen Konstruktion, welche die Vergesellschaftung der Individuen reguliert. Biografien entstehen nicht aus den Zufällen ›biologischer‹ Lebensläufe, die sich in einer ›individuellen Erfahrung‹ oder einer ›natürlich‹ verlaufenden Lebenszeit ansiedeln, sondern verweisen auf fiktionale und narrative Aspekte der Selbstdarstellung. Versteht man die in Blogs, Foren und Netzwerken vollzogene Biografisierung des Selbst als etwas, das im Spannungsfeld normativer Vorgaben und sozialer Konventionen entsteht, kann man die biografischen Konstruktionsprozesse in ihrer Meta-Struktur sag- und sichtbar machen:

> »So betrachtet kann Biographie als das ›generative‹ Prinzip verstanden werden, mit dem sich Gesellschaftsmitglieder – in vielfältigen wechselseitigen Interaktionen – im Laufe ihrer Lebenszeit in eine sich verändernde konkrete soziale Welt ›einbauen‹. In diesem Prozess re-konstruieren und verändern sie diese Welt und bauen zugleich Aspekte dieser Welt in ihre Geschichte ein.« (Dausien 266)

Die Meta-Struktur der Blogs, Foren und Netzwerke umfasst eine Vielzahl medialer Strukturelemente. Die in diesem Zusammenhang zum Einsatz kommenden Medien und Medienverbände stellen Schnittstellen dar, mit welchen sich die Vermittlung zwischen den Objektivierungsformen gesellschaftlichen Wissens und der individuumszentrierten Biografie anordnet. Alphanummerische Ordnungselemente strukturieren die lineare Akkumulation von Erfahrungselementen und Geschichten; Formularfelder und Vektorverknüpfungen modellieren die biografischen Daten zu Informationen und multimediale An-

9. Vgl. die prominenten Auseinandersetzungen mit dem Begriff der »narrativen Identität« von Alasdair MacIntyre (1995) und Paul Ricoeur (1991; 1996).

wendungen bilden die generative Struktur lebensgeschichtlicher Erfahrungen und führen zur Überlagerung des multimedialen und des sozialen Raums.[10]

Biografische Konstruktionsprozesse der Blogs weisen eine eigene Temporalstruktur auf, die Vergangenes und Zukünftiges, Reversibles und Irreversibles mit linearen und nicht-linearen Erzählstrukturen zusammenführt (Abb. 8). Das biografische Wissen entsteht in einem Geflecht kontextueller Merkmale: Verfahren der Reinzenierung und Resignifikation, Aufzeichnungstechniken und institutionelle Rahmenbedingungen, Inszenierungsweisen, Prozeduren der Verbildlichung, rhetorische Verfahren und performative Strategien beteiligen sich an der Herstellung, Verwaltung, Verbreitung und Theoriebildung medialer Selbstdarstellungen. Umfassende und vielseitige Verschränkungen der datenbasierten Informationstechnologien und der Techniken der Wissensrepräsentation tragen zur Standardisierung und Normierung der Lebensläufe maßgeblich bei. Biografische Daten und Informationen des Subjekts werden auf spezifische Weise durch ein hypermediales Gefüge aus Medien, Diskursen und Praktiken erzeugt (z.B. Schrift, Grafik, Tabelle, Foto, Video, Musikdatei), die der Internetöffentlichkeit Beispiele eines ›gelungenen‹ Lebens vorführen (Abb. 9). Heute gehört das biografische Erzählen zum Vokabular der Emanzipation, das es mit dem Ideal eines kreativen Lebens assoziiert. Das kreative Erzählen hat sich allerdings vom emphatischen Konzept des Ausnahmeindividuums abgelöst und erscheint in einem gänzlich anderen Licht. Unterstützt und ermöglicht durch die neuen digitalen Netzwerke hat sich das aktive und kreative Erzählen zu einem normativen Imperativ ausgeformt: Pädagogische und didaktische Kreativitätstrainings, Lerntechniken und -tools liefern nicht einfach nur Ratschläge zur leichteren Bedienbarkeit und Gestaltbarkeit der individuellen Performance, sondern geben institutionalisierte Rahmungen vor, die Anreize zur *Selbstoptimierung* herstellen. Vor dem Hintergrund sozial ausdifferenzierter Selbstverwirklichungsmilieus rückt die in zahlreichen Bereichen des Alltagslebens angewandte Wissenstechnik der *Evaluation* in das Zentrum der Aufmerksamkeit. Die Ausstattung privater Homepages[11] mit einer Bewertungssoftware wie etwa dem Counter,

10. Information ist eine Sammlung von Daten, die durch die Zusammensetzung der Daten und der Verwendung dieser Daten Bedeutung für den Adressaten hat oder erlangt. Die Eigenschaft von Daten und Informationen hängt maßgeblich vom Adressaten und von den Umständen während des Empfangs ab. Eine Sammlung von Daten kann für den einen eine Sammlung von Daten ohne eine darüber hinausgehende Bedeutung und für den anderen wirkliche Information sein. In anderer Hinsicht kann der Fall auftreten, dass dieselbe Sammlung von Daten für einen Empfänger erst nur eine Datensammlung ist, aber in einem nächsten Fall Bedeutung hat und somit zur Information werden kann.

11. Der Begriff der Homepage umfasst zwei Bedeutungsfelder. Zum einen versteht man unter einer Homepage die Startseite einer Internetpräsenz – einer Institution, Firma oder Person. In diesem Gebrauchskontext fungiert die Homepage als eine Begrüßungsseite und bildet den Ausgangspunkt interner Verlinkungen der Web-Site. Zum anderen versteht man unter dem Terminus »Homepage« die Summe aller zusammengehörigen Hypertext-Dokumente und Seiten, die einem Betreiber (Firma, Institution, personale Identität) vermittels einer Adresse (URL) im Netz eindeutig zugeordnet werden kann.

Abbildung 8: Visuelle Pointe, www.onlinediary.net/

Abbildung 9: Online-Diary, 2007

dem Webtraffic-Ranking und dem Social Bookmarking macht biografische Erzählformen zum Spielmaterial ökonomischer Kalkulation und Evaluation:

»Fitness – die Fähigkeit, sich schnell und behende dorthin zu bewegen, wo etwas los ist und jede sich bietende Möglichkeit für neue Erfahrungen zu ergreifen – hat Vorrang vor Gesundheit – der Vorstellung, dass es so etwas wie Normalität gibt, die man stabil und unversehrt hält.« (Bauman 1995: 10)

Ergänzend zur *technischen Kontrolle* biografischer Informationen haben sich Software-Architekturen für verteilte Netze und Peer-to-Peer-Netzwerke ausgebildet, die für eine *soziale Kontrolle* der Bloggerinnen und Blogger untereinander sorgen (Schoder/Fischbach/Teichmann 2002). In digitalen Netzwerken entstehen tagtäglich neue Lebens- und Lernmodelle, Sub- und Minderheitenkulturen, die einen Anspruch auf Mitsprache, Selbstvertretung und eine eigenständige kulturelle Artikulation kommunizieren. Die Tatsache, dass sich die narrative Identität einer Person nicht ausschließlich aus eigenen Kräften aus sich selbst heraus und über ihre subjektiven Selbstdeutungen konstituieren kann, wird bereits bei Charles Taylor thematisiert, der die soziale Prägung und den dialogischen Charakter der individuellen Identitätskonstruktion betont:

»Die Entdeckung der eigenen Identität heißt nicht, dass ich als isoliertes Wesen sie entschlüssele, sondern gemeint ist, dass ich sie durch den teils offen geführten, teils verinnerlichten Dialog mit anderen aushandele [...]. Meine eigene Identität ist entscheidend abhängig von meinen dialogischen Beziehungen zu anderen.« (Taylor 1996: 54)

Obwohl mit der Selbsterzählung oft der Anspruch auf eine sinnstiftende Einheit von Narration und Identität verknüpft ist, deckt die selbst geschöpfte narrative Identität nicht alle Aspekte und Dimensionen der praktischen Identität einer Person ab. Das digitale Medienkonglomerat übernimmt eine aktive Rolle bei der Konstruktion einer Gemeinschaft, die handlungskonstitutive Meinungen und Werte artikuliert. Dementsprechend formt das Internet ein Netz von Überzeugungen, Normen, Werten und Idealen einer konkreten soziokulturellen Gemeinschaft, die es als ein Medium eines umfassenden soziokulturellen Vokabulars versteht:

»Herrschaft verschwindet im Postulat der Selbstbeherrschung. Genau dies kann man in den Web-Communities trainieren. Gerade weil diese nicht einmal einem Unternehmensziel verpflichtet und keinem innerbetrieblichen Konkurrenzkampf unterworfen sind, sondern nur dem Ideal einer geglückten Lebensführung, einer erfolgreichen Selbsterkenntnis und der Verantwortung, für sich selbst einzustehen.« (Münte-Goussar 2008: 191)

Eine intersubjektiv kontrollierte, kommentierte und korrigierte Selbstdarstellung und -inszenierung im Netz hängt heute eng mit der veränderten Struktur der Ökonomie und der Arbeitswelt im Bereich der veränderten Anforderung kognitiver Fähigkeiten, die unter anderen mit dem Begriff der ›Identitätsarbeit‹ belegt werden, zusammen. Der Ansatz der ›Identitätsarbeit‹ mutet dem Individuum zu, »sein Leben sinnvoll zu organisieren, es also auf der Basis seiner alltäglichen Erfahrungen und deren Bewertungen mit Sinn zu füllen und dabei zu einer je einzigartigen Konstruktion seiner selbst zu gelangen« (Hintermair 1999: 21). Identität wird als ein ›individuelles Rahmenkonzept‹ verstanden, innerhalb dessen Individuen ihre Erfahrungen interpretieren und die dabei in Gang gesetzte Selbstreflexion die Basis für die ›alltägliche Identitätsarbeit‹ bildet. Im Rahmen dieser Identitätsarbeit »versucht das Subjekt, situativ stimmige Passungen zwischen inneren und äußeren Erfahrungen zu erzählen und unterschiedliche Teilidentitäten zu verknüpfen« (Keupp 1997: 60). Die in der Theorie der Identitätsarbeit oft wiederholte Behauptung eines angeblich unwandelbaren »Kernsselbst« (Stern 1985), das sich mit flexibleren Teilidentitäten umhüllt, argumentiert auf der unreflektierten Basis krytoreligiöser Hintergründe (das »Kernselbst« als säkularisierte Fortschreibung von Ideen wie die des *logos spermatikos* oder der ›unsterblichen Seele‹; vgl. Petzold/Orth 1999).

Im Unterschied zur Ontologie der Identitäts*findung* haben konstruktivistische Ansätze ihren Ausgangspunkt in der Identitäts*erfindung* und behaupten, dass eine gelungene Identitätsfindung auf einem *narrativen Projekt* beruhe (Keupp 1997; Bruner 1999). Konstruktivistische Subjekttheorien setzen also einen narrativen Rahmen voraus, der auch als *normative Anforderung* an das Subjekt zu verstehen ist: es *soll* sich selbst verstehen, sich anderen mitteilen und so seinen narrativen Faden in das Gesamtgewebe einer Kultur, die auch eine Erzählung ist, verflechten. Mit der Konzeption von *Basisakten* alltäglicher Identitätsarbeit, ihrer *Analyse, Spezifikation* und *produktiven Synthese* wird die Arbeit am Selbst als Fortsetzung der tayloristischen Ausrichtung des Scientific Management angesehen: die elementare Zerlegung der körperlichen Arbeit bis in die einzelnen Handgriffe, die Messung, Zählung und Kalkulation menschlicher Arbeit und die ›Optimierung‹ der räumlich-zeitlichen Koordinierung der zusammengesetzten Teilarbeiten (Taylor 1911). So räumt die konstruktivistische Version dem *Identitätsarbeiter* vorgeblich eine multiple Persönlichkeit ein, um sie im zweiten Schritt doch wieder an eindeutige Funktionsbestimmungen und Nutzungskategorien anzubinden: »Die Funktion der situativen Selbstthematisierung ist die Einordnung der Eigenbeteiligung in der jeweiligen Handlungssituation.« (Hintermair 1999: 28) Vor diesem Hintergrund ist es nicht verwunderlich, dass die mit dem Begriff der Arbeit konnotierte Identität oft in einen Zusammenhang mit der Konzeption des *Selbstmanagements* gebracht wird (Reichert 1998: 235-245). *Identitätsarbeit* und die Fähigkeit zum *Selbstmanagement* gelten heute als unabdingbare Voraussetzungen für das Bestehen in den Arbeits-, Aufmerksamkeits- und Beziehungsmärkten überhaupt. Die in kurzer Zeit zur gesellschaftlichen Norm aufgestiegenen Fähigkeiten ›Selbsterfindung‹, ›Kreativität‹ und ›Eigenmotivation‹ gelten als Bedingungen für wirtschaftliche Innovation und zählen zu den Schlüsselqualifikationen im individuellen Leistungsnachweis der *Portfolios*. Die institutionalisierte Rahmung der biografischen Selbstanerkennung des Subjekts durch das Online-Portfolio mutet dem Subjekt eine Pluralisierung von Selbst- und Fremdwahrnehmungen zu: Im Herstellen des

Portfolios soll sich das Subjekt ›objektiv‹ beurteilen, seine subjektiven Stärken herausstellen und gleichzeitig durch andere evaluieren lassen. Im Verfertigen seines Portfolios soll »das Individuum eine Beziehung zwischen der vergangenen, gegenwärtigen und zukünftigen Lebensgeschichte herstellen, erworbene Erfahrungen in den bisher bestehenden Erfahrungsvorrat einfügen und mit ihm verknüpfen« (Wittenhagen 2003: 80).

Die Tendenz der *biografischen Bilanzierung* unterstützt die Social Software der Netzwerkkommunikation, wie sie etwa das Online-Portal *Facebook* anbietet (Abb. 10). Seine E-Formulare sind tabellarisch angeordnete Rastergrafiken, die aus logisch vorstrukturierten Texten mit *slot* und *filler*-Funktionen bestehen und zur Wissensrepräsentation und Wissenserfassung der Mitglieder dienen. Die biografische Bilanzierung dient in erster Linie dazu, sich gegenüber anderen als Individuum darzustellen und *auf sich selbst aufmerksam zu machen.* Für den einzelnen wie für Organisationen werden Selbsterzählungen und Selbstinszenierungen in digitalen Netzwerken immer mehr zur *Aufgabe.* Demzufolge müssen immer mehr Ressourcen für das aktive Imagedesign und die Selbstprofilierung aufgewendet werden. Zur Herstellung der Aufmerksamkeit gehört unabdingbar die Beherrschung medialer Präsentationstechniken, die das eigene Selbst im Rahmen seiner Internet-Präsenz gut ›aussehen‹ lassen soll. Ziel ist dabei nicht nur, von außen Anerkennung zu lukrieren, sondern ebenso wichtig ist es für die Amateure/Amateurinnen im Netz, ein anpassungsfähiges Selbstbild zu entwickeln, das gleichzeitig Handlungs- und Wandlungsfähigkeit signalisieren soll.

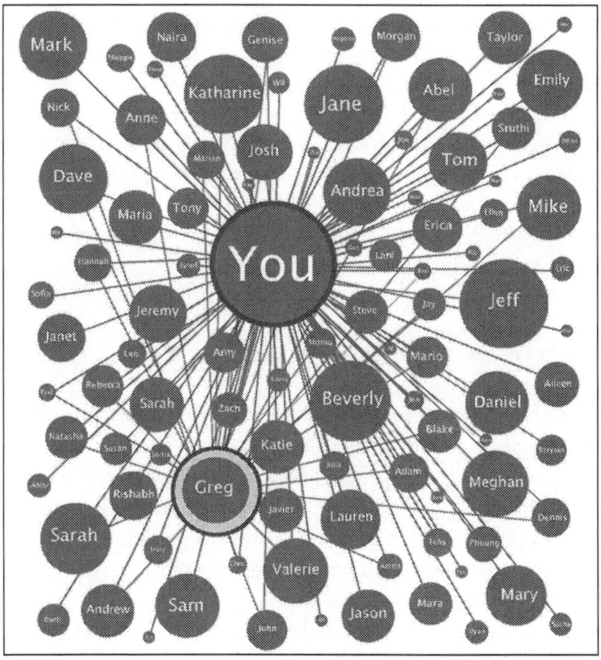

Abbildung 10: Soziale Netzwerkseite Facebook, Beziehungsnetzwerk als Tagcloud

2.2 Biografiearbeit auf Aufmerksamkeitsmärkten

In der Ära postindustrieller Informationsvermittlung und -verwaltung hat sich neben der klassischen Ökonomie des Geldes eine Ökonomie der Aufmerksamkeit etabliert. Sie ist mit der Ökonomie des Geldes eng verknüpft und hat die alltägliche Konkurrenzsituation um soziale Anerkennung ausgeweitet:

»Die Neue Rechte ersetzte den kulturellen Elitarismus des Bildungsbürgertums durch populistische, mit Metaphern des Marktes durchsetzte Rhetorik (es gibt keine verbindliche Ästhetik mehr, sondern jeder Künstler muss sich auf dem Markt behaupten).« (Lutter/Reisenleitner 1998: 78)

In einer visuell dominierten Popularkultur ist der Selbstwert des einzelnen davon abhängig, auf welche Weise er sich mit dem Regime der Visibilität arrangiert (vgl. Alkemeyer 2001). Das Feld des Konsums begünstigt auf maßgebliche Weise Visibilitätszwänge für den einzelnen. Die Konsumästhetik idealisiert die Selbsterfüllung im Konsum, begünstigt mediale Formen expressiver Selbstinszenierung durch *Lebensstile* und erhöht den Zwang zur Selbstvermarktung:

»Aber nicht nur der gewählte *individuelle Stil*, mit dem das Individuum seine Eigenart hervorhebt, ist für die Lebenskunst von Interesse, sondern auch der vom einzelnen Individuum mitgeprägte *gesellschaftliche Stil*, über den sich viele Individuen in einer Gruppe, einer Bewegung oder einer ganzen Kultur definieren.« (Schmid 1998: 127)

Der Begriff der Aufmerksamkeit entstammt dem Wissenschaftsfeld der Wahrnehmungspsychologie und bezeichnet im allgemeinen eine spezielle Wahrnehmung, die einen Wahrnehmungsinhalt hervortreten lässt. Die Reduktion des Sehfeldes, das heißt die Beschränkung auf einen Ausschnitt, steigert die Intensität und Anziehungskraft dessen, was innerhalb des Ausschnitts zu sehen ist. Der Zusammenhang von Reduktion des Wahrnehmungsfeldes und Steigerung der Intensität führt mitten hinein in ein Problemfeld, das die Analyse der *Ökonomisierung* der Aufmerksamkeit thematisiert.

In der öffentlichen Sphäre ist Aufmerksamkeit zu einer begehrten und umkämpften Ware geworden, so dass auch von einer »Ökonomie der Aufmerksamkeit« gesprochen wurde (Franck 1998), um die Funktionsweisen moderner Gesellschaften zu beschreiben. Aufmerksamkeit verschafft Personen, Gruppen, Waren und Märkten die benötigte Anerkennung und Valenz. Narrative, Denkstile, Wissensformen und die Kombination von sprachlichen Diskursen und visuellen »Viskursen« (Knorr-Cetina 2001: 245-263), die öffentliche Geltung beanspruchen, sind Produkte medialer Aufmerksamkeitsstrategien. Dienstleistungsbereiche wie das Marketing sind damit beschäftigt, Aufmerksamkeit im großen Stil herzustellen und profitabel in den Markt einzuspeisen. Einerseits richtet sich die Konzentration auf einen bestimmten Wahrnehmungsinhalt, konditioniert ein zielgerichtetes Verhalten und blendet den Kontext aus. Andererseits gewinnen die autonomen Empfindungen und Wahrnehmungen einen höheren Grad an Intensität:

»Die moderne Aufmerksamkeit schwankt unvermeidlich zwischen diesen Polen: sie ist ein Verlust des Selbst, das sich unsicher zwischen einer emanzipatorischen Verflüchtigung von Innerlichkeit und Distanz und einer betäubenden Vereinnahmung durch unzählige Figurationen von Arbeit, Kommunikation und Konsum hin und her bewegt.« (Crary 2002: 290f)

Aufmerksamkeit ist nicht nur ein Phänomen der Anerkennung des Selbst in der öffentlichen Sphäre und damit Bestandteil der Fremdwahrnehmung, sondern in Diskurse der Selbstwahrnehmung involviert: »Die Selbstaufmerksamkeit der Individuen scheint zugenommen zu haben und damit auch die biografische Reflexion.« (Burkart 2006: 7) Vergleichbar mit der herkömmlichen Wirtschaft gibt es im Bereich der Selbstdarstellung eine erbitterte Konkurrenz. Social Networking Sites instrumentalisieren mit technischem Know How den Kampf um Wahrnehmung und verknüpfen die jeweiligen Erzählformen und Artefakte der Bloggerinnen und Blogger mit quantitativen und qualitativen Bewertungssystemen. In gleicher Weise gibt es in der sozialen Ordnung der Internet-Öffentlichkeit symbolisch und kulturell vermittelte Herrschafts- und Machtverhältnisse. Während die ›Promis‹ und ›Medienstars‹ Aufmerksamkeitskapital akkumulieren, fallen andere in Armut – die ›Anonymen‹, ›Vergessenen‹ und ›Überflüssigen‹. So setzt die Anwendungskultur des Web 2.0 zwar die Schwelle zur Öffentlichkeit in erheblichem Maße herab, es entstehen jedoch erneut zentrale Netzwerkknotenpunkte, die dafür sorgen, dass die überwiegende Anzahl von Inhalten wenig Aufmerksamkeit erhalten, während ein geringer Anteil an im Web bereitgestellten Inhalten vom Publikum sehr stark frequentiert wird. Die Ressource ›Aufmerksamkeit‹ verweist u.a. auf die digitale Bildungskluft (*digital divide*). Wenn der Informationsfluss durch die zunehmende Verbreitung der neuen Medien in ein Sozialsystem wächst, tendieren die sozialen Gruppen/Bevölkerungssegmente mit höherem sozioökonomischen Status und höherer formaler Bildung zu einer rascheren Aneignung dieser Information als die bildungsniedrigeren Segmente, so dass die digitale Bildungskluft zwischen diesen Segmenten tendenziell zunimmt (Kim 2005: 87f). Von der neuen Generation der um soziale Anerkennung ringenden *digital natives* wird erwartet, dass sie sich jenseits institutioneller Rahmungen permanent in Kommunikations- und Informationsflüssen befinden, unaufhörlich Wissen, Programme und Kenntnisse tauschen und mit ihren *mobile devices* kontaktfähig und flexibel durch globale Datenräume navigieren. Privatwirtschaftliche Investoren und Unternehmen partizipieren am Trend der Social Networking Sites und kaufen (angeblich) hochfrequentierte Portale, um ihre Markenumgebungen mit technikaffinen Zielgruppen zu kommunizieren.

Der »neue Geist des Kapitalismus« (Boltanski/Chapello 2003) erhebt das »unternehmerische Selbst« (Bröckling 2007) in seiner idealtypischen Form eines, sich im omnipräsenten Konkurrenzdruck sozialisierenden, *homo oeconomicus* zum Modell für die Allgemeinheit. Unter den Bedingungen einer auf Informations- und Kommunikationstechnologien basierenden hochtechnisierten Transformationsgesellschaft soll das vernetzte Selbst einerseits über Netzwerkfähigkeit und Flexibilität verfügen können, andererseits Fähigkeiten zum Selbstmanagement ausbilden. Als eine maßgebliche Folge der Flexibilisierung des Selbst wird immer mehr Verantwortung auf die Individuen abgewälzt (Rose 1990: 17). Das bedeutet, dass auch in den neuen medialen Formen der Selbstdarstellung die biografische Orientierungsleistung steigen muss. (Siebers 1996: 24) Mit der Redefigur von der »Biografisierung des Lebens« versuchen Alheit und Dausien die »Biografisierung als einen Prozess der historischen Durchsetzung der biografischen Perspektive aus der Sicht von Subjekten« (2000: 257) zu definieren. Für sie steht das spezielle Deutungsmuster der Biografie im Zentrum eines modernen »Individualitätsdispositivs«. Die den Individualitätsdispositiven inhärente Anforderung richtet sich an die Herstellung einer ›individuellen Lebensgeschichte‹, die eine gewisse Kontinuität und Einmaligkeit der Person absichern soll. Biografisierung meint einerseits, die eigene Lebenserinnerung aktiv zu strukturieren, andererseits stellt sich oft das Einzigartige, Singuläre und Unverwechselbare als Konvention, Stil und Modephänomen heraus. So gesehen folgt die Biografisierung der Lebensführung keiner einfachen kausallogischen Wirkungsrichtung. Einfache Modellerklärungen sozialer Orientierungsschematismen von *top-down* und *bottom-up* greifen zu kurz, wenn es darum geht, relationale Verflechtungen zwischen »Regierungskunst« und der »Lebenskunst« zu beschreiben, wie sie Michel Foucault in seinen Studien zur »Gouvernementalität« thematisiert (Foucault 2000: 41-67).

Mit der Kommerzialisierung der Aufmerksamkeitsmärkte hat das Web 2.0 mittlerweile einen globalen Markt des Erzählens etabliert, der die Präsentationsformen des Selbst im Netz in ökonomische Verwertungszusammenhänge transformiert (vgl. Thier 2006). Das Erzählen über sich selbst überlagert sich mit den Strategien *unternehmerischer Kommunikation* und hat sich weitgehend den Erzähltechniken der Wareninszenierung und dem Jargon des Managements angeglichen (vgl. Goldhaber 2000: 78-84). Beide Diskurse konstruieren fiktive Kontexte für Produkte und beziehen sich dabei auf bewährte Brandingstrategien, um die Operationalisierbarkeit und Effektivität erzählerischer Formen zu testen. Die Kommerzialisierung des Erzählens umfasst die immateriellen Güter der Produktions- und die Rezeptionskontexte der Selbstdarstellung im Netz: Aufmerksamkeit, Beachtung, Bekanntheit. Neben der Ökonomie der materiellen Waren sind im immateriellen Raum digitaler Netzwerke unterschiedliche *Aufmerksamkeitsmärkte für Selbstdarstellungen* entstanden. Die teilweise geschlossenen Aufmerksamkeitsmärkte sind zwar dezentral organisiert, haben aber dazu geführt, das Internet in einen Aufmerksamkeitskanal zu transformieren. Eine der lukrativsten Strategien, Aufmerksamkeit herzustellen, besteht darin, die Kostenfreiheit der Information zu bewerben. Dass beispielsweise Open Access-Literatur mehr gelesen resp. zitiert wird, liegt auch daran, dass sie gut erschlossen und – der Hauptvorteil gegenüber der traditionellen Zeitschriftenliteratur – frei zugänglich ist.

Das Internet ist ein wesentliches Vehikel zur Förderung der Aufmerksamkeitsökonomie, weil es den Austausch von Aufmerksamkeit sehr effizient macht. Online-Plattformen etablieren Aufmerksamkeitshierarchien nach dem »Rich get richer«-Prinzip und strukturieren auf diese Weise den von Usern/Userinnen generierten Content nach dem medienökonomischen Prinzip von Angebot und Nachfrage. Die Vermessung der menschlichen Aufmerksamkeitsleistung mittels *click-through-rates, captured eyeballs,* Einschaltquoten und Auflagenzahlen zählt zum Tagesgeschäft medienökonomischer Nutzungsforschung. Bei YouTube und anderen vergleichbaren Video-Plattformen evaluiert u.a. eine Webtraffic- und Voting-Software den Response und determiniert die Rangordnung der Videos (Abb. 11). *YouTube* macht alle Videos zum Gegenstand medialer Aufmerksamkeit und zu einem Ort, um den herum statistisches Wissen zentriert ist. Das aus Datenverarbeitungsprozessen hervorgehende Wissen inkorporiert selbst Aufmerksamkeitswert und ist an der Neufassung der Amateurpraktiken beteiligt: Als Subjekt und Objekt gesteigerter Aufmerksamkeit befinden sich die Videoblogger/-innen in einem doppelten Status gesteigerter Aufmerksamkeit. Die Bewertung der Amateurvideos erfolgt nach dem medienökonomischen Vorbild der Direktwerbung: die Maxime der Direktwerbung besteht darin, nicht auf Massenmedien aufzuspringen, sondern auf sich selbst aufmerksam zu machen. So geht es bei der Herstellung von Aufmerksamkeitsbindung primär darum, Aufmerksamkeit in statistischen Quantitäten zu bündeln und demonstrativ zu visualisieren, um den Marktwert des eigenen Online-Formats zu steigern.

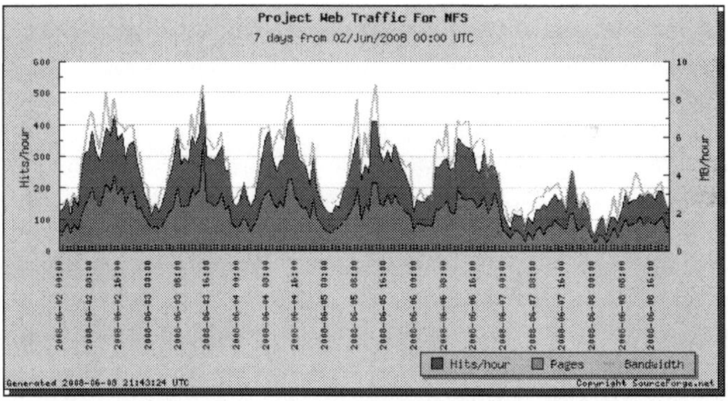

Abbildung 11: Analysesoftware für die Visualisierung von Webtraffic

Die Privatisierung der audiovisuellen Medien und die globale Verbreitung digitaler Kommunikationsmedien führten in den letzten Jahrzehnten des 20. Jahrhunderts zu markanten Verschiebungen in den kulturellen Prozessen der Erregung, Bindung und Steuerung von Aufmerksamkeit. Mit der Herstellung, Absorption, Steuerung, und Bindung von Aufmerksamkeit ist kulturelle, soziale und auch ökonomische Macht eng verknüpft. Die Kopplung von Aufmerksamkeit und Geldökonomie in der spätmodernen Mediengesellschaft hat einen Prozess mit weitreichenden soziokulturellen Folgen in Gang gesetzt. Die sich verschärfende Dynamik der Aufmerksamkeitsbindung kann mit einem einfachen Angebot/Nachfrage-Modell beschrieben werden. Einerseits werden in einer entwickelten Globalgesellschaft ökonomische Modelle und Vorstellungen zunehmend wichtiger, wenn es darum geht, kulturelle und soziale Prozesse zu dechiffrieren; andererseits kommt es innerhalb der Wirtschaft zu einer immer weitergehenden Immaterialisierung in der Produktion von Gütern. Innerhalb dieser, sich wechselseitig verschränkenden, Rahmenbedingungen stehen sich zunehmender Überfluss an Information und zunehmende Knappheit an Aufmerksamkeit gegenüber. In diesem Sinne kann das Internet als ein kollektiver Aufmerksamkeitsapparat verstanden werden, der das selektiert, was »bedeutend«, »neu«, »faszinierend« oder von der Normalität abweichend ist und damit dafür sorgt, dass Ereignisse oder Informationen, die zur ›Tauschwährung‹ der Aufmerksamkeit zählen, am Verdrängungswettbewerb von Aufmerksamkeiten teilnehmen und weitere Aufmerksamkeit akkumulieren. Soziale Software-Technologien fungieren also in erster Linie als Tauschbörsen von rivalisierenden Aufmerksamkeiten. Die Ökonomisierung kultureller Kommunikationsprozesse macht aus der Aufmerksamkeit eine verhandelbare ›Tauschwährung‹ in sozialen Beziehungen. In Verhandlungsspielen geht es darum, Popularisierungsstrategien und PR-Taktiken zu entwickeln, die beim Austausch und der Akkumulation von Aufmerksamkeit dienlich sein können. Von Aufmerksamkeit sind alle User/-innen jedoch gleichermaßen abhängig: als Autoren/Autorinnen und Rezipienten/Rezipientinnen; als Produzenten/Produzentinnen oder als Konsumenten/Konsumentinnen. Aus dieser wechselseitigen Abhängigkeit entsteht eine medienspezifische Ökonomie sozialer Aufmerksamkeit, in der es zu massiven Akkumulationen der Aufmerksamkeit als Ressource und als Tauschobjekt kommt. Die unterschiedlichen Bewertungssysteme der Online-Gemeinschaften, -strukturen und -prozesse sorgen für Mechanismen, die Vertrauen aufbauen und Transaktionsrisiken senken sollen: Wissenskollektive unterstützen die Bewertungssysteme bei eBay, die Karmasysteme bei Slashdot oder die Empfehlungssysteme bei Amazon (Abb. 12).

Im E-Commerce-Business stellen User/-innen unterschiedlichste Dienstleistungen und Medienformate in Form von Filmen, Nachrichten, Magazinen und Musik-CDs zur Verfügung, die nicht mehr mit Geld bezahlt werden müssen: »Das trifft den Kern der Internetideologie, die uns blind macht für das, was wir tatsächlich zahlen, während wir uns überglücklich schätzen, an der Gratisökonomie des Netzes teilzuhaben.« (Lovink 2006) Werden auf Seiten der Produzenten mehr und mehr Wahrnehmungs- und Kommunikationsangebote über Werbung finanziert, so bezahlen die Konsumenten an Stelle von Geld mit ihrer Aufmerksamkeit. Umgekehrt betrachtet, ziehen Fernsehsender, Zeitungen, Zeitschriftenverlage und Netzportale mit ihren Angeboten Aufmerksamkeit an, die sie wiederum an Werbetreibende weiterverkaufen. Sogenannte ›kostenlose‹ Kommunikationsprodukte sind nicht wirklich frei, sondern werden nur in einer anderen ›Währung‹ bezahlt (Goldhaber 2000: 78-84). Im Moment dieses Handels ist die Aufmerksamkeit nicht nur eine Ressource für aktuelle Wahrnehmung oder Kommunikation, sondern ein Besitz, der für etwas jenseits des Moments der aktuellen Rezeption hergegeben wird. Der sogenannte *attention drain* geht auch auf eine

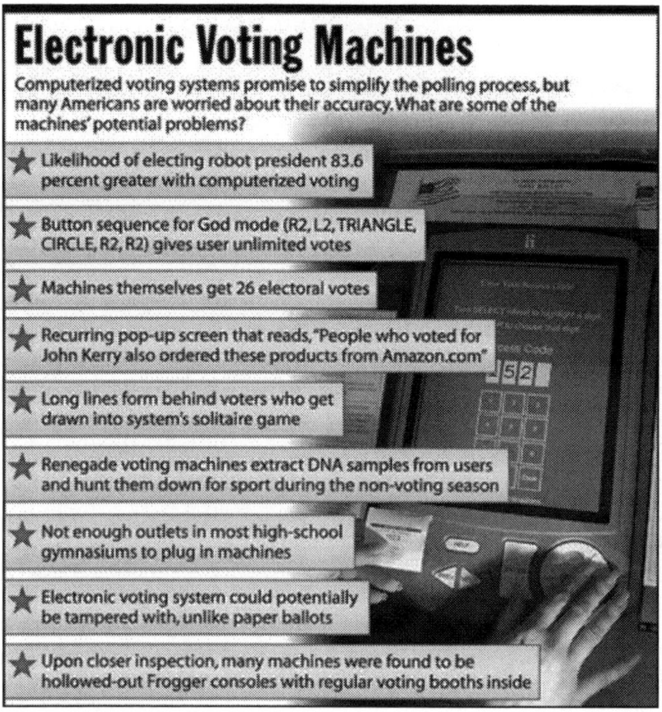

Abbildung 12: E-Voting

eigentümliche Form der Selbstausbeutung zurück, in der Menschen bereitwillig ihre freie Aufmerksamkeit als Tauschware einsetzen. Der entscheidende Punkt der Aufmerksamkeits-Ökonomie ist, dass Aufmerksamkeit ein ökonomischer Wert jenseits der monetären Sphäre sein kann. Internet-basierte Aufmerksamkeit wird für viele Individuen zunehmend stärker zu einem eigenständigen ökonomischen Wert in Ergänzung zu monetären Werten. Amateure/Amateurinnen produzieren immer mehr Inhalt selbst, weil sie Aufmerksamkeit erhalten wollen, und diese Inhalte treten in Konkurrenz zur ›professionellen‹ Medienberichterstattung (Keen 2007). Die Fragestellung, ob die vom Amateursubjekt verfassten Inhalte ›schlechter‹ oder ›besser‹ als die Inhalte des Professionalisten sind, ist irrelevant, denn sie produzieren und konsumieren ihre Inhalte aus anderen Motiven: Die Social-Networking-Plattformen werden tagtäglich von Millionen Besucherinnen und Besuchern aufgesucht, *um Aufmerksamkeit zu handeln und zu tauschen.* Mit anderen Worten: *Amateure/Amateurinnen vernetzen sich, weil sie Aufmerksamkeit von anderen erhalten wollen und das als Wert für sich sehen – nicht, weil sie damit Geld verdienen wollen.*

2.3 Prosumer Cultures

In seiner ursprünglichen Bedeutung bezeichnet der Begriff des »Amateurs« einen Liebhaber der schönen Künste, der sich nicht allein auf den Kunstgenuss beschränkt, sondern selbst produzierend tätig wird. Bis heute haftet im alltagssprachlichen Gebrauch dem Amateurhaften ein pejorativer Begriffskontext an. Heute jemanden als einen »Amateur« zu bezeichnen, kommuniziert immer noch einen abwertenden Tonfall, obwohl eine sich an der Benutzerfreundlichkeit orientierende Medientechnik die Distanz zwischen dem Konsumenten und dem Produzenten auf einen standardisierten Tastenbefehl reduziert hat. In unterschiedlichen Zusammenhängen wurde der Figur des »Medienamateurs« immer wieder unterstellt, sie würde nichts anderes interessieren, als der laienhafte Umgang mit programmierten Blackboxen. Von ihnen wurde gesagt, sie würden sich ausschließlich für die Gebrauchsanweisung der technischen Medien interessieren, um möglichst rasch und einfach die Apparate zu beherrschen und damit auch – im Sinne der Apparate – selbst effizienter und effektiver zu funktionieren (Keen 2007: 6f). Die Degradierung der »Amateure« zu ›Konsumidioten‹ verfolgt jedoch auch eine eigene Strategie. So bedeutet die Abwertung der »Amateure« im Umkehrschluss die Aufwertung der Produzenten, gleichermaßen wird die Konsumtion als untergeordneter Bestandteil einer linearen Erzählung aufgefasst, die der Produktion eine erstrangige Position zuordnet. Diese reduktionistische Sichtweise wertet die Konsumtion als bloße Widerspiegelung der Produktion und betrachtet die Konsumtion als geistlosen Akt. Demgegenüber gilt es, die Position der »Amateure« aufzuwerten und darauf hinzuweisen, dass sie es sind, die ein widerständiges Wissen über die Funktions- und Kommunikationsweisen der neuen Medien entwickeln und sich dadurch in die Lage versetzen, die scheinbar normierten und standardisierten Routinen und Automatismen der neuen Technologien zu stören, um sie gegen sie zu verwenden. Ein wesentliches Moment im amateurhaften Mediengebrauch entsteht durch das Insistieren. Es entsteht aus dem dialektischen Spiel zwischen Widerstand und Einordnung. Die »Amateure« werden zwar von der Netzkultur geschaffen und konstituiert, andererseits transformieren sie die kulturellen Vorrausetzungen und machen aus ihnen etwas anderes. Entlang dieser Praktiken entsteht ein Subjekt, das nicht mehr, wie in den klassischen Subjekttheorien, als Ort des Selbstbewusstseins oder der Selbstsetzung erscheint, sondern als das, was sich zwischen Subjektivierung und Entsubjektivierung ergibt.

Der Amateurbegriff der Web-2.0-Diskurse operiert weniger mit den spezifischen Praktiken des Mediengebrauchs, sondern definiert diesen vielmehr in Abgrenzung zum »Profi« (Lemann 2006; Samuelson 2006). Daraus ergibt sich ein polemisches Feld der Amateurkultur[12], das offen für konfligierende Zuschreibungen ist. Im Unterschied zum »Profi«, der stets als ein ästhetisch verfeinertes Individuum angesehen wird, verorten hegemoniale Diskurse den

12. Der vielzitierte Begriff *cult of the amateur* wurde erstmals von Nicholas Carr in seinem Essay »The Amorality of Web 2.0« geprägt, www.roughtype.com, 3. Oktober 2005, zuletzt gelesen am 1. Juli 2008.

»Amateur« im semantischen Feld sozialer Bewegungen, Trends und Modeerscheinungen, ohne ihn in seiner kollektiven Ermächtigung anzuerkennen (Waters 2006). Der Begriff sagt jedoch wenig über die Sachkenntnis von Amateuren aus, die durchaus professionelles Niveau haben kann. So wird etwa »amateurhaft« abwertend, im Sinne von »nicht auf professionellem Niveau« gebraucht (Keen 2007: 13).

Die weitverbreitete Aufwertung des Amateurbegriffs ist das Erkennungszeichen der pornografischen Bildpraktiken im Netz. Hier bezeichnet der »Amateur« und die »Amateurin« Individuen, die pornografische Darstellungen von sich selbst veröffentlichen und für diese digitalen Bildpraktiken *scheinbar* kein Geld annehmen. Der pornografische Amateurbegriff unterstellt, dass »Amateure« und »Amateurinnen« ihre Fähigkeiten und Fertigkeiten rein aus ›Liebhaberei‹ betreiben. Als Objekt konsumorientierter Nachfrage stehen »Amateure« und »Amateurinnen« aber auch für die Aktivierung authentisierender Sinnlichkeitspotenziale. Als Protagonisten der Veralltäglichung pornografischer Bildpraktiken verkörpern sie den voyeuristischen Einblick in die wirklichkeitsnahe Intimität des Trivialen und Banalen. Deutet sich mit dem Aufstieg der pornografisch-exhibitionistischen Amateurkultur eine Emanzipation von der Rolle als reine Konsumenten und Konsumentinnen an; oder sollen nicht vielmehr die »Amateure« und »Amateurinnen« mittels Partizipations- und Kreativitätsversprechen zur Steigerung des Konsums motiviert werden?

User/-innen erzeugen mittlerweile die überwiegenden Webinhalte (*user-generated content*), kompilieren und kommentieren Wissen (*citizen journalism*), produzieren Text-, Foto-, Audio- und Videostrecken (*participatory media*) oder handeln mit selbst produzierten Waren (*social commerce*). Die propagierte ›Demokratisierung‹ der Technologien und Medien hat allgemein, besonders spürbar jedoch im Web, zu einer Wiedererweckung der Do-it-yourself-Bewegung (DIY) geführt. Der populäre Diskurs des »Do It Yourself« bekommt im Kontext des Web 2.0 eine neue Bedeutung und wird mittlerweile mit der »Kultur des Amateurs« (Carr 2005) gleichgesetzt. Seit dem Do-It-Yourself-Movement der 1960er und 1970er Jahre stehen die Selbstpraktiken des DIY für den kollektiven Anspruch auf Selbstermächtigung, Selbstorganisation, Improvisation und Eigeninitiative. Die Praktiken der Selbstaneignung sind oft mit einem Misstrauen gegenüber etablierter Autorität, gegenüber passivem Konsum, Produkten der Industrie und Vorgaben der Medien verknüpft. *Mashups* verknüpfen die Inhalte und Funktionen verschiedener Webangebote zu einem neuartigen Angebot und gelten innerhalb der digitalen DIY-Medien als hervorragendester Ausdruck der kreativen Möglichkeiten des Web 2.0. Tatsächlich bezeichnet der aus Musikszene stammende Begriff *Mashup* das Kunstprodukt, wenn DJs mehrere Musikstücke direkt übereinander legen und beispielsweise die Beatles mit Metallica mixen. Mittlerweile können alle möglichen Arten kreativer Remixes als Mashup bezeichnet werden: vom neu vertonten Video auf *YouTube* bis zur Fotocollage auf *Flickr*.

Die widerspenstigen Praktiken der Amateure/Amateurinnen sind experimentell und klandestin und bringen zuletzt eine Ambivalenz zwischen Subjektivierung und Entsubjektivierung mit sich, die nicht zu tilgen ist. Diese ortlosen und verstreuten Praktiken machen eine einfache Identifizierung unmöglich. Diese Unfähigkeit, über Entsubjektivierung zu befinden, zeigt sich bei den aktuellen Debatten über das digitale Geschichtenerzählen im Netz. Das »Digital Storytelling« wird grundsätzlich als eine computerbasierte Kommunikationsform verstanden, das sich multimedialer Techniken bedient, um persönliche und private Geschichten aus der Perspektive ›von unten‹ (*bottom up*) darzustellen. Doch die Anfänge des Digital Storytelling entwickelten sich im Umfeld der Hochtechnologien, die in universitären Forschungseinrichtungen erprobt wurden (Woletz 2007: 160). Die computervermittelte Kommunikationsform der Narratologie lässt sich bis in die siebziger Jahre zurückverfolgen, als man im Rahmen der Artifical-Intelligence-Forschung (AI) begann, sich nicht mehr ausschließlich auf die formalen Prozesse mathematisch-logischer Informationsverarbeitung zu konzentrieren, sondern sich verstärkt der natürlichen Sprache und den aus ihr hervorgehenden Erzählformen zuwandte (Schank/Abelson 1977). Bereits Anfang der 1990er Jahre entstand jedoch – ausgehend von den USA – im Umfeld der Diskurse des Empowerment eine Gegenströmung ›von unten‹, die auf subjektives Geschichtenerzählen und privater Medienarchive abzielte. Das Digital Storytelling löste sich bald vom unternehmerischen Kontext und wurde an der Schnittstelle von psychologischer Therapie, Sozialarbeit und Empowerment ein beliebtes Verfahren medialer Selbstpräsentation:

»Digital Storytelling refers to using new digital tools to help ordinary people to tell their own real-life stories. It is an emerging term, one that arises from a grassroots movement that uses new digital tools to help ordinary people to tell their own ›true stories‹ in a compelling and emotionally-engaging form. The term can also be a broader journalistic reference to the variety of emergent new forms of digital narratives (web-based stories, interactive stories, hypertexts, and narrative computer games).« (Ryan 2004: 88)

Es erweiterte sich allmählich das Spektrum erzählerischer Mittel, das für die künftige Generation von Medienamateuren/Medienamateurinnen verfügbar wurde: Bewegtbilder, Fotos, Text, Geräusche, Musik und Stimme konnten zu einer Geschichte komponiert werden. Der Aufstieg digital erzählter Geschichten als basisdemokratischer Kommunikationsform ist aber auch eng verbunden mit der Durchsetzung der »Prosumer Culture«. 1980 etablierte der amerikanische Autor und Futurologe Alvin Toffler in seinem Buch »The Third Wave« die Wortneuschöpfung »Prosumer« als Kennzeichnung einer sozialen Utopie für die Technokultur des 21. Jahrhunderts. Der Begriff Prosumer bezeichnet Menschen in der Eigenschaft gleichzeitig »Verbraucher« als auch »Hersteller« des von ihnen Verwendeten zu sein. Zehn Jahre bevor das WWW von Tim Berners-Lee im CERN erfunden wurde, sah Toffler in »The Third Wave« eine Welt vernetzter Nutzer, die kollaborativ Produkte erstellen, voraus. Im Kontext der Personalisierung von Produkten geben Konsumierende freiwillig Informationen über ihre ›Vorlieben‹ und ›Bedürfnisse‹ preis, die nachträglich den Ausgangspunkt für die Erstellung des eigentlichen Produkts bilden. Die Konsumentinnen und Konsumenten werden als Variable in den Produktionsprozesse integriert und somit zu einem gewissen Grad auch zu Produzentinnen und Produzenten der jeweiligen Güter. Das vom Begriff Prosumer abgeleitete Konzept der Nutzerpartizipation soll zum Ausdruck bringen, dass Konsumentinnen und Konsumenten nicht mehr passiv Medien konsumieren, sondern selbst aktiv an kollaborativen Medienproduktionsprozessen beteiligt sein können.

Mit der ›grenzenlosen‹ Mediatisierung des Alltäglichen, Intimen, Privaten und Gewöhnlichen durch Aufzeichnungs-, Speicher-, Verbreitungs- und Verarbeitungsmedien wie *Flickr* (*the best way to store, search, sort and share your photos*) oder *YouTube* (*broadcast yourself*) verschob sich auch der Umgang mit Erinnerung und Gedächtnis (Wiegerling 2002: 13-24). Digitalvideos, Digitalfotos, Textscans, Hyperlinks, Soundfiles und Grafikanimationen etablieren einen digitalen Raum *einzelner* Medien, *multipler* Medien (zwei oder mehr gesonderte) und *Multimedia* (eine Integration mehrerer Medien in einer Präsentation), die einen medienspezifischen Einfluss auf die Art und Weise des Produzierens und Konsumierens von Geschichten ausüben. Die unterschiedlichen medialen Prozeduren der Präsentation haben maßgeblichen Einfluss auf die Thematisierung des Selbst und seiner sozialen Beziehungen. Es liegt an den Nutzerinnen und Nutzern und ihren *on demand*-Wahlentscheidungen, unter welchen Bedingungen sie den *user generated content* als kohärent oder selektiv wahrnehmen. Die Verwendung unterschiedlicher Präsentationsmodi und Wissenstechniken stellen neue Typen des Interface her und involvieren auf der pragmatischen Ebene die Position der Autoren/Autorinnen, den Plot und die Rezipienten/Rezipientinnen (vgl. Don 1999: 383-391). Relationen zwischen diesen beteiligten Produktions-, Erzähl- und Nutzungsfunktionen entstehen nicht mehr über die Kanäle der einseitigen Massenkommunikation, sondern über multimodale Kommunikationsformen wie z.B. durch integrierte Feedback-Möglichkeiten, Forwarding, Snapshot-Optionen, Diskussionsforen oder Video-Replies.

Die digitalen Erzählformate, -verfahren und -stile haben folglich nicht nur einen Einfluss darauf, auf welche Weise sich ein Subjekt für andere entwirft und dadurch sein Selbstbild kommuniziert; sie sind den Prozeduren der Subjektivierung bereits vorgelagert und strukturieren ein Ensemble der Kräfte, die auf das Subjekt einwirken. Wie kann dabei Subjektivität als ein Verhältnis von ›entworfen werden‹ und ›sich entwerfen‹ gedacht werden? Wie eröffnen sich innerhalb dieser Rahmenbedingungen Möglichkeiten politischer Handlungsfähigkeit, die wiederum Interventionen in vorstrukturierte Anordnungen des Erzählens, widerständige Aneignungen, kontextspezifische Normalisierungsanforderungen und konflikthafte Aushandlungspraxen ermöglichen?

Das Subjekt, das eine Vorstellung von sich selbst ausbildet und eine Erzählung über sich selbst in Gang setzt, setzt immer schon die Perspektive eines anderen auf sich selbst voraus, auf die es wiederum einzuwirken versucht. Daher geht der Akt der Selbstkonstitution nicht aus einer aktiv-heroischen Selbstschöpfung hervor, sondern das Subjekt entsteht innerhalb eines bereits vorgegebenen Möglichkeitsfeldes, welches das Handeln der Subjekte zugleich bedingt und offen hält. Individualisierung beruht nicht auf einer freien Entscheidung der Subjekte, sondern ist ein in sich widersprüchlicher Zwang zur vermehrten Selbstreflexion und biografischen Selbstinszenierung. Der Selbstbezug des Einzelnen und die Sorge um sich selbst ist eine gesellschaftliche Konstruktion und oft marktabhängig erzwungen. Die Subjektivierung selbst ist ein prekärer Vorgang, da sich in ihm Autonomie und Kontrolle, Selbst- und Fremdführung untrennbar miteinander vermengen. In seinen Möglichkeiten zur Selbstexpression und Selbstexploration situiert sich das Subjekt sowohl als eine steuernde als auch gesteuerte Instanz: es ist gleichzeitig Urheber, Adressat und Schauplatz eines Erzählens, das es selbst hervorbringt; dennoch kann es sich letztlich nicht von den Ordnungen des Wissens, der Kräftespiele und Herrschaftsverhältnisse befreien.

2.4 Normalisierung der Lebensstile

In den 1970er Jahren ist die Kultur als Strukturalternative entdeckt worden, als besondere Strukturform, die einen anderen Blick auf die Organisation der Organisation gestattete. Die Organisationstheoretiker erkannten, dass die konventionelle bürokratische Organisationsstruktur und die tayloristische Organisierung der Arbeit zunehmend ineffektiv geworden sind. Es bedurfte ›softerer‹ Managementformen, welche die strikte formale Strukturierung der Arbeitsprozesse ergänzen und partiell substituieren sollten (Pheysey 1993; de Waele 1993).

Heute empfehlen IT-Unternehmen wie Sun Microsystems, Microsoft oder IBM ihrem Personal, eigene Weblogs zu verfassen (Holtz/Demopoulos 2006: 36). Die PR-Abteilung von Microsoft schaffte es mit ihren *institutionell gerahmten Gebrauch* von Weblogs und dem Aufbau eines Personenkultes rund um den ›Starblogger‹ Robert Scoble, das Image des Weltkonzerns erheblich aufzubessern, indem sie öffentlich kommunizierte, dass der IT-Konzern Microsoft nicht nur aus dem reichsten Mann der Welt besteht, sondern auch aus gewöhnlichen Mitarbeiterinnen und Mitarbeitern, die ›leidenschaftlich‹ an der ›Verbesserung‹ der Produkte arbeiten würden (Abb. 13).

Die Erzählmethoden des *Digital Storytelling* setzen heute Unternehmen und Konzerne ein, um sich als lernfähige und lernende Organisationen zu präsentieren (Senge 2006). Immer mehr, vor allem global agierende Unternehmen, erstellen heute für ihre Mitarbeiter Policies oder Guidelines, mit welchen sie ihren Mitarbeitern gewisse Grundregeln für den öffentlichen Auftritt mitgeben. Im Mai 2005 erstellte IBM die sogenannten »IBM Blogging Policy and Guidelines« und legte damit die ›maßgeblichen‹ Richtlinien und Regeln für die bei IBM angestellten Bloggerinnen und Blogger fest:

»As they'll tell you themselves, the opinions and interests expressed on IBMers' blogs are their own and don't necessarily represent this company's positions, strategies or views.« (www.snellspace.com/IBM_Blogging_Policy_and_Guidelines.pdf)

In den Richtlinien wird das bei IBM tätige Personal explizit aufgefordert, ihren persönlichen Content unter dem ›Realname‹ zu veröffentlichen:

Abbildung 13: Robert Scoble, http://scobleizer.com/

»If you are blogging about your work for IBM, we encourage you to use your real name, be clear who you are, and identify that you work for IBM. Nothing gains you notice in the ›blogosphere‹ more than honesty – or dishonesty.« (www.snellspace.com/IBM_Blogging_Policy_and_Guidelines.pdf)

Kooperationsformen zwischen Bloggerinnen und Bloggern und ihrem Unternehmen stehen dabei im Vordergrund, da sich IBM in erster Linie die Kontrolle und Verbreitung von PR-Informationen erhofft. Die Aufforderung von IBM, sich selbst im institutionellen Rahmen eines *Corporate Blogs* zu thematisieren, führt bis heute zu Praktiken der Selbstkontrolle, da die nicht-anonymen Bloggerinnen und Blogger davon ausgehen müssen, dass firmeninterne Vorgesetzte ihre Beiträge lesen. Die bloße Möglichkeit, beobachtet zu werden, solle das Personal dazu bringen, eine ›innere‹ Zensurinstanz auszubilden, um die eigenen Veröffentlichungen besser kontrollieren zu können. Durch die allgegenwärtige Anwesenheit des inner- und außerbetrieblichen Publikums erwartete man sich seitens der IBM-Personalführung, dass die Bloggerinnen und Blogger nicht nur neue Formen der Selbstdarstellung erproben, sondern auch neue Fähigkeiten im Bereich des ›Identitätsmanagements‹ und des ›Selbstcoachings‹ erwerben würden.

Die zentrale Frage der indirekten Machtausübung beim institutionell gerahmten Gebrauch von Weblogs könnte also folgendermaßen formuliert werden: Wie formt man ein kodifizierbares (Deskription), lernfähiges (Pädagogik) und verantwortliches (Moral) Subjekt, das seine Kontrolle selbst anerkennt und begehrt? In der Nachfolge der Bentham'schen Sozialtechnologie des »Panopticons« dient das IBM-Weblog und seine ›panoptische‹ Leserschaft zur Herstellung von Selbstkontrolle. Mit seiner Institutionalisierung soll ein Subjekt hervorgebracht werden, das den performativen Akt der Kontrolle selbst vollzieht: es soll an seiner eigenen Beobachtung Interesse zeigen, produktiv, einfallsreich, kommunikativ und kreativ sein. Diese ›Wiedererkennung‹ der eigenen Fähigkeiten und Fertigkeiten soll beim Bloggen in den Prozeduren persönlicher Reflexion regelmäßig wiederholt werden. Eine weitere Option sind sogenannte *News Blogs*, welche die soziale Kompetenz der IBM-Mitarbeiterinnen und -Mitarbeiter ansprechen sollen. News Blogs sind im Kontext eines »multifunktionalen Wissensmanagements« (Reinmann-Rothmeier u.a. 2006) entwickelt worden und stellen eine Methode dar, aus Interviews und Berichten Erfahrungswissen zu gewinnen und diese zu einer großen Erzählung zu verweben. Mit diesem Do-it-yourself-Prinzip sollte es vor allem gelingen, ansonsten schwer zugängliches Erfahrungswissen der Mitarbeiter/-innen darzustellen und fassbar zu machen. Die Webprofiler Holtz und Demopoulos empfehlen zur Stärkung der internen Unternehmenskommunikation Blogs entlang der ›dreaded four B's‹ einzurichten: »Birthdays, Brides, Babies and Bowling Scores« (Holtz/Demopoulos 2006: 43). Solche Guidelines sollen einem Unternehmen dabei helfen, die Angst vor innerbetrieblichen Blogs zu verlieren und auch eine Antwort auf die Unsicherheit des Personals sein, welches sich fragt, in wie weit es ›wirklich‹ über die verschiedenen Aspekte der eigenen Unternehmenskultur bloggen darf.

Die Verflechtung von Erzählen (die Geschichte, die erzählte Welt) und erzählendem Medium (Weblog) ist für unternehmerische Strategien von höchstem Interesse: Unternehmen sind bestrebt, das Storytelling der Community Blogs und Lifestyle-Formate für die Zwecke des eigenen Crosspublishing zu vereinnahmen. In der nach außen kommunizierten Repräsentationspolitik der Firma geht es letztendlich darum, durch unthematische Informationen zielgruppenspezifische Identitätskonstrukte und erlebnisorientierte Affekte zu mobilisieren (vgl. Neuhauser 1993: 11).

Das Bemühen, die Wirkmächtigkeit der normalisierenden Formierung von Subjektivität in digitalen Netzwerken aufzuzeigen, ist für die kritische Theoriebildung von entscheidender Relevanz. Dieser Ansatz macht darauf aufmerksam, dass die Nutzung von Social Software, Blogs, Online-Portalen nicht nur der Erhöhung der Selbstreflexivität, sondern auch der *Selbststeuerung* der Nutzerinnen und Nutzer dient (Abb. 14). Allerdings dürfen die Prozesse der subjektiven Aneignungen nicht einfach als Durchsetzung der sozialen Regulation im Sinne eines Determinierungsverhältnisses (*top-down*) verstanden werden. Die Praktiken der Subjektivierung im Netz müssen in ihrer relativen Autonomie gedacht werden, um den Raum für widerstreitende Praxen gangbar zu erhalten. Die Alltagskunst der Akteure im Netz besteht letzten Endes darin, trickreiche Wege und Taktiken des Umgangs mit dem auferlegten System und alternative Modi der Selbstsetzung zu entwickeln. Um die Handlungsspielräume im Vermittlungsverhältnis zwischen Sozialität und Subjektivität genauer zu fassen, scheint es notwendig, die Veränderungsmöglichkeiten, welche die Subjekte zum Ausgangspunkt ihrer widerspenstigen Praktiken zu nehmen, in Betracht zu ziehen.

Die Offenheit der Kommunikations- und Produktionsprozesse mittels Blogs, Wikis und sozialer Netzwerke scheint also nur in einer oberflächlichen Betrachtung soziale Barrieren aufzuheben und einen »emanzipatorischen Mediengebrauch« (Enzensberger 2002: 264-278) unter Beweis zu stellen.

Abbildung 14: Business Blogging Seminar, http://v2.profilebuilder.com/

Aus der Behauptung, das Internet sei öffentlich zugänglich, folgt jedoch nicht zwingend, dass es per se neue Gleichheiten aktiv produziert. Fragt man nach den Veränderungen der normativen Rahmung und den narrativen Formen oder nach den Transformationsregeln sozial anerkannter Selbstreflexionen, dann zeigt sich, dass autobiografische Selbstinszenierungen im Netz weniger als neue *Freiheitstechnologien* überzeugen, sondern Identitätskonstruktionen darstellen, die innerhalb *normativer Rahmungen* entstehen. Die Subjektivierung selbst ist ein prekärer Vorgang: sie überlagert Autonomie und Kontrolle, Selbst- und Fremdführung. Individualisierung beruht folglich nicht auf einer freien Entscheidung der Subjekte, sondern ist ein in sich widersprüchlicher Zwang zur vermehrten Selbstreflexion und biografischen Selbstinszenierung.

In Anlehnung an Jürgen Links Normalismuskonzept können Internet-Communities als soziale Kollektive verstanden werden, die sich nach dem Prinzip des »flexiblen Normalismus« (Link 1997: 33) organisieren, am Diskurs ihrer eigenen Normalisierung mitwirken und damit auf entscheidende Weise zur Verfeinerung der Semantik der Individualität beitragen:

»Die Zonen möglicher transnormalistischer Exploration lagen und liegen stets uneindeutig und unentschieden in einer Art Schwebezustand an der Grenze des flexiblen Normalismus, in den zurück sie jederzeit gefloatet werden konnten und könnten.« (Ebd.)

Die Communities sind nicht über normative Setzungen strukturiert, sondern in ihnen kristallisiert sich eine Zone des Normalen heraus, die eine Orientierung für Individuen schafft und in der sich Individuen zunehmend auf Normalität berufen: Die in Weblogs und Communities ›freiwillig‹ praktizierten Verfahren der Selbstinszenierung schaffen die Voraussetzungen für eine neue Form der Subjektivierung: *die freiheitliche Selbstkontrolle.* Dabei integrieren die einzelnen Individuen soziale Regulative in das eigene Selbst. Die normative Dynamik gesellschaftlicher Kräfteverhältnisse wird reflexiv, wenn sich das Subjekt im Weblog und in Communities Prozeduren der Selbstbefragung und Selbsterforschung unterzieht; wenn es in multimedialen Tagebüchern ein Bild von sich entwirft oder wenn es sich im Gebrauch von E-Learning, Social Software, E-Portfolios zu objektivieren versucht. Insofern sind Subjektkonstitution und gesellschaftliche Regulierung untrennbar miteinander verbunden. Das Selbst verliert den Nimbus eines autarken Bollwerks gegen die Gesellschaft und wird an seiner Stelle als Depot gesellschaftlicher Normen verfügbar gemacht:

»Die moderne Normalisierung duldet gleichzeitig einen gewissen Grad an Aufsprengung der zentralen Verwaltungsinstanzen und wird immer diffuser, gestreuter, innerlicher: allgemein etablierte Selbst-Normalisierung.« (Ebd.: 159)

Unter den Bedingungen flexibler Normalisierung geht das Werden des freiheitlichen Subjekts aus einer ununterscheidbaren Verschränkung von Selbst- und Fremdführung hervor. Das sich selbst ›frei‹ und ›ungezwungen‹ zum Ausdruck bringende Selbst stellt eine spezifische Verhaltensdisposition dar, die für die *Normalisierungsgesellschaft* kennzeichnend ist. Es ist nicht mehr die zentralistisch organisierte Repression der Macht, sondern die *Norm*, die eine Verflechtung zwischen einer produktiven Machttechnologie der Optimierung, Förderung und Entwicklung des Lebens und einer Machttechnologie der Individualisierung und der Selbstregulation herstellt. Sogenannte ›Freiheitstechnologien‹ wie das »Identitätsmanagement« oder die »Biografiearbeit« zielen auf die Herstellung von Subjekten mit bestimmten Verhaltensdispositionen. Einer der ›auserwählten‹ Diskurse, mit denen sich Menschen zu Subjekten machen sollen, ist der *Diskurs des Managements*. Das *Selbstmanagement* verleugnet die Zumutbarkeit von Subjektivierungsanforderungen und konstruiert ein ›motiviertes‹ Subjekt, dass immer schon Normen als eigene ›Bedürfnisse‹ verinnerlicht hat. Gleichzeitig veräußert das *Selbstmanagement* die selbst-regierenden Machtformen, indem es sie mittels Wissensrepräsentationen sichtbar und objektivierbar macht. Eine der gängigsten medialen Formen der Selbstpräsentation stellt das persönliche Profil dar, das die Alleinstellungsmerkmale (*unique ability*) und Kompetenzdiskurse des Subjekts sichtbar machen soll (vgl. Frank 2001: 20). Das Online-Profil, das Display und das Control Panel konfigurieren einen universell gültigen Datenraum, der die unterschiedlichen Subjektpositionen permanent in konkurrenzierende und rivalisierende Relationen hochrechnet. Eine allgemeine *Bewerbungskultur* scheint die soziale Organisation im Netz zu durchdringen (Abb. 15). Zahlreiche Medienformate multiplizieren Bewerbungssituationen in unterschiedlichsten sozialen Feldern: Kindererziehung, Beziehungsprobleme, Hausarbeit, Dating, Berufsalltag, Kosmetikberatung, Sterbehilfe, Konsumverhalten – es gibt kaum einen Bereich des alltäglichen Lebens, der nicht bereits Gegenstand des allgegenwärtigen Bewerbungsdiskurses und seiner Versuchsanordnungen der Prüfungen, der Bewährungen, der Checks, der Befragungen, der Probezeiten, der Beratungen, der Kontroversen, der Aussprachen und der Bewahrheitungen geworden wäre. Im Unterschied zu anderen

Techniken der Selbstthematisierung rekurrieren die Praktiken der Selbst*bewerbung* auf die medialen Darstellungsformen der *biografischen Bilanzierung.* Diese Tendenz des Selbstmanagements unterstützt die Social Software der Netzwerkkommunikation wie sie etwa das Business-Netzwerk *Linkedin* anbietet (Abb. 16). Der Tech-Tree der E-Formulare schafft standardisierte Rastergrafiken mit *slot* und *filler*-Funktionen für die Erfassung und Verwaltung personalisierter Individuen. Beim Ausfüllen der vorstrukturierten Textfelder gilt es, Lebenspläne in normativer Hinsicht zu entwerfen, Karrieren aktiv zu gestalten, biografisch bedeutsame Ereignisse zu deuten, die ›richtigen‹ sozialen Beziehungen aufzubauen u.a.m.

Abbildung 15: Amateur-Parodie der MTV-Serie Dismissed, www.eurodate.de

Abbildung 16: Imagedesign einer kreativen Büroatmosphäre, Business-Netzwerk Linkedin, www.linkedin.com/

Techniken der *Imagepflege* sind ein wesentlicher Bestandteil der medialen Selbstdarstellung sozialer Netzwerkseiten. In seiner Analyse der »Interaktionsrituale« beschrieb Erving Goffman die Funktionsweisen bei der Erzeugung von persönlichem Image:

»Mit Techniken der Imagepflege möchte ich Handlungen bezeichnen, die vorgenommen werden, um all das, was man tut, in Übereinstimmung mit seinem Image zu bringen [...] Von Mitgliedern jeder sozialen Gruppe wird erwartet, Kenntnisse über Techniken der Imagepflege zu besitzen [...] In unserer Gesellschaft werden solche Fähigkeiten manchmal Takt, savoir-faire, Diplomatie oder soziale Geschicklichkeit genannt.« (Goffman 1986: 18f)

Bei der Imagepflege steht weniger die Authentizität des Selbst im Vordergrund, sondern vielmehr die Erzeugung eines solchen Eindrucks (Goffman 1986: 100). Goffman situiert das Selbst in einer Doppelrolle: das Subjekt erwirbt ein Image durch *Verhaltensstrategien* und tritt als Spieler innerhalb *ritueller Inszenierungen* auf. Teilnehmerinnen und Teilnehmer sozialer Netzwerkseiten nutzen verschiedene Selbstdarstellungsstrategien, um sich als ein sozial attraktives Subjekt zu stilisieren (Abb. 17). Mit den bereits sozial anerkannten Scripts ›erfolgreich‹ verlinkter Lebensentwürfe versuchen sie, die Denkweisen anderer Leserinnen und Leser zu beeinflussen. Soziale Netzwerke sind Vergesellschaftungsprogramme: sie speichern, verarbeiten und adressieren Desiderate von Lebensentwürfen und machen sie zum gezielten Gegenstand der datenbankgestützten Verwaltung elektronischer Dokumente. Der Zwang zur Imagebildung in sozialen Netzwerken führt zur *Stilisierung der Lebensführung* und zur *Ästhetisierung des Alltagslebens.* In Social Network Sites steht der persönliche Lebenslauf ständig unter sozialer Beobachtung. Infolgedessen hat der *Stil* sowohl als Medium der Selbstpräsentation als auch als Zeichen, Symbol und Verweisung für soziale Orientierung eine herausragende Bedeutung. Der Stil, mit dem ein Akteur im Netz seine Teilhabe an sozialen Beziehungen für sich in Anspruch nimmt, soll aber auch eine ästhetische Reflexion seiner sozialen Identität ermöglichen.[13] Einen Stil im sozialen

Abbildung 17: Profilmanagement für Frauen, Erin Bradley, Miss Information, 2006

13. Scott Lash hatte bereits Anfang der 1990er Jahre auf die zunehmende Bedeutung des Ästhetischen für die Selbstkonstruktion hingewiesen (vgl. Lash 1992).

Netzwerk für sich in Anspruch zu nehmen, heißt folglich, ein sozial vernetztes Selbstbild für sich zu reklamieren und eine soziale Anerkennung dieser ästhetischen Selbststilisierung anzustreben.

Die Herstellung biografischer Subjektivität in sozialen Netzseiten erfolgt weniger vertikal, sondern viel eher *transversal*; sie stellt Bezugnahmen und Überschneidungen her und sorgt für Interferenzen zwischen den spezifischen Aspekten des Selbst als Partizipant an sozial gerahmten Situationen. *Transversale Biografiearbeit* ermöglicht flexible Reaktionen auf plurale und ungewohnte soziale Kontexte, für dessen Bewältigung nicht immer spezifische Schemata, Rahmen oder Skripts abrufbar sein können. Andererseits werden für den einzelnen und Organisationen Selbsterzählungen und Selbstinszenierungen in digitalen Netzwerken immer mehr zur *Aufgabe* (Tillmann/Vollbrecht 2006). Demzufolge müssen immer mehr Ressourcen für das aktive Imagedesign und die Selbstprofilierung aufgewendet werden.

Als Stratege ist das Selbst gezwungen, beständig zwischen Selbstachtung und Rücksichtnahme zu vermitteln. Eine der Bedingungen der Interaktion bei *Facebook* ist etwa die *anteilnehmende Aufmerksamkeit*: die Teilnehmerinnen und Teilnehmer verschicken regelmäßig vorgefertigte Grußbotschaften, die auf digitalen Pinnwänden als ›Trophäen‹ sozialer Beziehungen gesammelt werden können. Eine ›erfolgreiche‹ Imagepflege erfordert also eine beständig anteilnehmende Aufmerksamkeit, denen die Teilnehmerinnen und Teilnehmer zwangsläufig ausgesetzt sind:

»Immer aber ist das eigene soziale Image, selbst wenn es persönlichster Besitz und Zentrum der eigenen Sicherheit und des Vergnügens sein kann, nur eine Anleihe von der Gesellschaft; es wird einem entzogen, es sei denn, man verhält sich dessen würdig. Anerkannte Eigenschaften und ihre Beziehungen zum Image machen aus jedem Menschen seinen eigenen Gefängniswärter; dies ist ein fundamentaler Zwang, auch wenn jeder Mensch seine Zelle gerne mag.« (Goffman 1987: 15)

Von netzwerkenden Subjekten wird erwartet, dass sie sich kontinuierlich in ihrem Selbstfindungsprozess engagieren und ihr Selbst als ein fragiles Projekt verstehen, das sich nur über eine Vielzahl von Interaktionen stabilisieren lässt und daher von der Dynamik sozialer Beziehungen abhängig ist. Das Selbst bleibt in dieser Perspektive dauernd gefährdet, weil sein Image abhängig ist von der sozialen Anerkennung der anderen. Um diese Anerkennung zu erlangen, folgen die ihr Image pflegenden Teilnehmerinnen und Teilnehmer einer Vielzahl von Regeln.

Die Herstellung von Aufmerksamkeit ist abhängig von der Beherrschung medialer Präsentationstechniken, die das eigene Selbst im Rahmen seiner Internet-Präsenz gut ›aussehen‹ lassen sollen. Ziel ist dabei nicht nur, von außen Anerkennung zu lukrieren, sondern ebenso wichtig ist es für die Amateure/Amateurinnen im Netz, ein anpassungsfähiges Selbstbild zu entwickeln, das gleichzeitig Handlungs- und Wandlungsfähigkeit signalisiert. Nicht das Streben nach Gerechtigkeit (vgl. Habermas 1995), sondern die neuen medialen Formen der Selbstdarstellung (vgl. Goffman 1987: 52) gewährleisten die normativen Orientierungen der Individuen. Damit kann die Orientierung am Image als ein wesentliches Prinzip sozialer Interaktion bei *Facebook*[14] und vergleichbaren Network-Sites verstanden werden. Das Netzwerk basiert hauptsächlich auf dem »*friend-of-a-friend*«-Prinzip. Dabei kann jeder eine virtuelle Visitenkarte und eine Liste seiner wichtigsten Online-Kontakte hinterlassen. Unter diesen Voraussetzungen stehen die Techniken, mit denen die Akteure versuchen, ihr eigenes Selbstbild mit einem bestimmten Repertoire an Techniken zur Imagepflege aufrecht zu erhalten, im Zentrum der Aufmerksamkeit. Einige der Parameter, welche die Anwendung dieser Techniken zur Imagepflege mitbestimmen, sind die sogenannten Applikationen, mit denen die User/-innen ihr persönliches Profil personalisieren. Mit der Installation der Applikationen kann ein Fotoalbum, eine Wall (Messageboard)[15], ein Discussion Board, ein Aktivitätsfeed, eine Sidebar mit Veranstaltungshinweisen adaptiert werden. Die Einrichtung einer eigenen Gruppe zählt zu den primären Pflichten der Imagepflege in sozialen Netzwerken. Die Ausgestaltung des eigenen Profils zum Netzwerkknoten für Gruppenmitglieder legitimiert die soziale ›Netzwerkkompetenz‹ der Profilanbieter. Während die Nutzerinnen und Nutzer von sozialen Netzwerkseiten vor allem nach Selbstbestätigung und sozialen Kontakten suchen, macht sich das Net-Business auf die Suche nach neuen Online-Märkten. Die Branche schwärmt von Egosurfing oder Egocast. Online-Lotsen, Blogger und Podcaster generieren immer mehr eigene Inhalte im Netz. Die boomenden Network-Sites laden aber auch zum Fälschen und Täuschen ein. Wer einfach nur möglichst viele Online-Freundschaften in möglichst kurzer Zeit schließen will, kann auf Dienste wie *AddYourFace* zurückgreifen, die eine Datenbank von über 20.000 Personen besitzt. Für vernetzungsmüde Subjekte hat Brant Walker, ein Multimediadesigner aus San Diego, ein Fake-Service entwickelt. Auf seiner Webseite www.fakeyourspace.com verkauft der E-Commerce-Anbieter Freunde aus dem Katalog. 99 Cent kostet es, eine attraktive Schönheit einen Monat lang seinen Freund oder seine Freundin nennen zu dürfen. Im Preis inklusive sind zwei Kommentare, die der gekaufte Kontakt auf der Seite des Friendship-Käufers hinterlässt. Der Dienst unterstützt nicht nur Facebook, sondern auch *MySpace*, *Friendster* und *Consumating*. Für den Fall, dass zu viele Leute in der Freundschaftsliste stehen, kann Brant Walker, der Erfinder von *FakeYourSpace*, mit einem weiterem Dienstleistungsangebot aufwarten: *BreakYourSpace.com*. Mit diesem Service können »nervende Freunde« aus der Kontaktliste getilgt werden: Kostenpunkt: 99 Cent pro zu eliminierendem Freund.

In welcher Weise korrespondieren die aktuellen Praktiken der individuellen, familiären oder kollektiven Lebensführung mit der Verwertungslogik von Arbeits-, Bildungs- und Geschlechterpolitik? Die neue Rhetorik des Kapitalismus erhebt das »unternehmerische Selbst« (Bröckling 2007) in seiner

14. *Facebook* wurde als »Inter-Networking« für den akademischen Nachwuchs 2004 vom Harvard-Studenten Mark Zuckerberg gegründet und funktioniert längst als virtueller Campus für Tausende von Universitäten und Schulen.

15. Für den Small Talk müssen die Userinnen und User keine E-Mails mehr schreiben, sondern unterhalten sich mittels des Messageboards.

idealtypischen Form zum Modell für die Allgemeinheit. Unter den Bedingungen einer auf Informations- und Kommunikationstechnologien basierenden hochtechnisierten Transformationsgesellschaft soll der ›Unternehmer seiner selbst‹ einerseits über Netzwerkfähigkeit und Flexibilität, andererseits über individuelle Kompetenzen wie etwa ›Selbstbeherrschung‹ und ›Selbststeuerung‹ verfügen. Unter diesen Vorzeichen hat narrative Identität ihren Autonomiestatus verloren, da sich die Selbstpraktiken in Einzelprojekte zergliedern und sich im Spannungsfeld zwischen narrativer Identitätsarbeit und Anpassungs- und Mobilitätsnormen in der Netzwelt zu bewähren haben: »In gesättigten, enger werdenden Märkten entscheidet die Corporate Fitness, der ›fitte‹ Umgang mit schnell wechselnden Strukturen, Werten und Kontexten.« (Baumann 1995: 140, 149) Die Corporate Fitness trägt wenig zur Förderung von Lebenssouveränität bei, sondern bedeutet vielmehr flexible Anpassung an äußere Standardisierungen, die immer häufiger wechseln und sich nicht mehr in einem fixen Typus kristallisieren. In diesem diskursiven Umfeld entstehen normative Modelle, an deren Etablierung sich auch sozialwissenschaftliche Diskurse beteiligen (Barber 1994, Etzioni 1996, Beck 1999). Ihr Ansatz der Identitäts- oder Biografiearbeit ist von einem emphatischen Individualitätskonzept geprägt und blendet das paradoxe Selbstverhältnis, in welchem sich das Netzsubjekt zwischen der Anpassungs- und der Authentizitätsnorm permanent zu verorten hat, mehr oder weniger aus:

»Das Spannungsverhältnis zwischen der *Flexibilitätsnorm* und der erwarteten Individualität, d.h. der Notwendigkeit, ein spezifisches (›eigenes‹) und zeitlich *dauerhaftes* Ich zu besitzen, ist in einer konnexionistischen Welt ein steter Grund zur Sorge. Den typischen Ausdruck dieses Spannungsverhältnisses bildet die Devise, die das Ideal eines erfolgreichen Lebens in einer *Selbstwerdung* begreift.« (Boltanski/Chiapello 2003: 499)

Als Kreativitätspotenziale sind auch nonkonformistische Lebenskonzepte und subkulturelle Praktiken willkommen – allerdings unter der Voraussetzung, dass sie die Produktivität steigern.

Die vorherrschende Frage bei der Identitätsarbeit ist generell nicht die philosophische Fragestellung »Was bin ich?«, die auf eine von den Einflüssen der Welt enthobene Selbstgewissheit abhebt, sondern »Wer bin ich?«, die eine individuelle Erfahrungsgeschichte integriert. Diese Idee des cartesianischen »cogito« führte zum neuzeitlichen Denken eines sich selbst konstituierenden Subjekts und sollte für Descartes die Möglichkeit einer Letztbegründung bieten, die seinen methodischen Zweifeln an allem, was er vorher zu wissen glaubte, Stand halten sollte, um ihm die Gewissheit über die eigene Existenz als denkende Substanz (*res cogitans*) zu vermitteln (Descartes 1986: 121, 129).

In den *Weblogpraktiken* haben wir es hingegen mit narrativen Spielpraktiken zu tun, die sich aus Handlungen und Reaktionen, Selbststilisierungen und Erwartbarkeitszwängen, Kontrollprozeduren und Ausweichmanövern oder sich responsorisch aufeinander beziehenden Kommentaren zusammensetzen (Brockmeier 2001: 247-280). Paul Ricoeur formuliert diese Dialektik in seinem Konzept der »narrativen Identität«, die sowohl Beständigkeit als auch Wandel ermöglichen soll. Die »narrative Identität«, wie sie Ricoeur konzipiert, oszilliert »zwischen zwei Grenzen, einer unteren Grenze, an der die Permanenz in der Zeit sich in einer Vermischung des idem und des ipse ausdrückt, und einer oberen Grenze, an der das ipse die Frage nach seiner Identität ohne den Rückhalt und die Unterstützung des idem stellt« (Ricoeur 1996: 150). Das Selbst ist somit nicht als ein »identisches Etwas« zu sehen, das als ein »invarianter Selbstkern« identifiziert werden könnte. Das öffnet einen Raum zur Refiguration des Selbst, wie Ricoeur in »Zeit und Erzählung« ausführt:

»Vom Selbst läßt sich [...] sagen: es wird durch die reflexive Anwendung der narrativen Konfiguration refiguriert. Im Unterschied zu der abstrakten Identität des Selben kann die für die Ipseität konstitutive narrative Identität auch die Veränderung und Bewegtheit im Kontext eines Lebens einbeziehen. Das Subjekt konstituiert sich in diesem Fall als Leser und Schreiber seines Lebens zugleich. Wie die literarische Analyse von Autobiographien bestätigt, wird eine Lebensgeschichte unablässig refiguriert durch alle die wahren und fiktiven Geschichten, die ein Subjekt über sich erzählt. Diese Refiguration macht das Leben zu einem Gewebe erzählter Geschichten.« (Ricoeur 1990/Bd. 3: 390)

Das Verstehen der Identitätskonstruktionen im Weblog hängt davon ab, ob es gelingt, die *historischen Verschiebungen* der Selbstthematisierung und die damit einhergehende *soziale Dynamik* narrativer Prozesse zu berücksichtigen. Identitätsgewinn und -bewahrung im Netz verabschiedet den früheren Autonomiestatus des Subjekts, da Identität immer schon als eine ausgehandelte thematisiert wird. Selbstreflexive Professionalisten setzen sich exzentrisch zur eigenen Lebensgeschichte in Beziehung und besprechen ihre eigenen Selbsterzählungen mit anderen im Rahmen einer kollektiven Hermeneutik, welche die Identität deutungskulturell verortet. Die narrativen Weblogpraktiken machen aus dem Selbst eine sich wandelnde, wandlungsfähige »Andersheit in mir« (Ricoeur 1990: 168), was dazu führt, dass die eigene Andersheit vom Subjekt reflektiert werden kann. Kurz gefasst: Die Selbstnarrative sind in ein Netz intersubjektiver Beziehungen eingebunden. ›Narrative Erfahrungen‹ durch die Reflexion der eigenen Biografie durch Andere schafft *eingerechnete Distanzen* zur eigenen Lebensgeschichte, da eine wertfreie und objektive Betrachtung nie gänzlich gelingen kann.

Welche *medialen Repräsentationen* kommunizieren die Selbstpraktiken der Amateure/Amateurinnen im Netz unter den Vorzeichen von ›Identitätsarbeit‹, ›Biografiearbeit‹, ›Selbstnarration‹ und ›Selbstmanagement‹? Auf welche Weise verändern multiple, multimediale Präsentationsformen die Ausdrucksformen des narrativen Selbst? Vor dem Hintergrund dieser Fragestellungen empfiehlt sich eine medienübergreifende Begriffsdefinition, die versucht, die inter- und transmedialen Gestaltungsmöglichkeiten und -grenzen des Narrativen zu integrieren und diese systematisch zu analysieren und vergleichend gegenüberzustellen.[16]

16. Um die Vorteile eines weit gefassten Begriffs von ›Transmedialität‹ und ›Intermedialität‹ für die Untersuchung der Relationen zwischen sämtlichen medialen Ausdrucksformen nutzen zu können, soll die Perspektive eines Medien- und Disziplinen-

Die netzbasierte Identitätsarbeit ist ein medial generierter Prozess, in dem *multimediale* Wissensbestände und Zeichensystemen unterschiedlicher medialer Register abgerufen werden müssen, um mittels dem Gestalten von Blogs, Videos und Podcasts, Herunterladen von Musik- und Grafikdateien, Instant Messaging, Chats, Internetforen, E-Mails oder Surfen kommunizieren zu können. Reflektierte Lebensführung vermittelt sich in digitalen Netzen im kompetenten Umgang mit multi-medialer Content-Gestaltung. Die Bloggerinnen und Blogger unterhalten vorrangig ein praktisches Selbstverhältnis zu sich selbst und konstatieren ihr Leben nicht als etwas *Vorhandenes*, sondern verhalten sich zu ihm in der Weise einer *evaluativen Grundhaltung*. Biografische Lebensdeutungen, die sich in Auswertungsprozessen wiederfinden, erfordern Prozeduren der Stellungnahmen, Rechtfertigungen und Nachweise, über die penibel Buch geführt werden muss, da sie angeblich den ›Persönlichkeitswert‹ der Beteiligten quantitativ (z.B. die hierarchisierende Wissenstechnik der Notenskala) und qualitativ (z.B. die diskursivierende Wissenstechnik des Kommentars) demonstrieren.

Mit den erwähnten objektivierenden Wissenstechniken kann z.B. die Außenperspektive einer auktorialen Erzählerfigur und das berichtende Erzählen etabliert werden (das in der englischsprachigen Erzählforschung auch als ›telling‹ bezeichnet wird). Ausgehend von der Verankerung der auktorialen Erzählinstanz entstehen weitere Möglichkeiten, die multimedialen Schauplätze der biografischen Selbstpräsentation auf eine bestimmte Weise zu verknüpfen, die chronologische Abfolge der erzählten Ereignisse zu verändern und durch zeiträumliche Rückwendungen und Vorausdeutungen den Anschein einer souveränen Verfügbarkeit über Raum und Zeit zu vermitteln. Zur Herstellung narrativer Kohärenz werden kausale und situationsbedingte Zusammenhänge gestiftet und relevante Ereignisse auf der Zeitachse aufeinander bezogen. Dabei kommen unterschiedliche Medien zum Einsatz: Grafikanimationen verdeutlichen Wirkungszusammenhänge, Bildunterschriften fungieren erklärend, kalendarische Ordnungssysteme strukturieren chronologische Ereignisse usw. Die Erstellung von Multi-Media-Portfolios zählt heute zu den Kernkompetenzen der Amateure/Amateurinnen im Netz. Damit verlagert sich die Medialisierung des Familiengedächtnisses vom Fotoalbum in die Online-Datenbank. Im Unterschied zu dem in der Privatsphäre verwahrten Fotoalbum sind die mit einem *Stimmungsdesign* aus Musik, Foto, Video, Text, Grafik, Zeichnungen und Karten unterlegten Multimedia-Präsentationen der Portefolios heute zu einem *öffentlichen Spektakel* geworden. Heute spielt sich Berühmtheit nicht mehr ausschließlich auf dem Schauplatz

grenzen überschreitenden Ansatzes gewählt werden. In diesem Sinne entwirft Rajewksi eine schematisch gefasste Definition und Eingrenzung der trans- und intermedialen Phänomene: »*Transmedialität*. Medienspezifische Phänomene, die in verschiedensten Medien mit den dem jeweiligen Medium eigenen Mitteln ausgetragen werden können, ohne dass hierbei die Annahme eines kontaktgebenden Ursprungsmediums wichtig oder möglich ist. *Intermedialität*. Mediengrenzen überschreitende Phänomene, die mindestens zwei konventionell als distinkt wahrgenommene Medien involvieren.« (Rajewksi 2002: 13) des Fernsehschirms ab, sondern auch auf dem Computermonitor. Selbstinszenierung ist im Internet alltäglich geworden: Man zeigt Videos, führt Online-Tagebücher und präsentiert seinen – im besten Fall weitläufigen – Freundeskreis. Traditionelle Rezepte für Berühmtheit funktionieren in dieser Welt jedoch nur begrenzt. Es reicht nicht, schön zu sein oder bereits in der »Realität« ein Star zu sein. Die beliebtesten Videos auf *YouTube* demonstrieren, dass Dilettantismus[17], Low Tech, privates Vergnügen und absurder Humor probate Strategien zu sein scheinen, um auf *YouTube* ein Star zu werden. Wer berühmt wird, entscheiden die User/-innen, die sich mitunter nicht für jene Videos entscheiden, die qualitativ am besten sind. Ein Beispiel dafür ist die Wahl zum ›Besten Musikvideo‹ bei *YouTube*. Die Videos der Sängerin Terra Naomi erfreuten sich lange Zeit großer Beliebtheit in der Online-Community. Ihre erfolgreichen *click rates* auf dem Videoportal *YouTube* steigerten den Marktwert der Musikerin, die mehrere Plattenverträge erhielt:

»Terra Naomi (* in Saratoga Springs, NY, USA) ist eine unabhängige Pop/Rock/Alternative/Indie-Sängerin, die vor allem durch das beeindruckende Video des Songs ›Say It's Possible‹, welches auf YouTube 2006 veröffentlicht wurde, internationale Berühmtheit erlangte.« (http://de.wikipedia.org/wiki/Terra_Naomi)

Weitere Gewinner, zwei junge Männer, die sich Smosh nennen, lieferten nicht unbedingt einen innovativen Beitrag. Doch sie konnten auf ihren Ruf innerhalb der *YouTube*-Community bauen und mittlerweile sind die beiden Musiker weltbekannt und verkaufen ihre eigenen T-Shirts. In der Online-Welt *Second Life* (SL) liegen die Kriterien für Beliebheit allerdings etwas näher an traditionellen Kategorien, findet zumindest das New Yorker Künstlerpaar Eva und Franco Mattes. 2007 stellten die Netzkunst-Pioniere in einer Hommage an die Portraitserien Andy Warhols in der *New Yorker Postmasters Gallery* die dreizehn ›schönsten‹ SL-Avatare aus und thematisierten damit die Repräsentationen des Selbst im Online-Rollenspiel (Abb. 18). Ihr Anschlussprojekt »Synthetic Performances« widmet sich dem Reenactment künstlerischer Performance und SL und reinszeniert z.B. Chris Burdens »Shoot« (1971) (Abb. 19).

Die neue Praxis des Erzählens von Lebensgeschichten unter den Vorzeichen des Digital Storytelling reflektiert die Möglichkeiten von Multimedia-Applikationen, die nicht nur das Zusammenspiel von Bild, Ton und Text, sondern auch die aus den technologischen Interaktionsmöglichkeiten resultierende *Non-Linearität* ermöglichen. Im Unterschied zu den klassi-

17. In den 1980er Jahren bezeichneten sich Musiker, die gegen alle Traditionen der Popmusik anspielten, als »Geniale Dilletanten«, die bereits durch die Schreibweise (absichtlich) dilettierten. Zu ihnen gehörten u.a. Bands wie Die Tödliche Doris und Die Einstürzenden Neubauten. Die Übernahme des Schreibfehlers auf dem Merve-Buchtitel, so Wolfgang Müller in dem gleichnamigen Buch, ist ein Beleg, dass ein »genialer Dilletant« im Unterschied zum »Profi« zu seinen »Fehlern« nicht nur stehe, sondern sie als tatsächliche existierende Realität akzeptiert und sie ganz bewusst in sein Werk einbezieht (vgl. Müller 1982).

Abbildung 18: Eva und Franco Mattes, Honeywells Lollipop, Serie »13 Most Beautiful Avatars«, New Yorker Postmasters Gallery, 2007

Abbildung 19: Eva und Franco Mattes, Reenactment of Chris Burdens »Shoot« (1971), Synthetic Performances, 2007

schen Medien der Selbstthematisierung offerieren Weblogs und Foren die Verwendung multimedialer[18] Dokumente und machen das Bearbeiten, Speichern und Vervielfältigen biografischer Informationen hard-, software- und plattformabhängig. Die Erzählung über sich selbst integriert die Komposition zeitlicher, räumlicher und funktionaler Beziehungen von Medienelementen (Text, Video, Foto, Infografik, Audio, Animation etc.). Die neuen Formen der Selbstthematisierung im Netz befinden sich in einem kontinuierlichen Verhandlungskontext und verweisen darauf, dass sich beim Bloggen der virtuelle Raum und der soziale Raum überlagern. So machen die Möglichkeiten der interaktiven Nutzung aus dem Rezipienten selbst einen Erzähler und setzen Unterschiede zwischen den klassischen Erzählformen Literatur, Theater oder

18. Multimediale Dokumente bestehen aus zeitabhängigen und aus mehreren unterschiedlichen Medientypen. Die Zeitabhängigkeit multimedialer Dokumente drückt sich dadurch aus, dass bestimmte Informationen dem Benutzer erst zu einem vorher festgelegten Zeitpunkt präsentiert werden.

Film und dem Digital Storytelling. Mit der Aufwertung des Rezipienten als Erzähler verändert sich gleichermaßen die autobiografische Narration, die nun weniger auf die Geschlossenheit, Linearität, Homogenität ihrer Geschichte abzielt, sondern sich auf ihre Sammlung, Archivierung, Verfügbarkeit und Vernetzung beschränkt.

Die hypermediale Umgebung unterstützt die Episodenhaftigkeit der Selbstdarstellung, die polyvalent anschlussfähig sein kann. Somit ergibt sich eine *relationale Lektüre*, die den Sinn der Selbsterzählung aus der Perspektive seiner Verknüpfungen aktualisiert. In seiner Untersuchung »Palimpseste. Die Literatur auf zweiter Stufe« (1993) schlägt Gérard Genette vor, Hypertextualität als eine Textgattung zu definieren, die einen anderen Text auf eine bestimmte Art und Weise überlagert:

»Darunter verstehe ich jene Beziehung zwischen einem Text B (den ich als Hypertext bezeichne) und einem Text A (den ich, wie zu erwarten, als Hypotext bezeichne), wobei Text B Text A auf eine Art und Weise überlagert, die nicht die des Kommentars ist.« (Genette 1993, 14f)

Hypertextualität liefert dem hypermedialen Erzählen die Theorie der Einheiten und Verknüpfungen, die Theorie der Struktur. In spezifischen Prozeduren der Navigation und Selektion kann Wissen in mehrfacher Hinsicht ›flexibilisiert‹ werden. Gegenüber dem zielgerichteten Suchen in Information-Retrieval-Systemen oder Datenbanken ermöglicht das Hypertextnetzwerk ein assoziierendes Informationsverhalten, das als freies Navigieren bzw. als Browsing bezeichnet wird. Dies ist der operationale Aspekte von Hypertext (vgl. Kuhlen 1995: 427). Die medienübergreifende Erzählweise der *Hypermediastruktur*[19] und die Kommutationen und Permutationen der Multimedia-Einheiten ermöglichen die Gestaltung eines dreidimensionalen Erzählraumes: vom Ausgangspunkt aus, nach der Einführung in das Programm können die Benutzerinnen und Benutzer in einer nichtlinearen Struktur zwischen einzelnen Situationen oder Bildern hin und her springen, eine Vielzahl von alternativen Wegen benutzen und sich dabei für eine bestimmte Auswahl und Abfolge von Erzählsequenzen und Erzähllinien entscheiden. Das Erfordernis, die eigene Biografie, den Lebenslauf und das Selbst multiperspektivisch (Kommentar, Feedback, Verlinkung) und multimedial (Hypermedia) von mehreren Seiten ausgehend zu betrachten und gleichzeitig multiple Wahlmöglichkeiten zuzulassen, erfordert ein Ausbalancieren der Lebensstile und stellt hohe Ansprüche an die biografische Selbststeuerung. Mit den kohäsiven Mitteln wie etwa der Deixis, der Anapher oder spezifischen Lektüreanweisungen versuchen die Medienamateure/Medienamateurinnen des Web 2.0, der Flexibilisierung des biografischen Wissens entgegen zu wirken und den Verlauf der eigenen Le-

19. Multimedia-Anwendungen operieren mit einer Hypermedia-Struktur. Die Hypermediastruktur verknüpft die einzelnen Textteile, Informationseinheiten, Räume und Handlungsschritte nach bestimmten (logischen, kontextuellen) Gesichtspunkten und vernetzt mittels spezifischer Computerprogramme sukzessive Bilder, Grafiken, Video- und Animationssequenzen, Musik- oder Sprachsequenzen.

bensgeschichte wieder stärker zu beeinflussen und zu kontrollieren. Mittels der kohäsiven Prozeduren können größere syntaktische Einheiten konstruiert werden, die hierarchisch strukturiert sind und eine bestimmte Leserichtung und chronologische Abfolge vorgeben. Als Ergebnis führen sie zu größeren makrotextuellen Einheiten, die – zusammen mit paratextuellen Informationen und typografischen Konventionen – Leserinnen und Leser über ihren Standort im Erzähltext informieren sollen. Lebensgeschichtliche Markierungen können vermittels metatextueller Instruktionen oder Paratexte gelenkt werden: im Lektüreprozess können die Vorgaben der Verknüpfungen aktualisiert werden. Die Verknüpfung zwischen den hypermedialen Einheiten bleibt aber assoziativ und durch die Interessen des rezipierenden Publikums gelenkt.

In ihrer Theorie der »Remediatisierung« (1999) gehen Jay David Bolter und Richard Grusin davon aus, dass Medien durch Übersetzung, Umgestaltung und Umformung von anderen Medien die Prozesse der »kulturellen Rekonzeptualisierung« (Manovich 2002) vorantreiben. Mit dem von Bolter und Grusin entlehnten Begriff der »Remediatisierung« kann es möglicherweise gelingen, einen unabgeschlossenen, prozessualen Begriff des Geschichtenerzählens zu etablieren. Begriffe wie »Remediatisierung« und »Rekonzeptualisierung« meinen, dass die kulturelle Semantik in vielfältigen Rekontextualisierungen und Dekontextualisierungen immer wieder von neuem generiert, konserviert, gestört und fortgeschrieben wird. In Rekontextualisierungen versuchen die Autoren/Autorinnen ihren biografischen Erfahrungen Kohärenz und Kohäsion zu verleihen; die Rekontextualisierungen bilden wiederum den Ausgangspunkt für die Praktiken der Dekontextualisierung, mit denen Leserinnen und Leser sich die Lebensgeschichten der anderen aneignen und weitererzählen. Die reflexiven, kreativen und interaktiven Selbstinszenierungen und -stilisierungen in sozialen Netzen zielen weniger auf die Herstellung eines Subjekts authentischer und autonomer Substanz, sondern vielmehr auf ein *flexibles, offenes Subjekt* der Wahlmöglichkeiten, das im Rahmen der Produktions- und Rezeptionskontexte hervorgebracht wird. Digitale Selbstnarrative sind nicht mehr als dauerhaft und ursprünglich, sondern als *multipel* und *wandelbar* konzipiert.

Das mit dem Web 2.0 demokratisierte Internet wird primär als ein sozialer Raum wahrgenommen und ist heute ein Sammelbecken unzähliger Identitätsprojekte, in denen man sich der Internet-Community als ›Mash-Up‹ von Interessen, Musikstilen, Moden, Trends und Symbolen präsentiert und Bewertungen und Kommentare erwartet, auf die wieder reagiert werden kann. Wer sich im hypermedialen Imagedesign gut darzustellen und in den diskursiven Konflikten um Deutungsmacht zu behaupten vermag, steigert seine Chancen, auf den Aufmerksamkeitsmärkten wahrgenommen zu werden. Die Regulation der Aufmerksamkeit im Netz basiert im Wesentlichen auf Wissenstechniken, die einen entscheidenden Einfluss auf die Subjektkonstitution im Netz ausüben.

3. Wissenstechniken

Im erweiterten Spektrum der neuen netzbasierten elektronischen Medien bilden Wissenstechniken eine basale Strategie für die Prozessierung kulturellen Sinns. Sie wirken auf Subjektkonstitutionsprozesse im Netz anordnend, strukturierend und regulierend, da sie Aussagen, Konzepte und Begriffe und Perspektiven zueinander in Beziehung setzen. Gemeinsam mit Lektüre-, Schreib-, Konsum-, Erzähl- und Sehpraktiken bringen Wissenstechniken spezifische Subjektivierungsweisen hervor. Sie gehen weder der sozialen Wirklichkeit voraus noch bezeichnen sie diese nur, sondern sie stehen mit gesellschaftlichen Institutionen und Lebensweisen in einer Wechselbeziehung. Die sozialen Beziehungen und kulturellen Ordnungen sind den Wissenstechniken nicht als ein Gegebenes vorgelagert, denn die Wissensgenerierung muss selbst als eine soziale Praxis aufgefasst werden. Einerseits produzieren wissensgenerierende Praktiken machtvolle Wahrheiten, da sie auf einem System von Ein- und Ausschließungen basieren. Andererseits ist ihnen bei der diskursiven Konstitution von Subjektpositionen auch ein *unberechenbares Moment der Unordnung, des Bruchs und der Willkür* eingelagert, denn sie bilden gleichzeitig bewahrende und verändernde, also in sich *ambivalente Strukturen*; ihnen inhäriert eine »taktische Polyvalenz« (Foucault 1983: 122), denn sie produzieren Machtbeziehungen und unterminieren sie zugleich. Wissensprozesse und Selbstpraktiken stehen nicht konträr zueinander, da sie unter sich verändernden Verhältnissen bestimmte Selbstverhältnisse begünstigen oder durchkreuzen. Sie können aber nicht einfach verstanden werden, sondern sie müssen erst sichtbar gemacht werden. Vor diesem Hintergrund kommt die Grundentscheidung dieser Untersuchung zum Ausdruck, sich einer Theorie des Medialen *operativ* und nicht durch essentialistische Theorieprogramme zu nähern. Dies bedeutet, dass die Prozeduren des Wissens auf ihre Repräsentationsformen hin untersucht werden müssen, um die Wirkungen, die sie auf der Subjektseite erzeugen, aufzuzeigen. Die soziale Wahrnehmung ›wissenschaftlich‹ erzeugter Daten und Informationen hängt immer auch davon ab, inwiefern sie als legitimes, normalisiertes und relevantes Wissen gelten.

Die Analyse der Wissenstechniken zielt darauf, die diskursiven Effekte, d.h. die Subjektpositionierungen, methodisch zu erfassen. Ihr zentraler Ausgangspunkt besteht in der Annahme, dass Wissenstechniken Formen sozialer Kommunikation sind und die darin gängigen Praktiken, Identitäten und

Subjektpositionen klassifizieren, ordnen und stabilisieren. So unterschiedlich die im Web 2.0 dominanten Prozeduren der Wissensherstellung – Blogging, Profiling, Tagging u.a. – auch sein mögen; alle sind Varianten der unermüdlichen Frage nach Effektivität und ökonomischer Rationalität; alle generieren ein »dividuelles Individuum« (Deleuze 1993: 260) als Manövriermasse mathematisch-statistischer Datenbestandsanalysen von probabilistischer Mustererkennung und Clustering. Die mathematisch-statistischen Wissenstechniken prägen unsere Modalitäten des Denkens, Wahrnehmens, Kommunizierens und Erinnerns und transformieren sie in rechnergestützten Gedächtnismedien wie der Suchmaschine und der Datenbank, die weit über die Aufgabe der Erweiterung des individuellen menschlichen Gedächtnisses durch die Auslagerung von Information hinausgehen. Suchmaschinen häufen permanent Informationen über soziale Beziehungsnetze und persönliche Biografien an; ihre Datenakkumulationen können mehrdimensional nach beliebigen Zusammenhängen durchsucht und logisch miteinander verknüpft werden. Die gedächtnismedialen Leistungsvermögen der Wissenstechniken im Web 2.0 ermöglichen gleichermaßen den Zugang und den Ausschluss von Informationen und Transaktionen. Die computertechnische Erfassung, Kodierung und Speicherung ermöglichte eine automatisierte und beschleunigte Such- und Analysetechnik. Eine rechnergestützte Mustererkennung durch systematischen Vergleich und eine gezielte Kombination umfangreicher Datenmengen führt im Web 2.0 zur Dateninflation merkmalsorientierter Suchanalyse und Adressierungsverfahren.

Auf abgewandelte Weise verfährt hingegen die Analysemethode der *demonstrativen Evaluation*, die für alle sichtbar sein soll. Sie operationalisiert die individuellen Daten und Informationen und das »dividuelle« Individuum soll in Anerkennungsprozeduren in die ökonomische Kalkulation des Wissens eintreten. Monitoring, Evaluationen, Vergleichstests und Kundenorientierung werden heute überall dort im Netz gebraucht und eingesetzt, wo es um die Herstellung ›objektivierender‹ Kontrolltechniken der Bottom-up-Verfahren mit Bürgern/Bürgerinnen (*e-government*), Kunden/Kundinnen (*e-buy*) und Mitarbeitern/Mitarbeiterinnen (*e-portfolio*) geht. Die in Foren und sozialen Netzwerken üblichen Verfahren der Evaluation kombinieren Kontrolle und Sanktion und machen dadurch Macht-Wissens-Beziehungen sichtbar. Die Sichtbarmachung der Wissensprozesse und -prozeduren steht vor der Herausforderung, das Verhältnis von Wissen, Subjekt und Kultur nicht nur methodologisch, sondern auch methodisch näher zu bestimmen, ohne es dabei als deterministisches Zwangsverhältnis festzulegen. Wissenstechniken können deshalb unter der Perspektive der bedeutungsgenerierenden Effekte betrachtet werden, denn mit ihrer Eingebundenheit in Kognitions- und Verstehensprozesse sozialer Alltagspraxis sind sie einer »affektiven Ermächtigung« (Grossberg 1992: 85) als Voraussetzung von Handlungsfähigkeit ausgesetzt. In diesem Zusammenhang geht es also nicht darum, auf der Ebene der Individuen und ihrer Verhaltensweisen die allgemeine Form dominanter Wissensordnungen, Kulturen oder Gesetze wieder zu finden. Hingegen bedeutet die Annahme einer Handlungsfähigkeit (*empowerment*) der Subjekte nicht zwangsläufig, diese fraglos mit ›Autonomie‹ gleichzusetzen. Wenn sich die Subjekte in einer imaginären Verkehrung selbst als Urheber, Inhaber und Beherrscher des Wissens ansehen, dann erreichen sie nicht notwendig eine höhere Stufe von machtfreier ›Selbstbestimmung‹, sondern setzen die Machteffekte eines bereits institutionalisierten Wissens um. Insofern changieren die Selbstpraktiken der Amateure und Amateurinnen im Netz zwischen Subjektivierung und Entsubjektivierung. In Abgrenzung zu den Individualisierungsprozessen infiltrieren Praktiken der Entsubjektivierung die jeweiligen Wissensordnungen und Normalitätserwartungen mit widersprüchlichen, heterogenen und kontingenten Unschärfen. Dementsprechend besteht der entscheidend neue Gesichtspunkt darin, die politisch-ästhetischen Strategien der Amateurkultur im Netz hervorzuheben, die Aneignungsweisen, Irritationen und Ermächtigungen innerhalb der medial generierten Wissens-Komplexe verhandelbar zu machen erlauben. Vor diesem Hintergrund scheint das Konzept des »Unwahrnehmbar-Werdens« (vgl. Deleuze/Guattari 1997: 343; Engell u.a. 2000: 10) geeignet, um die Lücken der Online-Fahndungstechniken anzusprechen. In Abgrenzung zur Fabrikation von Unterscheidungen, Hervorhebungen und Auszeichnungen mittels der Such- und Analyseprogramme im Netz thematisiert die Denkfigur des Unwahrnehmbar-Werdens das Mehrdeutige, Vage und Unklare: »Die *Mannigfaltigkeiten sind ständig dabei, sich ineinander zu verwandeln, ineinander überzugehen.*« (Deleuze/Guattari 1997: 340) Das Unwahrnehmbar-Werden bezeichnet in einem erweiterten Sinn ein Denken, das sich selbst dekonstruiert, seine Bedeutung aufschiebt und einen vielfältigen Sinn aus der Pluralisierung von Möglichkeiten hervorgehen lässt.[1] Das Ethos des Denkens der Mannigfaltigkeit könnte etwa verständlich machen, dass Amateurpraktiken nicht in der Regelanwendung des Programms lückenlos aufgehen, sondern durch ihr sukzessives Unwahrnehmbar-Werden Fluchtpunkte des »Asignifikant-Werdens« ermöglichen und damit Entstrukturierungsprozesse bestehender Ordnungen vollziehen, denn was ohne Merkmal ist, kann nicht gesucht und adressiert werden. Die zentrale Frage dieser der Camouflage nahe stehende Taktik könnte also programmatisch lauten: Wie können wir agieren, ohne eine Spur der Identität, der Differenz, der Distinktion und der Adressierbarkeit zu hinterlassen?

Entlang dieser Sichtweise können Wissenskomplexe in ihrer ambivalenten Dynamik untersucht werden – allerdings unter der einschränkenden Voraussetzung, dass die visuellen, auditiven und audiovisuellen Darstellungsformen als mediengenerierte verstanden werden. Blogs, Wikis und soziale Netzwerkseiten erzeugen Wahrnehmungsdispositive, die spezifische wissenstechnisch präformierte Organisationen der Sinne bewirken. Ein im Feld von Subjektkonstitution, Machtwissen und alltagskulturellen Aneignungspraktiken situierter Medienbegriff unterscheidet sich von Herangehenswei-

1. Für diesen Molekularisierungsprozess verwenden Deleuze und Guattari den Begriff »Werden« (*devenir*): »Werden heißt, ausgehend von Formen, die man hat, vom Subjekt, das man ist, von Organen, die man besitzt, oder von Funktionen, die man erfüllt, Partikel herauszulösen, zwischen denen man Beziehungen von Bewegung und Ruhe, Schnelligkeit und Langsamkeit herstellt, die dem, was man wird und wodurch man wird, am nächsten sind.« (Deleuze/Guattari 1997: 371) sen, die unter einem Medium ein bedeutungsneutrales Transportmittel für Botschaften verstehen. Ein Kulturbegriff, der auf die Untersuchung der Alltagskulturen gerichtet ist, widerspricht normalisierenden Wissensstrategien im Feld der elektronischen und digitalen Medien und schärft den Blick für Mikrokulturen, die zwar ohne präformierte Wissenstechniken nicht denkbar wären, aber nicht einfach entgegengenommen, sondern tagtäglich praktiziert werden und mit charakteristischen Aneignungspraktiken den Lebenstil der *digital natives* prägen.

Die Einführung der vernetzten elektronischen Medien ist eng mit der postmodernen und poststrukturalen Sprach-, Medien- und Gesellschaftskritik verbunden (Simanowski 2002). Die damit verbundenen Vorstellungen vom Verschwinden des Autors, der Dezentrierung der Macht und der Selbstermächtigung des Individuums entspricht in vielen Facetten dem Kommunikationsbegriff der neuen Vernetzungsstrukturen im Internet. Netztheoretiker verstehen Wissen grundsätzlich als fragmentierten Text, der in beliebiger Weise und rhizomartig kombinier- und erweiterbar ist, verschiedene Medien-, Wissens- und Zeichensysteme vermischt und auf einer technischen Plattform verfügbar ist, die eine barrierefreie Zugänglichkeit suggeriert. Angesichts der neuen netzbasierten elektronischen Medien werden unter anderen die Diskurstheorien von Barthes (1968), Deleuze und Guatarri (1976) sowie de Certeau (1980) als radikale Sinnverschiebung vom Autor zum Leser gedeutet. Netztheoretiker sehen in den Organisationsprinzipien der interaktiven und kollaborativen Wissensproduktion des Web 2.0 tiefgreifende Konsequenzen für die traditionelle Rollenverteilung zwischen Werk, Autor und Leser. Als Reaktion auf eine anarchisch-kreative Medienaneignung des neuen Mediums und als Folge zunehmender Kommerzialisierungstendenzen operieren Suchmaschinen, Kataloge und Portale heute weitgehend anonym und scheinbar rein technokratisch. In diesem Zusammenhang werden oft ausschließlich die technischen Möglichkeiten des Internet als maßgeblich für den Übergang von der passiven Mediennutzung zur interaktiven Partizipation dargestellt. Bei weitgehender Unkenntnis ihrer Auswahlmechanismen werden die Informationsdienstleistungen im Netz meist als ›neutrale Serviceleistung‹ wahrgenommen.

In ihrer Funktion als Evidenzverfahren bringen Wissenstechniken Veranschaulichungspotenziale *operational* zur Geltung. Wissensgenerierte Darstellungsformen tragen zur Evidenzbildung kultureller Semantiken bei und entstehen aus der Wechselbeziehung differenter und miteinander verschalteter Medien. In seiner Vermittlungsrolle fungiert das Wissen als ›unsichtbares‹ Medium, das sich der alltäglichen Wahrnehmbarkeit entzieht. Die ›Transparenz‹ medialer Inszenierungsbedingungen ist in der Regel die Voraussetzung dafür, dass die kommunizierte Bedeutung in quasi-ontologischer Unmittelbarkeit und Evidenz erscheinen kann.

Die Wissenstechniken, mit denen die Evidenz einer offenkundigen Anschaulichkeit erzeugt wird, können nur dann funktionieren, wenn sie als spezifische Rahmenbedingungen des Vor-Augen-Stellens im Effekt verschwinden und damit als solche unsichtbar bleiben. Das Spiel mit den Rahmenbedingungen der Wissensproduktion ist eine der großen Leidenschaften der

Amateure und Amateurinnen im Netz. Die im Bereich der *signifying practices* tätigen Praktiken der Amateure und Amateurinnen spielen mit dem Sichtbarwerden des Mediums und versuchen, habitualisierte Gebrauchskontexte und Rahmungen, welche die Wissenstechniken angeblich ›vorgeben‹, in Frage zu stellen. Mit ihren Praktiken des widerspenstigen Zeichengebrauchs versuchen sie, den ontologischen Schein der Wissenstechniken nachzuweisen. Sie sind es, welche die Paradoxien der medialen Adressierung ermöglichen und mit ihren Praktiken ausweiten. Im Unterschied zu geläufigen Abwertungen der populären Amateurkultur macht die in dieser Arbeit favorisierte Analyse des Populären deutlich, dass Popularisierung weder als hierarchischer Wissenstransfer noch als Trivialisierung wissenschaftlichen Wissens, sondern als Form der Wissensproduktion aufgefasst wird. Die populäre Amateurkultur wird als eine Wissensproduktion untersucht, die sich in Konkurrenz und in Abgrenzung von anderen Produktionsweisen, diskursiven Techniken, Mediensystemen und Lebensstilen entwickelt. Im Mittelpunkt steht dabei die Erkenntnis, dass sich unterschiedliche Akteursrollen dynamisch aus den jeweiligen kommunikativen Prozessen heraus entwickeln.

Den Ausgangspunkt der Untersuchung der Wissensmedien der Social Software bildet die These, dass die Eigendynamik medialer Konstellationen, die Wissenstechniken und die Aktivitäten von Medienakteuren ein sich wechselseitig bedingendes Geflecht ergeben. Diese Verflechtung von Techniken, Praktiken und Institutionen der Wissensmedien führt zu spezifischen Kraftlinien und Feldstärken, die sich dem medialen Operieren selbst verdanken und die Koordinaten des Handelns und der Wahrnehmung konstituieren, intensivieren oder transformieren. Die einzelnen Unterkapitel dieser Themenstellung sind nicht als systematische Auffächerung eines einheitlichen Gegenstandsfeldes zu verstehen, sondern als exemplarische Perspektivierungen, die sich mit der Frage beschäftigen, ob sich überhaupt noch eine eindeutige Grenze zwischen Subjektkulturen und Wissenstechniken ziehen lassen kann, wenn jede Veränderung der einen Seite immer auch eine mehr oder weniger kontingente Veränderung der Gegenseite mit sich bringt. Diese Neuvermessung des medialen Raums ist mit der Frage verbunden wird, ob es überhaupt noch angemessen oder auch nur möglich ist, die Technologien des Selbst, die Wissenstechniken, die politischen Strategien und die medialen Institutionen auseinander zu halten. Dementsprechend geht es um die Frage, wie sich im Blick auf mediale Konstellationen, den mit ihnen verknüpften Wissenstechniken und deren historische Veränderungen die Praktiken des Selbst auf neue Weise formen. Die unterschiedlichen medialen Konstellationen und Operationsweisen werden im Zuge ihrer Aneignungspraktiken selbst verunsichert und neu konfiguiert. Letztlich geht es also darum, mit der Frage nach den Medienpraktiken neu zu reflektieren, was die Medien ausmacht, und wie sie letztlich – im Blick der Auseinandersetzungen, die das mediale Feld konstituieren – abgegrenzt und neu definiert werden können.

3.1 Die Wissensmedien der Social Software

Unternehmerische Diskurse erfassen heute den gesamten sozialen und kulturellen Raum. Weite Bereiche der Alltags- und Populärkultur sind umgeben von einer Vielzahl unterschiedlicher Leistungsermittlungen, Nachweisverfahren, Diagnosemethoden und Persönlichkeitstests. Evaluationen, Testverfahren, Fragebögen und statistische Auswertungen sind auch im Internet normal geworden und prägen das Denken, Wahrnehmen, Arbeiten, Erinnern und Kommunizieren. So besteht bereits die Eröffnung eines Benutzerkontos aus Kontrollprozeduren, Selbstfragebögen und Qualitätsleitfäden und fordert von den Subjekten die Bereitschaft, sich auf Selbst- und Fremdsteuerungen einzulassen.

Vor dem Hintergrund der weltweiten Verbreitung webbasierter Anwendungen und der strategischen Öffnung administrativer Institutionen in Richtung offener Wissenssysteme zeichnet sich eine neuartige Dynamik für die Informatisierung der Selbstpraktiken ab.[2] Die Interface- und Softwarearchitektur des Web 2.0 hat weit über die Aufgabe der Erweiterung elektronischer Medienkanäle und Dienstleistungen hinaus neue Praktiken der Subjektkonstitution hervorgebracht. Die Web-2.0-Medientechnologien können dann nicht als ›neutrale Behältnisse‹ von Information angesehen werden, wenn davon ausgegangen wird, dass ihnen immer auch eine kulturelle Bedeutung inhäriert:

»Medien übertragen nicht einfach Botschaften, sondern entfalten eine Wirkkraft, welche die Modalitäten unseres Denkens, Wahrnehmens, Erinnerns und Kommunizierens prägt. [...] ›Medialität drückt aus, dass unser Weltverhältnis und damit alle unsere Aktivitäten und Erfahrungen mit welterschließender [...] Funktion geprägt sind von den Unterscheidungsmöglichkeiten, die Medien öffnen, und den Beschränkungen, die sie dabei auferlegen.« (Krämer 1998: 14f)

Die Amateurvideos bei *YouTube*, die privaten Tagebücher bei *MySpace* und die persönlichen Fotos bei *Flickr* werden unterschiedslos von Ranking-Tools erfasst und in statistischen Häufigkeitstabellen und hierarchischen Reihenfolgen geordnet (Abb. 20). Vor diesem Hintergrund zählen Selbstreflexivität und Kreativität zum Leistungsbereich und Persönlichkeitsentwicklung stellt eine Verpflichtung für jeden Einzelnen dar. Die Ausdehnung der Steuerung auf das eigene Selbst bedeutet jedoch nicht zwingend einen Zugewinn an Autonomie, denn die Subjekte sollen selbst gesteuert werden: Dazu zählt die Dokumentation der eigenen kreativen Fähigkeiten und Potenziale mittels E-Portfolios und E-Diaries. Dementsprechend fordern die Vertreter der Medienpädagogik eine Evaluation »aller biografisch erworbenen Kompetenzen« (Erpenbeck 2001: 211) und betonen damit die grundsätzlich mediale Prägung

2. Die Informatisierung geht aus einem historischen Prozess der Herstellung und Nutzung von Informationen hervor und hat seit jeher ein Naheverhältnis zu manageriellen Wissenstechniken – wie etwa die schrittweise Entwicklung der doppelten Buchführung um 1340, die Kameralistik des 18. Jahrhunderts bis hin zur wissenschaftlichen Betriebsführung des Taylorismus.

›informatisierter‹ und ›mediatisierter‹ Subjekte. Diesen Prozess bezeichnet der bildungsökonomische Ansatz phrasenlos als ›Selbstkapitalisierung‹, da nicht nur das Wissen und das Können, sondern das Selbst und seine Subjektivität zu einem Ort der Investition werden soll (vgl. Wrana 2006: 42).

Abbildung 20: Press Day »Most Viewed Videos«, www.youtube.com

Entbürokratisierung, Verwaltungsmodernisierung und erhöhte staatsbürgerliche Handlungsfreiheit gehören zu den Versprechen rund um die Entwicklung der ›Social Software‹. Tatsächlich aber stellen die Web-2.0-Technologien der Wissenserfassung und -repräsentation eine neue Qualität von Herrschaftstechnologie dar (z.B. *profiling, targeting, mapping, monitoring*). Wo immer die einzelnen Subjekte in Arbeit, Bildung, Lebensführung sich zu verantworten haben, sich selbst verbessern und entfalten sollen, ist zugleich zu fragen, welche Mikropolitik dafür jeweils im Spiel ist, um Bedürfnisse, Orientierungen, Einstellungen oder Gewohnheiten der User/-innen sicht- und sagbar zu machen. Als exemplarischer Bezugsrahmen für diese Fragestellung eignet sich die Social Software[3], die als Überbegriff eine frei verfügbare Software bezeichnet und die kulturellen Praktiken sozialer Interaktion, Kooperation und Kollaboration unterstützt.[4]

Heute erweitert sich der Raum digitaler Interaktion und medialer Re-

3. Das Schlagwort ›Social Software‹ hat sich im Umfeld der neuen Anwendungen wie Wikis und Weblogs etabliert und bezeichnet internetbasierte Anwendungen, die Praktiken des Informations-, Identitäts- und Beziehungsmanagements in hypertextuellen und sozialen Netzwerke unterstützen.

4. Das gemeinsame Merkmal der unterschiedlichen Anwendungen der Social Software ist der Aufbau und die Pflege sozialer Netzwerke und Communities, die mittels präsentationen: Sozio-technische Rückkopplungs-, Feedback- und Aushandlungsprozesse durchdringen die Lebensführung und die Selbstbildung der Subjekte: auf 43things.com können User/-innen eine Liste mit ihren 43 Dingen, mit denen man sein Leben verändern möchte, erstellen: »redefine the librarian profession«, »write my biography«, »reconcile with my sister«, »lose 40 pounds«, »receive a letter from Hogwarts apologizing for the late owl but informing me that I am actually a wizard«, »practice paganism«. Die Internetplattform *Frappr* kann dazu verwendet werden, auf Landkarten die Verbreitung von Mitgliedern einer bestimmten Gruppe grafisch darzustellen und das Forum *Discogs* erlaubt die kooperative Katalogisierung, Bewertung und Kommentierung von Tonträgern. Die Ausdifferenzierungs- und Pluralisierungsprozesse im Netz haben aber nicht nur neue Freiräume geschaffen, sondern auch zur Vervielfachung von Differenz-, Kontingenz- und Komplexitätserfahrungen geführt. Soziale Netzwerkseiten sind die Profiteure unübersichtlich gewordener Pluralisierungsprozesse, indem sie etwa Zugangsbedingungen beschränken, jeweilige Geltungsbereiche voneinander isolieren und Alleinstellungsmerkmale persönlicher Profile mit Hilfe statistischer Ranking- und Traffic-Tools sichtbar machen.

Ein zentrales Charakteristikum der Amateurkultur im Web 2.0 ist die hochgradige Standardisierung ›benutzerfreundlicher‹ Software. Grafische Oberflächen der Arbeitsumgebung wie das Desktop-Enviroment von Windows definieren das Sehen als den zentralen Kanal der Kommunikation zwischen Mensch und Maschine. Ihre vereinfachte und standardisierte Menüauswahl sind das ingenieurwissenschaftliche Entwicklungsprodukt der ergonomischen »engineering of vision« (Manovich 1993) und ermöglichen es, auf Internetportalen mit wenigen Mausklicks ein persönliches Profil zu erstellen, ein Video upzuloaden oder ein Foto online zu stellen. Social-Networking-Sites wie etwa *MySpace, Facebook, LinkedIn, Orkut* oder *Xing* setzen neue Standards der Autoritätskonstitution und organisieren ihre Benutzerverwaltung mittels elektronischer Formulare, die eine einheitliche, standardisierte Inventarisierung und Erschließung des Datenmaterials ermöglichen sollen. Soziale E-Netze bestehen hauptsächlich aus grafischen Rasterformen und ihren logisch vorstrukturierten Texte mit *slot* und *filler*-Funktionen zur Erfassung, Verwaltung und Repräsentation von Wissensbeständen. Die grafische Rasterform und die determinierende Vereinheitlichung der Tabellenfelder etablieren Standards der informationellen Datenverarbeitung: Sie machen aus subjektiven Erzählformen einheitliche Informationsbausteine, die der formallogischen Verarbeitung der Datenbanksysteme zugeführt werden.

Die sogenannten ›neuen‹ Kommunikations-, Informations- und Visualisierungsmedien sind *gemischte Medien* und dialektisch und historisch mit einer Vielzahl sogenannter ›älterer‹ und ›traditioneller‹ Medien verknüpft (vgl. Mitchell 2001: 158f). Ein ›altes‹ Medium wie die *Tabelle* liefert einen Rahmen für das Verständnis der digitalen Kommunikation und ein ›neues‹ Medium wie das Internet verändert die Sicht auf ›frühere‹ Medien wie die *tabellarische*

Selbstorganisation (*user-based*) funktionieren und sich damit von anderer kollaborativer Software wie Groupware oder Computer Supported Cooperative Work unterscheiden.

Darstellungsform, von denen die Vermittlungen, Simulationen und Repräsentationen zeitgenössischer Medien abhängen.[5]

3.2 E-Formulare als Regulative biografischer Wissenserfassung

Elektronische Formulare (auch: E-Formulare) sind in den Anwendungsbereichen des Content-Management allgegenwärtig geworden, die heute als ready-to-use-Software von Dienstleistungsunternehmen weltweit angeboten und eingesetzt werden. Zunächst ist zu klären, was unter dem Begriff ›Formular‹ verstanden werden kann. Als ›Formular‹ bezeichnet man im Allgemeinen ein standardisiertes Mittel zur Erfassung, Ansicht und Aufbereitung von Daten, das entweder in Papier- oder in elektronischer Form (E-Formular) vorliegt. In der Regel geben Formulare in ihrer Funktion als standardisierte Frageprotokolle kurze Textfelder und Einfach- oder Mehrfachauswahlfelder vor. Durch den Datenimport im formulargesteuerten modus procedendi wird das Formular schließlich zu einem Informationsträger im Rahmen weiterer Prozesse der Informationsverarbeitung. Formulare sind somit Vervielfältigungen, die durch Eintragungen zu ergänzen sind und der Vereinfachung bei der Erhebung gleichartiger Massendaten dienen. Die weiteren Aufgaben der Formulare bestehen darin, für Vollständigkeit zu sorgen und kommunikative Prozesse auf abzufragende Parameter individueller Fälle zu reduzieren. Vor allem soll die formale Abfragesprache der Formulare *allfällige Mehrdeutigkeiten* beseitigen und eine selektive Datenbankabfrage gewährleisten. Elektronische Formulare haben sich heute vor allem im Bereich der administrativen Erfassungsvorgänge etabliert. Mit der Prozedur der Datenselektion ist im wesentlichen die Technik des *Information Retrieval* gemeint und meint eine formale Abfragesprache, die einen gezielten Zugriff auf informationelle Einheiten und auf in ihnen enthaltene speziellere Objekte ermöglicht. Die früher einmal sich eher strikt auszuschließen scheinenden Domänen des Informa-

5. Die allgegenwärtige Opposition von ›alt‹ und ›neu‹ repräsentiert eine medienhistorische und -theoretische Leitdifferenz, welche bereits die mediendiskursive Popularisierung in den 1980er Jahren prägte und heute zu den Grundbegriffen einer jeden gegenwartsbezogenen Medienwissenschaft gehört. Geht man hingegen davon aus, dass es aus einer medienhistorischen und -archäologischen Perspektive keine autonomen Einzelmedien, sondern nur *gemischte Medien* geben kann, dann kann eine Geschichte der Medien nicht mehr länger von einer Aufspaltung in ›neue‹ und ›alte‹ Medien ausgehen, sondern hat sich mit der dialektischen Entwicklung von Medien auseinander zu setzen. Die Geschichtsschreibung der ›neuen‹ Medien kann folglich nicht als lineare, teleologische Erzählung verstanden werden. Noch weniger lässt sie sich aus technologischen oder technik-historischen Differenzen heraus (wie analog/digital, mechanisch/elektronisch) generieren. Denn als ›neu‹ wurden bereits die analogen Medien Fotografie und Film im Zeitpunkt ihres Erscheinens bezeichnet und viele der Theoretisierungs-, Beschreibungs- und Regulierungsprobleme der Netzkultur und Medienkunst lesen sich wie eine Wiederaufnahme der Debatten um Foto, Film und Fernsehen.

tion Retrieval (mit dem Such-/Matching-Paradigma) und von Hypertext (mit dem Browsing-/Navigations-Paradigma) sind mittlerweile eine produktive Symbiose eingegangen.

Die Wissenserfassung und Wissensrepräsentation mittels elektronischer Formulare ist eine Entwicklung, die im letzten Jahrzehnt sowohl das Internet als auch das bürokratische Verwalten dramatisch verändert hat:

»Artefakte für den Mediengebrauch und mediale Bezeichnungspraxis stehen in einem engen Wechselverhältnis. Kommunikate verweisen auf die Formen und Strukturen, in denen ihre Benutzung stattfindet und umgekehrt: In den apparativen Anordnungen sind Ästhetik und Dramaturgie abgelegt und wiederauffindbar. In dieser Interdependenz wirkt immer wieder auch ein historisches Nacheinander: Neue Medienmaschinen künden von neuen Bezeichnungspraxen.« (Zielinksi 1989: 227)

Die digitalen Kommunikations- und Vernetzungsformen haben neue Praktiken sozialer Regulation ermöglicht. Heute bekennen sich immer mehr Menschen zur medialen Selbstbefähigung im Netz, stellen freiwillig ihre biografischen Daten und Informationen zur Verfügung und tauschen Erfahrungen und Wissen jeglicher Art. In ihren medialen Selbstdarstellungen und kollaborativen Kommunikationsformen fungieren sie selbst als Beiträger zur Erfassung und Verbreitung unterschiedlicher Wissensformen und -bestände und nutzen dabei die E-Formulare der ready-to-use-Software-Komponenten.

Als gemischte Medien sind E-Formulare sowohl dialektisch als auch historisch mit tabellarischen Wissensrepräsentationen verknüpft, wie sie bereits seit der frühen Neuzeit verwendet werden. Beide Wissenstechniken haben formale und funktionale Gemeinsamkeiten, die sich aus den logisch vorstrukturierten Datenfeldern (*slot and filler*) und ihrer weiteren Verwendung bei der Erfassung, Verwaltung und Präsentation von Wissensbeständen zusammensetzen. Zur gemeinsamen Präsentationstechnik zählt die Abbildung von Informationen in einem Schema, das grundsätzliche Vorentscheidungen grafisch durchsetzt.

Bereits beim Anlegen eines Accounts haben sich künftige Mitglieder von sozialen Netzwerkseiten einer vielschichtigen Prozedur der Wissenserfassung zu unterwerfen. Bei der Erstanmeldung auf der Internetplattform *Facebook*[6] werden die Systemnutzer/Systemnutzerinnen aufgefordert, ihre persönlichen Daten in standardmäßig vorgegebene Erfassungsmasken und dokumentspezifische Datenfelder, die gleichzeitig als Orientierungsinstanzen fungieren,

6. *Facebook* ist eine Internetplattform zur Bildung von sozialen Netzwerken, die im Februar 2004 von Mark Zuckerberg an der Harvard University entwickelt wurde. Ursprünglich richtete sich die Seite nur an Studenten der Harvard University, später wurde die Seite für weitere Studenten in den gesamten USA freigegeben. In weiteren Expansionsschritten wurde die Anmeldemöglichkeit auch auf High Schools und auf Firmenmitarbeiter ausgedehnt und im September 2006 schließlich auch die Anmeldung für Studenten an ausländischen Hochschulen ermöglicht. Heute können weltweit vernetzte Mitglieder von *Facebook* ein Profil anlegen, Fotoalben einrichten, Gruppen gründen und interne Nachrichten an andere Mitglieder senden.

einzutragen. Die Darstellung von Profilen in Tabellenform signalisiert Überblick und liefert ein einfaches Raster der Personenbeschreibung, das zum gemeinsamen Referenzpunkt der Betrachtung, Beurteilung und Entscheidung werden kann. Der kategoriale Ordnungsanspruch der Selbstthematisierung wird im Enduser/-innen-Interface nicht sprachlich, sondern grafisch vollzogen. Das elektronische Datenblatt wird somit zu einer Instanz, welche die Transparenz des Überblickes herstellt und Entscheidungen standardisiert. Die empirische Datenermittlung des Profils besteht zum Beispiel bei Facebook aus einem Profilmenü, das sich in sieben Suchraster aufgliedert, welche die Form eines Frageformulars aufweisen. Das Profilmenü wird automatisch bei der Kategorie »Basic« aufgeschlagen. Hier können persönliche Daten in eigens vorgesehene Wissensfelder eingetragen werden: »Sex«, »Birthday«, »Hometown«, »Political views« und »Religious Views«. Einige der Datenfelder enthalten bereits vorgebene Optionen, die ausgewählt werden können. Das politische Profil, die »Political Views«, enthält folgende Auswahlmöglichkeiten: »Very liberal«, »Liberal«, »Moderate«, »Conservative«, »Very Conservative«, »Apathetic«, »Libertarien« und »Other«. Die zweite Kategorie »Contact« enthält persönliche Kontaktdaten (E-Mail, Telefon, Postanschrift), die entweder allen Userinnen und Usern oder ausschließlich den Freundinnen und Freunden gezeigt werden. Die dritte Profilkategorie ist den »Relationships« gewidmet. Ihr hierarchischer Aufbau beginnt mit dem »Relationship Status«, der die Optionen »Single«, »In a Relationship«, »Engaged«, »Married«, »It's complicated«, »In an open Relationship« enthält. Im Beziehungsprofil kann man sich in einer Mehrfachwahl für folgende Präferenzen entscheiden: »Friendship«, »Dating«, »A Relationship«, »Networking«. Die nächstfolgende Kategorie »Personal« enthält Datenfelder zu folgenden Merkmalen »Activities«, »Interests«, »Favorite Music«, »Favorite TV Shows«, »Favorite Movies«, »Favorite Books«, »Favorite Quotes« und »About me«. Die fünfte Profilkategorie enthält Angaben zum Bildungsweg (»College/University«, »Highschool«). Hier können ehemalige Klassenkameraden, die in der Datenbank bei *Facebook* eingetragen sind, über direkte Namenssuche oder Jahrgänge gesucht werden. Die sechste Profilkategorie enthält Angaben zur beruflichen Position: »Employer«, »Position« und »Description«. Schließlich können in einer kalendarischen Synopsis auch nähere Angaben zur Dauer des Beschäftigtenverhältnisses getätigt werden. Die letzte Profilkategorie ermöglicht es den Usern/Userinnen, ihr eigenes Bild in die Datenbank zu integrieren.

Mit ihren vorstrukturierten Applikationen erstellt die Content-Industrie spezifische Gestaltungsimperative der Wissenserfassung und -repräsentation persönlicher Daten. Elektronische Formulare stellen Formansprüche, die zunächst die Autoren/Autorinnen betreffen. So können bestimmte Einträge nur auf eine bestimmte Art und Weise vorgenommen werden. Die grafische Autorität setzt sich sowohl aus qualitativen als auch quantitativen Kriterien zusammen und diktiert nicht nur die inhaltlichen Kategorien der Selbstbeschreibung, sondern fordert auch das vollständige Ausfüllen des Formulars, mit welchem erst der Vorgang abgeschlossen werden kann. Um im Raster der E-Formulare verortet werden zu können, muss lineares und narratives Wissen in Informationsbausteine zerlegt werden. Diese formimmanenten Regeln begründen die Autorität des E-Formulars. Es handelt sich jedoch um eine brüchige und instabile Autorität der grafischen und logischen Struktur, die im Formular*gebrauch* permanent unterwandert werden kann (Abb. 21). Die kulturelle Einbettung der Kompilatoren/Kompilatorinnen in historisch bedingte und sozial differenzierte Lektüre-, Schreib-, Erzähl- und Wahrnehmungspraktiken relativiert die expliziten Anweisungen, Belehrungen und Direktiven der formimmanenten Regelfassung des E-Formulars. Es gibt also unter allen Umständen eine Vielzahl taktischer Möglichkeiten, ihr formimmanentes Diktat zu unterlaufen (Abb. 22). Die Praktiken der Kompilation stellen das Gesamtschema der elektronischen Formulare in Frage und können somit widersprüchliche Dateneinträge produzieren. Es gibt jedoch eine weitere Ausprägung des Formular*gebrauchs*. Sie bietet die Basis stillschweigender Akzeptanz des Formulars als einer adäquaten Form der Aufzeichnung und Darstellung von Daten und Informationen. Die Autorität der elektronischen Wissenserfassung und -repräsentation hängt folglich auch von der *Bereitschaft* der Enduser/-innen ab, die Benutzung der elektronischen Formulare als neutral, evident und selbsterklärend anzuerkennen. Einer solchen Akzeptanz liegen historische Lese- und Schreibgewohnheiten zu Grunde (Buchhaltung, Prüfungs- und Testverfahren), die dazu führen, dass die elektronischen Formulare als *gebräuchliche* und *geläufige* Wissensmanuale der empirischen Datenermittlung wiedererkannt werden. Insofern stützt sich die Formautorität elektronischer Formulare weniger auf die individuelle Autorisierung des Dokumentes durch Institutionen, sondern ist von der kulturellen Akzeptanz der Form abhängig. Die fraglose Überzeugungskraft des Formulars basiert wesentlich auf historisch gemachten Erfahrungen mit dieser Form, d.h. dem *Wiedererkennen* der Form.

In sozialen Netzwerkseiten gilt das E-Formular als adäquate Darstellungsform der Selbstprofilierung. Im Unterschied zu privaten Webseiten und dem dort vertretenen Genre des Online-Diary übt das neue digitale Genre der persönlichen Profilbildung mittels E-Formular eine restriktive Wirkung auf narrativ-literarische Selbstbeschreibungen aus. Anhäufungen von Namen, Halbsätzen und Daten dominieren die Profilraster und bilden Abbreviaturen, die letztlich stets auf andere Texte und Kontexte verweisen. Die persönlichen Profile sind denn auch in weiten Teilen enumerativ. Sie referieren Daten und bieten nur selten eine geschlossene Erzählung. Die Tabellenform der elektronischen Profile trennt die einzelnen Textbausteine durch ein Strichnetz grafisch ab, isoliert die Texte und weist ihnen mittels Zeilen und Spalten spezifische Leitkontexte zu. Die E-Formulare machen mehr als einen bloßen Kontext der Information verfügbar, denn sie setzen ein *Raster der Erfassung* persönlicher Merkmale ins Werk. Mit diesem Rasterwerk können die Profile miteinander verglichen werden und einzelne Parameter bestimmten Suchanfragen zugeordnet werden. Die *Raster biografischer Wissenserfassung* erheben also auch einen Anspruch auf universale Geltung. Die universale Verwendbarkeit der E-Formulare wird daran erkennbar, dass man ihre Rasterform beliebig oft weiterverwenden kann, wenn man ihre Inhalte löscht und das Raster bestehen lässt.

Autorität der Form meint, dass Frageprotokoll und Auskunftgeber in einem hierarchischen Bezugsrahmen zueinander positioniert sind: Das Dokument

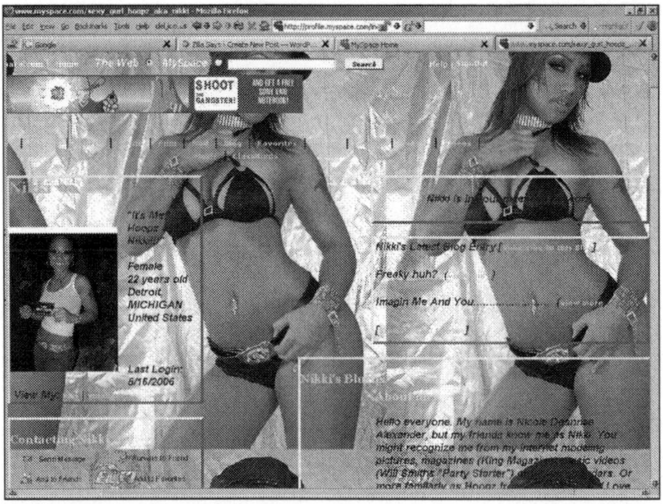

Abbildung 21: Fakeproflil, www.myspace.com, veröffentlicht bei www.flickr.com

Abbildung 22: Fakediary, www.my-first-diary.deviantart.com

soll als solches unveränderlich bleiben und von jedem Einzelnen beliebig oft benützt werden können. *Durch das schriftlich vorformulierte und grafisch strukturierte Frageschema hat sich die Autorität in den Bereich der Form verschoben,* d.h. dass die formimmanente Festlegung der Reihenfolge und die Art und Weise der Fragen einen kommunikativen Rahmen absteckt (Abb. 23).

Das elektronische Formular kann Potenziale formaler Autorität entwickeln, wenn der Umgang mit ihm streng geregelt wird und Verstöße sanktioniert werden. Seine formale Strenge gewährleistet, dass das E-Formular geplante Informationen vorhersehbar übertragen kann. Die immanente Formautorität markiert jedoch keinen feststehenden Status, sondern bleibt anfällig für das Entstehen einer informellen Regelausweitung, die mittels der *kulturellen Praktiken* im Bereich der Anwendung entsteht. Die Formulare der Wissenser-

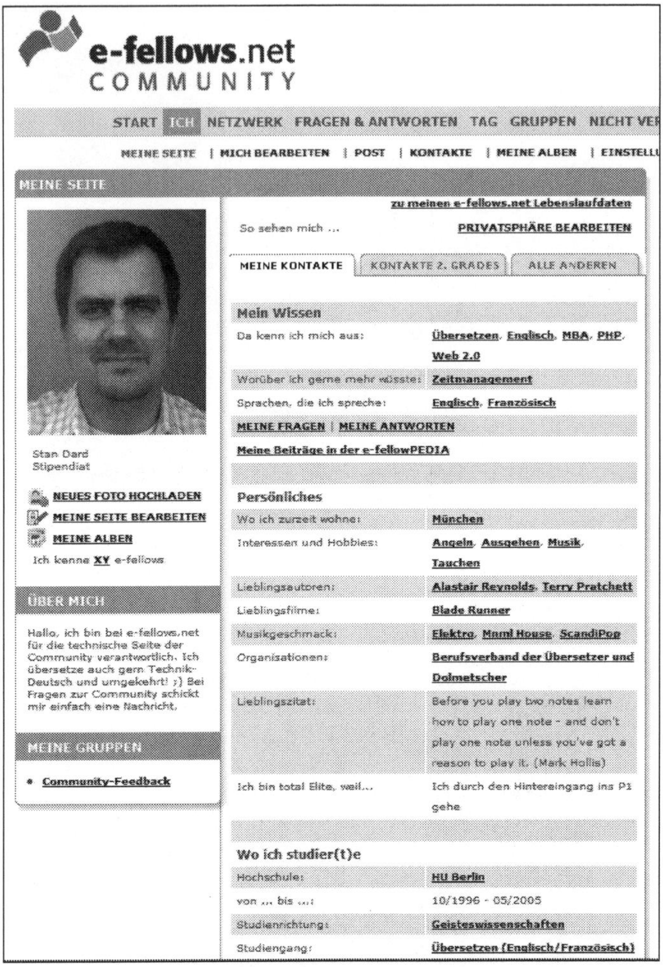

Abbildung 23: Community-Blog über die Features der Social Networking Site E-Fellow

fassung zielen zwar darauf ab, den Zufluss an Daten schon im Vorfeld zu standardisieren und zu kategorisieren, doch je weiter sich das Raster in die Grafik der Formalität zurückzieht, d.h. *nicht explizit* wird, desto erfolgreicher scheint es bei der Hervorbringung *intimer Bekenntnisse* zu sein. Es sind die scheinbar ›zwanglosen‹ Datenfelder, die informellen Spielraum zur persönlichen Gestaltung aufweisen und zur Führung individueller Listen und Tabellen einladen und Gelegenheit zu persönlichen Bekenntnissen und intimen Enthüllungen bieten. Vor diesem Hintergrund vermitteln ›freie‹ und ›ungezwungene‹ Foren eine äußerst tragfähige Evidenz und Vernehmlichkeit, die es ihrerseits unnötig machen, den jeweiligen Umgang mit der Form eigens zu explizieren. Der Rückzug des Rasters in den informellen Bereich bewirkt also nicht per se die Desorganisation der Wissensregistraturen. Im Gegenteil: Die Invididualisierung der Datenkummulation suggeriert eine ›dezentrale‹, ›herrschaftslose‹ und letztlich ›wahrhaftige‹ Praxis der Wissensermittlung und ›belebt‹ in vielen Fällen die Bereitschaft des Subjekts zur Selbstauskunft.

3.3 Profiling und Behavioral Targeting

Die Erstellung umfangreicher Benutzerprofile zählt zu den verbreiteten Selbstpraktiken der Amateure/Amateurinnen im Netz. Das *Profiling* ist heute tief in den sozialen Praktiken der Subjekte verankert und hat eine Alltagskultur hervorgebracht, in welcher sich die Subjekte selbst unter eine permanente Selbstevaluation stellen. Die durch das Profiling nahe gelegte ökonomische Subjektivierung, kann als Resultat eines historisch-gesellschaftlichen Prozesses und gesellschaftlicher Machtverhältnisse verstanden werden. In seinen Anfängen wurde das Profiling als Bewertungsmethode im Personalausleseverfahren der Testpsychologie in den USA entwickelt (Samuda 1998; Giordano 2005). Die standardisierten Verfahren der Testpsychologie zur Ermittlung von Leistungsfähigkeit bilden direkte Vorläufer des Profiling. Begriffe wie das ›Persönlichkeitsprofil‹ oder das ›Profiling‹ entstammen dem psychologisch-therapeutischen Diskurs und markieren heute Leitdiskurse in den Praxisformen der Selbstthematisierung. Unter den Vorzeichen des Postfordismus hat sich das Profiling als ein Ökonomisierungs- und Standardisierungsinstrument gesellschaftlich verallgemeinert und ist als eine vielschichtige Such- und Analysemethode der Informations- bzw. Wissensgesellschaften in Verwendung. Das hohe Ansehen der Selbstevaluation verweist auf zwei soziale Prozesse. Einerseits hat sich die Anzahl der Testparameter und -verfahren und der daran beteiligten Testobjekte mit dem Auftritt der Web-2.0-Interfacetechnologien vervielfältigt, andererseits hat sich – in Abgrenzung zur beruflichen Eignungsdiagnostik – die Evaluationspraxis auch in qualitativer Hinsicht verändert und umfasst heute die gesamte Persönlichkeit und kreativen Potenziale des Subjekts (Brusilovsky 2007).

Das Web 2.0 mit seinen Social Networks und Communities verspricht ein großes Werbewirkungspotenzial, weil Marketingaktivitäten auf bestimmte Zielgruppen mittels modularer Technologien für User Tracking, Webmining, Profiling, Testing, Optimierung, Ad-Serving und Targeted Advertising abgestimmt werden können (Abb. 24). Das Profiling im Web 2.0 verläuft nach dem Prinzip des Closed Circuit. Die sofortige Verfügbarkeit der Datenspuren und ihre gleichzeitige Manipulationsmöglichkeit durch das Targeted Advertising ist eine besondere Eigenschaft des Echtzeit-Profilings. Beim Behavioral Targeting werden die Nutzungsgewohnheiten von Online-Rezipienten und -rezipientinnen analysiert, um zielgerichtete Werbung (Quality Market) auf ein spezifizisches Konsumverhalten abzustimmen. Vor diesem Hintergrund entwickelte Microsoft ein Profiling-System, das soziometrische Daten wie etwa Alter, Geschlecht, Einkommen und Bildung mit möglichst großer Wahrscheinlichkeit ableiten sollte. Der Wirkungsbereich dieser sozialen Software umfasst zwei Bereiche: als *Medium* vermittelt sie Prozesse und bewirkt eine Virtualisierung und Entgrenzung von Kommunikation; als *Werkzeug* greift sie strukturbildend in Zusammenhänge ein, bleibt aber selbst interpretationsbedürftig: »The information architectures and classification tools that underlie many of the new technologies impacting on front-line practice are designed by a small elite, with decisions on what is represented and what is not.« (Webb 2006: 165)

Abbildung 24: John Paczkowski, My Digital Daily, MySpace – a Place for Behavioral Targeting, 2007, www.digitaldaily.allthingsd.com

Die im Online-Profiling verwendeten Persönlichkeits- und Eignungstests erstellen ein individualisiertes Wissen. Die sogenannte ›Profilseite‹ erstellt einen detaillierten ›Steckbrief‹ mit ›Benutzerfoto‹ und ›persönlichen Interessen‹; sogenannte Profil-Features bestehen aus einem ›Tagebuch‹[7], das persönliche Erlebnisse und Ansichten für sich, die Freunde oder alle Benutzer festhält; aus einem automatisch generierten ›Fotoalbum‹ des eigenen sozialen Netzwerkes[8], aus einem ›Gästebuch‹, in dem sich ›Freunde‹ und ›Besucher‹ des Profils einschreiben können[9], sowie aus individuell gestaltbaren ›Motto-Seiten‹, die weitere ›Unterseiten‹ mit zusätzlichen Spezifizierungen enthalten können (z.B. ›Mein Pferd‹, ›Mein Freund‹, ›Mein Auto‹, ›Meine Lieblingsfilm‹, ›Mein Lieblingssport‹ etc.).

7. Neben den vorgegebenen grafischen Elementen und Smileys können Mitglieder ihr Tagebuch mit bis zu 20 verschiedenen Bildern aus ihren privaten Bilderarchiven illustrieren.

8. »Einblick in das soziale Umfeld eines Benutzers erhält man am besten über seine Grüße-Seite. Gegrüßt werden entweder die gesamte Freundesliste des Benutzers (bis zu 300) oder nur ausgewählte Benutzer. Die Grüße-Seite kann der Benutzer zusätzlich noch mit Texten und grafischen Elementen einleiten. Jedes Bild ist mit dem Profil des entsprechenden Benutzers verlinkt.«

9. »Im Profil-Gästebuch können andere Benutzer Einträge hinterlassen. Der Gästebuch-Besitzer kann diese Einträge kommentieren oder löschen. Er kann in seinen Einstellungen aber auch von vornherein einschränken, wer in sein Gästebuch schreiben darf: alle, nur Freunde oder keiner.«

In *Social Networking Sites* verschränkt sich die aktive Kooperation immer auch mit den Mechanismen sozialer Regulation. In ihnen sind unterschiedliche Partizipationsmechanismen wirksam, welche die individuellen Lebensstile harmonisieren, um das Subjekt vielfältig an die »Freuden des Marketings« (Deleuze 1993: 262) anzukoppeln. Macht zeigt sich nicht allein darin, dass Subjekte als passive Objekte sozialer Marginalisierung von Handlungsmöglichkeiten ausgeschlossen sind, sondern Machtbeziehungen entstehen auch aus Formen der Inklusion und der aktiven Einbindung der Subjekte in Entscheidungsprozesse und Handlungsoptionen. Der Prozess der Selbstermächtigung entsteht aus einem Geflecht von Machtbeziehungen. Die vielfältigen Verfahren der individuellen Profilbildung erzeugen auf einer grundlegenden Ebene qualitative Veränderungen neuer sozialer Kollektive und Identitäten, die zugleich die Handlungsfähigkeit der Subjekte konstituieren und transformieren.

Als ein *gemischtes Medium* setzt sich das Profiling aus heterogenen Repräsentationen zusammen. Es übernimmt das Modell der Prüfung von Persönlichkeitsmerkmalen der älteren Eignungsdiagnostik und macht es zur Sache kollektiver Approbiationsleistungen, um seine Wirkungsweisen zu vervielfältigen und zu verstärken. Zur Auswahl steht ein standardisierter Katalog von typisierten Merkmalen, feststehenden Parametern und Faktoren, die einzeln oder mehrfach ausgewählt werden können. Im Unterschied zur älteren Eignungsdiagnostik fahndet man in den ›Abweichungen‹ nicht nach persönlichen Fehlern, sondern verbucht die Deviation als ›originelles‹ Merkmal individueller Alleinstellung.

Netzwerkseiten sind Versuchsanordnungen einer lebenslangen Lernsituation. Das Gästebuch der sozialen Netzwerkseiten fungiert als Feedback-Kontrolle und sorgt dafür, dass die Selbst-Evaluation unabgeschlossen bleiben soll. Die Lernsubjekte befinden sich in einer flexibilisierten Testsituation, die von ihnen eine permanente Requalifikation erfordert. Ihre ›Performance‹ wird mittels externer Bewertungssysteme immer wieder neu verglichen, gereiht, abgestuft und aufgewertet. Die Profilbildung enthält Wissenstechniken, die auf binären Unterscheidungen beruhen (z.B. die Geschlechtszugehörigkeit), mit quantitativen Skalierungen operieren (z.B. hierarchische Ranking-Techniken) oder die auf die Erstellung qualitativer Profile abzielen (z.B. das Aufzeigen kreativer Fähigkeiten und Begabungen in ›freien‹ Datenfeldern). Profile reproduzieren einerseits soziale Normen und bringen andererseits auch neue Formen von Individualität hervor. Sie verkörpern den Imperativ zur permanenten Selbstentzifferung auf der Grundlage bestimmter Auswahlmenüs, vorgebener Datenfelder und eines Vokabulars, das es den Individuen erlauben soll, sich selbst in einer boomenden Bekenntniskultur zu verorten. Das ›bedienerfreundliche‹ Profiling besteht in der Regel aus sogenannten *tools*, das sind Checklisten, Fragebögen für Selbst-Evaluierung, analytische Rahmen, Übungsabschnitte, Bilanzen, Statistiken mit Kommentar, Datenbanken, Listen von Adressen und pädagogische Module zur Ermittlung individueller Fähigkeiten, Neigungen und Lieblingsbeschäftigungen.

»Diese Veralltäglichung von Testverfahren und das ungeheure Interesse des Publikums, sich einer freiwilligen Messung von Persönlichkeitsstrukturen, Begabungsprofilen, Kompetenzmustern und Risikofaktoren zu unterziehen, resultieren jedoch weniger aus dem individuellen Wunsch, sich selbst besser einschätzen zu können; mehr als um die Untersuchung des Ist-Zustands geht es hier um eine gesellschaftlich geforderte Strategie der Selbstoptimierung. Diese zielt angesichts einer verschärften Konkurrenzsituation und vervielfältigter Unsicherheiten darauf ab, die eigene Position in den verschiedenen Normalitätsfeldern zu überprüfen, um persönliche Schwächen besser erkennen, mögliche Schäden abwenden, vorhandene Potenziale realisieren und zusätzliche Kompetenzen aufbauen zu können.« (Lemke 2004: 123)

Kommerzielle Suchmaschinen analysieren mittels »Behavioural Targeting« die Profile ihrer Klientel. Diese Suchtechnologie erlaubt es, auf verhaltensorientierte Kriterien wie Produkteinstellung, Markenwahl, Preisverhalten, Lebenszyklus (Teenager, Geschäftsmann) zu reagieren und relevante Werbung zu schalten. Die Behavioral-Targeting-Technik ermöglicht die site-übergreifende Analyse, wenn diese Sites vom gleichen Adserver gesteuert werden. Das Behavioural Targeting evaluiert kontinuierliche Nutzungsgewohnheiten, private Interessen und demografische Merkmale und erstellt damit ein statistisches Relief pluraler und flexibler Subjektivität. Das wesentliche Merkmal des digitalen Targeting ist der Sachverhalt, dass das Individuum nur noch als dechiffrierbare und transformierbare Figur seiner Brauchbarkeiten in den Blick kommt. Es erzeugt ein multiples und dividuelles Selbst, das zwischen Orten, Situationen, Teilsystemen und Gruppen oszilliert – ein Rekurs auf eine personale Identität oder ein Kernselbst ist unter dividuellen Modulationsbedingungen nicht mehr vorgesehen.

Digitales Targeting ist Bestandteil umfassenderer Such- und Überwachungstechnologien im Netz: Das Data-Mining ist eine Anwendung von statistisch-mathematischen Methoden auf einen spezifischen Datenbestand mit dem Ziel der Mustererkennung und beschränkt sich nicht auf die in der Vergangenheit erhobenen Daten, sondern erfasst und aktualisiert die Daten bei jedem Besuch im Netzwerk erneut in Echtzeit. Die im Internet geläufigen Surveillance-Tools ermöglichen es dem E-Commerce-Business, die jeweiligen Zielgruppen im Internet spezifischer zu identifizieren und gezielter zu adressieren. Das Marketing wächst im Internet zu einer entscheidenden Größe sozialer Regulation und die neuen Kontrollformen bedienen sich des Consumer Profiling. Mit dem digitalen Regime hat sich die computergestützte Rasterfahndung auf die Allgemeinheit ausgeweitet. Professionelle und kommerziell orientierte Consumer Profiler, die sowohl für das Marketing als auch für das E-Recruiting arbeiten, vollziehen eine Transformation des polizeilichen Wissens und sammeln ihr Wissen über die privaten Gewohnheiten der Bürger/-innen mit der Akribie geheimdienstlicher Methoden. Bemerkenswert an dieser neuartigen Konstellation ist die emphatische Verankerung der Ökonomisierung des ›menschlichen‹ Faktors in weiten Bereichen des sozialen Lebens.

»Die numerische Sprache der Kontrolle besteht aus Chiffren, die den Zugang zur Information kennzeichnen bzw. die Abweisung. Die Individuen sind ›dividuell‹ geworden, und die Massen Stichproben, Daten, Märkte oder ›Banken‹.« (Deleuze 1993: 260)

In der Argumentation von Deleuze wird nochmals deutlich – wie schon bei Haraways Konzept der »Informatik der Herrschaft« (Haraway 1995: 51) –, dass das numerische Prinzip als Metapher für das Funktionieren neuer gesellschaftlicher und ökonomischer Ordnungsstrukturen verwendet wird. Die neue Sprache der Kontrolle besteht – nach Deleuze – aus Nummernkombinationen, Passwörtern oder Chiffren und organisiert den Zugang zu oder den Ausschluss von Informationen und Transaktionen. Soziale Organisationen werden wie Unternehmen geführt und werden nach der numerischen Sprache der Kontrolle kodiert: vom Bildungscontrolling bis zur Rankingliste. Im Unterschied zur klassisch analogen Rasterfahndung geht es beim digitalen Data Mining nicht mehr um die möglichst vollständige Ausbreitung der Daten, sondern um eine *Operationalisierung* der Datenmassen, die auf Knopfdruck in Beziehung zueinander gesetzt werden. Es verändert nicht nur die Wissensgenerierung persönlicher Daten und Informationen, sondern auch die Prozesse sozialer Reglementierung. Insofern erzeugt das computergestützte Behavioural Targeting mehr als eine technische Virtualisierung von Wissensformen, denn es transformiert nachhaltig das Konzept des Raums, was zur Folge hat, dass sich das Raster vom topografischen Raum verflüchtigt und an seine Stelle der topologische Datenraum tritt. Damit verweist es auf ein kybernetisches Grundprinzip, nämlich die selbststeuernde Anpassung und setzt anstelle von starren Parametern die variable Anpassung an das Datenmaterial, aus dem heraus die Kriterien der Suchanfragen entwickelt werden. Es sprengt die Geschlossenheit der verschiedenen Datenbanken – die Geschlossenheit der individuellen Datenkörper geht verloren und wird ersetzt durch die kodifizierte Suchgeschichte eines *dividuellen* Kontrollmaterials.

3.4 Populäre Evaluation

In liberaldemokratischen Gesellschaften stellen Inspektionsverfahren eine dominante Wissensform und Wissenspraxis dar (Power 1997; 2003). Inspektionsverfahren genießen eine breite Anerkennung und werden meist mit dem Sammelbegriff »Evaluation« bezeichnet. Evaluation gilt als *das* Vehikel zur Wirkungsmessung von Emanzipation, Demokratisierung und mehr sozialer Gerechtigkeit (Schwarz 2006). Weite Bereiche der Alltags- und Populärkultur sind umgeben von einer Vielzahl unterschiedlicher Evaluationspraktiken, mit denen sich nicht nur ein neues Steuerungsinstrument durchgesetzt hat – auch neue Formen der Selbst- und Fremdführung sind entstanden (Strathern 2003). Der Evaluationsbegriff ist in aller Munde, weil er so dehn- und formbar ist und wird in der Umgangssprache irgendwo zwischen zwischen ›Bewertung‹ und ›Benotung‹ angesiedelt. Heute sind Blogs, Wikis und kollaborative Netzwerke maßgeblich am Evaluationsboom beteiligt. So ist auch im Internet eine Kommunikationskultur wechselseitiger und permanenter Evaluierung entstanden, die den gesamten sozialen und kulturellen Raum erfasst und vielfach die Form von Unternehmenspraktiken annimmt.

Die Partizipationsdemokratie der Web-2.0-Technologien hat zur Veralltäglichung und Banalisierung evaluativer Kontrollverfahren geführt. Wie die wissenschaftliche Evaluation setzt auch die Alltagsevaluation die Möglichkeit der Verhaltensänderung und -kontrolle der beteiligten Subjekte voraus. Rückmeldungssysteme und Feedbackschleifen implizieren, um sozial wirksam zu werden, eine bestimmte Formierung der Subjekte. Ihr technisches Programm zielt auf die Durchsetzung des Wissens auf der Ebene der alltäglichen Praktiken.

Die computerbasierten Systemschleifen zielen in erster Linie auf die Vermehrung von Selbstbeobachtungspositionen. Dementsprechende Archivierungstechniken sollen dafür sorgen, dass sich Blogger/-innen und Networker/-innen in allen Stadien ihrer biografischen Selbstdarstellung beobachten können. Es ist weniger entscheidend, wer sich tatsächlich und wahrhaftig ›hinter‹ dem Feedback, dem Kommentar, dem Rating oder dem Voting verbirgt, denn ausschlaggebend ist der Umstand, dass der von den Usern/Userinnen generierte Content *in jedem Fall* Gegenstand von Clicks, Rankings, Tutorials, Topsites, Favorites, Fanlistings, Hosts, Repostings oder Tags werden kann. Es ist also der mediale Rahmen der permanenten Möglichkeit des Feedbacks, der zur Beobachtungsparadoxie sich permanent vervielfältigender Selbstbezüge führt:

> »Dem Individuum wird jetzt zugemutet, sich durch Bezug auf seine Individualität zu identifizieren, und das kann nur heißen: durch Bezug auf das, was es von allen anderen unterscheidet. Selbstbeobachtungen und Selbstbeschreibungen können sich jetzt nicht mehr, oder allenfalls äußerlich, an soziale Positionen, Zugehörigkeiten, Inklusionen halten. Dem Individuum wird zugemutet, in Selbstbeobachtung und Selbstbeschreibung auf seine Individualität zu rekurrieren.« (Luhmann 1993: 154)

Rückmeldungssysteme und Feedbackschleifen spielen auch im Kontext der sozialen Verallgemeinerung von Kontrolltechnologien eine maßgebliche Rolle, die informationelle Praktiken in weiten Teilen der Gesellschaft legitimieren. In diesem gesellschaftlichen Rahmen generiert Feedback ein weit verzweigtes sozialen Wissen und vermag auch dezentral organisierte Praktiken zu normalisieren. Vor diesem Anwendungshorizont hat sich das evaluative Beobachtungswissen als ein wesentliches Kontrollmittel in Informations- bzw. Wissensgesellschaften durchgesetzt. Die Verflechtung von Evaluation, Machtpraktiken und Subjektivierung legt eine historische Perspektive auf die Genealogie der Evaluation als moderne, wissenschaftlich systematisierte Beobachtungstechnologie nahe, denn erst durch sie wird deutlich, in welchem Ausmaß Evaluation schon immer in umfassendere wissenschaftliche Paradigmen bzw. allgemeine diskursive Formationen eingebunden ist und welche Umgestaltungen das Evaluationswissen durchlaufen hat (vgl. Lee 2000: 141ff.). Desgleichen verdeutlicht der historische Ansatz, in welcher Weise Evaluation als eine umfassende politische Technologie entstanden ist. Vor dem Hintergrund einer im 18. Jahrhundert entstehenden Humankapital- und Bildungsökonomiedebatte hat sich das evaluative Beobachtungswissen zunehmend verfeinert und ausdifferenziert (Prondczynsky 2001: 92). Evaluation stellt nicht nur irgendeine wissenschaftliche Methode zur Bewertung von Prozessen dar, sondern beinhaltet als historische Wissensform ein bestimmtes Rationalisierungs- und Disziplinierungsniveau. Zum anderen spielt Evaluation auch im Kontext der gesellschaftlichen Verallgemeinerung von Kontrolltechnologien eine Rolle, die eine Kontrolle weiter Teile der Gesellschaft erlauben. In ihrer institutionellen Form geht die Wissenstechnik der Evaluation auf die sozialpolitischen Reformprogramme in den USA seit den 1950er und 1960er Jahren zurück. In unterschiedlichen Bereichen wie Bildung, Gesundheit, Ernährung oder Infrastruktur ging es um die Bewertung von Reformprogrammen. Evaluation stellt eine staatlich initiierte, intervenierende Forschung dar, die darauf abzielt, sozialen Wandel gezielt zu steuern und dadurch die Rationalität der öffentlichen Verwaltung zu erhöhen. Gegenüber dieser Programmevaluation, in der Bildungsprozesse untersucht wurden, geht es ab den 1990er Jahren wesentlich um die Evaluation von Leistung, Effektivität und Effizienz. Seither ist ein komplexes Kontrollwissen entstanden, dessen zentrale Funktion in der Optimierung von Steuerungsleistungen liegt und ein kybernetisches Kontrollwissen formt. Der Definitionsoptimismus von Rossi und Freeman bezeichnet Evaluationsforschung als den »gezielten Einsatz sozialwissenschaftlicher Forschungsmethoden zur Verbesserung der Planung und laufenden Überwachung sowie zur Bestimmung der Effektivität und Effizienz von sozialen Interventionsmaßnahmen« (1999: 345). Die in ihrem Selbstverständnis positivistisch orientierten Evaluationsmodelle sind jedoch daraufhin zu prüfen, was sie aus ihrer selektiven Erhebung ausblenden; diese Problemstellung ermöglicht eine komplexe Sichtbarmachung der Machteffekte scheinbar ›nebensächlicher‹ Ranking-, Sorting- und Counting-Tools.

Mit der gesellschaftlichen Durchsetzung neoliberaler Praktiken (z.B. New Public Management) hat sich in den frühen 1990er Jahren die Evaluation als Instrument der Leistungsmessung und der Effizienzsteigerung durchgesetzt. Das wissenschaftliche Evaluationswissen bildete in den USA im Umfeld des Taylorismus bzw. des Scientific Management, der Organisationstheorie, der Gruppenforschung, der Testpsychologie und des Fordismus der 1920er und 1930er Jahre maßgebliche Diskurslinien aus (Kieser 1999: 86). Die Evaluation hat sich von einem politischen Mittel, das im Entstehungskontext zur Bewertung von Sozialprogrammen im bildungspädagogischen Bereich eingesetzt wurde, zu einem reinen Ökonomisierungs- und Standardisierungsinstrument entwickelt. Als Instrument zur Effektivitäts- und Effizienzmessung hat die Evaluation heute einen maßgeblichen Einfluss auf die »Generalisierung der ökonomischen Form« (Bröckling/Krassmann/Lemke 2000: 16): »Die Ökonomie gilt nicht mehr als ein gesellschaftlicher Bereich mit spezifischer Rationalität, Gesetzen und Instrumenten, sie besteht vielmehr aus der Gesamtheit menschlichen Handelns.« (Ebd.) Die Evaluation ist tief in die sozialen Praktiken der Subjekte eingedrungen und kreiert dort vielschichtige Impulse, durch welche sich die Subjekte permanent selbst evaluieren und unter Selbstbeobachtung stellen sollen. Der Evaluationsdiskurs hat ein reflexives Beobachtungswissen um das Protokollieren, Systematisieren und Bewerten von Beobachtungen bis hinein in die Mikrobereiche der Selbstpraktiken in Gang gesetzt. Zu den Effekten von Evaluation als einer Technologie systematischer, institutioneller Dauer(selbst)beobachtung gehört, dass durch sie Selbstbeobachtungs- und Selbstüberwachungspraktiken auf Seiten der Individuen induziert werden und der Rechtfertigungsdruck auf die Einzelnen erhöht wird, ständig effektiv zu handeln. Heute ist das Label »Evaluation« zum Synonym geworden für eine systematische, datenbasierte Beschreibung und Bewertung von bestimmten Gegenständen, Personen oder Handlungen. Die Beschaffung ›nützlicher‹ Informationen für Auftraggebende, Beteiligte und Betroffene durch das detaillierte und systematisierte Sammeln von Informationen führt jedoch nicht zu einer fundierten Erkenntnis, sondern soll vor allem ein sicheres Wissen und damit Entscheidungssicherheit suggerieren. Allerdings fließen in das Evaluationswissen immer auch normative Vorstellungen über effektive oder ineffektive Ordnungen mit ein, die zwar die Herstellung des Evaluationswissens wesentlich beeinflussen, im Evaluationsdiskurs selbst aber kaum thematisiert werden. Wenn aber die Frage nach der Nützlichkeit des Nützlichen ungestellt bleibt, dann muss der Evaluation ihre eigene Nützlichkeit rätselhaft erscheinen:

»Gerade weil es so dubios bestellt ist um die Nützlichkeit des Nützlichen, ist es dem Apparat doppelt wichtig, sich als ein Nützliches, um der Konsumenten willen Ablaufendes zu repräsentieren. Darum wird in der Ideologie die Demarkationslinie von Nützlichem und Unnützem so streng gezogen.« (Adorno 1969: 129)

In den Debatten um den Stellenwert evaluationsähnlicher Verfahren wird kaum je erörtert, dass die Validität von standardisierten Dokumentationsinstrumenten äußerst gering ist, und dass die Objektivität der Mehrzahl externer Evaluationen höchst fragwürdig ist. Insofern ist die Annahme nahe liegend, dass die hegemoniale Durchsetzung der Evaluation als alltägliches Beobachtungs- und Kontrollwissen von ihrer Zusammenführung in institutionalisierten Praxisformen abhängt. Die gesellschaftliche Veralltäglichung und Normalisierung technokratisch-bürokratischer Planungsrationalität findet sich in den unterschiedlichsten Bereichen: Selbstevaluationstechniken, individuelle Lebensläufe, Erwerbs- und Bildungsbiografien bleiben von der allgemeinen Evaluationswelle nicht verschont: Das E-Commerce-Business operiert mit »Massenfeedbacktechnologien« (Beniger 1986: 20), die ein eigenes Daten- und Informationsnetz aus Meinungsumfrage, Konsumforschung und werbepsychologischen Testverfahren etablieren. In kollaborativen Netzwerken präsentiert sich die Evaluation als ein komplexes soziales Beobachtungswissen auf der Ebene alltäglicher Praktiken. So fungiert im kollaborativen Open-Content-System der Wikis[10] die Evaluation als eine demokratisierte Kontrolltechnologie, welche die Subjekte unter eine wechselseitige und permanente Dauerbeobachtung und Dauerbewertung stellt. Der offene Produktions- und Kommunikationsprozess des Wiki-Prinzips, das vorgeblich ›barrierelos‹ und ›egalitär‹ stattfindet, überlagert die Sphären des Diskurses und der Macht und schafft ungleiche Verteilungs- und Machtstrukturen in diskursiven Wissensaushandlungsprozessen. Die auf dem Wiki-Prinzip be-

10. Im Jahr 1995 klassifizierte Ward Cunningham erstmals die elf Punkte des Wiki-Prinzips (Cunningham 2006).

ruhende Online-Enzyklopädie *Wikipedia*[11] hat das diskursive Regime der *edit wars*[12] als Steuerungsmodus digitaler Communities etabliert und über vielfältige Praktiken normalisiert, wozu Evaluation als Instrument und Methode wesentlich beigetragen hat (Abb. 25). Die Wissenskonstitutionsprozesse von *Wikipedia*-Artikeln setzen sich aus strategischen Verfahren der Produktion, Verteilung und Zirkulation von sich rivalisierenden Aussagen und Aussageordnungen zusammen. Die dahinter stehende Utopie ist die einer völligen Kontrolle der Wissensproduktion.

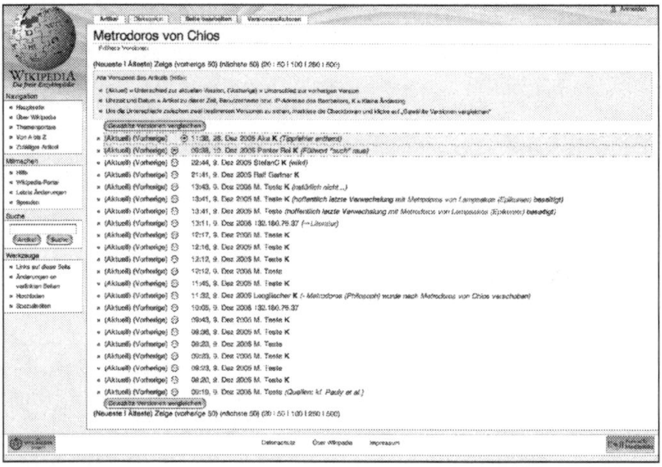

Abbildung 25: Versionsgeschichte, Online-Enzyklopädie Wikipedia, www.wikipedia.org

Die auf der *Wikipedia*-Plattform und anderen kollaborativen Netzwerken implementierten Evaluationsverfahren setzen sich in dem Maße durch, wie es ihnen gelingt, mittels Rationalitätsmythen ihre Legitimation nach außen und nach innen sicher zu stellen. Mit den Begriffen ›Scoring‹, ›Rating‹, ›Voting‹, ›Listing‹, ›Ranking‹, ›Polling‹ und ›Monitoring‹ umschreibt man die im Internet geläufigen Strategien zur Legitimation webbasierter Inhalte (Abb. 26). Im Internet ist die Evaluation ein dezentral organisiertes Kontrollverfahren, das sich in einem permanent veränderlichen Feedbacksystem vollzieht und sich in kommerziellen Anwendungen ausdifferenziert. Folglich kann eine legitime Ordnung nur noch temporär hergestellt werden.

---

11. *Wikipedia* wurde im Januar 2001 von Larry Sanger und Jimmy Wales gegründet (Wales 2005).

12. Die Editiermöglichkeiten umfassen hauptsächlich Änderungen, Hinzufügungen, Löschungen und Verlinkungen. Von *edit-war* spricht man, wenn zwei oder mehrere Autoren/Autorinnen abwechselnd die Änderungen anderer Autoren/Autorinnen an einem Artikel revertieren. Von einem *deletion-war* spricht man bei *Wikipedia*, wenn zwei oder mehr Administratoren abwechselnd einen Artikel löschen und wiederherstellen. Entsprechende Situationen können auch bei Seitenverschiebungen sowie Seiten- und Benutzersperren entstehen.

Abbildung 26: Ranking-Tools, www.youtube.com

Der von Usern/Userinnen generierte Content soll sich in technischer als auch organisatorischer Hinsicht zunehmend an Unternehmenspraktiken anpassen. Feedbacksysteme wie das ›Ranking‹ simulieren Markttransparenz für den freien Wettbewerb: Videos auf *YouTube*, Profile bei *MySpace* und Fotos bei *Flickr* werden weltweit und ununterbrochen benotet, statisch ausgewertet, gereiht. Auch soziale Netzwerke und kollaborative Gemeinschaften wie die Wiki-Community organisieren sich als Quasi-Märkte und Konkurrenzsituationen. Die Online-Enzyklopädie *Wikipedia* ist

»[...] kein massives Phänomen, sondern netzförmig organisiert und in den periphersten Verzweigungen der Redigaturen aktiv. Die Aushandlungsprozesse sind in diesem Sinne ein ›Kampf um den Status der Wahrheit‹ (Foucault). Denn nur der Beitrag kann durchgesetzt werden, welcher im Rahmen entsprechender Wahrheitsregime als legitim ratifiziert wird.« (Pentzold 2007: 19)

Subjektkonstitution im Netz entwickelt sich vor dem Hintergrund eines systemisch-kybernetischen Evaluationswissens. Dabei »konstituiert das Wissen qua Formierung einer bestimmten Diskurs- und Wissensordnung die Subjekte, die in einer imaginären Verkehrung sich selbst als Urheber, Inhaber und Herrscher dieses Wissen wähnen.« (Höhne 2005) Durch die permanente Rückkopplung der Evaluation entsteht ein Kreislauf der Kontrolle, wodurch aus der einfachen Alltagswahrnehmung eine strukturelle Beobachtung wird, durch die nachhaltig die Selbstpraktiken der Amateure/Amateurinnen beobachtet, systematisiert, kategorisiert und schließlich geändert werden sollen: Rechnergestützte Inspektionsverfahren bieten Vereinfachungsangebote, indem sie komplexe Zusammenhänge mittels bilanzierender Wissenstechniken darstellen (Diagramm, Tabelle, Zählwerk etc.). Diese spezifische Form sozialen Beobachtungswissens suggeriert, dass die Fähigkeiten der Subjekte nie zu Ende entwickelt und stets verbesserungswürdig seien, was ihre Performance betrifft (vgl. Lee 2000). In diesem Sinne erfährt das subjektive Beobachtungswissen in der wissenschaftlichen, medialen und institutionellen Systematisierung eine Steigerung, wodurch es zu einem wichtigen Medium der Rationalisierung wird. Der Medienbegriff hat hierbei die doppelte Bedeutung von Mittel der Beobachtung und Medium des Wissens – so etwa, wenn das Wissen in elektronischer Form als Formel, Tabelle, Statistik, Text usw. auftritt.

Ein wissenschaftliches Paradigma wie das Evaluationswissen impliziert, um historisch wirksam zu werden, eine bestimmte Formierung des Subjekts auf der Ebene institutioneller oder alltäglicher Praktiken. Im New Public Management spekuliert man bereits mit der Behauptung, dass sich die Ökonomisierung der Lebensstile bereichernd und fördernd auf die Entwicklung des Humankapitals auswirke. An dieser Schnittstelle der Subjektkonstitution bildet die Verinnerlichung des *managerial government* einen normativen Bezugsrahmen, der die *Selbstevaluation*, das *Feedbacksystem*, die *Qualitätskontrolle* und den *Leistungsvergleich* in ein wechselseitiges Bezugsverhältnis setzt. In die Gestaltung von Programmen und Zielen der Leistungs- und Effizienzsteigerung fließen immer auch normative Vorstellungen ein, um hegemoniale Ordnungen zu stabilisieren. Insgesamt zielt die normative Ordnung auf ihre Naturalisierung ab und suggeriert damit letztlich eine alltägliche Normalität der ökonomischen Rationalität: Werte wie ›Leistung‹, ›Effektivität‹ und ›Effizienz‹ sollen letztlich als ›selbstverständlicher‹ und ›ungezwungener‹ Ausdruck ›normalen‹ Verhaltens erscheinen. Dabei stehen Wissensordnungen und die Prozeduren der Normalisierung nicht alleine empirisch, sondern auch kategorial in einem Wechselverhältnis. Das Wissen ist eine Voraussetzung für die Normalisierung des Wissens, das wiederum eine Voraussetzung bildet für die Entstehung und Veränderung von Wissen. Diese Verflechtungen von Wissen und Evaluation machen deutlich, dass evaluative Techniken selbst aktiv an der Konstruktion von Erfolg beteiligt sind, von dem aus schließlich auf Leistung zurück geschlossen wird.

Die rechnergestützten Aufzeichnungs- und Auswertungsverfahren der *animated gifs, friendship icons, miss you graphics* in Verbindung mit Rankingtabellen und Netzwerkdiagrammen haben neue Standards zur Medialisierung von Individualität und Objektivität gesetzt. Bestimmte Informationen können durch die beliebige Kombinier- und Reproduzierbarkeit von der Intention der Betroffenen gelöst werden. Kennzeichnend für die Subjektkonstitutionsprozesse im Netz sind Datenprozesse in ihrer unabschließbaren Dynamik. Die für die Selbstpraktiken relevanten Ereignisse entstehen erst in der Nachträglichkeit entsprechender Verarbeitungsprozeduren, die das Wissen virtuell machen – mittels der Bildung von Netzen, Reihen, Mittelwerten, Rangordnungen etc. Letztlich tangiert die datentechnische Wissensverarbeitung alle Enduser/-innen gleichermaßen und führt zur Angleichung der Praxisfelder von ›Amateuren‹ und ›Profis‹.

3.5 Das Portfolio und die Ausweitung der Bewerbungskultur

Eine Bewerbungskultur ist entstanden, die neue mediale Formen der Selbstthematisierung generiert und vielfach die Form von Identitätsmanagement und Selbstcoaching annimmt. Bewerbungssituationen beschränken sich schon längst nicht mehr ausschließlich auf Arbeitssphären und berufliche Felder und durchdringen heute den gesamten sozialen und politischen Raum. Die gegenwärtig vieldiskutierten sozialen Technologien gehen aus dem dynamischen Feld der neuen Medien hervor: E-Learning, Social Software, Blogs, digitale Lerntagebücher, Web Portfolio Design oder E-Portfolios sollen zur Steigerung der Selbstreflexivität, der Qualitätssteigerung von Kompetenzprofilen und der Effektivität selbstregulierter Lern- und Bildungsprozesse führen (Abb. 27). Ein weites Praxisfeld der Kreativitätstechniken ist entstanden, das die allgemeinen Anforderungen in methodische Anleitungen und praktische Übungen überführt: Aus der vagen Vorstellung menschlicher Kreativität des-

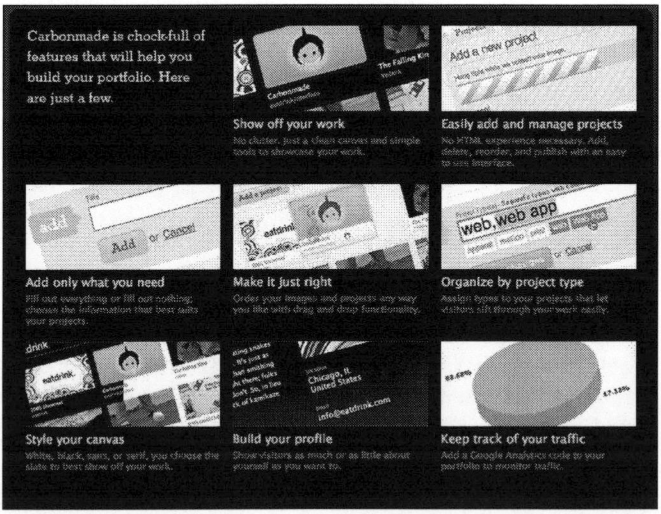

Abbildung 27: www.carbonmade.com ist eine Plattform für Online-Portfolios

tilliert der bildungspädagogische Diskurs seine Kriterien ›lernbarer Kompetenz‹ (vgl. DiMarco 2006; Jafari/Kaufman 2006).

Portfoliostrategien ›geistern‹ als unternehmerische Metapher und ökonomischer Imperativ durch die Alltagskultur und stehen für ›Identitätsgewinne‹ im Feld der Selbstpraktiken. Die im Netz boomenden sozialen Netzwerkseiten haben ein neues Subjektivierungsregime hervorgebracht: In ihm herrscht der Typus des aktiven Selbstoptimierers. Von ihm wird erwartet, dass er die Kunst der smarten Selbstführung beherrscht und sich auch unter Flexibilisierungszwängen zu behaupten weiß. Seine permanente Mobilmachung muss er mit einem digitalen *Vorzeigeportfolio* (Showcase Portfolio) unter Beweis stellen, welches er regelmäßig zu aktualisieren hat und stets für Feedback offen halten soll. In der gegenwärtigen Bewerbungskultur bilden die neuen medialen Formen der Selbstdarstellung, die alltäglichen Wettbewerbssituationen und die Dequalifizierung des Wissens gemeinsame gesellschaftliche Bedingungen. Die Verkürzung erworbener Wissensqualifikationen, prekäre Arbeitsverhältnisse, projektorientierte Arbeitsabläufe und flache Hierarchien verändern die Bildungsrituale und mit ihnen die medialen Repräsentationstechniken der Selbstdarstellungen. Bildungspsychologie und Makroökonomie haben *individuelle Bildungsbiografien* zum Standortfaktor der Wissens- und Informationsgesellschaft ausgerufen (vgl. Bitter/Pierson 2007). Mit Blick auf die neuen Bildungseinrichtungen leiten präskriptive Diskurse aus der Subjektivierungsform des unternehmerischen Selbst eine für alle verbindliche Norm ab und verknüpfen diese mit sozialtechnischen Zielvorgaben. In den neuen Formen der Subjektivierung soll idealiter Selbst- und Fremdführung, Autonomie und Kontrolle als unentscheidbar wahrgenommen werden.

Die Imperative nach kontinuierlicher Selbstpräsentation unter den Vorzeichen von Planung, Zielführung und Reflexion, mehr Kreativität und Ausweitung des Wettbewerbs treten durch unterschiedliche Formen der Visualisierung in Erscheinung, unter anderem auch durch die Entwicklung neuer Lerntechniken und Tools. Eines dieser exemplarischen Instrumente der subjektorientierten Bildungspädagogik ist das *Portfolio*, das gewohnte Leistungsüberprüfungen und Testverfahren ablösen soll. Portfolios werden seit der Renaissance in künstlerischen Berufsfeldern im Bereich der Kunst, Architektur und Fotografie verwendet. Anhand von Skizzen und Entwürfen, die in Bewerbungs- und Ausstellungsmappen gesammelt werden, dokumentieren Künstler/-innen nicht nur die Qualität ihrer Arbeiten, sondern zugleich auch die Weiterentwicklung ihres Könnens im Laufe der Zeit. Das Portfolio fungiert also einerseits als Nachweis und Bewertung von individuellen Kompetenzen und ist andererseits mit deren Weiterentwicklung verbunden. Später wurden mit dem Begriff des Portfolios auch Aufstellungen über die Risikoverminderung und Gewinnsteigerung von Wertpapierbeständen bezeichnet (Investmentportfolios). Diese Analogien mit dem Kunst- und Bankbereich sind entscheidende Gründe bei der Übernahme des Portfolio-Begriffs in das Feld der Bildungspädagogik gewesen (Häcker 2004: 76). Das Portfolio fungiert auch als unternehmerische Metapher und ökonomischer Imperativ.

In Bildungskontexten charakterisiert ein Portfolio ein systematisch geordnetes Archiv von dokumentierten Lernleistungen, erworbenen Kompetenzen und Zertifikaten und soll eine individuelle Lernstrategie durch andauernde Selbstreflexion ermöglichen. Strategisches Ziel der Portfolioarbeit ist die Erhöhung der Selbstreflexivität der Beteiligten, die als eine wichtige Voraussetzung für die Erhöhung der Selbststeuerung im Lernen sowie der Selbstbeurteilung eigener Leistungen angesehen wird (vgl. Jones 1994).

Der Begriff »Portfolio« ist eine Ableitung des italienischen »portafoglio« und setzt sich aus dem Verbum »portare« (tragen) und dem Nomen »foglio« (Blatt) zusammen. Der semantische Kontext des Portfoliokonzepts suggeriert die Offenheit und Unabgeschlossenheit der Bildungsbiografie und spielt damit auf die Flexibilität heutiger Lernbiografien und Lebensstile an. Mobile Datenträger und Wireless Local Area Networks flexibilisieren zusätzlich die Trennung von Privatem und Öffentlichem und vermischen soziale Kontakte in informellen Umgebungen mit Bewerbungssituationen und Selbstpräsentationen. Die wortwörtliche Anpassungsfähigkeit des Portfolios soll sich folglich auch auf die Rituale der Bewerbung selbst übertragen lassen. Portfoliokonzepte haben sich mittlerweile im alltäglichen Gebrauch ausdifferenziert und finden sich in Bereichen des E-Learning ebenso wie in Weblogs und den boomenden Dating Cultures. In einer sich ausweitenden Bewerbungskultur zählen das im Portfolio fest verankerte Kompetenzprofil und die kompetitive Buchführung zu den *key issues*. Portfolios sind auch Indikatoren für die Veralltäglichung von Bewerbungssituationen in den unterschiedlichsten medialen Formaten von der MTV-Serie »Dismissed« bis zum Persönlichkeits-Portfolio der Online-Partnervermittlungen. Insofern fällt es immer schwerer, zwischen den unternehmerischen Diskursen und den Prozessen der Selbstkonstitution eindeutige und klare Grenzen zu ziehen.

Hierzu ein Beispiel aus dem Bereich der schulischen Bildungspädagogik. Heute konkurrieren Bildungsinstitutionen mit eigenen »Schulentwicklungsportfolios«, die im Netz veröffentlicht werden (Abb. 28). Portfolios werden bereits im Kindergarten eingesetzt, um die Spuren des Lernens sicht- und sagbar zu machen:

Abbildung 28: Kids Assessment Samples, Portfolio Cover Sheet Art Work

»Mit Hilfe von Portfolios wird auf das individuelle Lernen des Kindes Rücksicht genommen, der Weg zur Zielerreichung und das Ziel selbst dokumentiert und die Lernfortschritte reflektiert. Das Dokumentieren und Präsentieren der persönlichen Entwicklungsgeschichte im Kindergarten ermöglicht positive Erinnerung an das Lernen im Kindergarten, zeigt in anschaulicher Weise die Entwicklung und das Wachstum des Kindes und ist »Ansporn« für zukünftiges Lernen in der Schule bis ins Erwachsenenalter. Die Beschäftigung mit dem einzelnen Kind führt zu einer Individualisierung des Lernens, indem die persönlichen Interessen und Fähigkeiten des Kindergartenkindes besser erkannt und gefordert werden. Es bietet der/m ErzieherIn die Möglichkeit, den Lernfortschritt, die Bemühungen und Leistungen des einzelnen Kindes zu dokumentieren und dementsprechend zu fördern.« (Wieden-Bischof/Schallhart 2007: 13)

Die Portfolios ersetzen heute die früheren Jahrbücher oder Jahresberichte, mit denen die Schüler/-innen ihren Eltern und Verwandten ihre schulischen Leistungen demonstrierten. Die heutigen Schulentwicklungsportfolios bestehen aus einer Anhäufung von Meilensteinen, Qualitätsindikatoren, Qualitätssicherungsstandards, Evaluationsergebnissen und Controllingmaßnahmen und unterscheiden sich kaum mehr vom Jahresbericht einer Aktiengesellschaft. In dem Maße, in dem bereits Kinder an der Institution ›Lebenslauf‹ teilhaben, soll sich auch ihre biografische Selbstreflexion entwickeln: »Schon früh können hier Ansätze der Reflexion und der eigenen Selbsteinschätzung ausgebildet und erweitert werden, wodurch bereits junge Kinder durch die Portfolioarbeit sehr früh beginnen, über ihre eigenen Arbeiten nachzudenken und diese selbst zu bewerten.« (Ebd.) Von Kindern wird demzufolge erwartet, frühzeitiger zu lernen, sich ein Curriculum Vitae anzueignen und biografische Perspektiven für ihr Leben zu entwickeln. Dazu zählt die Bildungspädagogik, dass sie das sogenannte »kindliche Tagesdenken« zurückdrängen und lernen sollen, ihr Leben entlang von »frühen Karrieren« zu organisieren (Sport, Musik).

Die Portfolioarbeit umfasst unterschiedliche Praktiken bei der Erstellung persönlicher Lernbiografien (vgl. White 2002; www.teachervision.fen.com). Das *Arbeitsportfolio* (Working Portfolio) integriert eine Auswahl abgeschlossener Arbeiten und Projektentwürfe von Schülern/Schülerinnen zu einem speziellen Lerngegenstand. Einzelne Teile dieser Zusammenstellung können auch in ein *Beurteilungsportfolio* (Status Report- bzw. Assessment Portfolio) oder ein *Vorzeigeportfolio* (Showcase Portfolio) übernommen werden. Das Arbeitsportfolio dient zur Einübung des Zusammenspiels von Selbst- und Fremdevaluation und wird daher in der Regeln ohne Leistungsmessung durch Zensuren erstellt. Für *Beurteilungsportfolios* zur vergleichbaren Leistungsmessung gelten einheitlich vorgegebene Kriterien und standardisierte Nachweise für die Durchführung bestimmter Lernhandlungen und das Erreichen von Lernzielen. Das *Vorzeigeportfolio* soll eine ›wohlüberlegte‹ und ›begründete‹ Auswahl der ›besten‹ Arbeiten von Schülern/Schülerinnen enthalten. Dieses Portfolio dient der Evaluation der kreativen Fähigkeiten und wird besonders häufig in Bildender Kunst, aber auch fächerübergreifend verwendet. Das *Entwicklungsportfolio* (Process Portfolio) besteht aus Arbeiten, die über einen längeren Zeitraum hinweg gesammelt werden sollen. Es enthält Arbeiten, die zu Beginn eines Lernprozesses erstellt worden sind, und solche, die am Ende des Lernprozesses stehen. Das *fächerübergreifende Portfolio* (Interdisciplinary Unit Portfolio) setzt sich aus Selbst- und Fremdevaluationen auf der Basis vorgegebener Ziele zusammen und dient zur Dokumentation fächerverbindenden und fächerübergreifenden Lernens zu einem bestimmten Lernfeld (das sind Sammlungen zu allgemeinen Lernthemen wie die Selbstorganisation des Lernens oder fächerübergreifende Arbeitsmethoden). Das *Bewerbungsportfolio* ist eine Dokumentation des schulischen Werdeganges, erworbener Abschlüsse und ausgewählter Arbeiten aus diversen Bereichen, die Aufschluss über die eigene Person, ihren Charakter und ihre Fähigkeiten geben können und über die Standard-Bewerbung hinausgeht. Neben den üblichen Zeugnissen und Zertifikaten der Schule enthält das Bewerbungsportfolio auch Dokumente über das Engagement als Klassen-, Stufen- oder Schulsprecher, über die Mitarbeit in einer Theatergruppe, die Dokumentation einer gemeinnützigen Arbeit, diverse Hobbys, eigenständig produzierte Amateurvideos, Familienfotografien, Leserbriefe an Zeitungen, Buch-, Theater- oder Filmbesprechungen oder die Biografie eines Vorbildes.

Heute werden individualisierte Projektdokumentationen wie das Portfolio nicht nur in Unternehmen, sondern auch an Kindergärten, Schulen und Universitäten als *digitale Kompetenzprofile* angefertigt. Vielfach stellen persönliche Homepages im WWW ein solches E-Portfolio dar, das multimedial aufbereitete Selbstthematisierungen enthält, die in virtuellen Arbeitsmappen (Ordnern) über einen Webserver präsentiert werden (vgl. Epstein 2004, www.teachervision.fen.com). In archivierender Weise wird damit eine chronologische Rekonstruktion von Arbeitsfortschritten ermöglicht.

Im Umfeld des Assessment-Booms der frühen 1990er Jahre etablierten sich ausgehend von den USA *electronic portfolios* als »powerful tools for promoting professional growth and reflection« (Hartnell-Young/Morriss 2006: 5). Im Kontext von E-Learning-2.0-Anwendungen zählen der Portfolioansatz und das E-Portfolio-Format mittlerweile zum Alltagsrepertoire medialer Selbstdarstellung (Barrett 2001: 1). Auch die Europäische Union plant mit der Initiative »Objective 2010 – E-Portfolio for all« bis 2010 jedem ihrer Bürger/-innen ein E-Portfolio zur Verfügung zu stellen:

»In the context of a knowledge society, where being information literate is critical, the portfolio can provide an opportunity to demonstrate one's ability to collect, organise, interpret and reflect on documents and sources of information. It is also a tool for continuing professional development, encouraging individuals to take responsibility for and demonstrate the results of their own learning. Furthermore, a portfolio can serve as a tool for knowledge management, and is used as such by some institutions.« (www.eifel.org/portfolio)

In ihrem bildungspolitischen Programm deklarieren die EU-Repräsentanten, dass Lernende im 21. Jahrhundert, die ihr Wissen und Können reflektierend aus- und bewerten können, in ihrer staatsbürgerlichen Rolle als Einzelpersonen besser vorankommen. Datenbankgestützte Portfolios werden in diesem Zusammenhang als eine Möglichkeit angesehen, Lernende durch Stärkung ihrer ›Eigenverantwortung‹, ›Selbststeuerung‹ und ›Selbstbeurteilung‹ zu unterstützen.

Was ist konkret unter einem elektronischen Portfolio zu verstehen? Ein

E-Portfolio ist eine strukturierte Sammlung, Speicherung und Darstellung digitaler Artefakte und soll in der Regel folgenden Content enthalten:

Examples of written work
Journals and logs
Standardized inventories
Videotapes of student performances
Audiotapes of presentations
Mind maps and notes
Group reports
Tests and quizzes
Charts, graphs
Lists of books read
Questionnaire results
Peer reviews
Self-evaluations
(www.teachervision.fen.com/assessment/resource/5942.html)

Das E-Portfolio signalisiert multimediale Talente, kreative Fähigkeiten und qualifizierte Alleinstellungsmerkmale (*unique ability*) und soll ein »authentic assessment« (Hart 1994) der Lernprozesse, beruflichen Qualifikationen und Fortbildungswege eines Individuums dokumentieren. Portfolio und E-Portfolio vereinen zwei zentrale Sozialtechniken: die Selbstdarstellung zur Fremdbeurteilung und die Erhöhung der Selbstreflexivität zur Selbststeuerung. In seiner selbststeuernden Funktion wird das E-Portfolio somit zum selbstreflexiven ›Lerntagebuch‹, welches das lebenslang lernende Subjekt idealiter über Jahre hinweg begleiten soll. Gleichzeitig kann das E-Portfolio die subjektiven Alleinstellungsmerkmale nach außen als repräsentative »digitale Werkmappe« vermitteln. Die im E-Portfolio gesammelten Arbeitszeugnisse, Bewertungen von Präsentationen, Arbeitsproben, Assessment-Prüfungen, Tests u.a. bleiben der Fremdbewertung vorbehalten und können als Grundlage für eine allfällige Zertifizierung herangezogen werden. Neben der Dokumentation von erworbenen Qualifikationen können in einem E-Portfolio auch selbst erworbene Fertigkeiten und kreative Fähigkeiten und Talente aus dem nichtberuflichen Umfeld zusammengestellt werden. Insofern sind E-Portfolios weit mehr als eine digitale Bewerbungsmappe, denn ihre Wissensmedien sorgen für eine intensive Verflechtung von Fremd- und Selbststeuerungen. Die Medienformate der Wissenserfassung und -repräsentation des E-Portfolios umfassen Aufgabenstellungen, Fragen, Tests, Skripte, Exzerpte, erhobene Daten, Protokolle etc., die u.a. zur Festhaltung spezifischer Arbeitsschritte, der Aufgabenverteilung und -durchführung verwendet werden. Auf Lernplattformen werden meist auch persönliche Informationsseiten eingerichtet, auf denen mehr oder weniger wichtige Informationen über die Teilnehmer/-innen selbst veröffentlicht und mit individualisierten Informationen im WWW verknüpft werden können (vgl. http://portfolios.education.wisc.edu/program.htm). Digitale Lernwerkzeuge wie das E-Portfolio setzen die Fähigkeit zum multimedialen Web-Publizierens und den Umgang mit digitalen

Tools voraus (*media literacy*). Im Gegensatz zu papier-basierten Portfolios bietet der Einsatz von Softwareunterstützung die Möglichkeit der Wissenspräsentation in allen Multimedia-Ausdrucksformen und damit das Ansprechen aller Sinneskanäle (Text, Bild, Ton, Video, Animationen). Durch Hyperlinks können die E-Portfolio-Inhalte mit Lernzielen und Bewertungskriterien erweitert werden. Der Lernende ist allerdings mehr oder weniger auf bereitgestellte Tools angewiesen und bewegt sich klickend durch standardisierte Schablonen. Das E-Portfolio besteht aus einer multimedialen Collage aus Texten, Bildern, Videosequenzen, Tönen und Animationen und kategorisiert und verknüpft den ›persönlichen‹ Content mit Lernzielen und Bewertungskriterien (›Wissenszuwachs‹, Aufbau von ›Fach‹-, ›Methoden‹- oder ›Sozialkompetenzen‹).

Mit den Web-2.0-Technologien rücken komplexe, nichtlineare Prozesse sozialer Beziehungen in den Mittelpunkt. Die netzbasierten Aggregatzustände zwischen Medien, Technologien und Subjekten sind kontingent, beweglich, dynamisch und verlangen den verstärkten Einsatz intellektueller Technologien wie Projektarbeit, Teamwork und Lernfähigkeit. Das E-Portfolio kompiliert nicht nur Daten und Informationen zur individuellen Bildungsbiografie, sondern soll die ›gesamte Persönlichkeit‹ sichtbar machen und zeigen, was das Individuum zu bieten hat und was es an Potenzial verspricht (Abb. 29):

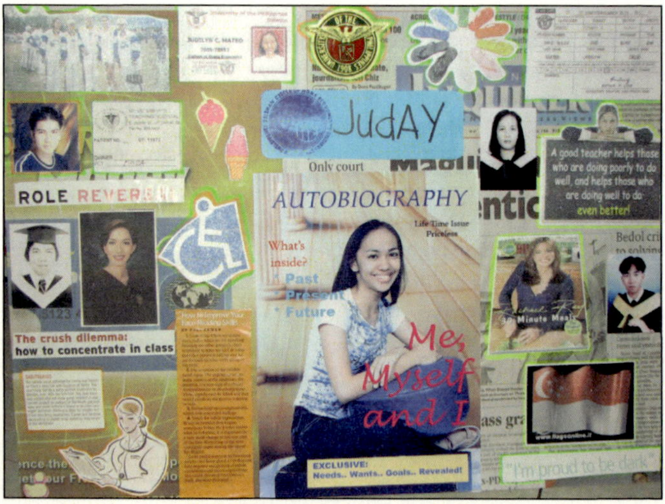

Abbildung 29: Muster für die Covergestaltung eines E-Portfolio (portfolio entry) bei www.slide.com

»Es geht also darum, dem Selbst die Verantwortung für den eigenen Lernprozess zu übergeben, ihm hierfür (medientechnische) Instrumente und Verfahren bereitzustellen und es in die Lage zu versetzen, seine eigene Bildungsbiographie zielgerichtet und rational zu steuern. Das Lernsubjekt soll dies zugleich als Wert und als Ausdruck individueller Freiheit ansehen, in der es sich selbst wieder finden kann. Es steht die Erzeugung einer spezifischen Verhaltensdisposition auf dem Spiel. Es geht um eine neue Subjektform, ein neues Selbst: Selbstverantwortung, Selbststeuerung, Selbsterkenntnis. Aufgerufen sind damit Emanzipation und Autonomie.« (Münte-Goussar 2008: 183)

Die Kommunikationstools multimedialer Online-Portfolios ermöglichen orts- und zeitunabhängige Verfahren der Selbstdarstellung, Selbstbeschreibung und Selbstreflexion. Durch das pausenlose Einbinden von Feedback über erreichte Ziele und Zwischenschritte mit institutionellen Portfolio-Begleitern/-Begleiterinnen, aber auch mit Gleichgesinnten und Erziehungsberechtigten haben sich die Lernsubjekte mit der permanenten Kontrolle einer kommentierenden und bewertenden Community auseinander zu setzen.

Die Möglichkeiten, multimediale Inhalte für ein E-Portfolio zu kreieren und zu veröffentlichen, benötigen Tools und Programme. Zahlreiche Universitäten in den USA entwickeln ihre eigene E-Portfolio-Software (Denver, Penn State, Florida State), im Netz situierte Lernplattformen wie beispielsweise BSCW, Moodle, ICA, CVW bieten nicht nur Angebote zur Speicherung von Dokumenten, sondern ermöglichen eine spätere chronologische Rekonstruktion von Arbeitsschritten, das Führen von Arbeitstagebüchern, Protokollen, Reflexionen u.a. E-Portfolios sorgen für eine lebenslange Ausweitung von Selbstcoaching-Situationen, die mit verschiedenen Arten von digitalen Objekten – Textdokumente, Video-Clips, digitale Fotografien, Präsentationen, Programmierbeispiele u.a. – belegt werden sollen. Zum persönlichen Content Management gehören Upload-Möglichkeiten, elektronische Sammelmappen und Archive, Thesaurus-Kodierungen, Rechtevergabe, automatische Mitteilungen und umfassende Suchfunktionen:

»ePortfolios can contain many different types of evidence and from different sources [...]. They resolve many assessment problems, especially in equity and moderation [...]. ePortfolios provide a ›richer picture‹ of students, their learning and their competencies. [...] Students are actively involved in their processes [...]. ePortfolios are well suited to authentic learning environments [...]. ePortfolios can be used in a wide variety of contexts for the collation of evidence of fundamental skills [...]. ePortfolios provide a means for students to learn to manage their own professional development because they provide a straightforward means for students to collect evidence of professional or generic graduate skills, and proprietary certification [...]. ePortfolios are well suited to assessment in lifelong learning contexts [...]. There is an educational alignment between online portfolio assessment and IT related disciplines because building online portfolios offers IT and IS students an authentic education experience.« (Love/Cooper 2003: 68f.)

Das Portfolio-Assessment gilt als eine Alternative zu traditionellen Lehr-/Lernprozessen durch Selbstführung, Reflexion, Integration, Entwicklung und lebenslangem Lernen und verweist auf eine historisch wirksame Neukonzeption des *Homo oeconomicus*. Es entstand im Umfeld der US-amerikanischen Kreativitätsforschung der 1950er Jahre und wurde am *Institute of Personality Assessment and Research* entwickelt, als Kreativitätspsychologen in Reaktion auf die Einseitigkeit konventioneller Testverfahren zur Feststellung von Intelligenz nach effizienten Verfahren der Begabtenförderung und der

Personalentwicklung suchten. Im Rahmen personalwirtschaftlicher Verwendungszusammenhänge fungierte das Portfolio Assessment im angloamerikanischen Raum seit den 1960er Jahren zur vergleichenden Messung von Kompetenzkapital und wurde als »Strategy for Self-Direction in Learning« (Jones 1994: 23-29) in staatlichen Bildungseinrichtungen eingesetzt. 1980 hatte z.B. jeder Schulabsolvent in den USA durchschnittlich dreißig Multiple-Choice-Tests absolviert (Lissmann 2004: 211). In verschiedenen Untersuchungen kritisierte man die Qualität des Schulunterrichts und wies darauf hin, dass die Schüler/-innen zwar die standardisierten Tests bestanden, über den geforderten Lernstoff hinausgehend aber nur über ungenügende Fähigkeiten und Kompetenzen verfügten. In der Folge formierten sich die Diskurse der Bildungsreform und es wurden zahlreiche Studien über Ansätze zu *alternative, authentic* und *performance assessment* ausgearbeitet. Mitte der 1980er Jahre wurde schließlich in den USA und Japan damit begonnen, Portfolios als Lehr- und Beurteilungsinstrument im Primarschulbereich einzusetzen (vgl. Elbow & Belanoff 1997; Harada 2001). Wesentliche Elemente des Portfolioansatzes tauchten schließlich in unterschiedlichen Akzentuierungen in der Reformpädagogik und der *progressive education* auf. Bereits 1990 beschrieb Vavrus die Portfolio-basierte Beurteilung als einen curricularen »Toptrend« (vgl. Vavrus 1990). Die Kritik an der Unzulänglichkeit herkömmlicher Formen der Leistungsbeurteilung führte Anfang der 1990er Jahre zur verstärkten Integration visueller und zeitbasierter Medien (vor allem Fotografie und Video), die zur »Mediatisierung höherer kognitiver Funktionen« und zur »Dokumentation dynamischer Fähigkeiten« genutzt wurden (Ricken 2002: 337f).

Im Portfolio-Konzept sind auch heute noch die Ansätze der *neoliberalen Humankapitaltheorien* prominent vertreten. Sie thematisieren die unternehmerischen Wettbewerbsvorteile des Selbst und überlagern sich mit *kreativitätspsychologischen* Diskursen, die Kreativität als bedeutendes Potenzial bei subjektorientierten Arbeitsprozessen hervorheben. Der Strukturwandel in der Erwerbsarbeit hat verstärkt berufsbegleitendes Lernen zur Folge. Die wichtigste Fähigkeit flexibler Schlüsselarbeitskräfte besteht darin, permanent Szenarien zu entwickeln, in denen ihre Alleinstellungsmerkmale (*unique ability*) ›perfektioniert‹ werden können. In seiner komplexesten Form, dem Kompetenz-Portfolio, sind die erworbenen Kompetenzen von Schlüsselarbeitskräften detailliert beschrieben und bewertet. Vor dem Hintergrund der Kapitalbewirtschaftung der Gesamtpersönlichkeit sollen auch das Freizeit- und Konsumverhalten, soziale Beziehungen und individuelle Bildungsbiografien in unternehmerischen Kategorien gedacht werden. Dementsprechend beinhalten partizipatorisch orientierte Kompetenz-Portfolios kollaborative und kooperative Profile karitativer und ehrenamtlicher Tätigkeiten, die als Indikatoren ›emotionaler Intelligenz‹ und ›sozialer Netzwerkfähigkeiten‹ dem Individuum zugerechnet werden. Mit der Auflösung der Grenze zwischen Arbeit und Privatperson werden schließlich personale und soziale Kompetenzen zu tragenden Säulen der individuellen Kompetenzportfolios. Mit dem instrumentellen Profiling der Kompetenz wurde ein weiterer Schritt zur Formalisierung und Akkreditierung des informellen Erfahrungswissens gesetzt. Es basiert auf den Prinzipien Kommunikation, Partizipation und Transparenz und setzt auf die Reflexion des eigenen Lernens. Es macht nicht nur die Lernergebnisse, sondern auch den *Lernprozess* sichtbar. Die Reflexion beschränkt sich folglich nicht nur auf das individuelle Lernhandeln, sondern soll auch die *situativen* Lernbedingungen berücksichtigen und thematisieren. Dabei geht es weniger um die Akkreditierung des Wissens als vielmehr darum, dieses überhaupt sichtbar zu machen.

Die Projektorientiertheit des Portfolios nimmt zentrale Anforderungen ästhetischer Subjektivation wie etwa die ›Freude am kreativen Prozess‹ und die ›Aufhebung der Grenzen von Arbeit und Leben‹ auf und schafft Normerwartungen für ein neues mediales Selbstimage. Als eine Ressource, die nie vollkommen ausgeschöpft werden kann und die sich permanent erneuert, steht das Subjekt vor der Herausforderung, sich permanent selbst verändern zu müssen. Folglich kann das Portfolio vom Subjekt nicht restlos abgeschlossen werden und zu Ende geführt werden. Als Medienformat des lebenslänglichen Lernens und Bearbeitens bleibt es eine ambivalente Praxis, in der sich Individuen gegenüberstehen, die sich jeweils selbst zu entfalten suchen und andererseits mit ihren Selbstdarstellungen auf Aufmerksamkeitsmärkten miteinander konkurrenzieren.

Um den ständigen Wechsel der Projekte und der sozialen Beziehungen auszuhalten, benötigen die E-Portfolios eine medienspezifische Konfiguration. Sie müssen so eingerichtet sein, dass sie soziale Interaktionen in wechselnden Akteursnetzwerken mittels Hyperlinks, Feedbacksystemen und kontinuierlichen Update-Lösungen ermöglichen. Das Ziel der E-Portfolios ist die Optimierung von mehr Flexibilität und Selbstverantwortung und die Fügsamkeit des Lebens unter die Zielvorgaben eines umfassenden Projektmanagements. Das Portfolio-Projekt setzt sich aus vielfältigen Arbeits-, Beziehungs- und Freizeitprojekten zusammen, die dem Management individuell geführter ›Projektportfolios‹ subsumiert werden:

»Ich arbeite an einem einmaligen (Wow!-)Projekt. (Falls es nicht Wow! ist, [...] mache ich es dazu. [...] Alles oder nichts!) [...] Ich habe begriffen: Projekte = Ich. Punkt. (Dies ist kein Scherz: Ich bin mein ›Projektportfolio‹.)« (Peters 2001: 57f)

Im Portfolio-Making löst sich der scheinbare Gegensatz zwischen dem Ästhetischen und dem Ökonomischen auf. Es aktualisiert einerseits die Kompetenzen der rationalen Selbstoptimierung und motiviert andererseits affektive Fähigkeiten wie den unternehmerischen Aktivismus. Die Doppelstruktur des Ästhetischen und Ökonomischen beschreibt jedoch keine ontologische Sphärentrennung. Vielmehr kommt es zur Überlagerung und Durchkreuzung beider Strukturen. Darüber hinaus enthalten die ökonomischen Dispositionen und rationalen Kompetenzen immer auch eine kulturelle Dimension. Die sogenannten ›Alleinstellungsmerkmale‹ in den Subjektformen des Portfolios sind immer auch kulturellen Typisierungen unterworfen: Der Einzelne subjektiviert sich in ihnen und wird subjektiviert. Es wird vom Lernsubjekt erwartet, sich selbst, seine Biografie, Kompetenzen, Bedürfnisse und Lüste als *gestaltbares* Gegenstandsfeld zu begreifen, das auf unterschiedliche Weise modifiziert werden soll.

Der Leitbegriff des Portfolios lautet also: Kreativität. Im Unterschied zur Genialität, die nur wenige besitzen, wurzelt die hier veranschlagte Kreativität in einem demokratischen Grundkonzept. Im Portfolio verallgemeinert sich der kreative Imperativ, der für jeder gleichermaßen zu gelten hat. Während sich der ›geniale Schöpfer‹ in einer Sphäre jenseits der Norm bewegt, verhält sich der ›kreative Alltagsmensch‹ normal. In unterschiedlichen Abstufungen ist seine Kreativität in die banalen Tätigkeiten des Alltags eingebettet und streut sich in den Gaußschen Normalverteilungen. Die Technologien, mit Hilfe derer sich die Amateure und Amateurinnen im Netz in Blogs und Community-Seiten präsentieren, gleichen jenen, die in Unternehmen für das Controlling und die Steuerung der Teamarbeit eingesetzt werden. Die medialen Formen der Selbstdarstellung überlagern sich mit den Methoden der Projektmanagementlehre. Der Einsatz von Sozial- und Selbsttechnologien im Netz transformiert personalisierte Datenströme in Projektportfolios und sorgt dafür, dass sich Selbstpraktiken und unternehmerische Praktiken überlagern und vermischen:

»Zugleich scheint das Computermedium das Subjekt aber auch in der Verallgemeinerung einer quasi-ökonomischen Haltung der ›Wahl‹ zu trainieren, nicht zuletzt durch den Mechanismus des ›click fetishism‹, der ständigen Auswahl zwischen visuell dargebotenen ›Optionen‹, welche der Computer als ubiquitäre Haltung verallgemeinert.« (Reckwitz 2006: 133)

Aus Gründen der effektiven Vergleichbarkeit sind die meisten E-Portfolios als »Problemlösungszyklus mit festgelegten Schritten« definiert (Schallies/Dummer 2007: 34). Ihre sequenziell aufgebauten Checklisten, Milestones, Top-Rankings, Kategorien, Blogrolls, Newsfeeds und Bookmarks sollen dem Einzelnen helfen, den Überblick über die Vielzahl verstreuter Projekte im prozessorientierten Portfoliomanagement zu behalten.

Das Portfoliomanagement ordnet und strukturiert nicht nur öffentliche Angelegenheiten und berufliche Karrieren, sondern auch die privaten Beziehungen in »Liebesorganisation und Verabredungskulturen« (Ries/Fraueneder/Mairitsch 2007). Zahlreiche Online-Plattformen bieten Software-Tools zur Erstellung von Dating-Portfolios an (Abb. 30, 31). Mit der massenwirksamen Transformation der Medientechnologien der 1990er Jahre, in deren Zentrum der Personal Computer und das Internet stehen, löst sich die enge Verknüpfung von Portfolio und Assessment endgültig auf. Heute gehören die medialen Praktiken von Portfolio-Subjekten zur Alltagskultur digitaler Kommunikation. Das Web 2.0 verstärkt diese Dispositionen einer neuartigen Subjektkultur, die sich auf entscheidende Weise von der Schriftkultur literarischer Medien und der Film- und Fernsehkultur audiovisueller Medien unterscheidet. Einerseits absorbieren und imitieren die digitalen Medien wie der Computer und das Internet die klassisch-modernen medialen Praktiken, andererseits schaffen die neuen ›Leitmedien‹ Laborsituationen für die Aneignung der Schrift-/Film-/Fernsehpraktiken, die sie in ihren Grundlagen modifizieren. Visualisierungen geben daher immer auch etwas anderes zu sehen: Fotografien, denen eine Spur des Authentischen und Unmittelbaren

Abbildung 30: Heteronormative Praxis, www.match.com

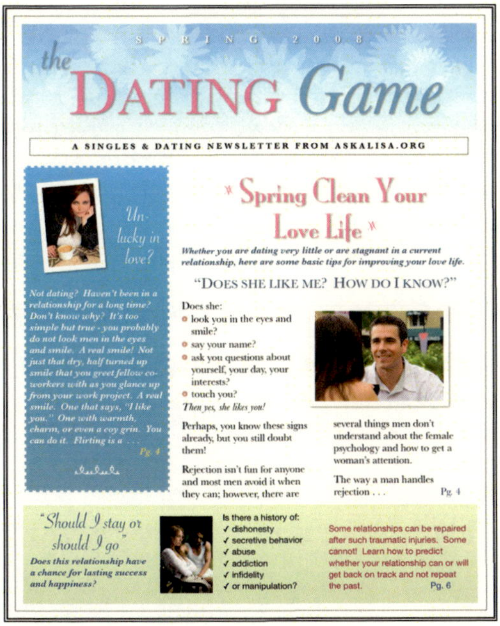

Abbildung 31: Dating Portfolio, http://web-dating.net/

anhaftet, dienen unterschiedlichen Identifikationsstrategien und stellen ihre Objekte in ästhetischen Posen aus; Texte gehen nicht einfach im Bild auf und Visualisierungen gehen vice versa nicht im Text auf. Die Entzifferung der Bilder muss erst gelernt werden und oszilliert zwischen den vorgefassten Vorstellungswelten der jeweiligen Interpreten und der im Bild angelegten Steuerungsfunktionen der Wahrnehmungsvorgänge. Das Erstellen von Kompetenzprofilen und biografische Bilanzierungen haben einen großen Stellenwert in Blogs und sozialen Netzwerkseiten. Im Gegensatz zu klassischen Lernsettings, wo einzelne Tests für die Beurteilung der Leistungen herangezogen werden, entziehen sich die Lernprozesse in den E-Portfolios einer beurteilenden Gesamtsicht. Die Kompetenz eines Lernenden wird nicht mehr nur aufgrund eines Ergebnisses oder Produktes, das am Ende eines Prozesses steht, sichtbar, sondern vielmehr soll in den Vordergrund rücken, auf welche Weise er im Stande war, sich spezifische Kompetenzen anzueignen und Probleme zu lösen. Elektronische Portfolios werden zunehmend beliebter, da sie im Vergleich zu einem Papier-Portfolio einen flexibleren Umgang mit Inhalten, eine komplexere Link-Struktur und eine multimediale Selbstpräsentation ermöglichen. Heute haben sich die Kreativitätsappelle in den öffentlichen Diskursen ausdifferenziert und verallgemeinert: Bewerbungssituationen, Trainingsprogramme und Assessment-Ratgeber gehören heute zur Alltagswahrnehmung. In den Massenmedien simulieren Casting-, Coaching- und Dating-Formate vielfältige Bewerbungs- und Konkurrenzsituationen, in denen die Elemente von Selbstmanagement und Selbstsozialisation zusätzlich stimuliert werden sollen. Eine Medienkultur der Portfolio-Strategien ist entstanden, die vielfach die Form einer sanktionsfreien Selbstenthüllung angenommen hat:

»Herrschaft verschwindet im Postulat der Selbstbeherrschung. Genau dies kann man in den Web-Communities trainieren. Gerade weil diese nicht einmal einem Unternehmensziel verpflichtet und keinem innerbetrieblichen Konkurrenzkampf unterworfen sind, sondern nur dem Ideal einer geglückten Lebensführung, einer erfolgreichen Selbsterkenntnis und der Verantwortung, für sich selbst einzustehen.« (Münte Goussar 2008: 53)

3.6 Feedbacksysteme im Dating Management

Das Dating ist ein populäres Vergnügen, das mit Ironie, Inszenierung und Maskerade operiert und nicht gerade mit Ernst praktiziert wird. Nur in dem Maße, wie populäre Medienformate wie die Dating-Plattformen seit ihrem Entstehen bis heute Lust bereitet haben, konnten sie sich in der Populärkultur durchsetzen. Die Dating-Plattformen sind zwar Bestandteil der regulären Angebotsstruktur im Netz, dennoch bieten sie ihren Mitgliedern die Möglichkeit, im Rahmen routinisierter Mediennutzung mit dem Außeralltäglichkeitserleben zu experimentieren. Die Flirtkultur im Netz ist ohne verhaltensnahe und konkrete Rückmeldung der Stärken und Schwächen einer Person undenkbar. Inzwischen ist die Vorstellung zum Allgemeingut geworden, dass das *soziale Feedback* für das Daten und Flirten eine Grundvoraussetzung darstellt (Abb. 32). Diverse Versionen der Feedback-Software bieten allen Beteiligten auf Community-Seiten die Möglichkeit zur wechselseitigen Beurteilung. Das Feedback soll grosso modo die gesamte Persönlichkeit erfassen und thematisiert dabei die Fähigkeiten zur Kommunikation, Selbstdarstellung, Kreativität und Anpassungsfähigkeit. Seinem Anspruch nach ist das Feedback egalitär organisiert und gibt jedem Beteiligten die Möglichkeit, sich selbst zu Wort zu melden. *Feedback-Dossiers* informieren umfangreich und flexibel über die Personen und erstellen Vergleiche zwischen Nachfrage und Angebot, indem sie die jeweiligen Neigungen und Fähigkeiten statistisch auswerten und auf dieser Grundlage ein paarpsychologisches Coaching offerieren. So unterschiedlich die zahlreichen Dienste und ihre Angebote auch sein mögen, die Grundkomponenten der sozialen Kybernetik des Feedbacks bleiben gleich und setzen sich in der Regel aus digitalen Bewertungs- und Fragebögen zusammen. Die Feedbackgeber können in der Regel zwischen kategorischen und tabellarischen Items wählen und auf einer Skala den Grad ihrer Zustimmung oder Ablehnung bestimmen. Neben der Bewertung der Ist- und Soll-Werte gibt es in der Regel die Möglichkeit, die Relevanz der Aussagen einzustufen und anonymisierte Anmerkungen zu hinterlassen. Das gesamte Verfahren wird über elektronische Datennetze abgewickelt. Letztlich erhalten die Beurteilten das Resultat in Form eines individualisierten Leistungsprofils. Neben dem vom Feedback eingeforderten Bekenntniszwang nähert sich das Flirten in Online-Börsen immer mehr den Prozeduren der Sensitivity-Trainings an, in denen es darum geht, vermittels Kritik-und-Selbstkritik-Ritualen *soziale Kompetenz* auszubilden.

Abbildung 32: Der Date Profi, Regie: Todd Phillips (USA 2006)

Rückmeldungssysteme machen aus der *einfachen Alltagswahrnehmung* eine *strukturelle Beobachtung*, durch die eine spezifische Verhaltensweise systematisch beobachtet, bewertet, beurteilt und schließlich nachhaltig geändert werden kann. Hier können Rückkoppelungssysteme wesentlich dazu beitragen, Praktiken der evaluativen Selbstbeobachtung zu aktivieren. Das angesammelte Beobachtungs- und Kontrollwissen kann durch die Medien auf unterschiedliche Weise repräsentiert werden, so etwa, wenn das Wissen in elektronischer Form als E-Formular, EPortfolio, Balkendiagramm, Counter, Video-Upload usw. auftritt. Die vielfältigen Kodierungen des Beobachtungswissens vermittels der ›objektivierenden‹ und ›neutralisierenden‹ Wissenstechniken können jedoch nicht darüber hinwegtäuschen, dass jedem Wissen immer auch soziale und normative Vorstellungen inhärent sind und es auf grundlegende Weise von politischen und ökonomischen Kontexten abhängig ist.

Die im Netz implementierten Online-Feedbacksysteme greifen Elemente der psychotherapeutischen *Gruppendynamik*, der *Meinungsforschung* und des *Personalmanagements* auf. In der Gruppendynamik fungiert Feedback als Rückmeldung an eine Person über deren Verhalten und dient zur Optimierung der Selbst- und Fremdwahrnehmung. Das gruppendynamische Feld besteht aus Selbst- und Fremdbildern, die als nicht deckungsgleich angenommen werden. Um diese Vorgänge deutlich zu machen und zu üben, und um die Selbst- und Fremdwahrnehmung zu verbessern, wird Feedback im gruppendynamischen Training gezielt als Übung eingesetzt (vgl. Antons 1974). Die *Meinungsforschung* lässt im Auftrag von Unternehmen, politischen Parteien und öffentlichen Institutionen Daten und Informationen erheben, welche die Grundlage für Marketingstrategien, Wahlprogramme und administrative und exekutive Maßnahmen bilden. Im *Personalmanagement* ist das Feedback auch zum Abgleich von Ist- und Sollzustand bei der Zielsetzung und -erreichung, zur Rückmeldung nach Bewerbungsgesprächen oder auch nach erledigten Aufgaben im Betrieb vorgesehen. Anwendungsfälle in der Personalentwicklung sind z.B. das 360°-Feedback/180°-Feedback für Führungskräfte oder das Team-Feedback. Anwendungsfälle im Qualitätsmanagement sind das Kunden-Feedback, aber auch die Seminar-Evaluation. Unter Feedback wird im Personalmanagement ausschließlich die verbal- oder schriftsprachliche Rückmeldung verstanden, während der allgemeinere Begriff der Rückkopplung in der Arbeits- und Organisationspsychologie auch die nonverbalen und unbewussten Anteile der Kommunikation (z.B. Mimik, Gestik) umfasst.

Seine Legitimität bezieht das Feedbacksystem aus seiner vorgeblichen *Objektivität*. Online-Plattformen weisen den upgeloadeten Fotos, Videos und Texten nicht auf willkürliche Art und Weise bestimmte Ränge zu, sondern stellen ihrer Klientel eine vereinheitlichte und standardisierte Bewertungssoftware zur Verfügung. Zahlreiche Datingbörsen operieren mit Profilstatistiken, die Buch führen über »Sympathiepunkte«, »Besucher«, »Freunde«, »Matching«, »Awards«, »Forenbeiträge« und »Kommentare« (Abb. 33). Diese objektivierenden Feedbacksysteme verdichten Evaluation und Verwertbarkeit in einem einzigen Vorgang: in Echtzeit und Online ermittelt sich der Wert des Mainstreams und der Popularität. Statistisch quantifizierte Fremdbeobachtungen (*click the vote*) wie sie etwa von den häufig eingesetzten Balkendiagramme und tabellarischen Rangordnungen repräsentiert werden, legen jedoch keinen verbindlichen Soll-Wert fest, sondern ändern sich permanent. Die von Raum und Zeit unabhängigen Feedbackschleifen erfordern eine unablässige Adaptionsleistung und einen ununterbrochenen Return of Investment. Die feedbackgesteuerte Selbststeuerung erreicht jedoch keinen Zielwert, da immer wieder neue Fremdbeobachtungen das Voting, Counting und Ranking maßgeblich beeinflussen und damit eine unabschließbare Dynamik der Selbstthematisierung in Gang setzen:

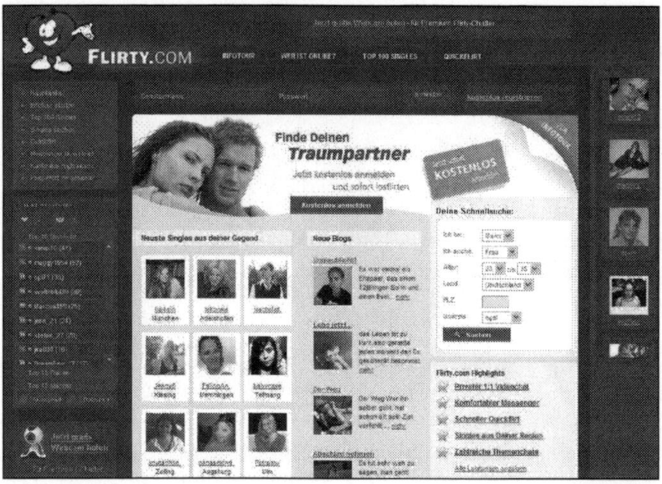

Abbildung 33: Profil mit Profilstatistik, www.flirty.com

»Unter den TOPFRAUEN werden jene weiblichen Mitglieder aufgelistet, die von den anderen Mitgliedern die meisten Punkte erhalten haben.« (www.section.at/flirt)

Die Selbstkontrolle der Mitglieder befindet sich folglich in einem instabilen Aggregatzustand, da vom Subjekt immer wieder Adaptionsleistungen erbracht werden müssen, um auf den Aufmerksamkeitsmärkten weiterhin mittels *click rates* eine passable Reihung vorweisen zu können. Die Adaptionsleistung beruht im wesentlichen auf einem antizipatorischen Vermögen: Das ›erfolgreiche‹ Subjekt spielt die Anforderungsprofile durch und versucht, ihren Bewertungsrastern möglichst adäquat zu entsprechen: »Weil die Position im Ranking weitreichende Folgen hat, richten die Beurteilten ihr Verhalten prospektiv auf die zu Grunde gelegten Kriterien hin aus. Man tut, was gemessen, und unterläuft, was vom Bewegungsraster nicht erfasst wird.« (Bröckling 2007: 241)

Die in den sozialen Netzwerken gebräuchlichen Parameter legen ein analytisches Raster fest, das definiert, welche Distinktionen, Funktionen und Dispositionen für das beurteilende Feedback relevant sind – oder nicht. Was nicht dem vom Online-Dienst vorgegebenen Erhebungsziel dient, wird gar nicht erst erfasst. Beim Erhebungsziel kommt es also weniger darauf an, die

Wahrheit über ein Subjekt zu erfahren, sondern es geht vielmehr darum, Erhebungsbereiche zu definieren, die ausschließlich für die Beurteilung relevant sind. Die Feedbackschleifen fungieren als geschlossene kybernetische Systeme: Sie konstruieren erst die sozialen Tatsachen und Fakten und suggerieren gleichzeitig, diese ›vorgefundenen‹ Fakten und Tatsachen nachfolgend zu bewerten.

Im Netz stehen die Subjekte unter gegenseitiger Dauerbeobachtung und Dauerbewertung. Die Community-Seiten der Flirt- und Singlebörsen beinhalten ein Set kybernetischer Praktiken wie Assessment, Evaluation, Supervision, Coaching, Monitoring, Feedback-Systeme, Matching oder Effektivitäts- und Effizienzmessungen. Die Steuerung, Regelung und Lenkung des Selbst stellt heute einen zentralen Ansatz in der Bildungspädagogik dar. Das Prinzip der ›inneren Führung‹ der Subjekte, das mit dem Euphemismus ›Empowerment‹ umschrieben wird, verdichtet die systemisch-kybernetische Konzeption der ›Selbstorganisation‹ und soll zur kontrollierten Autonomie führen. Im relationalen Raum des Internet können die jeweiligen Positionen allerdings nur temporär und kurzfristig besetzt werden und befinden sich in einem permanenten Aggregatzustand konfliktreicher Diskurse. Im Web 2.0 überlagern situieren sich die kybernetischen Praktiken mit den Versuchsanordnungen des New Public Management:

»Die New Public Management Modelle lösen diesen Legitimationsrahmen organisatorisch auf, indem die demokratische Legitimation nur für die Zieldefinition als erforderlich angesehen wird, während Effizienz und Effektivität in Abgrenzung gegenüber dem Politischen als Aufgaben des Managements ausgewiesen werden, die nach dessen Regeln in eigener Zuständigkeit, ›Managers right to manage‹, zu verwirklichen seien.« (Hofacker 2000: 127).

Die Mitgliederprofile werden tabellarisch zusammengefasst und vom Datenbankmanagement nach ›harten‹ Daten wie Alter, Größe, Gewicht, Aussehen, Beruf, Wohnort u.a. und ›weichen‹ wie Charaktermerkmalen, Werten, Lebensstil und dem Wunschpartner sortiert. Zur Minimierung des Zeitaufwandes bei der Profilerstellung ist ein Fragenkatalog mit vorgegebenen Antworten zu beantworten und auf einer mehrstufigen Skala zu bewerten. Mit dem Aufstieg kybernetischer Prozesse der symbolischen Kontrolle und der Bottom-up-Verfahren evaluierender Feedbacks rücken komplexe, nicht-lineare Prozesse in den Mittelpunkt, welche die Kontingenz, Offenheit und Vernetzung der Web-2.0-Medienkultur zu schlagkräftigen Communities und variablen Systemen verknüpfen. Vor diesem Hintergrund stellt das ›lebenslange Lernen‹ von Individuen und Organisationen, von Personen und Regierungen, Unternehmen und Verwaltungen eine Form der kontinuierlichen Rückkopplung dar. Die Rückmeldesysteme versetzen die Lernsubjekte in flexibilisierte Testsituationen, in denen sie sich als bewegliche und anpassungsfähige User/-innen zu bewähren haben.

Die das populäre Vergnügen im Netz prägenden Prozesse der *Medialisierung und Informatisierung* haben zur sozialen Verallgemeinerung kybernetischer Prinzipien geführt.[13] Feedbacksysteme, Leistungsvergleiche, Qualitätsrankings, Monitoring, Matching, Benchmarking, statistische Kontrollen, flexible Prozesssteuerungen, Selbsterfahrungskatalysatoren, Zufriedenheitsmessungen – systemisch-kybernetische Kontrollfunktionen und Beobachtungszusammenhänge wechselseitiger Bewertung und Beurteilung sind Funktionselemente der Medientechnologie des »Web 2.0«. Die Anwendungen der post-disziplinären Web-2.0-Technologien basieren auf einem kybernetischen Modell[14], welches das Individuum als ein informationsverarbeitendes System voraussetzt, das sich möglichst flexibel an die bestehenden Normansprüche seiner Umwelt anpasst, wenn es nur kontinuierlich mit Rückmeldungen (Feedback) ›informiert‹ wird. Die *informationelle Kontrolle*[15] weiter Teile der Gesellschaft durch Such- und Analysemaschinen konstituiert einen eigenen Machtmodus, der auf der Logik von Selbstorganisation, Vernetzung und Rückkopplung beruht und zu medienspezifischen Subjektivierungsformen führt:

»Der Einzelne erscheint als informationsverarbeitendes System, das sich selbst flexibel an die Erwartungen seiner Umwelt anpasst, wenn es nur regelmäßig mit differenzierten Rückmeldungen gefüttert wird. Statt sein Verhalten unmittelbar zu reglementieren, was einen enormen Kontrollaufwand nach sich zöge, [...] werden Rückkopplungsschleifen installiert, die dem Einzelnen Normabweichungen signalisieren [...]. Das ›Führen der Führungen‹, das Foucault als elementare Formel der Machtausübung identifizierte, erhält hier die Gestalt der Steuerung durch feedbackgeleitete Selbststeuerung.« (Bröckling 2007: 239)

Beobachtet und bewertet der Einzelne sich selbst oder andere, dann entsteht durch die kontinuierliche Rückkopplung ein Kreislauf der wechselseitigen

13. Mit Kybernetisierung ist ein formaler Informationsbegriff verknüpft, der sich auf ein komplexes systemisches Steuerungswissen bezieht.

14. Kurz nach dem Zweiten Weltkrieg etablierte sich in den USA eine wissenschaftliche Deutungsmacht, mit der die epistemischen Gegenstände zahlreicher Disziplinen eine Neuordnung erfuhren. Begleitet von einer gesellschaftlichen Dynamik, in der die faszinierende wie gleichermaßen paranoide Vorstellung eines programmierbaren Menschen allgegenwärtig waren, rückte Anfang der 1950er Jahre unter dem Schlagwort der »Kybernetik« die Technik als ein methodischer und verfahrenstechnischer Referenzpunkt der Biomedizin in die Human- und Sozialwissenschaften ein. Die Kybernetik versteht sich als eine universalwissenschaftliche Anwendung, die Steuerungssysteme für Lebewesen und Maschinen konzipiert und für ökonomische ebenso wie für psychische Prozesse, für soziologische ebenso für physiologische Phänomene Geltungsanspruch verkündet. Im Prinzip sollte sich jedes System – ein Telegraf, ein Flugzeug, eine Rechenmaschine, psychologische Verhaltensmuster, ein lebendiger Organismus oder ein aus solchen Komponenten beliebig zusammengesetztes System – unter dem Gesichtspunkt der Informationstheorie betrachten lassen.

15. In diesem Kontext gewinnt »Information« eine spezielle Bedeutung: Sie ist ein physisches Maß für die Organisation und die Kontrolle eines Systems, das von der Bedeutung der darin übertragenen Nachrichten und Befehle sowie von der Eigenart der Übertragungsmechanismen absieht.

Beobachtung, aufgrund dessen dann Anpassungen ermöglicht und Interventionen geplant werden können. Dabei soll der Einzelne spezifische Wirkungen und zugleich die Ursachen dieser Wirkungen wahrnehmen können. Dies deutet auf einen charakteristisches Kausalitätsverständnis hin, nämlich einen systemisch-kybernetischen Beobachtungszusammenhang. Dieser besteht in der Erzeugung von Kontrollkreisläufen in Form von Feedbackschleifen, die je nach Beobachtungsrichtung selbst- oder fremdregulierend eingesetzt werden können. Mit der Ausweitung systemisch-kybernetischer Kontrollfunktionen im Web 2.0 werden Fragen von System und Modell, von Steuerung, zirkulärer Kausalität, Feedback, Äquilibrium, Adaption und Kontrolle virulent. Die erforderlichen Adaptionsleistungen legen den Kontrollierten keinen fixen Sollwert nahe. Die Kontrolltechnologie der ›sanften Adaption‹ versucht eine unabschließbare Dynamik der Selbstoptimierung in Gang zu setzen, die vom Subjekt selbst im Rahmen seiner Eigeninitiative und Selbstverantwortlichkeit hervorgebracht werden soll. Dementsprechend ist das Web 2.0 nicht nur eine Medientechnologie, sondern fungiert gleichermaßen als Teil einer ›sozialen Maschine‹, die feedbackgeleitete Selbststeuerungen für ein Regime eines »flexiblen Normalismus« (Link 1997) generiert: »Die Maschinen sind in erster Linie soziale Maschinen. Damit überhaupt technische Maschinen erscheinen, bedarf es schon einer ganzen Gesellschaftsmaschine mit ihrem Diagramm und ihren Verbindungen, die deren Auftauchen ermöglichen.« (Deleuze 1977: 123)

3.7 Testen und Trainieren

Unüberschaubar scheint die Anzahl von Dating-Portalen, Flirtbörsen, Kontaktanzeigen-Sites, Blinddate-Foren, Speeddating-Cafés, Seitensprungagenturen und Partnervermittlungen. Eine Hilfe bei der Auswahl sind sogenannte *Vergleichsseiten* für Singlebörsen. Die Bewertungssysteme der Vergleichsseite www.singleboersen-vergleich.de umfassen folgende Erhebungskategorien: Anzahl registrierter Mitglieder, Mitglieder-Prüfung, Bedienung und Design, Suchfilter, Interaktivität (»Flirt-Action«) und kostenloses/kostenpflichtiges Service. Im Vordergrund der Testverfahren stehen Preis-Leistungs-Kriterien, Sicherheitsdiskurse, Usability und Aspekte der gezielten Suchabfrage (Abb. 34). Die wechselseitigen Evaluationen, Bewertungen und Kommentare bilden ein dynamisches Netzwerk, in welchem die Partnerbörsen eine Vielzahl leistungsorientierter Wissensrepräsentationen und Medientechniken anbieten und sich als rivalisierende Anbieter in einem kontinuierlichen Leistungsvergleich verorten. Die Ökonomisierung des Datings im Netz hat also zwei Seiten. Einerseits übernimmt das Online-Dating eine Auswahl-Konstellation wie sie aus dem Bereich des Konsums geläufig ist; andererseits vollziehen Dating-Plattformen eine Ökonomisierung der Liebesverhältnisse, die sich durch die Rivalität um bessere Dienstleistungen und Kundenorientierung zusätzlich steigert.

Ranking-Tools stehen für die soziale Prämierung medialer Inszenierungen auf dem Aufmerksamkeitsmarkt der Individualstile. Die Online-Dating-Site www.flirt-hunter.de stellt ihren Mitgliedern eine Benotungsskala von

Abbildung 34: Coaching, www.theinternetdatingcoach.com

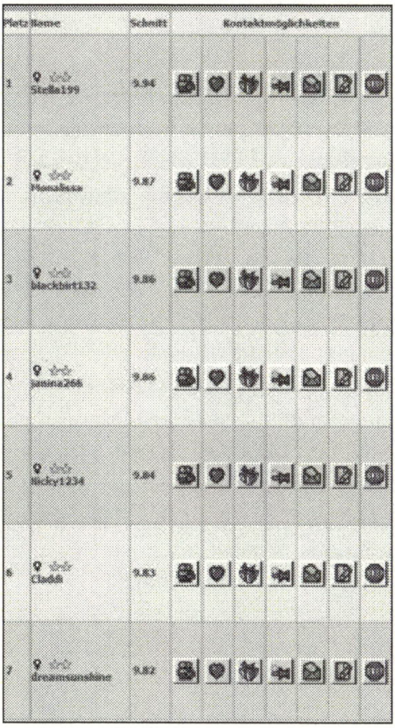

Platz	Name	Schnitt	Kontaktmöglichkeiten
1	Stella199	9.94	
2	Monalissa	9.87	
3	blackbirt132	9.86	
4	janina266	9.86	
5	Nicky1234	9.84	
6	Cladi8	9.83	
7	dreamsunshine	9.82	

Abbildung 35: High Score der durchschnittlichen Sympathiepunkte, www.flirt-hunter.de

eins bis zehn zur Verfügung, auf der »Sympathiepunkte« für Profile vergeben werden können (Abb. 35). Das Community-Portal www.freenet.de macht aus den »Sympathiepunkten« eine begrenzte Ressource und wertet damit die Punktevergabe als soziales Ritual auf: »Die Mitglieder der freenet Community vergeben jede Woche 5 Sympathiepunkte. Mit diesen drückt man aus, dass einem eine Person in der Community besonders sympathisch ist.«

Abstrakte idealisierte Items, die automatisch nach demselben Algorithmus berechnet werden, zählen zu den Hauptfunktionen kommunikativer Abläufe in sozialen Netzwerkseiten und repräsentieren säuberlich quantifizierte Funktionen eines genauen Maßes an sozialer Anerkennung. Jede kleinste Erhebungseinheit (das Item) hat diese zweifache Qualität. Einerseits ist sie als ikonische Repräsentanz direkt sichtbar; andererseits steht sie aber auch für verdinglichte Sozialbeziehungen und die ihr zu Grunde liegende Funktion der Kosten-Nutzen-Rechnung. Vor diesem Hintergrund erscheint soziale Anerkennung als etwas, in das permanent investiert werden muss, sie kann aufgerechnet werden und zeigt einen durch sie geschaffenen quantifizierbaren Zuwachs an »Beliebtheit« an.

Die Teilnehmer/-innen des Online-Dating sind in ein kollektives Rückmeldesystem eingebettet und werden auf die soziale Anerkennung ihrer individualästhetischen Kreativpotenziale verwiesen: »Am Ende jeder Woche werden die Punkte ausgewertet: Das Profil mit den meisten erhaltenen Sympathiepunkten wird als ›*Profil der Woche*‹ ausgezeichnet.« (Kundenservice freenet, www.freenet.de) Die systemimmanenten Aufforderungen zum Bewerten und Kommentieren erzeugen eine permanente Spannung zwischen dem vorgeblich unerschöpflichen Experimentalismus der Singles und den technischen Aufforderungen zur ›rationalen‹ Selbstführung wie sie die Ranking-Tools, Control Panels und Persönlichkeitstests suggerieren.

Wahlfähigkeit, Stilkompetenz und mediale Inszenierungsfähigkeit zählen zu den zentralen Parametern ästhetischer Selbstregierung im Online-Dating. Ihre ›innere‹ ästhetische Erlebnis- und Experimentorientierung kollidiert mit der ›äußeren‹ sozialen Prämierung, die der Tech Tree der Datingservice-Anbieter automatisiert. Die von den Userinnen und Usern nicht beeinflussbare technische Struktur der Anbieter macht mittels *computational statistics* ausgewählte Datenanalysen sichtbar. Vor diesem Hintergrund ergibt sich eine unaufgelöste Friktion zwischen der experimentell-erlebnisorientierten Extrovertiertheit als Bedingung sozial erfolgreicher Inszenierungen und der sozialen Normalität der Selbstkontrolliertheit mittels der Medientechniken der computerunterstützten Auswertungssysteme.

Die Wissenstechniken der sozialen Netzwerkseiten machen alle Beteiligten gleich und damit auch vergleichbar. Um ihren Webtraffic anzukurbeln, generalisieren Dating-Plattformen ein Subjekt der ›Wahlfreiheit‹ und der ›souveränen Selbstregierung‹. Standardisierte Wissenserhebungen operieren mit spezifischen Indikatoren, die mit einem Klick Maßstäbe der Vergleichbarkeit setzen:

»Das Computer-Subjekt trainiert sich im Habitus eines *user*, in einer Kombination aus elektiven, experimentellen und ästhetisch-imaginativen Dimension, die den Kern der spätmodernen Subjektform als Schnittstelle von ästhetisch-kreativen und ökonomisch-marktförmigen Kompetenzen ausmachen.« (Reckwitz 2006: 575)

Die Nutzer/-innen von Kontaktbörsen verschmelzen die ehemals getrennten Positionen von Angebot und Nachfrage, von Gewählt-Werden und Wählen. In ihrer generalisierten Konsumtion, der Nachfrage, fungieren sie als Datingmanager, indem sie in ihren digitalen Aktivitäten des *exploring* Suchprofile definieren. Gleichzeitig haben sie selbst ihr eigenes Profil online gestellt und sind daher als Anbieter selbst Wissensobjekt unvorhersehbarer Suchanfragen. Der Datingmanager ist selbst Objekt der Konsumtion durch andere Subjekte: Er befindet sich mit seiner Performance seines individuellen Stils in einem kontinuierlichen Wettbewerb um die Nachfrage nach individueller Differenz. In beiden Fällen werden soziale Kontakte als temporäre Gegenstände der Wahl verstanden. Flirtbörsen erzeugen nicht nur verfügbare Optionen für ein konsumorientiertes Wahlverhalten, sondern erstellen *Subjektanforderungskataloge*: Ihre Mitglieder werden aufgrund ihrer Stildiskurse, Imageinszenierungen, digitalen Kompetenzprofile und Multimedia-Präsentationen im Aufmerksamkeitswettbewerb mit anderen zum *Gegenstand marktförmiger Nachfrage*. Ikonen wie das Control Panel, das heute die Bedienoberflächen dominiert, stilisieren ›rationalistische‹ Technologien des Selbst, die dem Image des individuellen Lebensstils entgegenstehen, denn das Control Panel normalisiert nonkonformistische Lebensstile und standardisiert biografische Informationen in Datenbankformaten.

Das Ich-Ideal der Dating-Börsen ist das quasi-künstlerische Mediensubjekt der Selbstkreation, das sich im multimedialen Portfolio der Nachfrage anbietet und sich selbst in der marktförmigen Konstellation des Wählens erfindet. Die Kehrseite dieses agonal-marktförmigen Kreativsubjekts ist der *kulturell Andere*, dem es an Bereitschaft und Fähigkeit mangelt, sich selbst ›kontaktfreudig‹ und ›nach außen gerichtet‹ in Szene zu setzen. Eine dementsprechende negative Semantik etikettiert diesen ›Mangel‹ an Selbstkreationismus als ›depressive Handlungsunfähigkeit‹ und attestiert Charakterdefizite wie etwa ›Mangel an Eigeninitiative‹ oder ›Netzwerkunfähigkeit‹:

»Die Depression zeigt uns die aktuelle Erfahrung einer Person, denn sie ist die Krankheit einer Gesellschaft, deren Verhaltensnorm nicht mehr auf Schuld und Disziplin gründet, sondern auf Verantwortung und Initiative. Gestern verlangten die sozialen Regeln Konformismen im Denken, wenn nicht Automatismen im Verhalten; heute fordern sie Initiative und mentale Fähigkeiten. [...] Die Depression ist ein Laboratorium für die Ambivalenzen einer Gesellschaft, in der der Massenmensch sein eigener Souverän sein soll.« (Ehrenberg 2004: 9)

Die Subjektkultur der Dating-Plattformen generiert eine Kompetenzstruktur, welche die Subjekte im Bereich der persönlichen Beziehungen nach Momenten der kreativ-kombinatorischen Gestaltungsmöglichkeiten im Sinne eines *self growth* seiner Persönlichkeit suchen lässt.

Im Unterschied zu den Online-Partnervermittlungen, die für die Dominanz des psychologischen Diskurses stehen, stehen *Kontaktanzeigenseiten* für eine neue kulturelle Formation. Auf www.lovebuy.de kann man an Ersteigerungen teilnehmen bzw. sich selbst versteigern (Abb. 36). Auf www.rossodiamore.com werden Partner nach Blutgruppen vermittelt. Mit Kontaktanzeigenseiten versucht sich der marktliberale, ökonomische Code zu behaupten, der auf eine Neukodierung der Selbstpraktiken abzielt. Das ideale Subjekt der Kontaktbörse zeigt sich als eine eigenverantwortliche Instanz, es verfügt über eine quasi-unternehmerische Aktivität und gibt sich in seinen Wahlentscheidungen entscheidungsfreudig.

Abbildung 36: »Top-Auktionen Partygirls«, www.lovebuy.de

Die Dating-Plattformen liefern Dispositionen für neuartige mediale Praktiken und Kommunikationstechniken. Die Dispositionen des Wählens, Selektierens und Experimentierens im Online-Dating hat in der Flirtkultur ein Feld neuer routinisierter Praktiken entstehen lassen. Im Unterschied zu anderen Mediensystemen des Flirtens ermöglicht das Internet eine optionale Kombinierbarkeit. Die Hypertextualität des digitalen Mediums ermöglicht nicht nur die Möglichkeit, sondern auch den Zwang zur Interaktivität, der sich als flächige Fülle von symbolischen Items präsentiert und die Benutzer/-innen zur Verknüpfung auffordert. Die offene Datenbankstruktur der Datingbörsen produziert eine unabschließbare, sich permanent verändernde Agglomeration schriftlicher, visueller und auditiver Medien, die auf einen offenen Verweisungszusammenhang von Zeichen auf andere Zeichen verweist. Das Subjekt muss sich darin trainieren, in einer Fülle unterschiedlicher Symbolangebote, Darstellungsformen, Hypertexten, Links und Verknüpfungsmöglichkeiten zu navigieren und auf diese Weise lernen, Wahlentscheidungen zu treffen, Präferenzen auszubilden, interessante Angebote zu konsumieren und seine Handlungen auf eine gewisse Weise zu routinisieren.

Das Online-Dating schafft ein medienspezifisches Umfeld, in dem die User/-innen sich darin üben sollen, aus einer Überfülle mehr oder weniger attraktiv erscheinender Items Wahlentscheidungen zu treffen. Um das Überangebot von textuellen, visuellen und auditiven Menüpunkten, Symbolen, Dokumenten oder Hypertext-Links konsumieren zu können, bilden erfahrene Mitglieder von Kontaktbörsen *routinisierte Verhaltensweisen* aus, die sie befähigen, gleichzeitig geübt und experimentell durch den virtuellen Raum der Datenbanken zu ›navigieren‹. Die Aktivitäten des Navigierens in den Dating-Datenbanken sind geprägt von einer grundsätzlich experimentellen Haltung. Mit der Erprobung anderer Selbstbilder wird die Grenze zwischen der alltäglichen Wirklichkeitsanforderung und dem fiktiven Möglichkeitssinn unterminiert. Online-Dating-Architekturen spannen einen Raum subjektiven Explorierens auf, der aus der Sichtweise der Selbstpraktiken der Beteiligten eine Veralltäglichung von Rollenspielen und Kontingenzerfahrungen ermöglicht. Das Dating im Netz ist das Paradigma für unterschiedliche Spielsituationen, in denen die Beteiligten in simulierten Enviroments mit erotischen Beziehungen einen spielerischen Umgang trainieren. In den Beziehungsspielen im Netz verschiebt sich also das Modell des Handelns; denn in der Als-ob-Welt sozialer Beziehungen ist das aktive Spielhandeln immer revidierbar. Das Daten ist selbst ein Feld des Versuchs, der Kontingenz und der Möglichkeit und nimmt die Form beständiger Simulation an:

»Simulationen sind nun keine innermentalen Vorstellungen, sondern Kreationen in der virtuellen Welt, die versuchsweise dort materialisiert werden: Simulationen eines technischen Artfakts, zum Beispiel textuelle Simulationen des eigenen Selbst, wie sie in ›multiple user computer games‹ kreiert werden.« (Reckwitz 2006: 583)

Die Versuchsanordnungen der Chats, MUDs oder MOOs eröffnen immer auch ein mehrdeutiges Handlungsfeld des Flirtens. Falls die kommunikativen Angebote nicht das halten, was sie versprechen, besteht jederzeit die Möglichkeit, die Chatpartner/-innen einfach ›wegzuklicken‹. Insofern ist die Möglichkeit der ständigen Revidierbarkeit von Wahlentscheidungen (das ›Wegklicken‹) ein fixer Bestandteil eines routinierten Navigierens durch das Dickicht der Dating-Profile.

Online-Dater stehen folglich unter multiperspektivischer Aufsicht, wobei die Kontrollierten zugleich die Kontrolleure derjenigen sind, von denen sie kontrolliert werden. Das Ganze läuft auf einen demokratisierten Panoptismus hinaus: An die Stelle eines allsehenden Beobachters auf der einen und den in ihren eigenen Beobachtungsmöglichkeiten aufs äußerste eingeschränkten Beobachtungsobjekten auf der anderen Seite tritt ein nicht-hierarchisches Modell reziproker Sichtbarkeit. Jeder ist Beobachter aller anderen und der von allen anderen Beobachtete. Die Funktion der Fremdbeobachtungen soll wiederum die Selbstreflexion des sich selbst beobachtenden Beobachters stimulieren. Anders als in den Institutionen der Disziplinarmacht, wo die Zurichtung des Menschen im wesentlichen als Ein-Weg-Kommunikation erfolgte, beruht die post-disziplinäre Kontrolle – der Begriff »Feedback« deutet schon darauf hin – auf einem kybernetischen Modell: Der Einzelne erscheint als informationsverarbeitendes System, das sich selbst flexibel an die Erwartungen seiner Umwelt anpasst, wenn es nur regelmäßig mit differenzierten Rückmeldungen gefüttert wird. Statt sein Verhalten unmittelbar zu reglementieren, was einen enormen Kontrollaufwand nach sich zöge und den ökonomischen Imperativen der Flexibilität, Eigeninitiative und Aufwandsersparnis zuwiderliefe, werden Rückkopplungsschleifen installiert, die dem Einzelnen Normabweichungen signalisieren, die erforderlichen Adaptionsleistungen jedoch seiner eigenen Verantwortung überlassen. Die Norm ist ihrerseits, auch das ein Unterschied zu den traditionellen Disziplinarapparaten, allein relational bestimmt und nach oben hin offen. Kontrolle bedeutet nicht länger, die Kontrollierten auf einen fixen Sollwert zu eichen, sondern eine unabschließbare Dynamik der Selbstoptimierung in Gang zu setzen. In diesem Regime eines »flexiblen Normalismus«, wie Jürgen Link es nennt, kommt der Quantifizierung der Beurteilungsergebnisse die Funktion eines Wahrheitsgenerators zu. Die statistisch gemittelten, meist in Balkendiagrammen visualisierten Fremdbeobachtungen sollen das Wissen über sich selbst von subjektiven Verzerrungen und Blindstellen befreien. Der Spiegel, der dem Einzelnen vorgehalten wird, soll an Objektivität dadurch gewinnen, dass er verschiedene Spiegelbilder durch Übereinanderprojizieren zu einem Durchschnittsbild synthetisiert.

Ein Subjektivierungsprogramm, das auf die Ökonomisierung der Lebensstile abzielt, erfordert Techniken der Selbstformung, die den Einzelnen nicht in ein Korsett genormter Pflichten einschnüren, sondern seine Kräfte entfesseln und ihn zugleich so flexibel machen, dass er der Konkurrenz stets einen Schritt voraus ist. Dazu dienen die Rückkopplungsschleifen der wechselseitigen Beurteilungen, die vermeintlich realistische, weil aus einer Vielzahl von Beobachterperspektiven zusammengesetzte Leistungsbilanzen erstellen und konkrete Verbesserungspotenziale aufzeigen; dazu dient die Übersetzung der Beurteilungsergebnisse in ein individuelles Trainingsprogramm mit oder ohne professionellen Coach; dazu dient schließlich die Zusammenstellung der in den Fragebögen bewerteten Qualifikationen, die selbst den ehrgeizigsten Selbstoptimierer vor uneinlösbare Anforderungen stellen.

Liberaldemokratische Gesellschaftsformationen sind durch eine komplexe Ausdifferenzierung von Massenrückkoppelungssystemen gekennzeichnet. In unermüdlichen Feedbackschleifen werden in unterschiedlichsten sozialen Bereichen – gleichgültig ob es sich um politische Umfragen, Wirkungsanalysen im Marketing oder unternehmerische Beratungstechniken handelt – Handlungsoptionen reflexiv reguliert und Leistungen evaluiert. Im Zusammenhang mit der informationellen Ökonomisierung der Gesellschaft spricht Gianni Vattimo zwar von einer »prekären alltäglichen Erfahrung, die den Charakter der Oszillation, der Unheimlichkeit und des Spiels annimmt« (1992: 12f), sieht jedoch im Aufkommen der elektronischen Massenkommunikationsmittel auch Chancen für die Emanzipation in der spätmodernen Gesellschaft. Denn die kybernetischen Feedback-Techniken und das damit in den Selbst- und Fremdwahrnehmungen vervielfachte Beobachtungswissen ermöglicht neue kommunikative Praktiken, die an Interdependenzen gekoppelt sind. Damit können soziale Prozesse nicht mehr linear reguliert und auf einheitliche Kategorien und kausalistische Lösungsmodelle reduziert werden. Im Zusammenhang mit der Entwicklung der Kybernetik betont Evelyn Fox-Keller, dass diese als eine »Antwort auf die zunehmende Unzulänglichkeit konventioneller Machtausübung« (1998: 112) entstanden sei. *Mit dem Reflexiv-Werden der kommunikativen Prozesse im Netz werden damit auch die Machtbeziehungen selbst reflexiv.* Vor diesem Hintergrund kann die von Judith Butler vertretene These von der »Reiteration der Macht« in einen neuen Kontext gestellt werden. Denn fasst man die »Reiteration« als Spielart der Feedbackpraktiken auf, welche Machtbeziehungen als »nichtstatisch«, »temporalisiert«, »aktiv« und »produziert« (Butler 2001: 21) ausweist, dann verändert sich auch unter den Vorzeichen der Feedbacksysteme die Perspektive der Macht: »Sie wird aus dem, was von Anfang an und von außen auf uns einwirkt, zu dem, was in unserem gegenwärtigen Handeln und seinen in die Zukunft ausgreifenden Wirkungen unseren Sinn für die Handlungsfähigkeit ausmacht.« (Ebd.) Das Subjekt tritt selbst in die Machtspiele der Kybernetisierungsprozesse ein, die ihm nicht äußerlich sind. In diesem Konnex hängt die systemisch-ganzheitliche Ausrichtung der sozialkybernetischen Machtpraktiken von der Selbstregulationsfähigkeit der Subjekte und ihrer Bereitschaft zur Selbstorganisation, Rückkopplung und Vernetzung ab.

3.8 Matching und Assessment

Ende 1998 kam die Liebeskomödie *E-Mail für Dich* (USA, Regie: Nora Ephron) in die amerikanischen Kinos. Die Romanze demonstrierte die ›faszinierenden‹ Möglichkeiten des neuen Mediums, die in der Offline-Gesellschaft praktisch unmöglich zu sein schienen. Der Plot handelt von den Vorteilen der Anonymität elektronischer Kommunikationsmedien: Menschen, die sich im Alltagsleben als harte Konkurrenten befeinden, können sich in der virtuellen Welt des Cyberspace kennen lernen und ineinander verlieben. Die Rezeptionsgeschichte von *E-Mail für Dich* überschreitet jedoch bei weitem das genrebezogene *happy ending* einer Liebeskomödie. Denn der Film war maßgeblich am Durchbruch des Internet-Datings beteiligt. Die Zahlen des größten Anbieters von Online-Dating-Dienstleistungen, das ist der US-amerikanische Wettbewerber *match.com,* belegen diese historisch bedeutsame Trendwende auf eindrucksvolle Weise. Aus der anfänglichen Neugier der Mitglieder entstand somit eine ökonomisch relevante Nachfrage, da die Subskribenten und Subskribentinnen Geld für die Dienstleistung der Partnervermittlung zahlten. Online-Dating-Angebote zählen heute zu den besonders häufig aufgerufenen Seiten. So klicken von 1000 Internetnutzern etwa zehn bis fünfzehn täglich jeweils *match.com* oder *americansingles.com* an (Stand: Juni 2008).

»Matching« ist der englische und neudeutsche Begriff für die Ermittlung von Partnervorschlägen und basiert auf Suchalgorithmen, die die Profile von Singles auf einer Online-Dating-Seite miteinander vergleichen und die Treffer mit der gegenseitig größten Übereinstimmung (*match point score*) ausgeben. Eine simple Form des Matching findet sich bei vielen Kontaktanzeigen-Portalen – dort werden primär einfache Kriterien wie Wohnort, Alter, Körpergröße und Bildungsniveau herangezogen. Zahlreiche Communities treten heute als professionelle Partnervermittlung oder Single-Börse auf; dann mit ausdifferenzierten Möglichkeiten, ein Personendaten-Mining zu betreiben und die Persönlichkeitsmerkmale untereinander zu matchen:

»Singlecoaching.de veröffentlicht Veranstaltungen für Singles und junge Paare [...], die sich selbst erkennen und eine neue Qualität des Zusammenlebens in der Zweierbeziehung verwirklichen möchten. Voraussetzung ist in jedem Fall, die Persönlichkeit zu stärken und die eigenen Bedürfnisse und Wünsche zu entdecken.« (www.singlecoaching.de)

1987 bot erstmals ein computerbasierter Partnervermittler in Austin (Texas) seine Dienste an. Das Unternehmen trat mit dem Firmennamen *Matchmaker* auf und entwickelte einen Persönlichkeitsfragebogen, der aus 50 Fragen bestand und neben den üblichen sozialstatistischen Daten wie Geschlecht, Alter, Größe und Gewicht Fragen über die eigene Person und die gewünschten Partner/-innen enthielt. Die Datenerhebung musste mit dem Befehl »Make me a match« abgeschlossen werden. Durch eine Veränderung der gewünschten Merkmale konnte in Abstimmung auf die jeweilige Angebotssituation auf dem Beziehungsmarkt die Anzahl der Vorschläge vergrößert oder auch verkleinert werden. Diese Grundstruktur der Suchabfrage hat sich bis heute als Selektionskriterium in den Datenbanken erhalten. Der wesentliche Unterschied zwischen den ›kostenlosen‹ Kontaktanzeigen-Portalen und den ›kostenpflichtigen‹ Internet-Partneragenturen wie z.B. www.elitepartner.de (Abb. 37) besteht darin, dass die Singles der Kategorie »Premium Membership« bei kommerziellen Agenturen nicht selbst auf Suche gehen müssen, sondern mögliche Partner/-innen mittels eines aufwändigen Matching-Verfahrens *vorgeschlagen* bekommen. Die Partneragenturen im Netz entwickeln »Modelle künstlicher Sozialität« (Malsch 1998: 9), die im Rahmen der sogenannten ›Partnerschaftsforschung‹ entwickelt wurden. Ihre regulären Mitglieder bekommen auf Wunsch in regelmäßigen Abständen Empfehlungen für ›passende‹ Partner/-innen zugemailt:

»Neuer Partnervorschlag: Sie, Student/in, 25 Jahre, könnte gut zu Ihnen passen. Mit dieser Dame verbinden Sie 101 Matching-Punkte, das bedeutet, dass Sie besonders gut zusammen passen! Sie möchten mehr über sie erfahren? Klicken Sie einfach weiter zum Profil.« (www.elitepartner.at)

Die elektronisch automatisierte Selektion sondiert im ersten Schritt die Persönlichkeitsmerkmale der Profile und sortiert diese in vorgegebenen Kategorien; im zweiten Schritt erstellen algorithmisierte Modelle, Simulationsrechnungen und verteilte Agentensysteme spezifische Kombinationen von Persönlichkeitsmerkmalen, die eine »erfolgreiche« Partnerschaft begünstigen oder verhindern sollen. In den Partneragenturen herrscht der Diskurs

Abbildung 37: Online-Partnervermittlungsagentur Elitepartner

der erfolgreichen Selbstvermarktung. Modellpaare und erfolgreiche Profile werden zum Beweis erfolgreicher Plattformen ausgestellt; die systematische Unterdrückung unbrauchbarer oder missliebiger Profile wird hingegen totgeschwiegen und ausgeblendet.

Modelle zur Typisierung von Persönlichkeiten und zur Unterstützung bei der Partnerwahl werden in verschiedenen Unterdisziplinen der Psychologie und Soziologie untersucht, die hier als »Partnerschaftsforschung« subsumiert werden. Nimmt man das breite Spektrum der Agenturangebote in den Blick, so zeigt sich, dass die überwiegende Mehrheit das heterosexuelle Normativ repräsentiert und sie sich mehr oder weniger explizit auf die traditionelle Vorstellung einer heterosexuellen, monogamen und lebenslangen Paaridentität und die (hetero-)normativen Vorstellungen der Paarforschung bezieht. Wenn davon ausgegangen wird, dass die normativ heterosexuelle Ordnung nicht allein Subjektivitäten, Beziehungsformen und Begehrensrelationen, sondern gleichermaßen gesellschaftliche Institutionen und Organisationsformen reguliert, dann sind Agenturen auf entscheidende Weise an der Stabilisierung hierarchischer Geschlechterdifferenz und an der sozialen Organisation von normativer Heterosexualität beteiligt. Vor diesem Hintergrund kann gefragt werden: Welche dominanten Darstellungs- und Wahrnehmungsraster von Geschlecht und Sexualität dominieren die Raster heterosexueller Norm und binärer Vergeschlechtlichung in den Agenturen?

Im Unterschied zu ›gewöhnlichen‹ Kontakt- und Singlebörsen rekurrieren die ›elitären‹ Partneragenturen auf Expertendiskurse, auf psychologische und soziologische Modelle zur Typisierung von individuellen Merkmalen und Persönlichkeiten und auf psychometrische Diskurse, um psychologische Einflussfaktoren mess- und zählbar zu machen (Abb. 38). Die Singlebörsen-Testseite www.singleboersen-vergleich.de definiert in sechs Punkten die Vorzüge des Matching-Verfahren bei der Partnerwahl:

»1. Nehmen Sie ALLE EIGENSCHAFTEN von Menschen, die für die Partnerschaft relevant sein könnten (Größe, Figur, politische Einstellung, Morgenmuffeligkeit, Extrovertiertheit, Hormoncocktail, frühkindliche Erfahrungen, ...)!
2. Denken Sie sich einen Fragebogen aus, mit dem man alle diese Partnerschaft-Eigenschaften EXAKT MESSEN kann!

3. Erheben Sie bei einer Million Freiwilligen (Paare und Ex-Paare) die Ausprägungen der Eigenschaften!
4. Denken Sie sich aus, wie Sie ›Glück in der Partnerschaft‹ messen wollen. Ermitteln Sie, wie glücklich die Paare sind!
5. Jagen Sie alle diese Daten durch eine Analyse-Software, die statistische Auffälligkeiten zwischen Merkmalen und Qualität der Partnerschaft herausfindet: Welche Eigenschaften sind überhaupt relevant für die Partnerschaft? Welche kann man streichen? Wie müssen einzelne Eigenschaften von Partnern zueinander stehen, damit eine Partnerschaft glücklich ist? Welche Paarungen sind ungünstig? Welche Kombinationen von Eigenschaften sind günstig bzw. ungünstig? Z.B. ›Durchsetzungsstarker Mann und durchsetzungsschwache Frau‹ passt gut, sofern Frau großzügig und ausgleichend ist.
6. Schreiben Sie die Essenz zusammen!« (www.singleboersen-vergleich.de)

Abbildung 38: Zertifizierung der Partnervermittlung, www.elitepartner.de

Einen großen Einfluss bei der Konzeption der Matching-Suchmaschinen hat die *Sozionik* (engl. Socionics; ein Kompositum bestehend aus *society* und *bionics*). Die Sozionik ist eine relativ junge psychologische Theorie zur Temperament-Klassifizierung, die in den 1970ern von der Litauerin Aušra Augustinaviciute in der ehemaligen Sowjetunion konzipiert wurde und auf den Erkenntnissen von C.G. Jungs Werk »Psychologische Typen« (1921) aufbaut (Blum/Mehrabian 1999: 93-125). Der Psychologe, auf den sich auch die meisten Online-Tests von Partneragenturen berufen, ist Jung, da Partnerbeziehungen und -konflikte und seine psychologische »Typenlehre« im Zentrum seiner langjährigen Arbeit stand. Sozionik ist die interdiziplinäre Verwendung von Methoden der Soziologie und informatischer Ansätze zur Konstruktion und Erforschung hybrid-informatischer Systeme, die aus sozialen Akteuren und Softwareagenten bestehen (vgl. Fischer 2005). Das auf dem Matching beruhende Internet-Dating unterscheidet soziale Beziehungen grundsätzlich nach *Vereinbarkeitsgraden*. Wie die Repräsentanten der Sozionik postulieren auch die Agenturen eine allgemeine »Modellierbarkeit von sozialen Systemen« (Lüde/Moldt/Valk 2003) und behaupten, dass die Beziehungen zwischen Menschen prognostizierbar sind:

»Wir möchten, dass Sie mit uns den richtigen Partner für eine glückliche Beziehung finden. Damit die Chance darauf so groß wie möglich ist, bieten wir Ihnen einen einzigartigen Service: Unser Profil-Team ist sieben Tage die Woche im Einsatz und prüft jede Anmeldung auf Niveau und Seriosität. Jedes aufgenommene Mitglied zeichnen wir mit dem Mitglieder-Siegel aus. Klasse statt Masse. Unsere Philosophie basiert auf Erkenntnissen aus psychologischen und soziologischen Studien. Diese belegen, dass Beziehungen immer dann besonders glücklich und dauerhaft sind, wenn beide Partner ähnliche Wertvorstellungen und Ziele haben sowie ein ähnliches Bildungsniveau.« (www.parship.de)

Partnervermittlungen wie www.elitepartner.de fordern von ihren Mitgliedern die verbindliche Teilnahme an einer Reihe von Testverfahren. Die Mitglieder müssen ein Online-Profil anlegen und einen Persönlichkeitstest machen. Nach dem erfolgreichen Abschluss des »wissenschaftlichen Persönlichkeitstests« erhalten die Mitglieder eine Testauswertung, die 24 Charaktereigenschaften umfasst. Um schließlich den Kontakt mit anderen Mitgliedern aufzunehmen, müssen sie Premium-Mitglied werden und erhalten ein gebundenes »Persönlichkeitsgutachten«. Mit sogenannten »Kompatibilitätstests« stilisieren sich die selbsternannten ›Coaches‹, ›Experten‹ oder ›Trainer‹ als unentbehrliche ›Vermittler‹ sozialer Beziehungen und legitimieren damit vor allem ihre eigene diskursive Position als Psychodiagnosemacht:

»Mit ElitePartner.de finden Sie gezielt Singles, die zu Ihrem Anspruch passen. Dafür sorgen unser wissenschaftliches Matching und unsere Seriositäts-Prüfung. Zu diesem Zweck wurde ein wissenschaftlich fundiertes, computergestützes Matching-System (englisch: ›to match‹ – zusammenpassen) entwickelt. Es vergleicht das aus Ihren Antworten ermittelte Profil mit dem anderer Mitglieder und filtert diejenigen heraus, mit denen Sie die höchste Übereinstimmung haben. Das Ergebnis wird Ihnen in Matching-Punkten angezeigt. So erhalten Sie innerhalb weniger Minuten schon die ersten Partnervorschläge. Ihre Partnervorschläge sind absteigend angeordnet. Am Anfang Ihrer Partnervorschlags-Liste finden Sie die Mitglieder, mit denen Sie die größte Anzahl von Matching-Punkten haben.« (www.elitepartner.de)

Die Kombination des Internet-Datings mit Hilfe psychologischer Testverfahren, durch die dann jeweils die nach wissenschaftlichen Kriterien besonders ›geeigneten‹ potenziellen Partner für weitere Mailkontakte herausgefiltert werden, verspricht nicht nur eine Hilfe bei der Auswahl unter inzwischen Millionen von profilierten Mitgliedern bei den großen Online-Dating-Anbietern. Auch der Selektivität der Suchabfrage inhäriert eine gesellschaftspolitische Dimension, denn sie suggeriert eine grundsätzliche kodier- und programmierbare Rationalisierbarkeit sozialer Beziehungen: »No need to search endless pictures and profiles; eHarmony brings the matches to you.« (www.eharmony.com) Der US-amerikanische Eheberater und Bestsellerautor Neil Clark Warren gründete im August 2000 mit *eharmony.com* den ersten von einem Psychologen geleiteten Dating-Service im Internet. Warrens Matching-Programm stützt sich vor allem auf seine systematische Auswertung hunderter Fallanalysen von Scheidungen. Seine Partnervermittlung basiert auf dem zentralen Schlüsselalgorithmus der Ähnlichkeit. ›Richtige‹ Partner/-innen müssen sich demzufolge als Doppelgänger des Selbst herausstellen lassen. Die Datenbasis des Persönlichkeitstests von *eharmony.com* besteht aus 250 Merkmalen, die über das Internet erhoben werden. Daraus leitet das Matching-Programm fünfzig relevante Ähnlichkeitsbereiche ab, die sich in mindestens dreißig Bereichen mit dem eigenen Profil überlagern müssen, damit ein *empfohlener Ähnlichkeitswert* angeboten werden kann (Abb. 39). Profile, die allerdings unterhalb der computergenerierten Aufmerksamkeitsschwelle liegen, d.h. Profile mit einem geringen Ähnlichkeitswert, unterdrückt die Suchsoftware. Sogenannte unverzichtbare »Muss-Erwartungen« können die Mitglieder auf einem »Einkaufszettel« notieren. Damit artikulieren die Suchenden ein soziales Veto und inkludieren oder exkludieren bestimmte »Typen« und »Verhaltensweisen«. Als Ergebnis werden in einem Ranking die am besten passenden Profile in Prozentwerten dargestellt und aus der Datenbank gefiltert.

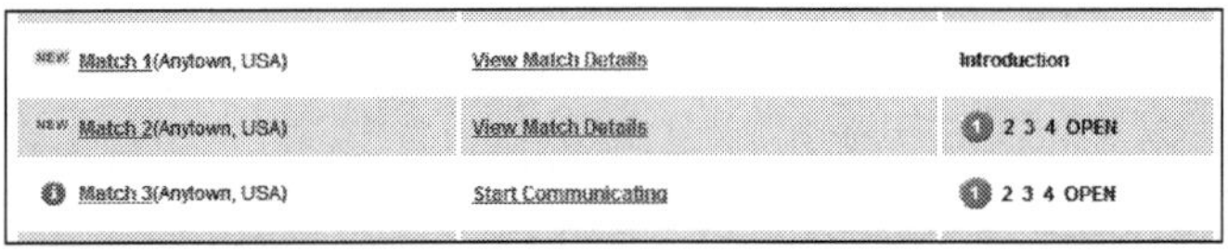

Abbildung 39: Matching-Programm, www.eharmony.com

Die Geschäftsidee, auf der Grundlage psychologischer Online-Tests ›geeignete‹ Partner/-innen zu vermitteln, wurde im Internet von der Konkurrenz umgehend aufgegriffen und führte zu einem Boom der psychologischen Ehe- und Partnerschaftsvermittlung im Netz. Mittlerweile zählt das Internet-Dating mit Hilfe psychologischer Matching-Tests zum Standardrepertoire ›seriöser‹ Partnervermittlungen im Netz. So nahm im Jahr 2003 der weltweit führende Dating-Service *match.com* einen von Psychologen entwickelten »Personal Attraction Test« mit 14 Persönlichkeitsdimensionen in sein Angebot auf. Erklärte Grundlage sind dabei Merkmale wie Extraversion, Freundlichkeit, Gewissenhaftigkeit, Neurotizismus und Offenheit gegenüber neuen Erfahrungen, wie sie als »Big Five« aus der empirischen Persönlichkeitsforschung bekannt sind (vgl. McCrae/Costa 1989: 17-40).

Auch Deutschland größter Internet-Dating-Anbieter *friendscout24.de* hat seit April 2002 einen Persönlichkeitstest im Angebot, der den »Interpersonal Compatibility Indicator« zweier Personen in maßgeblichen Persönlichkeitsdimensionen ermitteln soll. Die Testkonstruktion von *friendscout24.de* beruft sich zum großen Teil auf die Persönlichkeitstypologie von C.G. Jung und orientiert sich an den acht Persönlichkeitsdichotomien des Myers-Briggs-Typindikator (kurz MBTI, von engl. *Myers-Briggs Type Indicator* – nach Katharine Briggs und Isabel Myers): 1. *Extrovertiertheit* versus *Introvertiertheit*, 2. *Empfinden* versus *Intuition*, 3. *Denken* versus *Fühlen* und 4. *Beurteilen* versus *unreflektiertes Wahrnehmen*. Der MBTI ist eine Weiterentwicklung der Jungschen Typologie, auch wenn sie leicht modifiziert ist und durch weitere Merkmale ergänzt wurde. Katherine Cook Briggs und ihre Tochter Isabel Myers griffen diese auf und führten Messreihen durch (Briggs 1995). Sie nutzten die Ergebnisse, um das *Center for Applications of Psychological Type* zu gründen, das bis in die Gegenwart Persönlichkeitseinschätzung kommerziell anbietet. Die Anwendung der MBTI-Tests bei Arbeitseinstellungen ist insbesondere im angloamerikanischen Raum gebräuchlich, da charakteristische Korrelationen von MBTI-Typus und beruflicher Eignung angenommen werden (Attems 2003). Dies basiert auf statistischen Erhebungen, in denen Korrelationen zwischen dem Arbeitsfeld, dem Persönlichkeitstyp und der Zufriedenheit der Arbeitenden mit dem Arbeitsfeld hergestellt werden. Hier ergibt sich die Vermutung, dass eine zum Job passende Persönlichkeit langfristig bessere Arbeitsleistungen liefert, z.B. seltener krank wird. Die Verfügbarkeit von Testbögen hat auch die Anwendung von MBTI-artigen Systemen außerhalb der beruflichen Eignung hervorgebracht. Im angloamerikanischen Raum werden in der Eheberatung diese Messreihen eingesetzt, um Hinweise geben zu können, auf welche Persönlichkeitsunterschiede die jeweiligen Individuen Rücksicht zu nehmen haben. Der Test zur Auswertung des MBTI erfolgt in der Regel zweistufig, indem zuerst ein Testbogen ausgefüllt und das Ergebnis anschließend mit dem Probanden diskutiert wird. Der Testbogen selbst enthält eine lange Serie dichotom organisierter Fragen, deren Beantwortung auch ausbleiben kann – als Antwortmöglichkeiten stehen also je Frage nur zwei Möglichkeiten zur Verfügung. Abstufungen, wie z.B. »eher ja«, »eher nein« und »weiß nicht«, sind daher nicht möglich.

Mit *parship.de*, das seit Februar 2001 online ist, tritt ein Anbieter auf den Beziehungsmarkt, der das auf der Errechnung von Ähnlichkeitswerten basierende Auslesemodell von *eharmony.com* übernimmt und mit einer psychologischen Expertise verknüpft. Voraussetzung für die kostenpflichtige Mitgliedschaft und die Anspruchnahme der Online-Dating-Dienstleistungen ist der Abschluss eines Persönlichkeitstests, der diejenigen Mitglieder ermittelt, die nach »statistischen Wahrscheinlichkeiten am besten zueinander passen« (www.parship.de). Bei der Auswahl der ›kompatiblen‹ Profile geht es bei Dating-Anbietern wie *parship.de* vor allem um Übereinstimmungen und Ähnlichkeiten: Der Suchalgorithmus berücksichtigt ausschließlich Partnerschaften mit Personen, deren Merkmale innerhalb einer sogenannten *Empfehlungs-Spanne* liegen, also nur mehr oder weniger geringfügig von den Werten des Wunschprofils abweichen. Maßgeblich für den Spielraum der Empfehlung ist die Anzahl der errechneten Matching-Punkte. Folglich werden ausschließlich Profile selektiert und als »empfohlen« zertifiziert, die innerhalb eines statistisch ermittelten Ähnlichkeitsgrads situiert sind: »Sie müssen nicht auf gut Glück aus der Masse auswählen, sondern erhalten fundierte Empfehlungen.« (www.parship.de)

Der von *parship.de* entwickelte Persönlichkeitstest rekurriert zum großen Teil auf die Persönlichkeitstypologie von C.G. Jung:

»Übernommen haben die Autoren die Merkmale Extraversion und Introversion sowie die Urteilsfunktionen, die allerdings auf Verstand, Gefühl und Instinkt oder umgangssprachlich Kopf, Herz und Bauch reduziert sind, indem der Instinkt das gesamte irrationale Spektrum repräsentiert, also »unvermittelt, sehr direkt und ohne viel nachzudenken, spontan, gewissermaßen aus dem Bauch heraus auf die Umwelt reagiert wird. Auch der Fühltyp erhält eine spezifische Fokussierung, da bei ihm die ›Liebe zu allem Lebendigen‹ im Mittelpunkt steht. Zusätzlich greifen die Testautoren noch auf das Jungsche Konzept von Animus und Anima zurück.« (Landwehr 2005)

In der Testauswertung von *parship.de* rangiert die sozialstatistische Gleichheit der Profile wie etwa derselbe Beruf, dieselbe Kinderzahl und eine fast gleich lange Zeit seit dem Tod des früheren Ehepartners auf den hinteren Plätzen. Im Testverfahren wird vielmehr auf das »psychologische Zusammenspiel der typischen Reaktionstendenzen beider Partner/-innen eingegangen. Zwei Menschen werden sich auf Dauer nur dann wirklich verstehen, wenn sie hinsichtlich der Verteilung dieser seelischen Grundkräfte zueinander passen. Zwei ausgewogene Mischungen passen immer gut zueinander« (www.parship.de).

Matching nennt sich das Verfahren, mit dem die meisten Online-Datingbörsen operieren: »Verrate mir Deine Eigenschaften, Interessen und Vorlieben und wir verraten Dir, wer zu Dir passt.« (www.singlecoaching.de) In Datenbanken, die aufgrund des Erfolgs dieser Agenturen zunehmend umfangreicher werden, wird nach gemeinsamen Interessen gesucht, die übereinstimmen, also »matchen« (Abb. 40). Um diese Interessensprofile herauszufinden, brauchen die Anbieter jede Menge Daten, die in Fragebögen ermittelt werden. Kostenpflichtige Partnervermittlungsbörsen stellen annähernd zwischen 100 und 500 Fragen und schaffen damit eine umfangreiche Datenbasis individueller Profile. Die dabei eingesetzten Persönlichkeits- und Eignungstests produzieren ein detailliertes und individualisiertes Wissen:

»PARSHIP.at gibt Ihnen objektivere Kriterien an die Hand als bloße Selbstbeschreibungen. Sie müssen nicht auf gut Glück aus der Masse auswählen, sondern erhalten fundierte Empfehlungen. Mittels eines kostenlosen Online-Fragebogens werden von jedem Mitglied die Werthaltungen, Einstellungen und Verhaltensmerkmale erfasst, die eine Partnerschaft im Wesentlichen beeinflussen. Mit verschlüsselten Fragenketten und freien Szenen- und Bildassoziationen erstellt PARSHIP.at realitätsnahe Persönlichkeitsprofile.« (www.partnersuche.parship.at/docs/public/matching/)

Die Datenerhebung der meisten Persönlichkeitstests wird mit einem Multiple-Choice-Verfahren durchgeführt. Aufgrund der relativen Einfachheit in der Auswertung wird das statistische Verfahren der *mehrfachen Auswahl* sehr häufig bei der Formalisierung und Differenzierung der Profile verwendet. Hierbei werden zu einer Frage oder Feststellung verschiedene Antwortmöglichkeiten vorgegeben, aus denen die Befragten eine oder mehrere auswählen müssen, die sie für zutreffend halten. Auch nach Beendigung der einschlägigen Testverfahren sollen die Mitglieder »regelmäßig ihre Kontakte pflegen und an ihrer Kommunikations- und Netzwerkfähigkeit arbeiten«. (www.interkontakt.net) Die Agenturen motivieren ihrerseits die Aktivitäten ihrer Mitglieder, indem sie kontinuierlich Empfehlungen, Ratschläge und Expertisen verschicken: »Tipp des Tages von Single-Coach Lisa Fischbach: ›Überlegen Sie, was

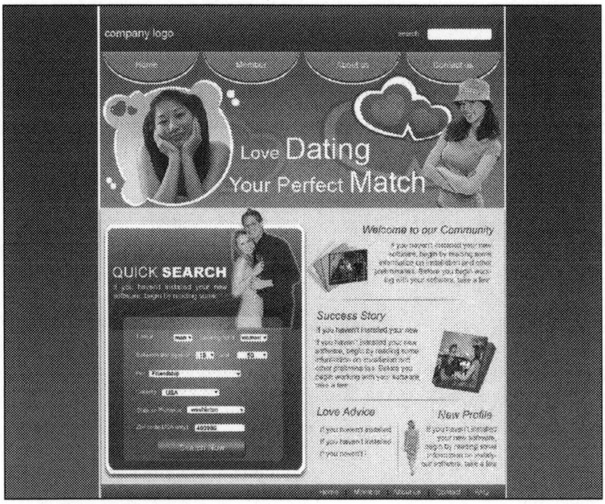

Abbildung 40: Pattern Matching, Partnersuche als symbolverarbeitendes Verfahren, www.lovedating.net

genau Sie von einer Beziehung erwarten, bzw. welche Eigenschaften ein Partner mitbringen sollte. Wer sich seiner Bedürfnisse bewusst ist, wird leichter erkennen, wenn der oder die Richtige vor ihm steht.‹« (www.elitepartner.de)

Online-Partnervermittlungen fordern von ihren Mitgliedern ein gezieltes Selbstmanagement. Dazu gehört die Bereitschaft zur systematischen Selbstevaluation. Denn bevor die User/-innen die Datenbanken der Dating-Communities nutzen können, werden sie selbst adressiert und aufgefordert, ein persönliches Profil anzulegen. In Chatrooms, bei denen die inhaltliche Auseinandersetzung über ein gemeinsames Thema im Vordergrund steht, beschränken sich die Profilangaben zumeist auf den Nickname der User/-innen und ihrer Kontakt-Mail-Adressen. In ›frei‹ zugänglichen Kontaktbörsen, die sich einem globalen Publikum anbieten, nehmen Selbstpräsentationstechniken und die multimediale Ausgestaltung individueller Profile einen zentralen Stellenwert ein. Sogenannte ›wissenschaftliche‹ Partnervermittlungen treten hingegen mit umfangreichen Möglichkeiten auf, ein Personendaten-Mining zu betreiben und bieten computerunterstützte Matchingverfahren zur Persönlichkeitssuche an. Im kommerziellen Bereich etablierte sich der Begriff »Data Mining« für den gesamten Prozess des *Knowledge Discovery in Databases.* Data Mining meint die Anwendung von (statistisch-mathematischen) Methoden auf einen Datenbestand mit dem Ziel der Mustererkennung. Data-Mining-Techniken sind Techniken, die der explorativen Datenanalyse zugeordnet werden können. Ziel der explorativen Datenanalyse ist über die Darstellung der Daten hinaus die Suche nach Strukturen und Besonderheiten. Sie wird daher typischerweise eingesetzt, wenn die Fragestellung nicht genau definiert ist oder auch die Wahl eines geeigneten statistischen Modells unklar ist. Genau dies ist der Fall, wenn User/-innen in Kontaktbörsen mit ihren Suchanfragen und Profilportfolios experimentieren. Ihre Suche nach geeigneten Partnern/Partnerinnen umfasst, ausgehend von der Datenselektion, alle Aktivitäten, die zur Kommunikation von in Datenbeständen entdeckten Mustern notwendig sind: Aufgabendefinition, Selektion und Extraktion, Vorbereitung und Transformation, Mustererkennung, Evaluation und Präsentation.

In dieser Hinsicht können Online-Partnervermittlungen als permanentes *Assessment Center* der alltäglichen Lebensführung gesehen werden (vgl. Kellner 2007: 99-116). Wie das Assessment Center nutzen die Online-Partneragenturen psychologische Testverfahren, insbesondere Persönlichkeitstests, die das Selbstbild der Kandidaten und Kanditatinnen in Bewerbungs- oder Beurteilungsverfahren dokumentieren sollen. Wie das Assessment Center bestehen auch Partnervermittlungen aus komplexen Verfahren der Selbst- und Fremdbewertung, die Selbsttechniken, in der Form der Selbstbeurteilung und der Rückmeldung, mit Disziplinartechniken verbinden. Diese beiden Techniken stützen sich im Assessment Center gegenseitig und sind zu ihrer Durchsetzung aufeinander angewiesen: Einerseits werden die Singles als Unternehmer ihrer selbst adressiert, die ihre Lebensbiografie zu reflektieren haben; andererseits überziehen die bei der Persönlichkeitsevaluation angewandten Matchingverfahren das ›geeignete‹ Subjekt mit einem engmaschigen Netz psychologischer Kategorien und Prüfverfahren, die es als scheinbar ›unverwechselbare‹ Kombination von ›Qualitäten‹, ›Fähigkeiten‹, Kompetenzen‹, ›Defiziten‹ und ›Potenzialen‹ beschreibbar machen soll:

»Herzstück von PARSHIP.at ist ein wissenschaftliches System, mit dem Sie die wichtigsten Facetten Ihrer Persönlichkeit bestimmen können. Darauf basiert das PARSHIP-Prinzip. Mit seiner Hilfe können wir Ihnen individuell Partner vorstellen, mit denen Sie eine stimmige Balance aus Gemeinsamkeiten und Gegensätzen verbindet. Partner, die mit hoher Wahrscheinlichkeit Ihre Ansprüche erfüllen. Partner, die mit Ihnen auf einer Wellenlänge liegen. Kurz: Ihre Chancen stehen sehr gut, einen Menschen zu finden, der gut zu Ihnen passt.« (www.partnersuche.parship.at/docs/public/matching/)

Die statistischen Rankings und Schaubilder über die Zusammensetzung und den gemeinsamen Anteil von bestimmten Matchwörtern sind hochgradig didaktische Objekte. Die Form der Darstellung ist hier der Funktion der Wissensvermittlung untergeordnet. Sie probieren, den Bedeutungsüberschuss der Bilder so weit wie möglich auf das Wesentliche zu reduzieren und beabsichtigen dabei, die Funktion von Wissensobjekten einzunehmen, indem sie die Erkenntnisse der psychologischen Forschung über die Gesetz- und Regelmäßigkeiten der Paarbildung zeigen und den szientifischen Blick der Statistiker vorführen. Zusätzlich werden die Bilder der Matchingresultate durch Zertifizierungsverfahren und komplexe Verweise auf die wissenschaftliche Herkunft beglaubigt und autorisiert. Sie werden eigens zum Zwecke der Vermittlung von Beziehungswissen hergestellt und stehen daher im Dienst einer didaktischen Mission, welche die Paare bei ihrer Entscheidungsfindung benutzen sollen. Dementsprechend handeln Wissenstechniken der Datingkultur per se in didaktischer Absicht und operieren dabei mit den Figuren der Personalisierung, Dramatisierung und Veralltäglichung von (hetero-)normativer Paaridentität.

Letztlich geht es bei normalisierten Selbstführungskonzepten wie der Selbsteinstufung auf Flirt- und Datingplattformen darum, einen sozial ›erfolgreichen‹ Persönlichkeitstyp zu verkörpern und aussichtsreiche Matchwörter wie ›heiter‹, ›enthusiastisch‹, ›sportlich‹ oder ›leidenschaftlich‹ in das eigene Profil ›einzupflegen‹. Das statistisch-informationelle Vokabular des Matching strukturiert aber schon im Vorfeld den Modus der Subjektivierung. Auch die Kontaktaufnahmen in der Partnervermittlungsagentur »ElitePartner« sind computergeneriert und basieren auf der Gemeinsamkeitsanalyse übereinstimmender Ähnlichkeitswerte:

»Liebes Mitglied, ich finde Ihr Profil interessant, denn wir haben viele Gemeinsamkeiten! Wir lieben beide die italienische Küche. Bei unserem Musikgeschmack gibt es Übereinstimmungen. Sie mögen Klassik wie ich. Sie interessieren sich z.B. für Film/Video. Ich teile dieses Interesse mit Ihnen. Ich betreibe bzw. interessiere mich für Joggen/Laufen/Walken. Auch Sie begeistern sich für diese Sportart. Ich freue mich, dass wir in unseren Handlungsmotiven Ähnlichkeiten haben. Ihnen und mir ist z.B. Anerkennung sehr wichtig. Ich möchte Sie gern besser kennen lernen und bin gespannt auf Ihre Antworten!« (www.elitepartner.de)

Um nicht den Eindruck zu erwecken, dass die automatisierte Kommunikationssoftware immer die gleichen Phrasen reproduziert, werden die Kontexte variiert:

»Lieber Unbekannter, ich würde Sie gern kennen lernen – finde Ihr Profil interessant, denn wir haben einige Gemeinsamkeiten! Wir haben die gleiche Lieblingslektüre: die taz. Wenn wir beim ersten Date essen gingen, gäbe es keine Meinungsverschiedenheit. Wir würden uns beide für die italienische Küche entscheiden. Wir haben einen ähnlichen Musikgeschmack! Ich höre auch gern Pop. Sie interessieren sich z.B. für Film/Video. Ich auch! Als liebste Sportart habe ich auch Fahrradfahren gewählt. Vielleicht machen wir das mal gemeinsam? Wir haben ähnliche Motive im Leben: Sparen ist mir auch sehr wichtig. Bei diesen Gemeinsamkeiten sollten wir uns kennen lernen. Finden Sie nicht? Ich bin gespannt auf Ihre Antwort!« (www.elitepartner.de)

Die Kontaktaufnahmen operieren jedoch mit stark ausgeprägten Konstanten: Die höflich-distanzierte Anrede in Briefform thematisiert ausschließlich die Ähnlichkeitswerte und die Resultate des Matching. Wie diese Beispiele zeigen, erzeugt das entstehende Geflecht aus sozialer Erwartung und freiwilliger Selbstkontrolle eine kontinuierliche Produktion medienvermittelter Anschlusskommunikation. Medien bilden den Subjekten gegenüber keine eigene Äußerlichkeit aus, sondern sind den Praktiken des Selbst immanent und besitzen daher eine subjektkonstitutive Funktion.

Das im Matchingverfahren statistisch ermittelte Datennetz erzeugt ein abstraktes Profil einer Durchschnittsindividualität, die in Relation zur Selbstbeschreibung gesetzt wird. Somit hängt die ›wissenschaftliche‹ Grundlage der Persönlichkeitsermittlung der Partner/-innen von der Selbsteinschätzung bei der eigenen Profilerstellung als *conditio sine qua non* ab. Das Anschlussprogramm *twittervolume.com* bietet zusätzliche Hilfsdienste beim Verfassen sozial erfolgreicher Profile an und aktualisiert in regelmäßigen Intervallen sein Ranking der beliebtesten Matchwörter der Twitter-Community. *twitter-*

volume.com fungiert als Traningsstätte für die effektive Verwendung von Matchwörtern und empfiehlt den Usern/-innen, ihre Selbstbeschreibungen mit sozial anerkannten Matchwörtern zu füllen, um mehr Aufmerksamkeit auf das eigene Profil zu lenken. Bei dieser Praxis der medialen Selbstdarstellung geht es also nicht darum, ein authentisches Selbst zu produzieren, sondern mit Hilfe ›passender‹ und ›effektiver‹ Matchwörter ein sozial angepasstes Image zu generieren, das sich mit Hilfe der Matching-Punkte messen und vergleichen lassen soll:

»Um Teil der generalisierten Kommunikationsgemeinschaft zu werden, muss das Subjekt sich in ein öffentliches Subjekt verwandeln; es muss sich selbst zum Kommunikationsobjekt machen: es muss die Erwartung des massenmedial generalisierten anderen erfüllen, indem es dem Gebot der Sich-Selbst-Offenbarung gehorcht.« (Jung/Müller-Dohm 1998: 138)

Unter diesen Vorraussetzungen sind sowohl die Fremdbeobachtung als auch auch die Selbstbeobachtung in die Prozeduren der Formalisierung und Differenzierung des ›geeigneten‹, ›richtigen‹ und ›passenden‹ Subjekts verwickelt: »Je mehr am Menschen unterschieden werden kann, je elementarreicher das Alphabet ist, aus dem er buchstabiert wird, desto höher ist die Zahl der Vergleichbarkeiten, Korrelationen und Berechenbarkeiten.« (Rieger 1999: 417)

Die User/-innen sind mit der Erwartung eine Mitgliedschaft eingegangen, Kontakte herzustellen und die ›richtigen‹ Partner/-innen mittels Personendaten-Mining zu finden. Daher nimmt die Gestaltung des persönlichen Profils einen zentralen Stellenwert ein. Um an der medial generierten Flirtkultur partizipieren zu können, müssen potenzielle Teilnehmer/-innen allerdings über eine spezifische Medienkompetenz verfügen. Sie müssen in der Lage sein, ihr eigenes Foto hochzuladen und bereit sein, bereitwillig über ihre intimen Sexualpraktiken zu sprechen. Zusätzlich können sie soziale Anerkennung lukrieren, wenn sie sich als Medienamateure/Medienamateurinnen in Szene setzen und ihre Blogs, Fotos, Videos oder MP3-Files mittels Kreativtechniken aufwerten.

Das Suchen nach den Daten potenzieller Partnern oder Partnerinnen gehört mit zu den wichtigsten Grundlagen des Content Management der digitalen Flirt- und Datingkultur. Bevor jedoch ein Datensatz gefunden werden kann, muss er lokalisiert werden. Im Unterschied zu Kontaktbörsen operieren ›seriöse‹ Plattformen mit einer Retrieval-Software, die auf dem mathematischen Suchalgorithmus des *key-matching* beruht:

»Zu diesem Zweck wurde ein partnerpsychologisches, Computer-gestütztes Single-Matching-System entwickelt. Diese vergleicht Ihre Antworten in Ihrem Partnersuche-Matching-Fragebogen mit den Antworten anderer Singles in deren Matching-Fragebögen. Anders jedoch, als bei den meisten Matching Systemen, berücksichtigt unser Matchingsystem auch Ihre Interessen, und Ihre visuellen Wunschvorstellungen von Ihrem neuen Partner. Daher wurde unser Matchingsystem in erster Linie auf das verträgliche Sozialverhalten in der Beziehung der Matching-Partner abgestimmt. Das Ergebnis des Matching wird Ihnen in Prozent der Übereinstimmung mit anderen Partnersuchenden angezeigt.

Sie erhalten durch unser Matchingsystem innerhalb von wenigen Minuten die ersten Partnervorschläge von anderen Singles, welche eine weitgehende Übereinstimmung mit Ihren Vorstellungen von Ihrem zukünftigen Partner aufweisen. Die Partnervorschläge sind absteigend angeordnet. Am Anfang Ihrer Partnervorschlags-Liste finden Sie die Mitglieder, mit denen Sie die größte Anzahl an Übereinstimmung haben.« (www.parship.de)

Suchen bedeutet, dass der Zugriffspfad in Form einer Speicheradresse oder eines Indizes zu dem gesuchten Datensatz ermittelt werden muss. Dazu werden die Werte der Datensätze mit einem vorgegebenen Wert, dem Suchwert, verglichen, bis entweder eine Übereinstimmung der miteinander verglichenen Werte eingetreten ist oder keine weitere Datensätze mehr vorhanden sind. Das Feld eines Datensatzes, dessen Wert mit dem Suchwert verglichen wird, benennt der Begriff »Suchschlüssel«. Die Übereinstimmung des Schlüsselwertes mit dem entsprechenden Suchwert eines Datensatzes bezeichnet man als *key-matching*. Dieses Verfahren ermittelt in endlicher Zeit, ob sich ein entsprechender Suchwert in einem begrenzten Suchbereich wiederfindet. Im Gegensatz zur Mustererkennung (dem Finden von Mustern in Signalen) ist das Matching-Verfahren auf bereits *eingetragene Wörter* angewiesen. Die beim Matching eingesetzten Algorithmen selektieren unter digitalen Bildmengen die *best matching units*. Der Algorithmus kreiert dabei zunächst ein Feld von Zufallsdaten und sortiert in der Folge ähnlichkeitsbasiert neue Daten und Objekte.

»Innovative Wege, um noch passendere Matches zu finden ... Vorhang auf für: MatchWörter. Worte sagen mehr als Sätze: Salsa-Tanzen, Marathon, Cocktails, Goldfische, Fischstäbchen etc. MatchWörter™ finden Menschen mit gleichen Interessen. MatchWörter sind sozusagen Schlüsselwörter, die Ihre Vorlieben und Interessen auf den Punkt bringen. Sie können in Ihrem Profil bis zu 50 MatchWörter auflisten.« (www.parship.de)

Das bei der Partner/Partnerinnen-Suche angewandte Verfahren des *key-matching* nutzt das Boolesche Retrieval. Es erlaubt die Abfrage komplexer Suchbegriffe und -themen, die aus der Verbindung von mehreren Sachverhalten bestehen und stellt für die Abwicklung komplexer Suchen logische Operatoren zur Verfügung:

AND – logisches UND
OR – logisches ODER
(AND) NOT – logisches NICHT

Als ein matching-orientiertes Suchverfahren können die Suchmaschinen der Partner/Partnerinnen-Wahl auf der Basis von Zeichenketten mehrere Suchbegriffe durch Mengenoperationen verknüpfen. Das Boolesche Retrieval ist die Standardsuche aller IR-Systeme. Das einfache Matching operiert mit einem Suchbegriff und einem logischen ODER, das alle Dokumente findet, die entweder Suchterm A, oder Suchterm B, oder Suchterm A und Suchterm B enthalten.

Indem sich die Online-Agentur als Coach einer erfolgversprechenden, gut verkäuflichen Paaridentität in Szene setzt und die Vermarktung der eigenen

Person als ›Imageprodukt‹ kreiert, fügt sie sich gut in die neoliberalen Diskurse ein, sämtliche Bereiche des Lebens nach marktförmigen Prinzipien zu organisieren. Dieser disziplinierende Prüfungscharakter der Suchmaschinen, Datenbanken und Profilapparate der Dating-Plattformen wird in der aktuellen Diskussion jedoch durchgehend verschleiert. Die Sichtbarmachung der immanenten Ein- und Ausschlussmechanismen der Online-Agenturen hat indes aufgezeigt, dass vom propagierten Nutzen für alle Beteiligten nicht die Rede sein kann. Denn wer seine Freiheit zum Selbstunternehmertum nicht nutzt und sich dem geforderten Verhalten nicht unterordnet, sich nicht evaluieren lassen will oder uneinsichtig ist, der soll für sein Scheitern auch selbst verantwortlich sein. Der britische Soziologe Nikolas Rose hebt hervor, dass es in unserer »gegenwärtigen Erfahrung unseres Selbst« einen »psy-effect« gibt (Rose 1996: 193). Darunter versteht er, dass die Psychologie und ihr Wissen zur einzigen Sprache geworden sind, in der wir über unsere Befindlichkeit, unsere Motivation, unser Selbst, aber auch über die Anderen sprechen:

»The forms of freedom we inhabit today are intrinsically bound to a regime of subjectification in which subjects are not merely ›free to choose‹, but obliged to be free, to understand and enact their lives in terms of choice under conditions that systematically limit the capacities of so many to shape their own destiny.« (Rose 1996: 17)

Die der Assessment-Center-Methode und der heutigen Bewerbungskultur entlehnten Persönlichkeitsfragebögen und Matchingprozeduren konstruieren ein selbstreflexives Management des eigenen Selbst, mit dem das Scheitern und der Misserfolg personalisiert und schließlich dem Individuum als seine persönliche Schuld zugerechnet werden kann.

3.9 Postdisziplinäre Wissenstechniken

Auf 70 Terabyte Bilddaten und 500 GB Indexdateien[16] entfaltet das Computerprogramm *Google Earth* göttliche Perspektiven und allmächtige Übersichten. Die informationstechnischen Tools, mit denen man Geodaten erfassen, verwalten, visualisieren, manipulieren und ausgeben kann, gewinnen zunehmend an Bedeutung und beeinflussen maßgeblich unsere Weltsicht. *Google Earth* gilt heute als Standard für die 3-D-Kartendarstellung auf dem PC und kombiniert die Leistungsfähigkeit seiner Suchverfahren mit Satellitenbildern, Landkarten, Geländedaten und 3D-Gebäuden zu einem weltweiten geografischen Informationssystem: »Mit Google Earth fliegen Sie um die Welt und können Satellitenbilder, Karten, Geländeformationen, 3D-Gebäude und sogar ferne Galaxien im Weltraum betrachten.« (www.earth.google.com) Ein derart tiefblickendes Computerprogramm wie *Google Earth* ist für alle und für jeden

16. Stand vom September 2006, vgl. Frank Taylor: Google Earth Data Size, in: Google Earth Blog, www.gearthblog.com/blog/archives/2006/09/news_roundup_google.html, zuletzt gelesen am 1. Mai 2008. Google Earth benutzt für die dreidimensionale Projektion das globale geodätische Koordinatensystem *World Geodetic System 1984* (WGS84).

als Gebrauchssoftware konzipiert und überlagert militärische und voyeuristische Wahrnehmungsdispositive (vgl. Asche 2003). Open Street Map, 3D-Globe Viewer, Placeopedia, NASA World Wind, Wikimapia – die Überlagerung von Personendaten mit der Medienästhetik des kartografischen Überflugs über die Welt auf der Basis der Geodaten von Satellitenaufnahmen, Luftbildern, computerunterstützten Routenplanern und GPS-Navigationssystemen hat eine visuelle Kontrollkultur der Sichtbarmachung kultureller und sozialer Praktiken im Alltagsleben verankert (Abb. 41, 42).

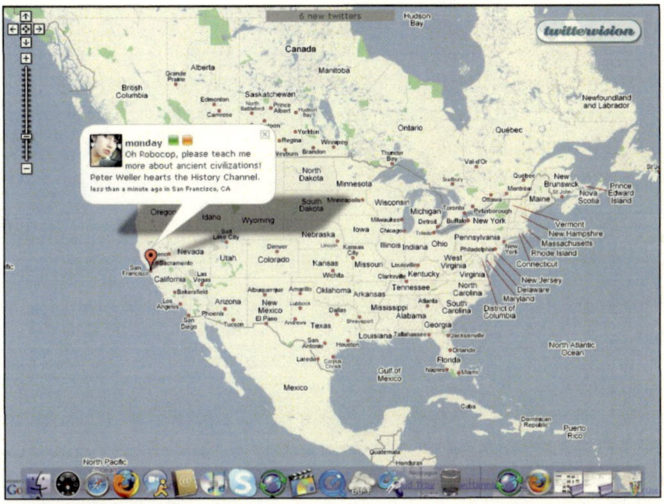

Abbildung 41: Geografische Visualisierung in Echtzeit, www.twittervision.com

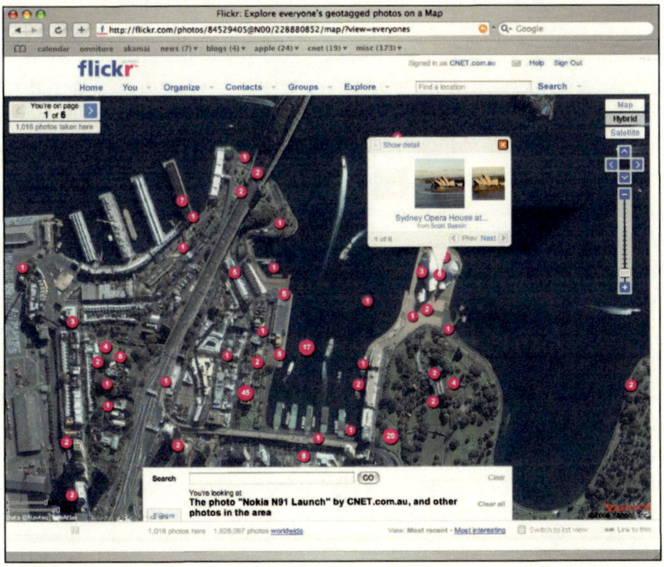

Abbildung 42: Wissensrepräsentation auf der Datenbasis der Satellitenaufnahme, www.flickr.com

E-Commerce-Anbieter eröffnen ihrer Klientel die Möglichkeit, persönliche Profile und Blogs mit Hilfe von globalen Navigationsystemen und Routenplanungsprogrammen zu verorten. Zur Datenverarbeitung von Echtzeit-Chats und Online-Profilen nutzen immer mehr Anbieter im Netz geografische Informationssysteme, um Personendaten mit ortsbezogenen Metadaten zu verknüpfen, die den Endusern/Enduserinnen letztlich in Form von interaktiven Kartenmodulen zur Verfügung gestellt werden (vgl. Olbrich u.a. 2002).

Im Unterschied zu autoritären Formen der Wissenserfassung und Wissensrepräsentation stehen *postdisziplinäre Wissenstechniken* wie die ›interaktive Kartografie‹ für eine eigenständige Neudefinition und Neugestaltung kultureller Praktiken.[17] Mit dem Begriff der postdisziplinären Wissenstechniken soll kein neues Gesellschaftsmodell beschrieben werden, das ein ›historisch überkommenes‹ Modell ablöst (vgl. Mairhofer 2005: 185-202). Es spricht vieles dafür, die eindimensionale Perspektive auf die Techniken sozialer Macht zu verlassen und stattdessen ihr spezifisches und widersprüchliches Verhältnis hervorzuheben. Denn die Postdisziplinarität der Wissenstechniken ist doppeldeutig. *Einerseits* sind sie Bestandteil von Freiheitstechnologien, die selbstverantwortliche Subjekte als Unternehmer/-innen ihrer selbst adressieren: Aktivierung, Selbstverantwortung und Eigeninitiative markieren Chiffren gegenwärtiger Transformationsprozesse. *Andererseits* überschreiten sie innerwissenschaftliche Grenzen und streben nach einer Auflösung fachbezogener Wissensproduktion.

Das wechselseitige Bedingungsverhältnis von Wissenschafts-, Kultur- und Medienpraktiken lässt sich jedenfalls nicht mehr auf sinnvolle Weise analytisch trennen (vgl. Bödeker 1999; Balsiger 2005). Denn jede Wissensordnung entwickelt Repräsentationsweisen, die sowohl die *Entstehungsbedingungen* neuen Wissens wie auch dessen *Geltungsbedingungen* umfassen (vgl. Vogl 1999: 13). Dementsprechend gerät auch die Vorstellung von der Einheit des gesellschaftlichen Wissens und einem zusammenhängenden Wissenschaftssystem, sowie die Regeln der Wahrheitsfindung und der universelle Geltungsanspruch wissenschaftlichen Wissens in eine Legitimationskrise. Symbolproduzierende Systeme wie das wissenschaftliche Wissen generieren in Produktions- und Vermittlungsprozessen immer auch populärkulturelle Bedeutungen. Sie verleihen dem szientifischen Wissen nicht nur ›Objektivität‹, ›Neutralität‹, ›Normativität‹ und ›Legitimität‹, sondern können eine Dynamik hervorbringen, welche die Konstruktivität und Kontextualität der Wissensproduktion maßgeblich beeinflusst. Der Begriff der Popularisierung beschreibt kein Praxisfeld, das sich außerhalb der ›reinen‹ Wissenschaft be-

17. Gegen das verbreitete Verfahren, ›die‹ Gesellschaft einem gemeinsamen Begriff zu subsumieren und sie damit einem kohärenten Integrationsprinzip unterzuordnen, bevorzugt der hier vertretene Ansatz einen Zugang zur Gesellschaftsanalyse, der die Übergänge von *Mikrotechniken* und *vielfältigen Denkweisen* zu den sich verdichtenden und verstetigenden Makrostrukturen und Diskursen aufzeigen möchte. Modelle der gradlinigen Ablösung einer Gesellschaftsform durch eine andere können die Vielfältigkeit und Widersprüchlichkeit von Herrschaftstechniken nicht angemessen thematisieren.

finden würde, sondern den Umstand, dass popularisierende Verfahren und Regeln der Genese des wissenschaftlichen Wissens inhärent sind. Diese Sichtweise kritisiert die einseitige Annahme, dass Popularisierung dann entsteht, wenn ›standardisiertes‹ Fachwissen durch ›homogene‹ Forschergruppen an eine ›passiv rezipierende‹ Laienöffentlichkeit weitergegeben wird (vgl. Pompe 2005: 13-20). Folglich wird hier die Annahme vertreten, dass sich populäres und wissenschaftliches Wissen wechselseitig bedingen und gemeinsam einen relationalen Möglichkeitsraum bilden, in welchem sie wechselseitig aufeinander einwirken und transitorische Bezugsverhältnisse gemischter Wissenspraktiken eröffnen.

Postdisziplinäres Wissen bildet eine sich überlagernde Tektonik von performativen kulturellen Praktiken, Macht- und Wissensverhältnissen, die nicht ausschließlich wissenschaftsinternen Diskursen entspringen, sondern vielmehr aus dem Zusammenspiel von gesellschaftlich-politischen und wissenschaftlich-analytischen Entscheidungs- bzw. Problemlösungsprozessen resultieren.[18] Der hier vorstellig gemachte postdisziplinäre Ansatz versucht letztlich, Wissensverhältnisse in ihrer sozialen Komplexität zu erfassen und dabei die vielfältigen Aneignungsweisen des institutionell oder kommunikativ gestützten Wissens angemessen zu berücksichtigen (vgl. den von Hark geprägten Praxisbegriff der »dissidenten Partizipation«, 2005). Gemeint sind dabei also nicht nur die expliziten Vorgaben des formalen Wissens (Anweisungen, Direktiven, Ratgeber etc.), sondern die vielschichtigen Lektüre-, Schreib-, Erzähl-, Inszenierungs- und Wahrnehmungspraktiken, die mit der kulturellen Performativität der User/-innen entstehen. Alle diese Praktiken nutzen Technologien, Diskurse und ästhetische Stile des Populären und schaffen auf diese Weise ein mediales Wissen, das sowohl eine wissensgenerierende als auch eine wissensvermittelnde Funktion übernimmt.

Mit dem postdisziplinären Wissen entsteht eine neue epistemische/soziale Konstellation, für die das Netzwerk kennzeichnend ist (vgl. Boltanski/Chiapello 2003). Folglich geht es in diesem Zusammenhang nicht um eine Analyse der konkreten räumlichen Besonderheiten spezifischer geografischer Schauplätze, sondern um die Implikationen und Potenziale der performativen kulturellen Praktiken.

Das postdiziplinäre Wissen löst sich von sozialen Architekturen und räumlichen Orientierungsschemata ab (z.B. Klasse/Rasse/Geschlecht; links/rechts; oben/unten) und schafft transversale Netze, die sich über ehrenamtliche Beteiligungsregimes (z.B. Wikis) und soziale Investitionen (z.B. kostenpflichtige Netzwerkseiten) organisieren. Die transversalen Netze sind grundsätzlich instabil und erfordern von ihren Mitgliedern eine aktive und permanente Teilnahme, die zur unumgänglichen Bedingung bei der Schaffung von Aufmerksamkeitsmärkten und Netzwerkkapital heranwächst. Als Modell transformativer Praxis reflektieren postdiziplinäre Wissenstechniken, dass Bedeutung in den visuellen Symbol- und Zeichensystemen nicht endgültig

18. Postdisziplinarität untersucht nicht den Grad der Integration der beteiligten Disziplinen und Fächer, der oftmals als Unterscheidungsmerkmal zwischen Trans-, Inter- und Multidisziplinarität angeführt wird (vgl. Brand/Schaller/Völker 2004).

gelagert und für immer fixiert werden kann. Die Ausdehnung der Netze auf heterogene Subjektpositionen verheißt aber keineswegs eine ungebrochene emanzipatorische und positive Fülle von möglichen Subjektkonstitionsprozessen, sondern führt zur Intensivierung des Leistungsvergleichs und der Homogenisierung kanonisierter Wissensvorgaben mittels allgemeiner Qualitätsstandards. Die Leistungsvorgaben und Benchmarks werden in einer kontinuierlichen Konkurrenzsituation dynamisch immer weiter nach oben geschoben und machen die Evaluation zu einer Dauereinrichtung.

3.10 Mapping und Remapping

Die *interaktive Karte* ist Schauplatz der Wissensrepräsentation und -erfassung und formt eine neuartige visuelle Kultur im Netz. Mittlerweile gibt es eine Vielzahl von Möglichkeiten zur Online-Visualisierung von Geo-Daten (Mitchell 2008). Für zahlreiche Netzdienste ist das World Wide Web ein wichtiges Medium geworden, um kartografisches Wissen in multimedialen Darstellungsformen zu präsentieren. Soziale softwarebasierende Netzwerke wie Internet-Plattformen, Kontaktbörsen, Online-Partnervermittlungen, Echtzeit-Chat-Dienste, OpenBC, Weblogs oder Wikis nutzen zunehmend Geografische Informationsdienste (GIS) und die Fernerkundung durch die Satellitenfotografie, um ihre riesigen Datenbanken auf übersichtlichen Weltkarten zu visualisieren (Dickmann 2001). Ein sich ausdifferenzierende Feld digitaler Technologien im Feld von Web-Mapping und Web-GIS umfasst breit gestreute Angebote von zoombaren Straßen-, Land- und Satellitenkarten mit Hyperlinks, Plug Ins, Viewern, Micro Maps, kartografischen Animationstechniken, visuell ansprechenden Geländeüberflügen und VRML-Welten.

Karto- und Topografien sind immer auch Produkte grafischer Operationen (gr. *gráphein*, ›kratzen‹, ›ritzen‹, ›eingraben‹), die mediales Wissen räumlich generieren (Stockhammer 2005: 15). Wie wird Wissen überhaupt zu einer Karte? Auf welche Weise repräsentieren und konstruieren Karten bestimmte Ordnungsraster des Wissens? In einer ersten Annäherung an die Kartografie als kulturelle Praxis könnte es darum gehen, die Zeichenprozesse und Medien zu rekonstruieren, mit denen Räume und Raumvorstellungen historisch repräsentiert und Identifizierungstechniken konstruiert werden (historische Wissensrepräsentationen des Mappings). Welchen Stellenwert haben Visibilität und Evidenz in den populären Medienkulturen? Der vertiefende Blick auf die Praktiken der Amateure und Amateurinnen spürt den dekonstruierenden Praktiken des Remappings nach und thematisiert die karto-, foto-, und kinematografischen Grundvoraussetzungen der Subjektkonstitution. Vor dem Hintergrund dieser Fragestellungen scheint es besonders produktiv zu sein, den medientheoretischen Status des Raumwissens im Internet sowohl im Hinblick auf die bloße ›Illustrativität‹ seiner Bilder (alphabetische und kartografische Repräsentationen) als auch auf einen ›mimetischen‹ Abbildcharakter (foto- und kinematografische Repräsentationen) zu hinterfragen. Am Beispielfeld der interaktiven Digitalkartografie im Internet wird im Folgenden das Sichtbarkeitspostulat, die räumlichen Visualisierungstechniken und die Performativität der Sichtbar*machung* thematisiert.

Die gängigen Intermap-Technologien sind nicht nur Ausdruck neuer technologischen Anwendungen, sondern mit einer kulturellen Semantik historischer Wahrnehmungs- und Erinnerungskultur gesättigt. So unterschiedlich die Anwendungen der interaktiven Karten auch sein mögen: Sie dienen nicht nur als ein Instrument zur Orientierung und Selbstverortung, sondern fungieren immer auch als Produkte bestimmter Machtdiskurse und Herrschaftsansprüche:

»Viele dieser raumwissenschaftlichen Techniken haben sich in den Feldern wie Architektur und Stadtplanung, Archäologie und Anthropologie, Erdöl-Geologie und Militärwissenschaft als nützlich erwiesen. Diese Techniken stellen verfeinerte und objektiv genaue Mittel für etwas zur Verfügung, was die meisten Geografen, Raumanalytiker sowie die kolonialistischen Abenteurer und die Kartografen im Zeitalter der Entdeckungen ohnehin stets getan haben: ein vermeintlich zunehmend genaues und faktisches Wissen über Orte und die Beziehungen zwischen Orten auf der Erdoberfläche zu akkumulieren und zu kartieren.« (Soja 2005: 116)

Interaktive Kartenmodule veranschaulichen die Verfahrensweisen postdisziplinärer Taktik auf eindringliche Weise.[19] Die Multimedia-Kartografie versucht, die sozialen und kulturellen Praktiken nicht aus der Perspektive der Produzenten zu definieren, sondern ist um die schrittweise Auflösung der binären Hierarchie von Produktion und Rezeption bemüht. Folglich dienen Karten im Netz nicht nur zur räumlichen Orientierung bei der Wege- und Routenplanung, sondern ›aktivieren‹ eine ständige Neuproduktion durch Formen ihrer Inanspruchnahme, Interpretation, Wiederaufführung, Verkörperung, Teilnahme, Inszenierung und Aneignung. Wenn man also die Karte nicht mehr mit der statisch-räumlichen Metaphorik des ›Wissensspeichers‹ beschreibt, sondern vielmehr als ein *Medium der Übertragung* auffasst, das aus vielfältigen Perspektiven ständig neu gesagt, geschrieben und aufgeführt wird, dann kann auch die *performative Interpretation* der Karte ausreichend gewürdigt werden.[20]

Neben sinnstiftenden Erzählungen, Gründungsmythen, Metaphern und Netzutopien rekurrieren einheitsstiftende Lesarten des Netzes immer auch auf *topografische Übersichtskarten*. Auf den ersten Blick ist die Kartografie ein Hilfsmittel der mathematisch-objektiven Wissenschaft. Über den engeren Gebrauchszusammenhang hinausgehend können Karten auch als kulturtechnische Konstrukte aus Bild, Schrift und Zahl gesehen werden. Der *Spatial Turn* der Kulturwissenschaften beruht auf der Annahme (vgl. Bachmann-Medick 2007: 284-328), dass Raum nicht einfach gegeben ist, sondern produziert wird. Gegenüber dem Raum als einen natürlichen, physikalisch oder durch Wahrnehmungsbedingungen gegebenen ›Behälter‹ tritt damit eine

19. Vgl. zum Begriff der Postdisziplinarität Kap. 3.9.

20. Diese Forschungsperspektive kann auf digitale und analoge Regulative der Wissenserfassung und -repräsentation bezogen werden, vgl. Kap. 3.2.

Perspektive in den Vordergrund, die Räume als kulturell konstituiert und als historisch wandelbar annimmt.[21] Als grafische Repräsentationen geografischer Räume dienen Karten der Erfassung, Wiedergabe und Weitergabe von diskursiven Räumen. Wissenschaft, Politik und Macht beeinflussen die Erscheinungsweisen der Karten; sie machen Fiktives evident, vermitteln Raumkonzepte und sind Produkte von Symbolisierungsverfahren (vgl. Tzschaschel 2007). Es handelt sich beim Spatial Turn in den Cultural Studies also weniger um einen metaphorischen Gebrauch des *mapping*, sondern vielmehr um die theoretische Konzeption einer neuen diskurshistorischen Kritik, die Karten nicht nur als reines Instrument der Abbildung begreift, sondern als religiöse, politische und (inter-)mediale Wissensräume.

Die zu Grunde gelegte Frage, im Sinne des Spatial Turn, ist demnach nicht so sehr die nach dem Einfluss gegebener Räume auf die Geschichte, sondern umgekehrt die nach der Art und Weise, wie Räume durch mediales Handeln figuriert und verändert werden. Die Erzeugung von ›Überblick‹ mittels bildgenerierender Medien wird vor dem Hintergrund des mediatisierten Alltagslebens immer wichtiger und prägt die moderne Wahrnehmungskultur seit dem 19. Jahrhundert: »Das Panorama [war] die erste Kunstform, die adäquat und ausschließlich auf die optischen Bedürfnisse einer anonymen Großstadtmasse antwortete.« (Oettermann 1980: 36) Ähnlich wie das Panorama sollen kartografische Darstellungen des Netzes und seiner sozialen Netzwerke für einen umfassenden Überblick sorgen. Sie erheben ihre Betrachter/-innen auf einen privilegierten Standpunkt, von dem ausgehend sie die Details der überschauten Welt prüfend abwägen und miteinander vergleichen können.

Das Mapping ist eine Schlüsseltechnologie des Web 2.0 und steht für die raumbezogene Datenerfassung zur Kartenerstellung: »Zoombare Straßen-, Land- und Satellitenkarten der ganzen Welt. Es ist eine Suchmöglichkeit nach Orten und Gewerben sowie ein Routenplaner vorhanden.« (www.maps.google.de) Karten und grafische Visualisierungen zur Berechenbarkeit sozialer Netzwerke im Internet stellen selbst komplexe Beziehungsgefüge dar. Als historische Kulturtechniken kommunizieren sie bestimmte Raumkonzepte, Wahrnehmungs- und Medienkulturen, ikonische Qualitäten und politische Theorien der Repräsentation. Einerseits versuchen kartografische Visualisierungen, den wachsenden Ansprüchen der rechnenden Durchdringung so-

21. Es geht also um das Kernproblem der ursprünglichen Setzung eines Orientierungsraums, mit welcher stillschweigend der Raum als conditio sine qua non vorausgesetzt wird, der die Elemente ›der‹ Öffentlichkeit, ›des‹ Sozialen oder ›der‹ Macht in ihrer räumlichen Bestimmbarkeit gemäß der Analogie der Erfahrung abbildbar machen soll. Der gegebene Raum ist nach Kant der »leere« Raum, der wie ein »Behälter« alle möglichen Räume und Raumvorstellungen in sich aufnehmen kann. Er selbst ist die beständige Form der Rezeptivität und kann als ein unverrückbar vorgegebener Horizont vorgestellt werden. Diese »reine« Vorstellung eines leeren Raums, verdankt sich erst, wie Heidegger in seiner Relektüre der Kantschen Raummetaphysik nachgewiesen hat (»Kant und das Problem der Metaphysik«), dem Vor-Blick der Einbildungskraft, die diesen Horizont des leeren Raumes immer schon vorausgesetzt hat (vgl. Kant KrV B56).

zialer Beziehungen und kultureller Praktiken im Internet gerecht zu werden; andererseits avanciert die digitale Kartografie im World Wide Web zu einem entscheidenden Tool bei der medialen Formatierung kultureller Praktiken und sozialer Inszenierungen.

Zur Beglaubigung ihrer Kontrollfunktion und zur Plausibilisierung der visuellen Erschließung des digitalen Raums versuchen die kartografischen Repräsentationen der Community-Seiten, Kontaktbörsen und Dating Cultures, Merkmale von Exaktheit und Widerspruchslosigkeit mittels der Wissensrepräsentationen der *Straßenkarte* und des *Satellitenbildes* zu simulieren (Abb. 43). Beide Wissensrepräsentationen orientieren sich in der Regel an den kartografischen Übersichtsdarstellungen und operieren mit dem Mapdesign der *Weltkarte* oder der *Weltkugel* (Abb. 44). Obwohl die Kartografie den Versuch darstellt, den Bedeutungsüberschuss ihrer Bilder so weit wie möglich auf das Wesentliche zu reduzieren, knüpft sie eine Vielzahl imaginärer Beziehungen zwischen individuellen Handlungen und gesellschaftlichen Bedeutungen. Die Weltkarten stellen das Leben des einzelnen als ein erfass- und darstellbares Phänomen dar und vermitteln dem Individuum den Eindruck, dass sein eigenes Leben eine soziale, politische und ›weltgeschichtliche‹ Bedeutung habe. Sie verleihen den Benutzerprofilen einen höheren Sinn und kontextualisieren diese ›Visionen‹ mit geostatistischen Grundgrößen, um die Überzeugungskraft objektiver Aussagen in Szene zu setzen. Die Kartografien der Kontaktbörsen transformieren das Flirten und das Daten in raumbezogene Informationen. Ihre Visualisierungsverfahren überlagern sich mit Wissenstechniken, die sich mit topografischen, infrastrukturellen, siedlungsgeografischen, wirtschaftsgeografischen, territorialen, sozialgeografischen, politischen, historischen, biologischen, geologischen, tektonischen und sonstigen Aspekten befassen.

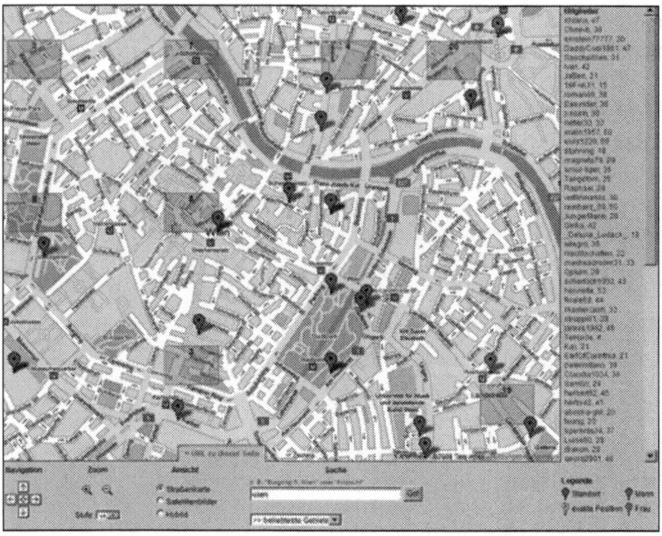

Abbildung 43: Datingkarte für Wien, Flirtbörse bei www.section.at

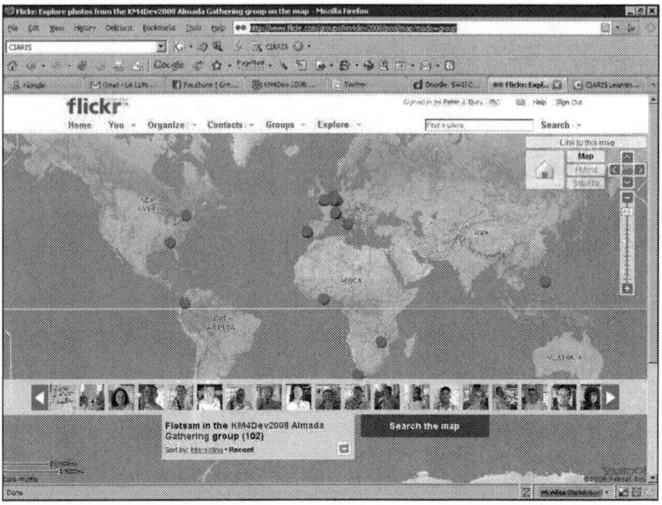

Abbildung 44: Wissensrepräsentation auf der Datenbasis der Weltkarte, www. flickr.com

Die den meisten Menschen vertraute Wissensrepräsentation des Weltatlas lässt sich mittels GIS-Software leicht herstellen und wird besonders häufig beim Mappen von Mitgliederprofilen benutzt. Dabei werden eindimensionale Daten auf einen geografischen Hintergrund nationalstaatlicher Konturen projiziert. So visualisieren zum Beispiel die Seiten *flickrvision.com* und *twittermap.com* die Echtzeit-Public Chats ihrer Communities auf einer politischen Weltkarte. Die Karten zeigen, wo auf der Welt ein Online-Blog geschrieben wird. Die Nutzer/-innen können mittels Bedienmenü die Kartendarstellung für ihre persönlichen Zwecke adaptieren und zum Beispiel auf eine bestimmte Region einschränken. Über ein Auswahlmenü lassen sich die unterschiedlichsten Kartenschichten ein- und ausblenden, weiterhin eigene Punktkoordinaten abspeichern. Mit der Eingabe von Ort und Radius können sie ein RSS-Feed erstellen, der die Beiträge einer *bestimmten geografischen Region* abonniert. Die interaktiven Mapping-Technologien wie die Zoomfunktion und die geografische Regionalisierung mittels RSS-Feed bedienen die – oben erwähnten – visuellen Bedürfnisse der Komplexitätsreduktion. Anders als die Panorama-Karte sorgen sie weniger für einen umfassenden Überblick, sondern geben begrenzte Ausschnitte der sozialen Welt als *gerahmte Oberflächen* zu sehen. Ihre Fragmentierung entspricht dabei der sich im Zuge der Globalisierung ändernden Verfasstheit der Weltkarte: Ränder rücken immer mehr in das Zentrum und die einstigen Machtzentren als definierende Orte verlieren immer mehr an Bedeutung; statt dessen bestimmen Stadtteile und Nachbarschaften das alltägliche Leben.

Mit dem interaktiven Gebrauch der Karte zerstreuen sich die Blicke und die statischen Punkte und Linien lösen sich auf in heterogene und diskontinuierliche Momente. Die zahlreichen Optionen bei der Auswahl, Verallgemeinerung und Klassifizierung von Daten sowie die zahlreichen Selektionskriterien im Anwendungsbereich des Mapdesigns integrieren subjektive

Entscheidungsprozesse bei der Kartenherstellung. Die Vielfalt komplexer interaktiven Karten simuliert zwar die gottgleiche Fähigkeit, auf einem virtuellen Informationsglobus zu navigieren; doch die Simulationen theologischer Blickkonstellationen können nicht darüber hinwegtäuschen, dass das Interface die Beeinflussung der Karte durch den Spieler kanalisiert und dabei die Komplexität der soziotechnischen Anordnung von Protokollen, Adressen und Hardwarekomponenten konstitutiv ausblendet.

Navigationskarten zielen auf die Steigerung körperlicher Immersionserfahrungen, die Erzeugung von Bewegungsillusion und letztlich auf die Verschaltung von Subjekt und Apparatur; andererseits ermöglichen sie eine zusätzliche Semiotisierung der anderen Teilnehmer/-innen, die im Rahmen einer im Hintergrund mitlaufenden Kartenerzählung konsumiert werden können. Dieses Gesamtnarrativ der Überblickskarte erzeugt eine Metaerzählung der Welt und vertritt den Anspruch, das gesamte Weltgeschehen – von der Makroebene bis zur Mikroebene – zu erfassen und miteinander zu verknüpfen.

Die von *Twittervision* konzipierte Weltkarte weist eine zweifache Einschreibung von Bedeutung auf. Einerseits stützt der Aussageaspekt der Weltkarte eine politisch-territoriale Hegemonie mittels der geradlinigen Begrenzungen, andererseits betont die Karte eine relationale Orientierung durch die personalisierenden Inserts, welche die dynamischen Aneignungsraster des kartografischen Raums anzeigen. Die linearen Grenzlinien stabilisieren den Kanon geopolitischer Karten und ihrer Machtverhältnisse, die Mikroblogs stellen das Postulat der Grenzlinien nicht in Frage und bleiben der Idee des Nationalstaats als arrondiertem Territorium verhaftet. Die Reinszenierung der nationalstaatlichen Ordnungsfunktionen der Grenzen und der Verkehrsnetze verabschiedet allerdings die Technikutopie von entkörperlichten und flüchtigen Diskursgemeinschaften – eine Idee, die einst den Hype vom ›Geist‹ des Cyberspace auf maßgebliche Weise mitgetragen hat.

Heute werden Übertragungs- und Präsentationsformen raumbezogener Daten im Internet wesentlich profaner in die medialen Formen der Selbstdarstellung integriert. Die erzählende Instanz der Weltaneignung wird dabei dem interagierenden Subjekt zugewiesen. Ein entscheidendes technisches Element dieser Weltaneignung ist die Zoom-in-Technologie, die den Usern/Userinnen einen Global-Lokal-Nexus aufnötigt. Die Ebene der Bedeutungsproduktion verschiebt sich damit von der Produktion zur Rezeption. Um das Spiel der Navigation aufrecht zu erhalten, müssen die User und Userinnen selbst die Bedeutungsproduktion aktivieren: weltweite Netze sichtbar machen, lokale Kommunikationsstrukturen aufdecken, ›tiefer‹ in persönliche Profile und Messages ›eindringen‹. Mit der Fähigkeit, den kartografischen Raum permanent aufs Neue zu organisieren und zugänglich zu machen, verändert sich auch das traditionelle Bezugsverhältnis von ›Ort‹ und ›Raum‹. In seiner Theorie der »Kunst des Handelns« definiert Michel de Certeau den Ort als eine momentane Konstellation von festen Punkten: »Ein Ort ist die Ordnung, nach der Elemente in Koexistenzbeziehungen aufgeteilt werden. Damit wird also die Möglichkeit ausgeschlossen, dass sich zwei Dinge an derselben Stelle befinden.« (1988: 217) Seinen Raumbegriff entwickelt er in Opposition zum Ortsbegriff und beschreibt den Raum als einen Zustand, der weder eine Eindeutigkeit noch die Stabilität von etwas ›Eigenem‹ gewährleiste:

»Der Raum ist ein Geflecht von beweglichen Elementen. Er ist gewissermaßen von der Gesamtheit der Bewegung erfüllt, die sich in ihm entfalten. Er ist also ein Resultat von Aktivitäten, die ihm eine Richtung geben, ihn verzeitlichen und ihn dahin bringen, als eine mehrdeutige Einheit von Konfliktprogrammen und vertraglichen Übereinkünfte zu funktionieren.« (1988: 218)

Diese von de Certeau getroffene Differenzierung zwischen Ort und Raum beschreibt auf anschauliche Weise den Unterschied zwischen einer gezeichneten oder gedruckten Karte und der digitalen Karte, die elektronisch im Navigationsprogramm errechnet wird. Im Gegensatz zur Karte, die eine starre Konstellation abbildet, liegt die entscheidende Medienspezifik des digitalen Navigierens in der Fähigkeit, den Raum auf neue Weise zu organisieren und zugänglich zu machen. Aus der Beweglichkeit des Raumes können kontinuierlich neue Konstellationen gebildet werden. Für die User/-innen entsteht der Eindruck einer permanenten Erneuerung des digitalen Raumes, der mit Eigenschaften des sozialen Raumes werbewirksam zur Deckung gebracht werden soll:

»Wie im Fluge bewegst du dich durch neue sozialen Welten. Es ergeben sich immer wieder neue soziale Kontakte. Du findest immer wieder neue Freunde.« (www.single-treff.de)

Durch diese Transformation wird der Ort zum Raum und das Navigationsgerät zum Produzent von Räumen. Die Mapping-Technologien der Community-Seiten setzen den Begriff des Raumes uneindeutig zu mathematisch-deskriptiven Modellen und gehen also über die faktische Vermittlung topografischer Daten weit hinaus. Dating-, Flirt-, oder Chatmaps erstellen ein intermediales Geflecht von textuellen, grafischen, diskursiven und metaphorische Verfahren und überlagern damit unterschiedliche Repräsentationsordnungen. In der räumlichen Distanz der Karten erscheint die hektische Welt der sozialen Beziehungen als eine der Zeitlichkeit entzogene Einheit: Was sich auf der Ebene der Weltkarte zeigt, ereignet sich an der Grenze des Sichtbaren. Weil sich im Tiefenraum der Karten die Distanzen nur noch schwer abschätzen lassen, verwandelt sich die Ferne in eine flächige Darstellung. Der panoramatische Blick auf das Soziale verweist immer auch zugleich auf eine panoptische Projektion, die sich darum bemüht, die Widersprüche, die sich aus der Unübersichtlichkeit der Suchabfragen und -ergebnisse ergeben, zu überwinden. Gleichzeitig sind die digitalen Mappingtechnologien eine panoptische Projektion, die auf die Macht des Überblicks setzen und mit einer fingierten Übersichtlichkeit operieren.

Das Mappen kann als ein Visualisierungsverfahren verstanden werden, das Daten und Informationen über den operationellen Zustand komplexer Wissensfelder in einem einzigen visuellen Bild zusammenfassen und präsentieren kann. Die meisten Community-Karten reproduzieren die kartografischen Normen planimetrischer Kartenansichten. Diese zweidimensionalen Karten zeigen eine direkte Aufsicht und bedienen sich einer einheitlichen Reduzierung des Maßstabs. Der damit in Gang gesetzte Verräumlichungsprozess, bei dem eine kartenähnliche Struktur auf Datenerhebungen appliziert wird, soll umfangreiche Datenbanken abstrakter Informationen in verallgemeinerten und vereinfachten Bildern sichtbar machen, die Recherchezeit reduzieren und Beziehungen aufzeigen, die andernfalls unbemerkt geblieben wären.

Auf der Ebene des Mapdesigns kann in der Regel zwischen unterschiedlichen Kartenmodellen und Visualisierungsverfahren eine Auswahl getroffen werden – häufig ist die Auswahl zwischen schematischer *Straßenkarte* und fotografischem *Satellitenbild* vorgegeben. Mit der Adaption der *Straßenkarte* wird versucht, soziale Netzwerke, Kontakte und Beziehungen als Routenplanung und geografische Weg-Ziel-Orientierung in Szene zu setzen. Nach dem Vorbild geografischer Landkarten simulieren Grenzen, Verkehrswege, Hauptstraßen, Zentren und Randzonen die Dating-Topografien potenzieller Partner und Partnerinnen. Flirt- und Datingkarten sorgen für eine visuelle Abstraktion und halten Entfernungen und die relative Lage der Mitglieder zueinander auf zweidimensionalen Karten fest.

Die in Datingprozeduren verwendeten Straßen- und Stadtkarten stellen ein verräumlichtes Tableau klassifikatorischen Wissens dar und adressieren den Betrachter als ein Subjekt, das alle potenziellen Partner/-innen überblickt und sich die jeweiligen Profile räumlich-navigierend aneignet. Vermittels einfacher geometrischer Figuren werden maßgebliche Konnotationen gesetzt und damit eine übersichtliche, unkomplizierte Welt des Geordneten präsentiert, die vor allem auf ein schnelles Verstehen abzielt. Dating-Karten synthetisieren aus dem Ausgangsmaterial (E-Mail-Adressen, Online-Status etc.) die jeweiligen Akteure und Akteurinnen und transformieren sie in Items, die an- oder weggeklickt werden können. Interaktive Medientechnologien sind zwar einerseits mit Aspekten alter Medienformen verflochten, bilden aber auch Werkzeuge für strukturelle, konstruierte Identitäten. So finden die möglichen Interaktionen zwischen den Mitgliedern in einem determinierten Handlungsraum statt, den die Mapping-Software als sogenannter Tech-Tree vorgibt.

In der Ära von GoogleMap stellen *Satellitenbilder* ein dominantes topografisches Modell des Wissens dar. Was die Satellitenfotografie bietet, ist nicht nur eine realistische visuelle Bildhaftigkeit, sondern auch ein kinästhetisches Gefühl von Bewegung durch die dargestellten virtuellen Räume (Zoomverfahren). Im Unterschied zur grafischen Schematisierung der Straßenkarten erhöhen Satellitenbilder den Realitätseindruck: Einerseits verleihen sie der sozialen Realität Evidenz und Plausibilität, andererseits verschleiern sie in ihrer vermeintlichen Evidenzstiftung die gesellschaftlich-hegemonialen Verhältnisse der Wissenstechniken der Visualisierung. Denn die Satellitenbilder der Erdoberfläche sind mediale Produkte des militärisch-technologischen Wissenskomplexes und stehen immer auch für den Anspruch auf visuelle Ermächtigung und ›lückenlose‹ Aufdeckung militärisch relevanter Wissensobjekte (vgl. Gartner 2006: 416-431).

Meist liegt den Community-Karten ein Muster der Geografie nationaler Zugehörigkeit und Identität zu Grunde. Ihr äußeres Erscheinungsbild weist häufig Gemeinsamkeiten mit den Streckenkarten von Online-Routenplanern und Stadtplandiensten auf. Sie bieten einerseits ein *selektives Bild* dessen, was die jeweiligen Dienste hervorheben möchten und markieren etwa potenzielle Flirtpartner mit Signalfarben, Pfeilen, Inserts, Sprechblasen oder Icons. Andererseits erzeugen sie ein *imaginäres Bild* globaler Verfügbarkeit und omnipräsenter Weltbeherrschung; sie simulieren einen göttlichen Blick auf die Weltkugel. Als *Bild der Macht* wurden Karten immer schon bei der militärisch-strategischen Planung, der sozialen Überwachung, der ökonomischen Kontrolle, der theoretischen Analyse und Strukturierung, der Eroberung neuer Territorien sowie der juristischen Legalisierung von Grundbesitz genutzt (vgl. Schneider 2006). Es überrascht daher nicht, wenn kommerzielle Anbieter im Netz ihre eigene Community als Wissensobjekt darstellen, die sich selbst vermessen, planerisch erfassen und wechselseitig kontrollieren soll. Mit den interaktiven Karten werden die Beziehungsnetzwerke selbst zu Standortfragen. Auch im sogenannten Real Life werden Städte immer mehr zu miteinander konkurrierenden Unternehmungen, die miteinander um Investitionen aus dem High-Tech Sektor rivalisieren. Diesen Aspekt tradiert das Online-Mapping, das Profile als ›kritische Masse‹ in hochfrequentierten Orten versammelt und damit die dementsprechende Aufmerksamkeit auf sich lenkt.

Die Attraktivität der meisten Community-Seiten, Foren und Plattformen ist vom sogenannten »Traffic« abhängig. Es ist signifikant, dass viele *YouTube*-Videos vorzugsweise Titel aufweisen, die mit einem Ausrufezeichen enden; auf *MySpace* firmiert das erotische Selbstporträt als konkurrenzloser Aufmerksamkeitsfänger. Oft muss die Aufmerksamkeit eines attraktiven Ortes im Netz erkauft werden. Das Online-Rollenspiel *Second Life* hat mehrere Orte, in denen unterschiedliche Angebote offeriert werden. In diesem Zusammenhang gibt es nun verschiedene Möglichkeiten, um auf diese Orte aufmerksam zu machen. Einer dieser Faktoren ist »Traffic« – die Anzahl der Besucher in einem bestimmten Zeitraum. Der Traffic wird in einem Abstand von fünf oder zehn Minuten gemessen. Wenn sich User/-innen mehr als zehn Minuten an einem Ort aufhalten, gibt es beispielsweise Traffic eins. Sind es zwei User/-innen, gibt es Traffic zwei – so steigert es sich immer weiter. Wer im Menü nach den »Most popular places« schaut, der sieht, wo viel los ist. Diese Traffic-High-Score-Liste weist Orte aus, an denen besonders viele Avatare sind. Je mehr Avatare zugegen sind, desto interessanter scheint ein Angebot für die Besucher/-innen von *Second Life* zu sein. Da die Fans von *Second Life* virtuelle Orte bevorzugen, wo etwas los ist, versucht die besitzende Klasse von Discos, Wellnesshotels, Inseln, Banken oder Schuhgeschäften, so viele Avatare wie möglich auf ihre Besitztümer zu locken. Aufmerksamkeit lässt sich in *Second Life* nicht über Klickzahlen messen, sondern per Anwesenheitsliste. Da die Ansammlung von Avataren die Attraktivität der Location erhöht, wird man für die reine Anwesenheit bezahlt. Im Vergleich zu den anderen Kosten fallen diese niedrigen Summen nicht ins Gewicht. Im Fachjargon von *Second Life* heißt die Bezahlung für die bloße Anwesenheit »campen«.

Die mit elektronischen Medien generierten virtuellen Räume bieten also mehr als einen Rahmen, in dem sich eine neue Sorte von Medienereignissen bloß passiv entfaltet. Ausgelöst von den Fantasien der neuen Möglichkeiten multimedialer digitaler Techniken entwickelt sich ein spezifisches Verhältnis zu den alltäglichen Räumen, die sich von den Ideen und Klischees einer postindustriellen Informationsgesellschaft leiten lassen und sich ihren Modalitäten anpassen.

Interaktive Karten vermengen zwei oppositionelle Blickweisen: erstens die *gottähnliche Totalansicht* und zweitens die *partizipatorische Tiefenperspektive*, die das Feld der narrativen Mikrodramaturgien entfaltet. Die gottähnliche Totalansicht ist das visuelle Produkt der *Repräsentation des Raums* wie ihn Planer, Gelehrte und Technokraten im Akt des Zerlegens und Zurechtlegens entwerfen. Die partizipatorische Tiefenperspektive hingegen eröffnet Räume der Repräsentation, die mittels der sozialen Praktiken der Communities entstehen. Der durch den sozialen Gebrauch umfunktionierte Raum der Beherrschung und der Duldung verändert seine Symbol- und Zeichensysteme und kann Gegenräume eröffnen:

> »Hier finden wir nicht nur die räumlichen Repräsentationen von Macht vor, sondern auch die eindrucksvolle und einsatzbereite Macht der räumlichen Repräsentationen. Indem sie das Reale und das Imaginäre, Dinge und Gedanken auf gleicher Ebene miteinander verbinden, sind diese gelebten Räume der Repräsentationen das Feld, in dem ›Gegenräume‹ entstehen können, Räume des Widerstands gegen die herrschende Ordnung, die gerade aus ihrer untergeordneten, peripheren oder marginalisierten Lage heraus entstehen.« (Soja 2005: 108)

Beide Sichtachsen der kartografischen Repräsentation weisen eine entscheidende Gemeinsamkeit auf: Sie bestimmen den Raum der Netzgemeinschaft als vollkommen durchlässig und kommunizierbar. Wenn Partizipation sui generis mit dem möglichen Raum der Gleichheit und der Freiheit koinzidiert, dann wäre diesem libertären Raum der Partizipation nichts mehr äußerlich. Ausgehend von der Annahme eines immer schon *bestehenden* und *gegebenen* politischen Raumes, darin Vielfältiges koexistiere, könnte demnach nur noch über die Zugänge, Zugangsbestimmungen und Grenzziehungen verhandelt werden, da (von der Theorie) nichts mehr zugelassen wird, was dem Raum der Gleichheit und der Freiheit als eine an und für sich seiende räumliche Totalität äußerlich sein könnte. Bedarf aber der Pluralismus nicht einer Grenze, die es ermöglicht, jene auszuschließen, welche die Prinzipien des libertären Raums nicht anerkennen? Um welche Kriterien handelt es sich, die entscheidbar machen, was zugelassen werden kann und was nicht?

Auf der Seite *twitter.com* erreicht die Bekenntniskultur der Web-2.0-Community eine neue Dimension. Eine rasant wachsende Zahl von Bloggern/Bloggerinnen veröffentlicht dort ihren Tagesablauf im Telegrammstil. Mit den Anbietern *Twitter* und seinem unmittelbaren Konkurrenten *Jaiku* hat sich das Phänomen »Mikroblogging« in der Popularkultur etabliert. Mikroblogging ist eine Form des Bloggens, bei der kurze, SMS-ähnliche Textnachrichten versendet bzw. veröffentlicht werden können. Die Länge dieser Nachrichten beträgt meist weniger als 200 Zeichen. Die einzelnen Postings sind entweder privat oder öffentlich zugänglich und werden – wie in einem Blog – chronologisch dargestellt. Dies kann im Browser, auf dem Handy, über Instant-Messaging oder E-Mail geschehen. Der bekannteste Mikroblogging-Service ist *Twitter*, das im März 2006 startete und 2007 den »South by Southwest Web Award« in der Kategorie »Blogs« gewann.

Die meiste Aufmerksamkeit lukrierte das Twitter-Tool *Twittervision*, das die Mikroblogs mit Googles Kartendienst verknüpft. Beinahe im Sekundentakt rutscht die Weltkarte im Browserfenster von einem Land zum nächsten, von Südafrika in die USA, von dort nach Litauen und Australien, während dort Kästchen aufpoppen und kleinste Alltagsgeschichten erzählen. Im Unterschied zur objektivierenden Kartografie, die sich damit beschäftigt, die Welt zu vermessen, zu definieren und in einer Ebene abzubilden, erzeugen die Community-Maps von *Twittter* und *Jaiku* neue Wissensräume, welche die raumgebundene *Statik der Karte* mit einer zeitabhängigen *Mobilität des Erzählens* und einer *soziokulturellen Dynamik* verknüpfen. Mit ihren sich prozesshaft wandelnden Mikropraktiken und Mini-Enactments transformieren die Blogger/-innen den kartografischen Raum der Stadt in einen diskontinuierlichen, vielfältigen und mehrdeutigen Aggregatzustand, der nicht mehr in der konstativen Abbildung des Gegebenen aufgeht. Folglich kann die Beziehung von Raum und seiner Topografie als eine nicht nur epistemologisch-konstative, sondern auch als eine *ästhetische Repräsentation* beschrieben werden.

Die mittels des Mikrobloggings und anderer kultureller Aneignungspraktiken in Gang gesetzten Taktiken des Remappings/Demappings führen einen abweichenden, dissidenten Gebrauch in die funktionalen Koordinatenraster der digitalen Kartenräume ein. Gegenüber den Monumenten der Macht – den Verzeichnissen, Plänen und Satellitenfotos – konzentrieren die Experimente des Remappings/Demappings ihre Aufmerksamkeit auf die kartologischen Zwischenräume und stellen die Kartenrepräsentation als strategisches Machtverhältnis in Frage. Strategie der Macht heißt, gesellschaftliche Kräfteverhältnisse steuern und gesellschaftliche Räume bestimmen und besetzen zu können. Sie setzt einen gesellschaftlichen Ort, eine mit Macht versehene Institution voraus. Dieser eigene Ort bildet die Basis, von der aus strategisches Handeln seine gesellschaftlichen Beziehungen organisiert und sichert. Als Taktik lässt sich hingegen ein Kalkül bezeichnen, das von keiner festen Basis, keinem eigenem Ort ausgehen kann, sondern nur das Terrain des Anderen hat (vgl. Negri 1979: 61). Während das »Eigene«, das Fundament strategischen Handelns, einen Sieg des Ortes über die Zeit markiert, hat die Taktik keinen Ort und bleibt von der Zeit abhängig. Sie muss mit dem Terrain, das ihr so von einer fremden Gewalt vorgegeben wird, fertig werden und in den vorgegebenen Strukturen günstige Gelegenheiten aufspüren. Taktik ist darauf angewiesen, mit den Kräften der Macht zu spielen. Der französische Philosoph Michel de Certeau spricht von »gelungenen Streichen, schönen Kunstgriffen, Jagdlisten, vielfältigen Simulationen, Funden, glücklichen Einfällen sowohl poetischer wie kriegerischer Natur. [...] Die List ist eine Möglichkeit für den Schwachen. Ohne eigenen Ort, ohne Gesamtübersicht, blind und scharfsinnig wie im direkten Handgemenge, anhängig von momentanen Zufällen, wird die Taktik durch das Fehlen von Macht bestimmt, während die Strategie durch eine Macht organisiert wird« (Certeau 1980: 90). Die Ermächtigung der Amateure und Amateurinnen muss sich daher auf das Entwenden der strategischen Vorgaben durch alltägliche Taktiken beschränken. Diese ›Beschränkung‹ kann unter bestimmten Umständen zu einem taktischen Vorteil umfunktioniert werden. Orte können kurzfristig entwendet, Strategien der Macht in situativen Gelegenheiten außer Kraft gesetzt werden. Die taktische Intervention der Amateure/Amateurinnen im Netz ist entschieden auf die Nutzung des Zufalls und des Unerwarteten angewiesen. Dabei verschwinden sie in ihrem eigenen Handeln ohne einen Spiegel zu haben, der es repräsentieren würde. Ihre alltäglichen Praktiken sind zwar subversiv, weil sie die Setzungen der Macht umgestalten und in Fakes, Parodien und Travestien umfunktionieren, sie bleiben aber reaktiv und parasitär, insofern sie nicht die Bedingungen der Möglichkeit in ihrer Gesamtheit verändern: In diesem Punkt unterscheiden sich die Amateure/Amateurinnen von den Sabotage-Praktiken der Hacker, die auf den Zusammenbruch des Systems abzielen.

Das Mikroblogging steht für die performative Dimension der Karte und verweist in erster Linie auf die medialen Prozesse, die bei der Herstellung von räumlicher Wahrnehmung eingesetzt werden. Sein ›Spontanismus‹ produziert permanent Unentscheidbares, womit die Vorläufigkeit und Veränderbarkeit der Topografie sowie die Endlichkeit und Kontingenz ihrer Geltung hervorgehoben wird. Die oppositionellen Praktiken machen die Ambivalenzen innerhalb der Programmatik sozial markierter Räume sichtbar und siedeln sich in den Zwischenräumen der herrschenden Repräsentation an. Der französische Soziologe Henri Lefebvre expliziert in seiner Schrift »La production de l'espace« (Paris 1986), dass die im Kapitalismus entstandenen abstrakten Räume mit homogenisierenden ›Charaktermerkmalen‹ ausgestattet werden. Seines Erachtens reduzieren sie die räumliche Anschauung zugunsten leichterer Konsumierbarkeit auf austauschbare Versatzstücke. In seiner sozialen Raumtheorie unterscheidet Lefebvre drei umfassende Raumtypen: den *wahrgenommenen, begrifflichen* und *gelebten* Raum.

Der *wahrgenommene Raum* ist der Raum der Oberflächen, er ist materiell, sozial erzeugt und empirisch verifiziert. Es ist auch der Raum der Produktion und Reproduktion – da für Lefebvre Raum nicht vorgegeben ist, sondern produziert wird, beruht sein Weiterbestand stets auf sozialen und physischen Prozessen. Die dominante Repräsentation des Raums in der Gegenwartskultur sieht Lefebvre im »begrifflichen Raum des Zerlegens und Zurechtlegens; im Raum der Gelehrten, der Planer, der Urbanisten und Technokraten oder auch bestimmter, dem Raum der den Wissenschaften nahestehenden Künsten – all jene Wissensfelder also, die das Gelebte und das Wahrgenommene mit dem Vorgestellten gleichsetzen« (Lefebvre 1986: 48).

Der *begriffliche Raum* besteht für Lefebvre aus den mentalen Raumrepräsentanzen, welche die Subjekte für sich selbst erzeugen. Euklidische Geometrie, Diagramme und Karten aller Art konstituieren diesen zweiten Raum. Es ist der ideale, abstrakte Raum, der imaginiert und auf die Welt umgelegt wird. Der Aufbau und die Struktur der digitalen Karten im Netz löschen die spezifischen, konkreten Körper aus und ersetzen sie durch statistisch ermittelte

Variablen. Anstelle von konkreten und einzigartigen physischen Kontexten finden wir abstrakte idealisierte Darstellungen vor: So sind etwa die Hauptfunktionen kommunikativer Abläufe in sozialen Netzwerkseiten quantifiziert und können nicht verändert werden, weil sie immer nach demselben Algorithmus berechnet werden. Dementsprechend repräsentieren kommunikative Akte wie etwa »Grußbotschaften« oder »Sympathiepunkte« säuberlich quantifizierte Funktionen eines genauen Maßes an sozialer Anerkennung. Jede kleinste Erhebungseinheit (das Item) hat diese zweifache Qualität – sie ist als ikonische Repräsentanz direkt sichtbar; sie steht aber auch für verdinglichte Sozialbeziehungen und die ihr zu Grunde liegende Funktion der Kosten-Nutzen-Rechnung. Vor diesem Hintergrund erscheint ›Sympathie‹ als etwas, in das permanent investiert werden muss, sie kann aufgerechnet werden und zeigt einen durch sie geschaffenen quantifizierbaren Zuwachs an sozialer Anerkennung (›Beliebtheit‹) an. Während Satellitenbilder nach ihrer Wirklichkeitstreue, direkten Referentialität und Übereinstimmung mit unseren Sinneserfahrungen beurteilt werden, sind Fenster, Bildlaufleisten, Menüs und Tabellen typisch für den Darstellungsmodus der schematischen Karte. Metaphorische Modelle (der Orientierungspfeil, die Sprechblase, die Speerspitze, der Schaltknopf) werden eingesetzt, um bei der Manipulation von Information Vertrautheit und Einfachheit in der Benutzung zu schaffen. Dementsprechend zielt die abstrakte Karte auf erhöhte Effizienz und Leichtigkeit bei der Verwaltung und Manipulation von Prozessen und Information ab und soll die Bedienung des Interface ›intuitiver‹ machen.

Die Praktiken des Remappens können zwar zwischen dem *wahrgenommenen* und dem *begrifflichen* Raum changieren, bleiben jedoch konstitutiv dem Terrain der Planer und Technokraten verhaftet und entwickeln daher ein provisorisches Verhältnis mit dem Vorhandenen und Gegebenen. Dabei gehen die signifizierenden Praktiken der Raumbeschreibung in die resignifizierenden Praktiken der Wiederaneignung und der Einschreibung über und vermischen sich wechselseitig. Der britische Soziologe Edward Soja begreift den *gelebten Raum* als einen »strategischen Ort, von dem aus alle Räume sich gleichzeitig umfassen, verstehen und potenziell transformieren lassen« (*Thirdspace*, Oxford 1996). Vor allem aber widerstrebt seines Erachtens der ›gelebte Raum‹ als strategischer Ort den reduktionistischen Abstraktionen des idealen und mentalen Raums.

Auf welche Weise können diese kulturellen Praktiken des Unplanbaren und Zweideutigen das Dilemma des Übersetzens und Repräsentierens von gegenepistemologischen Strategien in die geordneten Bahnen etablierter Wissensproduktion (Planung, Architektur) benennen? Die Entfaltung von Gegendiskursen in den Zwischenräumen dominanter Topografien des Wissens gründet in Erfahrungen eines Bruchs mit der Gleichung von kultureller Identität und nationalem Territorium und verdichtet sich in der Figur des *displacement*. Ein entscheidender Aspekt der Anziehung des *displacement* für neue Modelle wissenschaftlicher und künstlerischer Praxis lokalisiert sich in seinem Vermögen, mobile und unfertige Orte der improvisierten Inanspruchnahme von unterschiedlichsten Umgebungen auszumachen. Das kontinuierliche performative Eingreifen in den Erzählmodus der Karte thematisiert die

Potenziale der Entsubjektivierung *innerhalb* der kartografischen Ordnung der Dinge und macht die *inneren Widersprüche* und *Ambivalenzen* der Kartierung kultureller Praktiken sichtbar. Anstatt aber diese Wandlungsfähigkeit als einen Mangel an ›kritischem Bewusstsein‹ und als ›Versäumnis‹ gegenüber einem ›kritischem Handeln‹ zu interpretieren, können die Praktiken des Remappings als eine von Widersprüchen genährte Taktik der Verwicklung angesehen werden. Denn es wird die Möglichkeit geschaffen, die Normen, Gesetze und Regeln der sozialen Kartografie in Frage zu stellen: repräsentative Monumente werden durch Architekturen des Alltags ersetzt – eine Strategie des Hineinreklamierens des Alltäglichen in die Kartografie des Lebens.

Ohne zur Annahme bestimmter Identitätsentwürfe verpflichtet zu sein, experimentieren die User/-innen mit einem offenen und spielerischen Akt des Bewohnens von Orten. Jenseits der Schranken einer linearen Historizität oder festgelegten Geografie werden die Orte als fiktionale und diskursive Schauplätze angesehen. Ein nicht unwesentlicher Aspekt dieser experimentellen, temporären und instabilen Topografie besteht darin, einerseits auf die inneren Widersprüchlichkeiten einer technologisch perfektionierbaren Subjektivität aufmerksam zu machen und andererseits die lückenlose Plan- und Verwaltbarkeit der mit elektronischen Medien generierten virtuellen Räume aufzuzeigen. Vor diesem Hintergrund haben sich im Netz populärkulturelle Tendenzen etabliert, welche die Grenzen von gestalteter Form gegenüber Formen der Aneignung und Partizipation geöffnet haben; das sind Aktivitäten, die eine Erweiterung relationaler Wirkungsfähigkeiten und die Entwicklung von neuen Konzeptionen der Soziabilität forcieren: Fiktionale Staats- und Stadtmodelle und Fake Identities; Netzgemeinschaften und Weblogs; Modelle von Konnektivität, welche die Festlegung auf eine ›naturgegebene‹ Abhängigkeit von Individuum und Gesellschaft in Kategorien von ›Abstammung‹, ›Familie‹ oder ›Staat‹ weitgehend ersetzt haben und neue Potenziale der Distribution und Manifestation von Medien, Konzepten, Erzählungen und Beziehungen verfolgen.

4. Kulturelle Formationen

Die Grundannahme, dass kulturelle Praktiken immer vieldeutig und veränderlich sind und ihre theoretische Reflexion immer auch ein aktiver Konstruktionsprozess ist, kann als Ausgangspunkt für die Thematisierung kultureller Praktiken und ihrer Bedeutungen genommen werden, vereinfachende oder vereinheitlichende Interpretationen von Kultur zu vermeiden. Daraus kann gefolgert werden, dass kulturelle Formationen von den sich im veränderlichen Feld von Beziehungen verortenden Praktiken immer wieder aufs Neue transformiert werden. Infolgedessen berücksichtigt eine Kartografie der kulturellen Formationen das komplexe Gewebe der möglichen Bedeutungen von Kultur und ihren Kontexten. Sie verfolgt weniger die Absicht, repräsentative Karten der kulturellen Praktiken zu entwerfen, sondern versucht vielmehr, die strategischen und taktischen Möglichkeiten der Aneignungspraktiken sicht- und sagbar zu machen.[1] Somit kann den kulturellen Formationen dieselbe handlungsermöglichende Wirkung zugesprochen werden wie den sozialen Beziehungen. Vor diesem Hintergrund distanziert sich die Erforschung der kulturellen Formationen vom Ideal der autonomen und neutralen Wissenschaft und positioniert sich als ein *politisch-strategisches Projekt*.

Medien operieren in bestimmten diskursiven Räumen, die ihre kulturellen Formen und Funktionen festlegen. Es ist also keineswegs so, dass Medien stets von sich aus ein – angemessenes oder wirksames – Wissen über das erzeugen, was sie sind und können (vgl. zur performativen Logik des Medialen Jäger 2004: 35-74). Das, was Medien können, entsteht und entwickelt sich folglich erst aus ihrem Gebrauch heraus. Die vielfältigen Nutzungsprozesse

1. Der hier artikulierte Begriff der »Kulturellen Formation« grenzt sich von Jan Assmanns vertretener Gleichsetzung von »kultureller Formation« und »kulturellem Gedächtnis« ab. Für Jan Assmann fungiert die kulturelle Formation als Garant der Zusammengehörigkeit und stabilisiert damit die kulturelle Kontinuierung bzw. Traditionsbildung: »Einer kollektiven Identität entspricht, sie fundierend und – vor allemreproduzierend, eine kulturelle Formation. Die kulturelle Formation ist das Medium, durch das eine kollektive Identität aufgebaut und über Generationen hinweg aufrechterhalten wird.« (Assmann 1992: 139) Diese Theorie der kulturellen Formationen vernachlässigt sowohl die Handlungskapazitäten als auch die divergierenden Interpretationen der Akteure/Akteurinnen.

im Netz sind jedoch immer auch Gegenstand forschungsstrategischer Exemplifizierungen und entziehen sich trotz versuchter Etikettierungen der festen Rahmensetzung und somit der theoretischen ›Sichtbarmachung‹ der Unübersichtlichkeit des Alltags. Eine nichtstatische/temporalisierte Konzeption der kulturellen Formation geht einer teleologischen Indoktrination der Medienkanäle aus dem Weg und verändert die Perspektive der Medien: Sie verändern sich von Anfang an und sind permanenten Aneignungsprozessen unterworfen. Gemeinsam ist diesen Selektions- und Bemächtigungsprozessen, dass die User/-innen die Relevanz der Produkte für ihre persönliche und soziale Lebenssituation selbst herausfinden wollen. Diese performative Herstellung der Medien, die nicht an sich, sondern immer nur für sich, d.h. in konkreten alltäglichen, sozialen Zusammenhängen existieren, führt zur Annahme, dass die Medien in diesem Sinne kein geschlossenes System abbilden, sondern immer auch die Möglichkeit von Veränderung und Subversion beinhalten. In einem Feld fortwährender Differenzierungen und Transformationen fungieren komplexe mediale Konstellationen, die sich aus Normen, Dispositiven, Freiheitstechnologien, Adressierungen, Evidenzstrategien zusammensetzen, als basale Strategien für die Prozessierung kulturellen Sinns. Sie firmieren als bedeutungsgenerierende Effekte, die aus der Wechselbeziehung differenter und miteinander verschalteter Medien sowie der rekursiven Rückwendung eines Mediums auf sich selbst entstehen. Ihre spezifische Wirksamkeit entfalten die kulturellen Formationen als eine nicht im Staat verkörperte Handlungsmacht, sondern mittels der Erzeugung und Transformation von Subjekt- oder Äußerungspositionen. Eine Beschreibung und Entzifferung bestimmter kultureller Markierungen vermag in diesem Zusammenhang aufzuzeigen, inwiefern sich politische Ordnung mit ihren quer laufenden Performanzen, Friktionen und Unterbrechungen mittels kultureller Repräsentationssysteme reproduziert. So gesehen, findet in der Kombination konsumtorischer, medialer und körperorientierter Praktiken des Selbst eine populistische, mit Metaphern des Marktes durchsetzte Rhetorik einen Eingang in die Web-2.0-Diskurse. Allerdings lassen sich kulturelle Formationen nicht ausschließlich auf die Reproduktion mikropolitischer Aussagesysteme einschränken. Kulturelle Formationen markieren epistemische und ästhetische Politiken, die sich nicht dahingehend einschränken lassen, auf der Ebene der Selbstpraktiken der Individuen die allgemeine Form eines Gesetzes, das sich ihnen verwirklichen soll, wiederzufinden. Im Gegenteil: Ihre Thematisierung lotet die Möglichkeiten des transformierenden Eingriffs in Mediensysteme aus und macht damit die Widersprüche, Unvereinbarkeiten und Paradoxien innerhalb der medial generierten Macht/Wissens-Komplexe sichtbar. In dieser Sichtweise weisen kulturelle Formationen eine dynamische Entwicklung auf, in der sich Stabilisierungs- und Transformationsphasen abwechseln oder wechselseitig durchdringen. Auf habitualisierte Formationen folgen stets labile Phasen und synkretistische kulturelle Formationen, aus denen neue kulturelle Formationen hervorgehen, die eine eigene Strukturierung mit anderen Elementen entwickeln, so dass sie nicht mehr das ›alte‹ System stabilisieren helfen, sondern den Ausgangspunkt für ein neues System bilden. Diese prozessuale Komponente, welche die Konsensbildung als andauernden Prozess ansieht, in dem permanent Neubildungen, Anpassungen und verhandelte Konstruktionen stattfinden, scheint geeignet, sowohl Raum für einen *subversiven Mediengebrauch* als auch *dominante Strukturen* durch die faktische Macht der Institutionen und Produktionsverhältnisse einzuräumen.

Die kulturellen Formationen, die im Ablauf der Geschichte einander ablösen, bilden keine festen Blöcke von Subjektordnungen, sondern vielmehr transitorische Räume, die Sinnverschiebungen, Neuorientierungen und eine Hybridität der Subjektformen zulassen. Hybridität entsteht nicht durch eine Intervention von außen, die unterbricht, denaturalisiert und die ›hegemoniale‹ kulturelle Formationen dekonstruiert, sondern ist ein alltäglicher, unvermeidbarer und gewöhnlicher Bestandteil aller kulturellen Formationen, die auftauchen, sich verändern und durch Zeit und Raum fortbewegen. Dieser Umstand soll jedoch nicht darüber hinwegtäuschen, dass die Politiken der Hybridität hart umkämpft sind. Kulturelle Formationen sind jedoch *keine supplementären Phänomene*, die zu dem, was Medien ›von sich aus‹ sind, hinzukommen: »Kulturelle Formen und Prozesse werden nicht als etwas Sekundäres, Abgeleitetes betrachtet, sondern sie treten als dynamische und produktive Kräfte, die für die Gesellschaft selbst konstitutiv sind, in den Mittelpunkt.« (Winter 1999: 48) Mediendiskurse wie die Diskurse über das Web 2.0 sind nicht bloße Reflexionstheorien, sondern versuchen, den soziokulturellen Normalfall ihrer Interpretation und Anwendung zu definieren. Diese These führt dazu, das »Web 2.0« als ein *diskursiv konstruiertes* Objekt zu begreifen, mit welchem bestimmte Strategien der Regulierung, die dieses Wissen ›begründen‹ soll, verknüpft sind. Web-2.0-Mediendiskurse zielen im Regelfall darauf ab, eine legitime Perspektive für das Beobachtersubjekt festzulegen, um es auf diese Weise in normalisierende Praktiken zu integrieren.

Entlang dieser Sichtweise kann eine vorschnelle Ableitung einer neuen medienkulturellen Konstellation wie dem Web 2.0 aus einer bestimmten technischen Innovation und einer damit einhergehenden Infrastruktur vermieden werden. Denn der sogenannte ›spektakuläre‹ Medienumbruch des Web 2.0 ist immer auch als ein diskursiver Effekt aufzufassen und von daher ein integraler Bestandteil eines über die technischen Apparate weit hinausreichenden Netzwerkes, das die spezifische mediale *agency* konstruiert. Die bei der Untersuchung der Amateurpraktiken geltend gemachte Grundannahme geht also davon aus, dass kulturelle Praktiken eine größere Reichweite haben als das in Medien investierte technische Wissen der Ingenieure, die nur einen kleinen, wenn auch unverzichtbaren Teil der Aktivitäten im Netz planen und kontrollieren können.

4.1 Gaming Government

Computer Games sind Indikatoren gesellschaftlicher Transformation. Die meisten strategischen Computerspiele werden heute als »Massively Multiplayer Online Role-Playing Game«[2] (MMORPG) (dt.: Massen-Mehrspieler-

2. Ein MMORPG ist ein ausschließlich über das Internet spielbares Computer-

Online-Rollenspiel) online über das Internet gespielt und haben maßgeblich dazu beigetragen, das Regieren als Entertainment in der Populärkultur zu etablieren. Unter den Bedingungen dynamisierter Märkte, die innovative Flexibilität, ökonomische Effizienz und die wachsende Bedeutung des Produktionsfaktors Wissen fordern, sind *Globalstrategiespiele* (auch ›4X-Strategiespiele‹) darauf ausgerichtet, subjektive Potenziale und erfahrungsbasiertes Wissen zu aktivieren.

Mittlerweile bilden die auf dem Softwaremarkt hochgradig erfolgreichen Globalstrategiespiele ein eigenständiges Genre. Mit der Medientechnologie interaktiver Simulationsspiele hat sich mittlerweile eine Hybridkultur politischer Rationalität, sozialer Regulative und ökonomischer Effizienzkriterien ausdifferenziert: von Entwicklungssimulationen menschlicher Zivilisation (*Civilization*, MicroProse 1991), europäischer Geschichte (*Europa Universalis*, Strategy First 2000), frühmittelalterlicher Invasionen (*Great Invasions*, Nobilis 2005; *Crusader Kings*, Paradox 2004) und antiker Gesellschaftsordnungen (*Caesar*, Sierra 1995; *Pax Romana*, Dream Catcher 2003; *Pharaoh*, Impression Games 2000), von Sozialutopien (*Utopia: The Creation of Nation*, Nintendo, 1999), Globalsimulationen des Zweiten Weltkriegs (*Hearts of Iron*, Paradox 2002) und fiktiven Weltmächten (*SuperPower*, Dream Catcher 2004) bis zu Weltraum erobernden Mächten (*Master of Orion*, MicroProse 1991); von der Konstruktion sozialer Organisationen in Wirtschaftssimulationen (*SimCity*, Maxis 1989) bis zu Göttersimulationen (*Populous*, Electronic Arts 1989; *Black and White*, Electronic Arts 2001). Die Bandbreite der Regulierung der Allgemeinheit ist weit gefasst – ihre Chiffren sind: ›Volk‹, ›Bevölkerung‹, ›Nation‹, ›Imperium‹, ›Weltmacht‹, ›Umwelt‹, ›Kapitalismus‹, ›Demokratie‹, ›Epoche‹ u.a. (Abb. 45)

Eine politische Spielekritik fragt danach, wie Weltbeherrschungsspiele in der Art von *Civilization* das politische Handeln und Wissen der Gamer/-innen formen. Sämtlichen *Government-Games* liegt ein Screen- und Interfacedesign von kartografischem Hauptbildschirm und faktorenorientierten Menüleisten zu Grunde, das mit unterschiedlichen Szenarien des Regierens operiert, etwa mit der Bewirtschaftung von Grund und Boden, der Regierung und Verwaltung der Bevölkerung, der militärischen Expansion, der Exekution sozialer Ordnung, der Produktivitätssteigerung der Wirtschafts-, Lebens- und Wissenssysteme u.a. (Abb. 46) Dabei wird mit der Verfügbarkeit vielschichtiger Strategien für ein politisches Handeln mit globaler Wirksamkeit gespielt (vgl. Ferguson 1998: 1-90).

Rollenspielgenre, bei dem gleichzeitig mehrere tausend Spielerinnen und Spieler eine persistente, virtuelle Welt miteinander teilen können. In der Anfangszeit bestanden die Online-Spiele vor allem aus Text Adventures, MUDs (bei einem Multi User Dungeon handelt es sich um ein Rollenspiel, das auf einem zentralen Server läuft, auf dem sich mehrere Spieler gleichzeitig einloggen können) und bekannten Brettspielen (Schach, Go usw.). Mit *Ultima Online* konnte sich 1997 erstmals ein MMORPG etablieren, bei dem mehrere tausend Spieler gleichzeitig online sein können. Gegenwärtig ist beinahe jedes Spielprinzip als Online-Spiel vertreten, unabhängig von der notwendigen Leistung oder Komplexität.

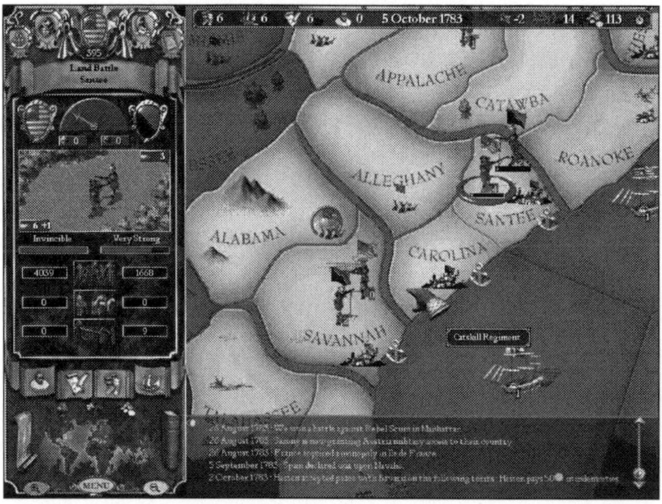

Abbildung 45: Europa Universalis

Abbildung 46: Great Invasions

Trotz ihrer unterschiedlichen thematischen Konfiguration teilen die *Government-Games* an der Schnittstelle von Medienästhetik und Machtrepräsentation spezifische Merkmale: Sie recyceln hegemoniale Ordnungsvorstellungen politischer Macht und tradieren dabei kanonische sowie standardisierte Narrative der Geschichtsschreibung. Sie beziehen sich auf konventionelle Repräsentationen der Macht durch Personen, Institutionen und Ideen, legitimieren bestimmte Wissenssysteme als universell gültig und rekurrieren im gleichen Atemzug auf rassistische Kolonialphantasien, Gender-Stereotypen und mechanistische Steuerungsmodelle polizeilich-administrativer Kontrolle und Verwaltung (vgl.

Doran/Gilbert 1994; Herz 1997). Dementsprechende Bedienmenüs und Spieleoptionen suggerieren eine kontinuierliche und umfassende Klassifikation und Kodifizierung sämtlicher Aspekte des Lebens – von prähistorischen Stammesgesellschaften bis zur utopischen Weltraumkolonisation. Um den Eindruck eines lückenlosen *Cognitive Mapping* der zivilisierten Welt entstehen zu lassen, bedient sich das Genre der Globalstrategiespiele der exzessiven Verwendung statistischer, grafischer und schematischer Visualisierungen.

4.2 Civilization zwischen Technology Tree und Master Narrative

Die Globalstrategiespiel-Reihe *Civilization* wurde 1991 von der Firma MicroProse unter der Leitung des Software-Entwicklers Sid Meier entwickelt. *Civilization* und seine drei Fortsetzungen von 1996, 2001 und 2005 gelten als einflussreichste Sequels im Globalstrategie-Genre. Von den einzelnen Versionen des Spiels wurden weltweit über 2,5 Millionen Exemplare verkauft. Heute übertrifft die *Civilization*-Reihe die Verkaufszahlen von sogenannten Ego-Shooter Games bei weitem und wird in naher Zukunft mit den Einnahmen der Filmindustrie rivalisieren (Abb. 47). Dieses computerbasierte Game simuliert nicht nur die globale Geschichte menschlicher Zivilisation, sondern tritt gleichermaßen als ein Global Player in Erscheinung, der mit geschichtlicher Teleologie und universellem Narrativ einen weltweiten Markt zu erschließen beabsichtigt. Im Unterschied zu vorhergehenden Taktikspielen erweiterte *Civilization* seine strategischen Spielziele um ein Wirtschaftssystem und um einen zivilisatorischen und technologischen Fortschritt und vervielfachte damit die Anzahl erfolgversprechender Faktoren. Alle nachfolgenden Simulationsspiele globaler Strategien haben das von Sid Meier entwickelte *Civilization* mehr oder weniger zum Vorbild (vgl. Squire 2004: 135-40).

Abbildung 47: Civilization IV

Jedes Globalstrategiespiel umfasst vier Grundkonzepte: *Explore, Expand, Exploit, Exterminate* (daher auch der Begriff »4X-Strategiespiel«, vgl. Chick 2002). Nach diesen vier grundlegenden Strategemen zivilisatorischer Entwicklung sind die rundenbasierten Globalstrategiespiele bis heute konfiguriert: Aufklärung der Weltkarte, Bekämpfen verfeindeter Zivilisationen, Entwicklung neuer Technologien, Auf- und Ausbau von Städten, Provinzen und Ländern.

Aufgabe der Gamer/-innen ist es, eine möglichst ›erfolgreiche‹ Zivilisation von der prähistorischen Vergangenheit der Jungsteinzeit durch die Menschheitsgeschichte hindurch bis hin zur Gegenwart und künftigen Besiedlung des Weltalls aufzubauen. Die Konfiguration von *Civilization* stellt die Gamer/-innen vor die Herausforderung, das komplexe Geflecht aus Wirtschaftssimulation, Strategiespiel und Lebenssimulation zur ›individuellen‹ und ›persönlichen‹ Sozialutopie auszubilden. Dabei kontrollieren die Gamer/-innen ihre Zivilisation von einem Weltkarten-Hauptbildschirm aus. Von dort eröffnen sich Zugriffe auf verschiedene Menüs. Die Gamer/-innen können zivilisatorische Geschichtsbezüge modifizieren, ihre eigene Weltkarte auf ihre Weise modellieren, eine Nachbarschaft zwischen den USA und den Zulus etablieren, die Pyramiden in Russland und die Große Mauer in Frankreich bauen sowie die Geschichte der Erfindungen und die Abfolge von Regierungsformen manipulieren. Die Spielentwickler von *Civilization* titulieren die Spielpraxis als die Erfahrung einer »ultimativen Interaktivität«: »Build the ultimative Empire – the way you imagine it« (Civ.4.com, 2005). Die Gamer/-innen fungieren innerhalb des Games als interaktive Subjekte, indem Sie das Narrativ von *Civilization* auf ihre Weise beeinflussen. Die Interaktion zwischen den Usern/Userinnen und der Software findet jedoch innerhalb bestimmter Rahmenbedingungen statt, die letztlich von der Softwareprogrammierung determiniert sind (vgl. Friedman 1995: 73-89). Das Screen- und Interfacedesign strukturiert mit einem ›Technology-Tree‹ die Spielentwicklung der zivilisatorischen Entwicklung. Generell fungieren in strategischen Computer Games sogenannte Technology-Trees (oder: Tech-Tree) als abstrakte und hierarchisch strukturierte Repräsentationen von möglichen Pfaden, welche die User/-innen wählen können. In der Regel haben User/-innen zu Beginn des Spiels die Möglichkeit, sich für bestimmte Optionen zu entscheiden. Jede Option eröffnet im Spielverlauf dann weitere Pfade, Optionen und Möglichkeitsfelder. Der Tech-Tree repräsentiert vor diesem Hintergrund alle möglichen Entwicklungsoptionen, die den Usern/Userinnen überhaupt zur Verfügung stehen. Der Tech-Tree induziert Top-Down Beziehungen (vgl. Douglas 2002: 58). Die in seinem Rahmen eröffneten Spielräume bilden Möglichkeitsfelder für die Subjektivierung der beteiligten User/-innen, die jedoch das evolutionäre Modell nicht beeinflussen können. Die technische Struktur bleibt normativ und diktiert die chronologische Spielentwicklung: so folgt auf die Antike das Mittelalter und auf die Ära der Industrialisierung folgt die moderne Ära bis hin zur hyper-modernen Gesellschaft um 2020, mit welcher das rundenbasierte Spiel endet. Auch der Wechsel der historischen Etappen wird durch das transformierte Aussehen der Städte und der Kleidung der Bürger/-innen ikonisch repräsentiert. Die einzige mögliche Wahl, die den Usern/Userinnen offen bleibt, besteht in den Prioritäten der Erfindungen. So ist es möglich, zuerst das Rad zu erfinden und erst danach das zeremonielle Begräbnis einzuführen.

Der Tech-Tree selbst kann während des Spiels weder verändert noch erweitert werden. Auf die Unveränderlichkeit des Tech-Trees verweisen die Vertreter der Computer-supported Education, wenn es im konkreten Fall darum geht, *Civilization* in der Lehre einzusetzen (Squire 2002). Es sind nicht nur Computerfreaks, welche die Sequels von *Civilization* rezipieren, sondern auch Forscher/-innen des renommierten MIT-Lab, die den *Government-Games* erzieherische Qualitäten zuerkennen (Prensky 2000, 21). Das Dilemma der Interaktivität reduziert Globalstrategiespiele auf die klassische Dichotomie ›Freier Wille‹ versus ›Notwendigkeit‹. Das Softwareprogramm von *Civilization* bereichert jedoch weniger den Möglichkeitsraum der User/-innen, sondern subsumiert die Spieloptionen einer historischen ›notwendigen‹ Geschichtserzählung wie der Spieleentwickler Sid Meier festhält: »The world history is governed by an ultimate Design [...] whose rationality is [...] a divine and absolute reason.« (zit.n. Ferguson 1998, 29) In Meiers Vision ist es der Spieledesigner, der die Rahmenbedingungen des ›Divine Leadership‹ festlegt. Für die Gamer/-innen soll der Schöpfungsplan der zivilisatorischen Entwicklung hingegen rätselhaft und letztlich unerforschlich bleiben. Damit tradiert der Game Designer metaphysische Narrative der unerforschlichen Vorsehung (*providentia Dei*) theistischer Macht, die für die gewöhnlichen User/-innen uneinsehbar bleiben sollen. Im Rahmen dieses spekulativen God Game sind erfolgreiche Spiele-Aktionen jedoch immer das Resultat bestimmter Spiele-Entscheidungen, die konstitutiv auf eurozentrische Werte bezogen bleiben und sich für Demokratie und Kapitalismus ›immer schon‹ entschieden haben. Insofern repräsentiert der Technology-Tree in *Civilization* ein ›Master Narrative‹ (Civ.3.com, 2002), das alle möglichen Pfade in sich zusammenfasst und letztendlich den Erfolg der westlich orientierter Kultur garantiert (Poblocki 2002, 172). *Civilization* kopiert die Wettkampfkultur der Olympischen Spiele im Kalten Krieg: Im Rahmen dieser Veranstaltung sollten sich endlich Gewinner und Verlierer zeigen. Der Spielecontent suggeriert, dass die einzige logische Entwicklung des Menschen zu jeder Zeit und an jedem Ort auf die Geschichte des Westens hinausläuft – ungeachtet der Möglichkeiten, welche die User/-innen in ihren individuellen Strategien entwickeln. Alle Zivilisationen (Zulus, Russen, Franzosen etc.) der Erde scheinen im Spiel die gleichen Chancen und Möglichkeiten zu haben. Das Spiel startet für alle Siedler im Jahre 4000 vor Christi. Die diversen Menüs geben Zugang zu Indikatoren für den Entwicklungsstand des eigenen Imperiums. Vorrangiges Ziel ist es, den eigenen Machtbereich fortschrittlicher und wohlhabender auszubauen als die konkurrierenden Zivilisationen. Insofern gilt als der beste Spieler derjenige, welcher sich als der beste Manager herausstellt, der seine Ziele möglichst effizient umzusetzen weiß, die Produktivität mit militärischen, wissenschaftlichen und kulturellen Mitteln erhöht und die Regeln der sozialen Ordnung zu befolgen weiß.

Civilization ist der erste Versuch, die Geschichte der Menschheit auf der Grundlage einer Computer-Software zu simulieren. Trotz seines ambitionierten Projekts tradiert *Civilization* bekannte Modelle sozialer Transformation, die im 20. Jahrhundert die Diskursgeschichten der einschlägigen Fachdisziplinen geprägt haben. Gemeinsam mit dominanten Wissenschaftserzählungen geht *Civilization* von der Annahme aus, dass die Gesellschaft eine kohärente und selbststeuernde Entität sei, die für die Entwicklung und das Fortbestehen erfolgreicher Zivilisationen einen entscheidenden Faktor darstellen würde. Mit dieser in das Programm übernommen Mutmaßung popularisiert *Civilization* eine soziale Ontologie, die die softwarebasierten Normen im Spielverlauf durchläuft. Das technologische Wachstum und die ökonomische Entwicklung werden von ihren ersten Manifestationen mit der ersten Stadtgründung durch den Spieler zum Makro-Management der Volkswirtschaft, des Handels, der wissenschaftlichen Forschung und des militärisch-industriellen Komplexes einer zukünftigen Gesellschaft mit Millionen Bürgern modelliert. Das Spiel beginnt bei *Civilization* – wie bei den meisten ähnlichen Government Games – üblicherweise mit einem leeren, gerasterten Stück Land, auf dem man seine Stadt begründet. Die Grenzen der Karte sind dunkel (Abb. 48). Das, was der Spieler sieht, entspricht folglich dem Horizont seiner Wissensrepräsentation und visualisiert die territorialen Grenzen seiner sozialen Welt. Das durch das Screendesign vermittelte Informationsdefizit versetzt die User/-innen anfänglich in eine passive und permanent bedrohliche Situation. Mit diesem dramatisierenden Gründungsnarrativ der Zivilisation vermittelt das Game, dass jeder Domestikation und Besiedelung ein Kampf ums ›nackte Überleben‹ vorausgeht. Zu Beginn des Spieles bestehen die Wahlmöglichkeiten der User/-innen darin, weitere Anteile des Territoriums zu entdecken, dieses zu erobern und zu besiedeln und schließlich eine soziale Produktion aufzubauen. Die Population und Produktion beginnt mit der Gründung einer Stadt zu wachsen. Damit wird die Voraussetzung für die Möglichkeit geschaffen, weitere Einheiten zu bauen.

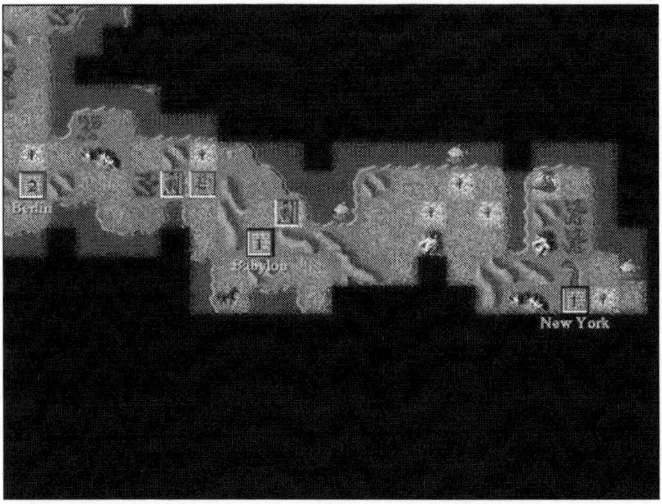

Abbildung 48: Civilization I

4.3 Kontrollskripte im Controltainment

Im Unterschied zu Ego-Shooter Games geht es in Government-Games nicht darum, den Gegner zu vernichten, sondern ihn entweder hinsichtlich zivilisatorischer Credits zu überrunden oder ihn durch diplomatische List für sich zu gewinnen. Entscheidend für den Erfolg virtueller Staaten, Beziehungen und Planstädte ist es daher, alle notwendigen Wissensregister im Auge zu behalten, damit der Spielverlauf seinen geordneten Gang gehen kann. Das simulierte Regierungswissen über die Parameter der eigenen Zivilisation sowie der konkurrierenden Zivilisationen wird in diesem Zusammenhang zu einem spielentscheidenden Faktor. Eine vielschichtige Anordnung von Statistiken, Diagrammen, Kurven, Interfaces und Expertisen erlaubt den Gamern/Gamerinnen die ständige Überwachung von Wohlstand, Zufriedenheit, technologischem Fortschritt, Bildung, wirtschaftlichem Wachstum, militärischer Stärke, sozialer Sicherheit, Cashflow, Verteilung öffentlicher Dienste, Umweltverschmutzung, Kriminalität usw. Sämtliche Bereiche des sozialen und politischen Lebens werden ikonografisch repräsentiert und verwaltet und lassen sich in den virtuellen Kartografien der Government-Games vermittels demografischer Daten, Steuerelemente und -menüleisten in einem quantitativen Maßstab zerlegen. Die Gamer/-innen agieren von der Position einer souveränen Macht aus, die alles übersteigt, was staatszentrierte Theorien des Regierens je formuliert haben. (Abb. 49)

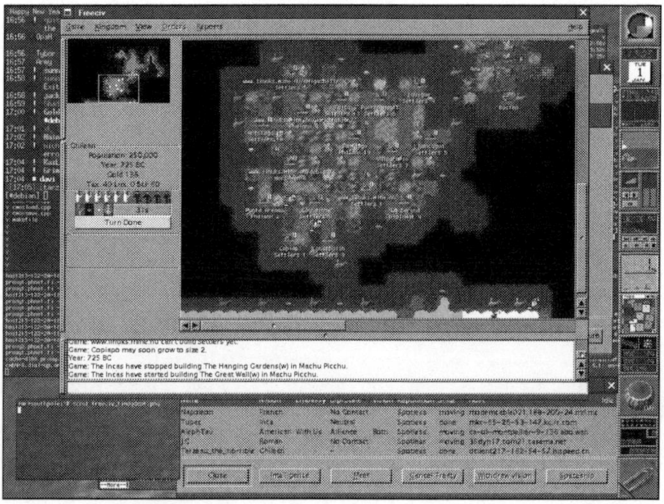

Abbildung 49: Civilization II

Didaktisch operierende Games wie *Civilization* und das Genre der Globalstrategiespiele bedienen sich unterschiedlicher Zeichensysteme zur Wissensrepräsentation von Fakten, Daten und Informationen in einem rhetorischen und argumentativen Kontext. Die zur Verfügung stehenden Zeichensysteme sollen zur Stabilisierung von Wissen beitragen. Die effektiv eingesetzten

Adressierungsfunktionen von Wissen im Game integrieren beispielsweise Techniken der grafischen Abstraktion, Schautafeln, Kamerafahrten, TV-Situationen oder fotografischen Realismus und zeichnen sich folglich durch eine ausgeprägte Intermedialität und Hybridität der verwendeten Medien aus.

Neben dem Advisor, der den Gamern/Gamerinnen auf die immer gleiche Art und Weise Regierungsempfehlungen zur Verfügung stellt und Wissen verkörpert, gibt es einen weiteren Stil des Regierens, der die Bedienoberfläche prägt: Im Zuge der Wahrnehmungskultur der Schemata und Grafiken entstehen vereinfachte und übersichtliche Bilder in imaginären Räumen des Wissens. Mit dem Vorstellungsraum des Traumes und der Sehnsucht haben sie nichts gemein. Im Gegenteil, es sind abgeschlossene Zeichenräume, in denen ein gelehriger Blick auf seine pädagogische Zweckmäßigkeit hin geschult werden soll. Während des Spielens entstehen multimediale Vorstellungsräume und medienspezifische Stile der Wissensrepräsentation, welche die Wahrnehmung des Betrachters auf spezifische Weise konditionieren und strukturieren. Arrangements ikonischer Repräsentationen wie z.B. Karten, Grafiken, Gemälde, Fotografien, Tricksequenzen und bildstatistische Anordnungen von Daten etablieren reine Zeichenräume. Die vorrangige Aufgabe der grafischen Visualisierungen besteht darin, soziales Wissen als wissenschaftliches Wissen zu inszenieren und den wissenschaftlich-technischen Blick in seiner theoretischen Dichte und Tiefe optimistisch in Szene zu setzen. Im Zentrum dieser Plausibilisierungsstrategie steht die Simulation statistischen Wissens, die mit der permanenten Quantifizierung der Spielentscheidungen einhergeht. (Abb. 50)

Abbildung 50: Civilization IV

Mit Hilfe einer fingierten Auf- und Übersicht simulieren die im Main Window von *Civilization* und in anderen vergleichbaren Spielen verwendeten Karten einen synoptischen beziehungsweise panoramatischen Blick. Sie adressieren die Betrachter/-innen als ein Subjekt, welches den Gegenstand und das Thema überblickt. In schematisch gezeichneten Karten differenzieren grafische Tools die epistemischen Objekte und die funktionalen Ausführungen. Vermittels einfacher geometrischer Figuren werden maßgebliche Verknüpfungsregeln gesetzt. Insgesamt wird eine übersichtliche, unkomplizierte Welt des Geordneten präsentiert. Die visuell-bildliche Landschaft des kartografischen Raums schafft im Unterschied zur Schrift einen nichtlinearen Raum von Möglichkeiten. Um visuelle Aufmerksamkeit zu generieren (z.B. im Falle eines drohenden Angriffs oder einer Invasion), verwendet *Civilization* filmische Techniken wie den Zoom. Zur zusätzlichen Blickführung werden Listen eingesetzt, welche die wesentlichen Punkte und Aussagen hervorheben. Aufzählungen vereinzeln die Optionen und suggerieren die Vollständigkeit der Elemente; Ranglisten geben die ›Selbstverständlichkeit‹ hierarchischer Ordnungen zu erkennen und Tabellen können auf unterschiedliche Arten gelesen werden. Als offene Visualisierung von Wissen schreiben sie keine Leserichtung vor und erlauben den Gamern/Gamerinnen vielfältige Ein- und Ausstiege des Verstehens.

In der Sozialwissenschaft des 20. Jahrhunderts gelten Organisationen als das herausragende Merkmal moderner Zivilisationen. Eine organisierte Gesellschaft zeichnet sich durch Differenzierung und Komplexität aus. Die Strukturtechnik des Organisierens, die orientiert ist an der Zweckmäßigkeit, der Technizität (mengenmäßige Wirtschaftlichkeit) und der Ökonomisierung sämtlicher Lebensbereiche (Rentabilität), ist das Herzstück der Regierungssimulation: Gestartet wird mit einem ›primitiven‹ Stamm und ein paar taktischen Einheiten, die kontinuierlich zu einem planvollen Konglomerat von Städten, Infrastruktur (Straßen, Eisenbahn, Bewässerungen, Minen, Fabriken, Bibliotheken), Bevölkerungseinheiten (Arbeiter, Soldaten, Diplomaten) und Ressourcen (Getreide, Öl, Gold, Wein) aufgebaut werden sollen. In diesem Zusammenhang ist entscheidend, dass jede Einheit und jede Aktion einer quantifizierten Variablen entspricht. Auch die ›Kreationen‹ aus den Bereichen der Wissenschaft und der Kultur werden als Produkte gewertet und entsprechen spezifischen Zahlengrößen. Wissenschaft und Kultur sind somit Teil der ökonomischen Sphäre und bilden Effizienzkriterien der zivilisatorischen Moderne.

Das gouvernmentale Design von *Civilization* transformiert die Praxis des Regierens in statische und ahistorische Gegenstände, deren spielerische Funktionen redundant und quantifizierbar bleiben. Die idealisierten ikonischen Elemente des zivilisatorischen Raums bleiben Invarianten garantierter Kostenfunktionen: Ein Element zur Steuerung des Bevölkerungsglücks repräsentiert kontinuierlich eine bestimmte Menge an Geldvolumen und seiner Äquivalente; ein Tempel, der in einer Stadt zur Befriedigung des religiösen Bedürfnisses gebaut wird, ist in optischer und quantitativer Hinsicht immer der gleiche Tempel. Damit erscheint die Bevölkerung auf ein Produkt verdinglichter Sozialbeziehungen reduzierbar – als ikonische Repräsentanz ist dieses Produkt direkt sichtbar; die ihr zu Grunde liegende Funktion ist eine Kosten-Nutzen-Rechnung, welche die Herstellung von Zufriedenheit oder sozialer Sicherheit einem quantifizierbaren Zuwachs an Produktivität zurechnet. Die

Population besteht in *Civilization* nicht aus konkret-individuellen Bürgern, sondern aus abstrakten Produktivitätsdiagrammen und demografischen Maßzahlen von Bevölkerung in ihrer Gesamtheit. Damit zielt die Abstraktion von *Civilization* vor allem auf die effektive Übersichtlichkeit austauschbarer Versatzstücke und die Ausblendung antagonistischer Sozialräume.

In *Civilization* repräsentieren Wissenschaft und Kultur die Geschichte der westlichen Industrienationen. Die Schriftgelehrigkeit zeigt sich am Gebrauch römischer Lettern. Das westliche Alphabet steht für das Lesen und Schreiben per se. Hippokrates, die Personifikation der griechischen Philosophie, repräsentiert die ›Erfindung‹ der Medizin. Auch das Schießpulver konnotiert in *Civilization I* eine europäische Entwicklung: »Musketeers and Cannons ended recurring invasions of barbarians from Asia« – so der Kommentar des Science Advisors im Spielverlauf. Das Wachstum kann durch bestimmte Regierungsformen gehemmt oder beschleunigt werden. Der Modus ›Anarchie‹ hemmt das Wachstum zu 50 Prozent, der Modus ›Demokratie‹ ist mit 150 Prozent am produktivsten. Damit wird unterstellt, dass die demokratische Regierungsform die beste aller politischen Optionen sei.

Civilization beinhaltet keine visuelle Repräsentation des Spielers als regelnde Instanz (Avatar), mit der man sich identifizieren könnte. Durch den Blick auf die Tabellen erkennen die ›gottgleichen‹ Userinnen und User den Zustand eines bestimmten Parameters des Regierens und können durch verschiedene Aktionen den Spielverlauf beeinflussen. So ist etwa die im Regierungsmodus ›Monarchie‹ gespielte Legitimation des Königs nicht das Produkt religiöser, theologischer oder ontologischer Kontextualisierung, sondern resultiert aus einer kalkulierten Operation, um einen gewünschten Effekt zu erzielen. Entscheiden sich die Gamer/-innen also für die Regierungsform der Monarchie, dann folgen sie den Überlegungen eines spezifischen spielerischen Kalküls. In bestimmten Spielsituationen und -abschnitten kann die monarchische Regierungsform produktiv genutzt werden, weil die militärische Expansion von der Ausbeutung der Arbeit und der sozialen Benachteiligung abhängig ist. Im Spielmodus ›Monarchie‹ ist die Unterdrückung der Untertanen produktiv; im Modus ›Republik‹ hingegen wird Produktivität stärker an den wissenschaftlich-technischen Fortschritt geknüpft und soziale Repression sanktioniert. Diese Maßnahmen zur Regulierung sozialer Organisationen basieren jedoch auf einfachsten Wirkmechanismen und suggerieren für die Bewältigung sozialer Konflikte und Antagonismen einfache und mechanische Lösungen (vgl. Atkins 2005, 65-81). So lässt sich etwa die Zufriedenheit der Bevölkerung in *Civilization* mit erhöhter Nahrungszufuhr (›Brot‹) herstellen. Eine zufriedene Bevölkerung wiederum erhöht automatisch die Punktezahl von ›Produktivität‹. Das Zivilisieren des ›Eigenen‹ und des ›Fremden‹ wird hierbei auf einen Prozess des Jonglierens mit quantifizierbaren Größen reduziert: Gibt es nicht genug Nahrungsmittel, müssen neue Bewässerungen errichtet werden; gibt es nicht genug Zufriedenheit, müssen mehr Nahrungsmittel an die Bevölkerung verteilt werden. Computerspiele wie *Civilization* oder *SimCity* reinszenieren auf diese Weise soziale und politische Macht und reproduzieren dabei im selben Akt diffuse Vorstellungen und Bilder sozialer Ordnung und Gesetzmäßigkeit. So ist etwa der soziale Frieden in *SimCity* nach dem Gesetz von ›Law and Order‹ programmiert: Eine erhöhte Polizeipräsenz senkt die Kriminalitätsrate der Stadt (Abb. 51). Alternative Steuerungsmodelle sind in diesem Spiel nicht vorgesehen.

Abbildung 51: Sim City

Eine bestimmte Art und Weise der Anwendung der Techniken des Wissens, die für das Regieren stehen, wird den Gamern/Gamerinnen von Beginn an kontinuierlich an die Hand gegeben. Die Bedienoberflächen des Screen- und Interfacedesigns operieren bereits im Jahr 4000 vor Christus mit neoliberalen Steuerungsmodellen und sozialstatistischen Wissenssimulationen. Das Regierungswissen der Gegenwart und die mit ihm eng verknüpften Visualisierungen des Wissens schreiben sich über Jahrtausende hinweg. Demzufolge wird die Geschichte der Zivilisationen von *Civilization* vereinheitlicht und einem durchgehenden Regime des Wissens unterstellt. So wird das Regierungswissen und das visuelle Manual zum eigentlichen Subjekt der Geschichte und zum konstruktiven Element der Verfertigung von Geschichte (Abb. 52).

Strategische Computersimulationen imitieren jedoch nicht einfach nur die erste Welt in einer verengenden Angleichung und Nachahmung, sondern konstruieren selbst medienspezifische Techniken des Wissens und Steuerungsmodelle zur Herstellung politischer Rationalität, mit denen wiederum neue soziale Praktiken und neue Machtverhältnisse generiert werden. Heute werden Spiele-Reihen wie *Civilization* und *SimCity* oder historische, hyperkomplexe Profisimulationen (*Victoria, Europa Universalis, Crusader Kings*) als Lehrmaterial in US-amerikanischen Universitäten verwendet (z.B. im Bereich des Geschichtsunterrichts und der Stadtplanung). Computerspiele helfen nicht nur, standardisiertes Wissen (Tacit Knowledge) zu vermitteln, sondern konstituieren neuartiges Wissen in einer ontologisch verschiedenen Sphäre des Spieles. Insofern bilden Globalstrategiespiele weniger Modelle

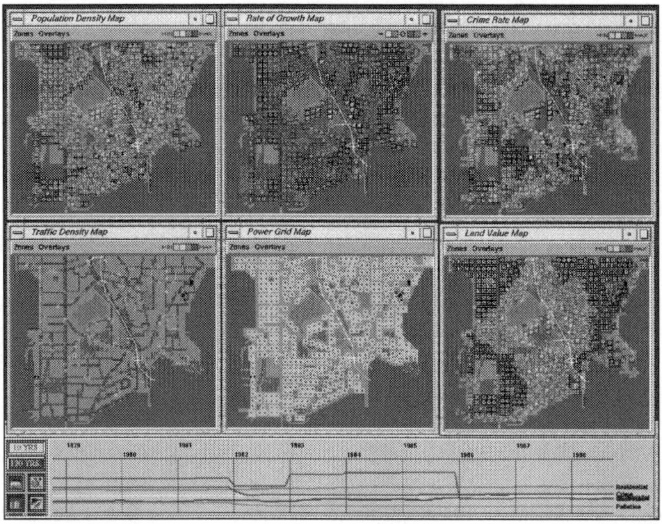

Abbildung 52: Sim City

dessen, was wir als Vorbild in der Realität wahrnehmen, sondern lassen strategische Spielewelten entstehen, die Bausteine sozialer Diskurse reproduzieren und gleichzeitig eine medienspezifische Technik und Ästhetik etablieren (Abb. 53). In diesem Sinne kommt es zu umgekehrten Anpassungseffekten: Soziale Diskurse eignen sich für ihre Erfordernisse die Medienspezifik des Computerspiels an.

Abbildung 53: Zulu

Bei Globalstrategiespielen geht es weniger um eine realistische visuelle Bildhaftigkeit und ein kinästhetisches Gefühl von Bewegung durch die dargestellten virtuellen Räume, wie sie Ego-Shooter-Spiele anbieten, sondern um die Bereitstellung einer Schnittstellenlogik zwischen Usability und Regieren. Um die Suggestivität und Memorabilität der ikonischen Darstellungen zu steigern, integriert *Civilization* Wahrnehmungskulturen wie sie in Film und Fernsehen üblich sind (Kamerafahrten und -zooms, Cut-In- und Cut-Out-Techniken, Interview-Situationen, Replay, Inserts u.a.). Zur Steigerung der raschen Konsumierbarkeit des Visual Designs wird auf die von Otto Neurath in seiner Bildstatistik entwickelten »sprechenden Signaturen« (Neurath 1991) zurückgegriffen. Die in Neuraths »Wiener Bildstatistik« in den 1920er Jahren entwickelte Bildersprache diente zur ikonischen Vermittlung soziologischer Daten und sollte dabei die Anschaulichkeit der visuellen Argumentation steigern. Im Rahmen der Zusammenführung von Usability und Regieren zielt das bildpädagogische Programm von *Civilization* auf die Schaffung unmittelbarer Evidenz – vor allem gilt es, die Reaktionszeiten beim Betrachten der Visuals zu minimieren und damit den Spielfluss zu beschleunigen. Als permanente Testsituation erhält das Regieren ein artistisches Potenzial gesteigerter Geschicklichkeit und rückt damit in die Nähe psychotechnischer Verfahren zur Konditionierung von Reaktionen (Reiz-Reaktions-Modelle).

4.4 Gouvernementalität und Hypermediatisierung

Die in *Civilization* verwendeten Konzepte des Regierens und die mit diesem Spiel zusammenhängenden Techniken der Wissensdarstellung verweisen auf historische Kontexte, die bis zum Aufstieg der Kameral- und Polizeiwissenschaften am Ende des 18. Jahrhunderts zurückverfolgt werden können (vgl. Miklaucic 2003, 317-35). In den Jahren 1978 und 1979 liest Michel Foucault am Collège de France zur »Geschichte der Gouvernementalität« (histoire de la gouvernmentalité).[3] Der Begriff der *gouvernementalité* ist eine Wortschöpfung Foucaults und verknüpft die Begriffe ›gouverner‹ und ›mentalité‹, die in der Literatur im Allgemeinen mit ›Regieren‹ und ›Denkweise‹ (auch: ›Denken‹ oder ›Rationalität‹) übersetzt werden.[4] In seiner vierten Vorlesung zeigt Foucault begriffsgeschichtlich auf, wie sich erst im 18. Jahrhundert das geläufige Verständnis von Regieren als exklusiv staatliche Praxis durchsetzt. Bis

3. Die englische Erstveröffentlichung einer Mitschrift Foucaults Vorlesung zur Geschichte der Gouvernementalität erschien unter dem Titel »On governmentality« (1979). In dem von Burchell/Gordon/Miller herausgegebenen Sammelband: *The Foucault Effect. Studies in Governmentality* (1991) erschien der Text in überarbeiteter Fassung.

4. Mit dem Begriff der *governmentalità* verortet Foucault das »Auftauchen« der Regierungsliteratur in der polemischen Auseinandersetzung mit Machiavelli. Foucault widmet sich in dieser Vorlesung der Literatur über das Regieren vom 16. bis zum 18. Jahrhundert entlang der Rezeption Machiavellis *Il Principe* und führt eine Reihe von italienischen Quellentexten an. Hierbei wird Machiavellis *Il Principe* als ein zentraler »Abstoßungspunkt« bestimmt, »im Verhältnis zu dem, im Gegensatz zu dem und durch dessen Verwerfung die Regierungsmentalität ihren Ort bestimmt« (Foucault 2000: 42).

dahin verwies der Begriff der Regierung auf die Führung von Menschen im Allgemeinen. Er konnte sich auf die Führung der Seele, der Familie oder der Kinder ebenso beziehen wie auf die Führung des Staates. Es ist diese weite Bedeutung des Begriffs, die Foucault nutzt, um das Verhältnis von Macht und Subjektivierung zu formulieren: Der Begriff sollte es Foucault zum einen ermöglichen, zwischen Macht und Herrschaft zu unterscheiden und zum anderen Macht- und Herrschaftseffekte als Folgen zielgerichteten Handelns der Subjekte zu verstehen. Damit bezeichnet der Begriff der Regierung bei Foucault eine bestimmte Art und Weise, in der Menschen auf sich selbst und auf andere einwirken (können), und die man – würde ein soziologischer Begriff dafür gesucht werden – als *strategisches Handeln* fassen könnte.

Mit dem Konzept der Gouvernementalität stellt Foucault ein neues Analysekonzept vor, das es ermöglichen soll, Regierung unter dem Aspekt ihrer politischen Rationalität und Regierungstechnologie als Programm zu untersuchen (vgl. Reichert 2004: 7-38). Rationalität begreift Foucault nicht als einen Bereich der Vernunft oder eine wie immer geartete Vernünftigkeit, sondern als die regelhafte Hervorbringung von Verfahren, Programmen sowie Schemata des Wahrnehmens und Urteilens. Politische Rationalitäten suchen Realität herzustellen, indem sie bestimmte Bereiche herausgreifen und sie entsprechend ihrer eigenen Regeln problematisieren. Genau diese abstrahierende Ausprägung finden wir in den strategischen Computersimulationen sozialer Ordnungen wieder, beispielhaft in den hier diskutierten Globalstrategiespielen. Zusammenfassend nennt Foucault drei Kriterien der Gouvernementalität:

»Unter Gouvernementalität verstehe ich die Gesamtheit, gebildet aus den Institutionen, den Verfahren, Analysen und Reflexionen, den Berechnungen und den Taktiken, die es gestatten, diese recht spezifische und doch komplexe Form der Macht auszuüben, die als Hauptzielscheibe die Bevölkerung, als Hauptwissensform die politische Ökonomie und als wesentliches technisches Instrument die Sicherheitsdispositive hat. Zweitens verstehe ich unter Gouvernementalität die Tendenz oder die Kraftlinie, die im gesamten Abendland unablässig und seit sehr langer Zeit zur Vorrangstellung dieses Machttypus, den man als ›Regierung‹ bezeichnen kann, gegenüber allen anderen – Souveränität, Disziplin – geführt und die Entwicklung einer ganzen Reihe spezifischer Regierungsapparate einerseits und einer ganzen Reihe von Wissensformen andererseits zur Folge gehabt hat. Schließlich glaube ich, dass man unter Gouvernementalität den Vorgang oder eher das Ergebnis des Vorgangs verstehen sollte, durch den der Gerechtigkeitsstaat des Mittelalters, der im 15. und 16. Jahrhundert zum Verwaltungsstaat geworden ist, sich Schritt für Schritt ›gouvernementalisiert‹ hat.« (Foucault 2000, 64)

Über den engeren Bezugsrahmen von fachbezogener Genrediskussion und Mediengeschichte hinausgehend, eröffnen Games wie *Civilization* zahlreiche Bezüge zu den medialen und historischen Bedingungen eines kulturellen und epistemologischen Feldes, das durch diskursgeschichtliche Wissensformationen geprägt ist.

Die Strukturmerkmale einer durch Computersysteme verwalteten Gesellschaft, wie sie durch Civilization popularisiert werden, entsprechen im Prinzip denen der Bürokratie. Bürokratie, so Max Weber in *Wirtschaft und Gesellschaft*, zeichnet sich durch Regel, Zweck, Mittel und sachliche Unpersönlichkeit aus (Weber 1972: 650). Die bürokratische Organisation bedeutet nach Weber eine Perfektionierung von Herrschaft, indem sie den Regierenden die Chance gewährt, das Handeln des Verwaltungsstabes auf der ganzen Linie, primär mittels formaler Regeln programmieren, mithin festlegen und binden zu können. Die Analogien zwischen einem idealtypischen bürokratischem Apparat und einer programmgesteuerten Maschine wie dem Computer sind augenscheinlich: Beides sind im Grunde regelgeleitete, informationsverarbeitende Systeme. Vernetzte Computersysteme ermöglichen die Ausdehnung solcher Strukturen über große Bereiche. *Civilization* simuliert einen gottgleichen Computer, der in allen Bereichen des Sozialen über ein akkumuliertes Herrschaftswissen verfügt und dabei von einer einzigen Instanz gespielt wird.

Neben der Simulation von Herrschaftsinfrastruktur sind alle Government Games weitgehend eingebettet in quantitative Wissenschaftsdiskurse. Es ist die in den 1950er und 1960er Jahren entwickelte Rational Choice Theory, welche die Grundlage sämtlicher Globalstrategiespiele der digitalen Ära bildet. Vor diesem theoretischen Hintergrund wurden zahlreiche spieltheoretische Strategiemodelle wie das von Merrill Flood und Melvin Dresher beschriebene ›Zwei-Personen-Nicht-Nullsummen-Spiel‹ (später bekannt unter dem Titel »Prisoner's Dilemma«, De Landa 1993) entwickelt. Das sogenannte Gefangenendilemma besteht aus folgender Situation: Zwei Gefangene werden verdächtigt, gemeinsam eine Straftat begangen zu haben. Die Höchststrafe für das Verbrechen beträgt fünf Jahre. Beiden Gefangenen wird nun ein Handel angeboten, worüber auch beide informiert sind. Wenn einer gesteht und somit seinen Partner mitbelastet, kommt er ohne Strafe davon – der andere muss die vollen fünf Jahre absitzen. Entscheiden sich beide zu schweigen, bleiben nur Indizienbeweise, die aber ausreichen, um beide für zwei Jahre einzusperren. Gestehen aber beide die Tat, erwartet jeden eine Gefängnisstrafe von vier Jahren. Nun werden die Gefangenen unabhängig voneinander befragt. Weder vor noch während der Befragung haben die sie die Möglichkeit, sich untereinander abzusprechen. Das Dilemma beruht darauf, dass kein Teilnehmer weiß, wie sich der andere Teilnehmer verhalten wird. Die optimale Strategie für beide zusammen wäre diejenige, wenn beide Teilnehmer einander vertrauen und miteinander kooperieren würden. Das Vertrauen kann auf zweierlei Arten erzielt werden: Zum einen durch – nach den ursprünglichen Spielregeln nicht erlaubte – Kommunikation und entsprechende Vertrauensbeweise, zum anderen durch Strafe im Falle des Vertrauensbruches. Der Ökonom und Spieletheoretiker Thomas Schelling ging in seinem Werk »The Strategy of Conflict« (1971) auf Entscheidungsprobleme unter den Bedingungen des Kalten Kriegs ein und entwickelte das Modell der »Spatial Segregation«. Dieses Konzept sondiert die Möglichkeiten der Bestrafung für einseitigen Vertrauensbruch. Seiner Ansicht nach wären die militärischen Sanktionsmöglichkeiten so groß gewesen, dass er sich nicht lohnte. Von ihm stammt die Theorie des Gleichgewichts des Schreckens.

Spieltheoretische Modelle wie das Gefangenendilemma und das der räumlichen Segregation beschäftigten sich mit der Modellierung und Untersuchung gesellschaftsspielähnlicher Interaktionssysteme und den in diesen Spielen eingesetzten Spielstrategien (vgl. Reichert 2006, 34-52). Diese Konzepte erlaubten es, das menschliche Verhalten auf simplifizierte Variablen zu reduzieren, virtuelle Akteure zu erschaffen, deren simuliertes Verhalten in bestimmten Zeiträumen zu studieren, die definierten Modelle in Reihenuntersuchungen zu wiederholen und mit spezifischen Variablen zu experimentieren (Gilbert/Doran 1994, 14f.). Diese experimentellen Anordnungen der Game Theory monierten einen sozialwissenschaftlichen Anspruch: Sie wollten harte Fakten über den sozialen Alltag herausstellen. So untersuchte etwa Schelling die rassistische Segregation im US-Militär und Geostrategen des MIT-Lab simulierten soziale Handlungsmodelle nach einem nuklearen Krieg (Doran/Nigel 1994: 37). Beide Spielmodelle wurden computerbasiert errechnet und dienten später als Vorbilder für kommerzielle Strategiespiele (Herz 1997: 216).

Grundannahme des Strategiespiels *Civilization* ist ein von MicroProse definierter »Clash of Civilizations« (www.civ3.com). Mit dieser Ansage, die später den US-amerikanischen Politikwissenschafter Samuel Huntington berühmt machen sollte (1993: 22-49), rückte man den Kampf um das kulturelle Kapital in das Zentrum fortgeschrittener Gesellschaften (vgl. Kaplan 2001: 68-82). In *Civilization I* wird der ›Clash of Civilization‹ mit militärischen, ökonomischen und technologischen Strategien erfolgreich ausgetragen. Die erste Version von *Civilization* aus dem Jahr 1991 knüpft noch erkennbar an Ideologeme des Kalten Kriegs an. So ist das Spiel dann zu Ende, wenn die Feinde mit militärischen Mitteln besiegt worden sind – oder wenn der Krieg der Sterne mit der Kolonisierung des Planeten Alpha Centauri gewonnen wurde. Auch die Charakterisierung der Zivilisationen ist nach dem Schema dualistischer Volksmythologien aus der Zeit der Cold War Culture angeordnet: Die Amerikaner gelten als »freundlich« und »zivilisiert«, die Russen hingegen als »aggressiv« und »militant«. Rassistisch motiviert ist die Charakterisierung der Zulus, die ausschließlich »aggressiv« sind (Abb. 54).

Abbildung 54: Anna (USA 2003)

Das seit 2001 erhältliche *Civilization III* orientiert Plot und Narration nunmehr an der positiven Aufwertung der Regierungsform der liberal-fortgeschrittenen Gesellschaften mit ihrem Regierungsmodus der Demokratie (vgl. Lammes 2003: 120-129). Unter bestimmten Bedingungen gilt die liberale Demokratie in der Version von 2001 als die beste aller möglichen Staatsformen:

Frieden, freier Handel, wissenschaftliche Forschung und Entwicklung erhöhen die Produktivität der virtuellen Nationalstaaten. Über das engere Spieldesign hinausgehend setzt sich *Civilization III* mit dem Narrativ der Globalisierung auseinander und restauriert die Idee staatlicher Potestas: Der Staat ist der einzige Akteur im Spiel und verfügt über das repressive Gewaltmonopol. Eine weitere repressive Eigenschaft des Staates liegt in seiner regulativen Beschränkung des freien Kapital- und Warenverkehrs. In *Civilization III* geht es also darum, dass die User/-innen lernen, sich an die Stelle des Staates zu versetzen, um im Sinne der hegelianisch-dialektischen Vollendung der Spielregel dem Staat zu sich selbst zu verhelfen. Eingebettet in den Technology-Tree geht es darum, die Logik der Staatswerdung zu internalisieren und sich folglich mit dem Meta-Narrativ des liberalen Staates zu identifizieren.

Spiele wie *Civilization* tradieren zudem die Spiellogik von Kriegssimulationen, in denen es darum geht, dass die Spieler große Mengen an Informationen im Auge behalten. Jay David Bolter und Richard Grusin umschreiben die formalen Eigenschaften von Computer-Interfaces in ihrem Buch »Remediation. Understanding New Media« (2000) mit dem Begriff *Hypermediatisierung*. Damit bezeichnen sie anwendungsorientierte Visualisierungstechniken, wie sie Fenster, Bildlaufleisten, Menüs, Tabellen und ihre metaphorischen Bildikonen mit Hilfe von Pinseln, Papierkörben oder Schaltknöpfen offerieren, um bei der Handhabung von Daten und Informationen Gewohnheit und Simplizität in der Benutzung zu simulieren. Im Unterschied zu echtzeitbasierten Ego-Shooter Games folgen Globalstrategiespiele nicht der Logik des mimetischen Realismus (Avatar, Kamera-Subjektive, Uhrzeit etc.), sondern vielmehr der abstrakten Logik der ikonografischen und der bildmetaphorischen Repräsentation von Regierungswissen. Bediensymbole und Menüleisten verschmelzen die Dispositive des Regierens mit den Techniken des Wissens zu einem neuen hypermediatisierten Wissen (vgl. Miklaucic 2003: 328-35). Das hypermediatisierte Interface der Globalstrategiespiele bedient sich ›einfacher‹ und ›übersichtlicher‹ Oberflächen, die auf eine ›intuitive‹ Bedienbarkeit abzielen. Damit fokussieren Fenster- und Menüoberflächen eine Blick- und Bedienführung ihrer User/-innen, die auf eine erhöhte Effizienz und Effektivität bei der Administration und Exekution von Informationsprozessen anspielen. Um den Aspekt der Hypermediatisierung in seiner sozialen Funktion abschätzen zu können, bedarf es jedoch einer Problematisierung des Begriffs der sozialen ›Anwendung‹.

Der in der Gouvernementalitätstheorie entwickelte Begriff der ›Führung‹ geht von der Möglichkeit eines reflektierenden Subjekts aus, das in die Machtspiele der Selbst- und Fremdführung eintritt. Wenn diese These gelten soll, dann müssen die reflexiven Möglichkeiten des »Self-Government« für die Wirksamkeit von Machtbeziehungen konstitutiv sein (vgl. Burchell 1996: 267-82). Diese Verschiebung wird reflektiert von Globalstrategiespielen, deren Screen- und Interfacedesign auf die Subjektivierung des Regierens abzielen (vgl. Darley 2000: 17f.). Der Rekurs auf Foucaults Konzeption der Gouvernementalität dient in einem weiteren Sinne der Entwicklung einer Kritikperspektive, die in der Lage ist, die soziale Praxis der User/-innen jenseits der Dichotomie von Zwang (*game*) und Freiheit (*play*) zu reflektieren. Die methodische Pointe des Regierungsbegriffs besteht dabei darin, dass Politik auch jenseits des Staates wirksam wird. Regieren ist somit auch Teil der Selbstführung der Individuen und setzt deren Freiheit voraus. Transponiert auf das Feld der strategischen Games hieße diese Einschätzung, dass das Spielen in ein komplexes Machtverhältnis verwoben ist. Insofern bezeichnet der Regierungsbegriff nicht die ›Internalisierung‹ der Spielsemantik, sondern bildet ein Scharnier zwischen dem Technology-Tree und den Technologien des Selbst. Dieser letztgenannte Punkt verbindet bei den Vertretern der Governmentality Studies auch Methode und historische These: Die ›neoliberale‹ Regierungsmentalität beruht auf der ›Freiheit‹ der Subjekte und zielt auf ihre Selbstbestimmung und Autonomie ab; sie konstituiert diese Freiheit statt sie zu ›instrumentalisieren‹ (zur Konstituierung und Verfasstheit der Freiheit in liberal-demokratischen Gesellschaften vgl. Rose 1996: 1999).

Auch in der weiterreichenden Analyse von Computer Games wird Macht nicht gemäß der Tradition als Substanz oder Eigentum gedacht, sondern als nicht-statische Kräfterelation. Daraus folgt, dass der Widerstand ein unverzichtbares Moment der Macht darstellt. Der Begriff der Gouvernementalität macht darauf aufmerksam, wie diese Dynamik der Machtverhältnisse ihre jeweilige Ausrichtung erfährt. Die Arbeiten der Governmentality Studies interessieren sich so gesehen für Prozesse der Emergenz: Statt von quasi-naturgegebenen Problemen auszugehen, fragen Autoren wie Nikolas Rose (1990), wie verschiedene soziale Bereiche durch die Problematisierung bestimmter Denk- und Handlungsformen als regierbare konstituiert werden. Demzufolge sind die sozialen Praktiken der Gamer/-innen beim Spielen von *Civ* (Online-Discussions, Chatrooms) nicht als bloße Ausführung überindividueller Normen oder als passive Aneignung der Tech-Trees zu verstehen. Vielmehr ist es notwendig, einen differenzierten Begriff sozialer Spielepraxis zu entwickeln, um nach dem Gebrauch fragen zu können, der in der Praxis von den Rahmenbedingungen des Spiels gemacht wird. Wenn das Verhältnis von regelgeleitetem Spiel und Gamer/-innen nicht als determiniertes Zwangs- oder Gewaltverhältnis verstanden werden soll, sondern als strategische Machtbeziehung, die offen bleibt für ihre Umkehrung oder Veränderung, dann muss der Beitrag, den die Akteure zur Konstituierung bestimmter Praxisformen des Spielens leisten, auch differenziert werden (vgl. die Studie von Myers zur »Online Civ Discussion«, 2003). Die regelgelenkte Software von *Civilization* stellt Verknüpfungen zwischen Diskurs und sozialer Praxis her (Friedman 1999, 147-163). In Government-Simulationen experimentieren Gamer/-innen mit der Geschichte und Entwicklung sozialer, politischer und ökonomischer Gesamtheiten. Als Kommunikationsmittel geht die Matrix der Games jedoch nicht in ihrer Techno-Logik auf.[5] Textbasierte *MUD's* (Multi-User Dungeon, Domain oder Dimension) und *MOO's* (MUD *object oriented*) entwickeln neue game-artige, kommunikative Strukturen und strategische Machtbeziehungen. Sie stehen für die Möglichkeit der Subjekte, im Rahmen eines offenen

5. Die englische Sprache kennt die Unterscheidung vom regelgelenkten *game* und dem freien *play*, das sich die Regeln jeweils neu schafft.

Machtspieles einen mehr oder weniger schöpferischen Entwurf sozialer Organisation zu entwickeln.

Für die Untersuchung von Game-Kulturen ist in dieser Hinsicht der in den Governmentality Studies verwendete Subjektbegriff von Interesse. Das Subjekt ist im Unterschied zur abendländischen Tradition kein dem Sozialen vorgelagerter Ankerpunkt, von dem aus eine ahistorische Wahrheit begründet wird (Dean 1999: 13). Vielmehr stellt sich das Subjekt als eine im Werden begriffene soziale Immanenzform dar. Es ist unhintergehbar in die Spiele des Wahren und des Falschen eingefasst, die es durch seine sozialen Praktiken aufrechterhält. Andererseits füllt es diese Rationalitäten keinesfalls aus, sondern verschiebt sie in ihrer Anwendung. Das Subjekt führt ein impulsives Moment in sie ein und schlägt potenziell Fluchtlinien (vgl. die Analyse der »Civ-Backstories« im World Wide Web bei Myers 2003). Diese Perspektivierung relativiert den theoretischen Anspruch, *Civilization* ausschließlich als ein Spiel zu interpretieren, das eurozentrischen Chauvinismus, rechtsorientierte Gesellschaftspolitik, lineares Geschichtsdenken und Fortschrittsglauben transportiert. Die semantische Dimension eines Spiels wie *Civilization* kann nicht auf eine einzige Bedeutung und theoretische Analysekategorie reduziert werden und muss daher immer wieder von Neuem verhandelbar sein.

4.5 Machinima

In den öffentlichen Debatten zum Thema der Shooter-Games wird hauptsächlich auf ihre Gefahren und die vermuteten negativen Wirkungen der Gewaltinszenierungen hingewiesen. In diesem Zusammenhang werden Gamer/-innen häufig als passive Opfer von Medienwirkungen angesehen und dadurch theoretisch vereinnahmt (Rötzer 2003; Fromm 2003). Vor diesem Hintergrund vertreten medienpädadogische Diskurse oft die Ansicht, dass Jugendliche den gewaltverherrlichenden Medien schutz- und hilflos ausgesetzt seien. Diese Sichtweise auf das Publikum der Computer Games blendet die mit diesen Spielen entstehenden »Game Cultures« (Dovey/Kennedy 2006) jedoch weitgehend aus und leugnet, dass der ›Konsum‹ der Games auch eine produktive und kreative Dimension hat. Daher wird hier der Nachweis geführt, dass Amateure in ihrem aktiven und kompetenten Umgang mit Medien die Populärkultur auf entscheidende Weise prägen und den Medienbotschaften der Shooter-Games ihre eigene Bedeutung hinzufügen.

Mit Ego-Shootern wie *Wolfenstein* (1992), *Doom Quake* (1993), *Quake* (1996) und *Half-Life* (1998), *Alien Shooter* (2006), *Crysis* (2007) oder *Call of Duty* (2008) kann man entgegen herkömmlicher Annahmen nicht nur das Fremde und das Feindliche massakrieren, sondern auch 3D-Animationsfilme produzieren. Das Kunstwort »Machinima«, das gleichzeitig auf »machine«, »cinema« und »animation« anspielt, bezeichnet Filme, die mit Hilfe der Game-Engines von Computerspielen produziert werden (McFedries 2002).[6]

6. Eine Game Engine ist eine Software, welche sowohl die Physik der virtuellen Welt

Machinima-Filme benutzen eine Spielwelt als Hintergrund, um darin Animationsfilme zu erzählen. Ermöglicht wurden die ersten Machinima durch das Programm LMPC (Little Movie Processing Centre) des Leipziger Physikers und Programmierers Uwe Girlich. Dieser hatte im Jahr 1996 die Struktur der Game-Engine *Doom Quake* analysiert. LMPC ermöglicht es Benutzern/Benutzerinnen, filmartige Szenarien zu erstellen oder zu verändern. Von den Spieleherstellern wurde diese Nutzung der Spiele jedoch nicht vorhergesehen. Medienrezeption folgt also nicht zwangsläufig einem autoritären und manipulierenden Top-down-Mechanismus. Im Gegenteil: Die Fans der Machinima-Szene ›hacken‹ vorhandene Programme von Computerspielen, benutzen ihre Engines für ihre Zwecke, dekonstruieren dabei Spielelemente und -inhalte gemäß ihren Alltagsinteressen und bilden dabei spezielle Medienkompetenzen aus. Während sich im 2D-Bereich – sei es durch Digitalkameras oder erschwingliche Animationssoftware – schon seit langem eine Angleichung von Profis und Amateuren ergeben hat, blieb den Amateuren der Eintritt in die aus Kosten- und Hardware-Gründen verschlossene 3D-Welt lange Zeit verwehrt. Dies änderte sich im Jahr 1993, als der Ego-Shooter *Doom Quake* auf den Markt kam. Seine Fans entdeckten zahlreiche Manipulationsmöglichkeiten der dem Spiel zu Grunde liegenden Daten und veränderten somit das Spiel selbst. In der Folge entwarfen sie ihre eigenen Avatare, Maps, Weapons und Tools und kreierten dabei individualisierte Levels und Modifikationen, die sie über Online-Netzwerke und Online-Börsen verteilten – Machinima-Filme werden heute vorrangig über das Internet verbreitet (z.B. über die Plattform www.machinima.com). Zum Kanon der frühen Machinima-Filme zählt *Anna* (USA 2003), der das Schlachtfeld von *Quake III* benutzt, um die Geschichte einer Blume zu erzählen. Seither hat das Umfunktionieren von Computerspielen eine neue Dimension erreicht und eine eigene Machinima-Szene ausgebildet, welche die subversiven Umnutzungen der offiziellen Spielregeln und -verläufe mit sozialem Prestige anerkennt. Die Game-Designerin Katie Salen bezeichnet diese Form des freien Spielens (*play*), das sich über die rigide Regelstruktur des *game* hinwegsetzt, als »transformatorisches Spielen« (2003: 27):

»Quake movies and other forms of machinima offer a unique space of culturally transformative play that merges the flexibility of digital code with traditionally rigid codes of creative production. Structurally, game engines invite modification along established parameters, a kind of systematized, rule-bound play. Machinima producers deconstruct the game in order to play with it. Instead of accepting the rules, they challenge and modify them. This creative practice is a form of rule-breaking, one occurring at the level of code. By bending and modifying the game's formal structure players affect their experience with the game by remolding its play into something with little resemblance to its former shape. Players not only affect

als auch die möglichen Aktionen der Gamer/-innen darin steuert. Sie errechnet in Echtzeit die Eingabebefehle ohne Übergänge, welche die Gamer/-innen von ihrer spontan und aktuell gewählten Perspektive ansehen können.

the game's formal structure, but also invent new opportunities for transformative play.« (Salen 2002)

Mit der Entwicklung von Machinima seit den 1990er Jahren zeichnet sich eine Kultur der *transformativen Medienaneignung* ab. Im Rahmen dieser Spielart der Medienaneignung wenden die Userinnen und User die Medien und Programme nicht einfach an, sondern programmieren die Programme und erzeugen selbständig technische Weiterentwicklungen sich verknüpfender Programme, die in einer eigenen Szene ausgetauscht werden. Das Besondere an Machinima-Filmen ist, dass sie gänzlich ohne filmische Aufnahme einer äußeren Wirklichkeit auskommen. Mit Hilfe einer Screen-Capture-Software, die die Spielhandlungen als Videodatei aufzeichnet, können aus jedem beliebigen Computerspiel Machinimas hergestellt werden. Die mit der Screen-Capture-Software erzeugten Einstellungen und Szenen im Dateiformat einer Videodatei können schließlich mit einem Videoschnittprogramm als Footage weiterbearbeitet werden. Diese Art der Produktion von Filmen macht deutlich, dass diese nichts mehr mit elektronischen Medien gemein haben, sondern aus den Codierungen symbolverarbeitender Maschinen und deren Programmen entstehen. Machinima beweist auf eindringliche Weise, dass die Fans keinesfalls die Regeln des Spiels passiv konsumieren und befolgen. Ihr emanzipierter Umgang mit Computerspielen entgegen den industriell erwarteten Nutzungsbedingungen und Gratifikationen (High-Score, Hall of Fame u.a.) überschreitet den mittels des Tech-Tree formalisierten Spielalgorithmus, unterwandert das Screen Design mit der Aktivierung seiner impliziten Bedeutungen, erzeugt einen Medienhybrid zwischen Computerspiel und Film und nutzt Machinima zur Herstellung von Vergnügen und zum Aufbau einer Fankultur. Mittlerweile nutzt die *Deutsche Post* zu ihrer Einführung ins *Second Life* den Machinima-Film »When the Postman spits twice« als Werbemittel (D 2007).

Aus den Inhalten eines Computerspiels können keine Rückschlüsse auf das Sozialverhalten von Spielern gezogen werden. Funktionalistische Konzeptionen für Ursache und Wirkung sind wenig überzeugend, da sie die spezifischen medialen Eigenschaften von Computerspielen ausblenden (dazu gehört die interaktive Ebene von Handlungsanforderung und Handlungsoption) und anstelle dessen die Rezeption als Befriedigung von zuvor existierenden Bedürfnissen ontologisieren (vgl. zur Kritik Ang 1986: 27ff). Diese Sichtweise deklariert die Rezeption als ein automatisches oder natürliches Ergebnis einer Bedürfnisbefriedigung, die vom Programm vorhergesehen und geplant werden kann und stärkt damit die Autorität des unumschränkten Game Designers, dem die Macht zugeschrieben wird, die kulturellen Gebrauchsweisen der Games technologiedeterministisch zu regulieren. Im Gebrauch der medialen Artefakte entsteht jedoch erst die Bedeutungsproduktion der Games. Damit rückt die bedeutungsgenerierende Kreativität der Amateure in den Mittelpunkt.

Online Multiplayer Games sind von einer interpretativen Flexibilität umgeben, sie sind deutungsoffen und aufgrund der Offenheit ihrer interaktiven Struktur sprechen sie unterschiedliche Gruppen an (Abb. 55). Soziale Online-Rollenspiele und Online-Lebenssimulationen wie *Second Life* oder *The Sims* sind hinsichtlich der Polysemie ihrer medialen Texte und bezüglich der potenziellen Vielfalt ihrer Wahrnehmungs- und Nutzungsformen bisher kaum erforscht worden. Obwohl die Games Produkte der sogenannten ›Kulturindustrie‹ sind, bedeutet dies nicht, dass ihre User/-innen zwangsläufig zu passiven Medienmarionetten werden müssen. So ist etwa der parodistische *counter discourse* der Machinimas in der Lage, die neoliberale rechte Diskursposition des konsumistischen Subjekts, das den besten Gebrauch von den ihm angebotenen Konsumgütern machen soll, zu durchkreuzen. Machinimas zeigen die *Möglichkeiten* subversiver Aktivitäten in der Konsumkultur auf. Gemeinsam ist zahlreichen Untersuchungen der Gaming Culture, die den Cultural Studies nahe stehen, die Zelebrierung der Konsumation als »ein aktiver, kreativer und produktiver Prozess, bei dem es um Lust, Identität und Bedeutungsproduktion geht« (Storey 1993: 18).

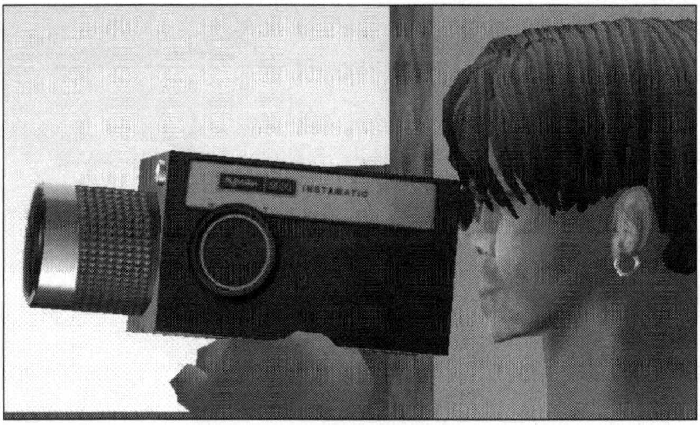

Abbildung 55: Online Machinima Film Festival on May 10, www.secondlife.com

An den Aneignungspraktiken der Shooter-Games kann einerseits die Kreativität der Fans auf der Bedeutungsebene und andererseits auch deren produktives Vergnügen aufgezeigt werden (Abb. 56). Wenn man die kulturellen Aneignungspraktiken der Games nicht als bloßen Konsum von medialen Artefakten (Pias 2003), sondern als kreative Nutzung begreift (Winter 1995), dann rücken mit dieser Perspektive auch selektive Lesarten der Fans in den Mittelpunkt, welche die Games in erster Linie als ästhetische Objekte und »fiktionale Formen« (Atkins 2005) wahrnehmen und weniger als *Trainingsinstrumente für Geschicklichkeitsübungen*. Im Unterschied zur Perspektive der *Anpassung*, die den Gamern/Gamerinnen in kultureller Hinsicht die Rolle passiver und formbarer Konsumsubjekte zuordnet, betont die Perspektive der *Aneignung* deren aktives Handeln und ihre kulturelle Innovationen hervorbringende Kreativität. Als Teil der Fanfiction ist Machinima nicht nur ein Abbild der affirmativen Beziehung zum jeweiligen Medienprodukt, sondern artikuliert auch eine Kritik an den Verwerfungen, die entstehen, wenn (überwiegend männliche) Game Designer die Plotentwicklungen und Figurenkonstellationen als konfligierende Differenzkonstrukte anlegen und damit immer auch die Grenzen von Ausschließung und Macht herstellen und legitimieren. Machinima ist daher in erster Linie ein popkulturelles Phänomen von *Fanaktivitäten* und ein Produkt von *Fans*, die sich die Freiheit nehmen, das im Fandom als ›Kanon‹ geltende Originalmaterial weniger zu imitieren, sondern es vielmehr in zum Teil völlig andere Richtungen zu führen.

Abbildung 56: stevie92, Bad Touch, www.youtube.com

4.6 Slash Fiction

»Slash is a kind of rebellion against art/culture as something you consume, rather than something you participate in building.«
Jane Mortimer, The Advantages of Fan Fiction As An Art Form

Amateurliteratur erlebt im Internet einen noch nie da gewesenen Boom. Seit der Verbreitung des Internets, das die Mehrheit aller Fanaktivitäten verwaltet, ist es potenziell jedem Fan möglich, seine Fanfiction zu veröffentlichen. Fanfiction (*Fanfic*) sind Geschichten, die von Fans eines popularkulturellen Originalwerkes (z.B. ein Kinofilm, eine Fernsehserie, ein Computerspiel, ein Musikvideos oder ein Comic) hergestellt werden, welche die Protagonisten, die Erzählstile oder das Setting des Werkes als Ausgangspunkt ihrer Aneignungspraktiken für neue, fortgeführte oder alternative Erzähl- und Handlungskontexte gebrauchen: »Fanfic ist eine Möglichkeit, aus dem passiven Medienkonsum ein aktives Hobby zu machen.« (Vali 2002) Fanfic gab es zwar lange vor dem Internet, aber zur massiven Verbreitung der Fanliteratur kam es erst, als sich die Schreibenden elektronisch miteinander vernetzten und kostengünstig ihre Werke austauschen und verbreiten konnten. Die

Website www.fanfiction.net bietet allein im Bereich Games Fanliteratur zu 300 Computerspielen: *Dynasty Warriors, Final Fantasy, Quake, Warcraft* und zahlreiche andere Spiele, deren klingende Namen die obsessiven Fans in Euphorie versetzen. Das größte Akte-X-Fanfiction-Archiv (www.gossamer.org) wird monatlich von knapp einer Million Userinnen und Usern aufgerufen, die damit etwa 32 GB Webtraffic erzeugen. Fans sind immer auch eingebunden in die Aktivität einer Community, die interpretiert, kommentiert und den Kontext des ›Originals‹ erweitert. Die Fanfiction-Community hat heute mit dem Internet ein Medium zur Verfügung, das aus der einstigen Subkultur der Fangeschichten ein globales Massenphänomen generiert:

»Fan fiction is written by hundreds of thousands of people across the globe. Fan fiction is read by millions. With the advent of the internet and its permeation deeper into our society, it is no longer something locked into paper zines. Fan fiction is something with a history and culture all its own. Fan fiction is about writing and kinship with people. It's a method of connecting to others who share your interests through writing.« (Lawrence 2007: 21)

Fanfic-Autoren/Autorinnen stellen zwar Vorstellungen von geistigem Eigentum, die Kommerzialisierung von Kultur und das Copyright der Unterhaltungskonzerne mehr oder weniger radikal in Frage, dennoch ist Fanfiction im engeren Sinne kein kollaboratives Schreiben, sondern folgt den traditionellen Linien von Autorschaft, auch wenn sich diese in Pseudonymen äußert. Andererseits ist innerhalb der Fanfic-Praktiken eine Art Marktverhalten zu beobachten: Die Tolkien-Fanfiction und die Harry-Potter-Fanfiction erlebten während ihrer Film-Releases einen gewaltigen Boom (vgl. Broadway/Challis 2004). Von Kult-Blockbustern wie *Star Wars* stehen derzeit rund 200 von Fans gedrehte Sternenkrieg-Versionen über Websites wie www.theforce.net oder www.fanfilm.com zum Download bereit. Im Zuge einer Kooperation der offiziellen Website www.starwars.com mit dem Cyberkino www.atomfilms.com können Fanfilmer Soundeffekte und Originaltöne direkt von der *Star Wars*-Produktionsfirma *Lucasfilm* aus dem Netz laden und für eigene Werke einsetzen. Eine zaghaft einsetzende Aneignungspraxis ist die Verwendung von intermedialen Versatzstücken in audiovisuellen Artefakten, die auf Online-Videoplattformen verbreitet werden. Henry Jenkins, Autor zahlreicher Publikationen über Fankulturen, sieht die Fanfic im Netz als Ausdruck einer modernen Amateurkultur, die auf die gegenwärtige Medienumgebung auf kreative Weise reagiert wie die »Volkskulturen« in vorindustrieller Zeit:

»Fans assert their own right to form interpretations, to offer evaluations, and to construct cultural canons. Undaunted by traditional conceptions of literary and intellectual property, fans raid mass culture, claiming its materials for their own use, reworking them as the basis for their own cultural creations and social interactions.« (Jenkins 1992: 18)

Ein Ergebnis der industriellen Revolution war die Privatisierung von Kultur und das Auftauchen des Konzepts von geistigem Eigentum, das davon ausgeht, dass kulturelle Werte den schöpferischen Werken individueller Autoren entspringen. Das aus dieser Idee hervor gehende Konzept prägt die Verwertungspraxis unserer Tage. Die Fanfic-Autoren/Autorinnen reagieren auf diese Situation, indem sie die traditionellen Praktiken der populären Kultur auf die Massenkultur anwenden, und Filme oder Fernsehen als Rohmaterial dafür benutzen, ihre eigenen Geschichten zu erzählen und ihre eigenen Gemeinschaften zusammenzuschmieden. Dabei versuchen sie, die kapitalistische Logik der Medienformate zu unterlaufen, indem sie sich für ihre nichtkommerziellen Produktionen die Charaktere der Filme, Fernsehserien und Computerspiele aneignen (Fiske 1992: 30-49). Mit der popularkulturellen Durchsetzung der Online-Fanfics verlagert sich das Fandom aus dem physischen in den virtuellen Raum; zugleich gibt es mehr unterschiedliche Kategorien von Fanfictions auf einen Blick. Online-Fanfics stehen für eine globale, zeitunabhängige Konsumierbarkeit und öffnen durch den vereinfachten Zugang die Fangemeinschaft für jüngere Mitglieder; andererseits kommt es durch die Ausweitung von Urheberrechtsfragen auch zu kreativen Beschränkungen.

Im Allgemeinen sind die Fans der Ansicht, dass Produkte der Unterhaltungsindustrie, die in hohem Grade arbeitsteilig und mit der ausdrücklichen Intention geschaffen werden, ein Massenpublikum zu etablieren, schließlich auch von jedem beliebigen Interpreten angeeignet und damit auch in ihrer Bedeutung verändert werden können. Die Inhaltsverzeichnisse der Fanfic-Archive im Netz geben Aufschluss über die zu erwartenden Inhalte der von den Fans gestalteten Stories und bestehen aus einer Fülle von Akronymen, Jargonbegriffen und Abkürzungen. Beim Fan Fiction geht es nicht um die bloße Reproduktion des primären medialen Textes, sondern darum, ihn zu verändern, zu überarbeiten, zu ergänzen und weiter zu entwickeln. Die Polysemie und Intertextualität medialer Produkte ist der Ausgangspunkt für die textuelle Produktivität der Fans (vgl. Fiske 1992). Einige der wichtigsten Umschreibungen der Fans bestehen aus folgenden Lektüretechniken:

- Ausgestaltung eines *alternative universe* (Versetzung der Figuren in andere Umgebungen und Umstände);
- Konfrontation von Figuren aus diametral verstreuten Quellen;
- Konstruktion heterosexueller Beziehungen (m/f);
- Konstruktion gleichgeschlechtlicher Beziehungen (m/m respektive f/f);
- Dramatisierung von romantischen/sexuellen Beziehungen (Aggression, Gewalt);
- die Refokussierung; so werden z.B. aus Nebenfiguren Hauptfiguren, ausgesparte oder nur angedeutete Bereiche in Filmen rücken in den Mittelpunkt.

Henry Jenkins hat in seiner einflussreichen Studie über TV-Fan-Phänomene diese Praxis im Anschluss an die affirmative »Kunst des Handelns« (1998) von Michel de Certeau als eine Form des »Wilderns« auf fremden Territorium beschrieben, als Versuch, das, was die Medien ihrem Publikum vorenthalten, sichtbar zu machen (Jenkins 1992: 17). Er sieht im *Slash Fiction* den originellsten Beitrag der Fanpraktiken zur Popkultur. »Slash« leitet sich vom

Schrägstrich (engl. *slash*) ab, der zwischen den Namen oder Initialen von zwei miteinander befreundeten Männern steht, denen ein romantisch-sexuelles Beziehungsverhältnis angedichtet wird. Slash ist ein Subgenre der Fanfiction (vgl. die prominente Website www.slashfiction.net), das die Grenzen der Geschlechteridentitäten problematisiert und zumeist heterosexuelle Konventionen in Frage stellt (vgl. Penley 1991; Klinger & Schmiedke-Rindt, 1996). Die im Feld der Slash Fiction entstehenden Stories thematisieren die homoerotische Anziehung zwischen fiktiven Charakteren der Populärkultur. Die ersten Slash Fictions entstanden in der Trekkie-Fankultur der US-amerikanischen Science-Fiction TV-Serie *Star Trek* (1966-69), in der die Charaktere von Captain James T. Kirk und sein vulkanischer Wissenschaftsoffizier Mr. Spock eine enge Freundschaft verbindet (Geraghty 2007: 13). Seit den Anfängen der Ausstrahlung der Serie spekulierten Fans in den *Star Trek*-Fanzines über die Möglichkeit einer sexuellen Beziehung zwischen Kirk und Spock. Kirk/Spock gilt als die erste bekannte Slash-Paarung, die in englischsprachiger Fanfiction veröffentlicht wurde (Abb. 57). In ihrer 1992 publizierten Studie »Enterprising Women. Television Fandom and the Creation of Popular Myth« weist die Ethnografin Camille Bacon-Smith nach, dass Slash-Stories beinahe ausschließlich von Frauen verfasst werden (Bacon-Smith 1992: 247). Mit der Ausweitung von fiktionalisierenden Fandoms im Internet gehen aktuelle Studien immer noch davon aus, dass Slashen eine weibliche Praxis ist, deren erotische Erzählungen die gleichgeschlechtliche Beziehung von zwei männlichen Protagonisten aus den Bereichen Kino, Fernsehen und Computerspiel thematisieren (Hellekson/Busse 2006).

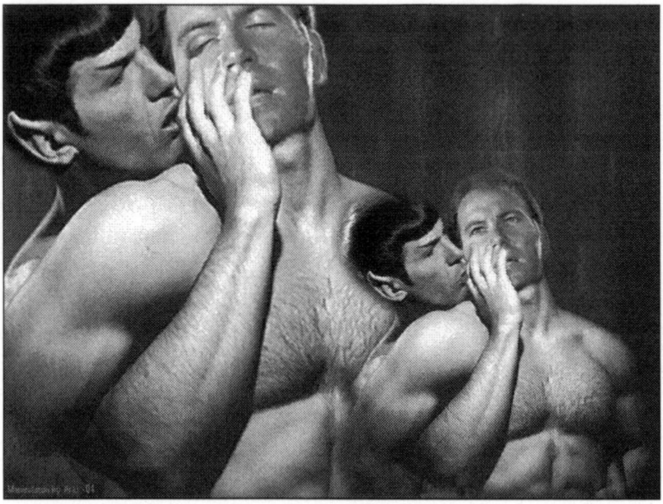

Abbildung 57: Kirk/Spock, Anki, 2004, www.fandomish.net

Bis in die jüngste Gegenwart ist das Image der Fan- und Amateurkultur überwiegend männlich konnotiert. So lässt etwa Michel Gondry in seiner neuen Komödie *Be Kind Rewind* (USA 2008) die männlichen Protagonisten als Fans und Amateurfilmer Remakes von bekannten Hollywoodfilmen machen und tradiert damit das Geschlechterstereotyp vom schöpferischen Amateur als Sinnbild für das Kind im Mann. Damit firmiert Infantilität als ›Charaktermerkmal‹ schöpferischer Eigensinnigkeit, die allerdings den männlichen Medienamateuren vorbehalten ist; im Gegensatz dazu konnotiert die filmische Erzählung das Kindliche der Frau als Eigenschaft ihrer (sexuellen) Naivität. Weibliche Fan- und Amateurkulturen, die sich männlichen Privilegien und institutionellen Zwängen widersetzen, bleiben nicht nur in der öffentlichen Wahrnehmung, sondern auch in der Forschung mehr oder weniger unterbelichtet. Dieser einseitigen Wahrnehmung widerspricht jedoch die steigende Ausdifferenzierung weiblicher Fankulturen im Netz (Harcourt 1999; Flanigan/Booth 2002).

Der Genrebegriff »Slash« wurde mit dem Begriffspaar »Kirk slash Spock« etabliert und gilt bis heute als allgemeine Beschreibung für Homosexualität im Fandom. Auch die nächste Generation von *Star Trek* bleibt das Angriffsziel der Slashing-Praktiken:

»The Borg make perfect mascots for a strain of gay eros that appropriates the imagery of the machine age. In *The Culture of Desire: Paradox and Perversity in Gay Lives Today* (1993), Frank Browning mentions a sex club called ›Big Ironworx.‹ This and other gay invitation clubs of the early 90s, he reports, took place in open rooms in the warehouses of depleted industrial zones, where in the small hours of the morning, young men lined up with their buddies to probe, caress, and gnaw at one another's flesh in dimly lit tangles of animal abandon. The Borg ship becomes a place where slashers ›invent a theater of transgressive desire and enter into the symbolically exploded self,‹ to borrow Browning's eloquent characterization of S&M. In ›Locutus‹, Johnston reimagines the abduction and Borging of Captain Picard as a coming-out story. In Part 2 of the original episode, the scene in which mechanized surgical instruments descend on a prone Picard in the Borg ship is strongly suggestive of a repressed sexual experience, in much the same way that Whitley Strieber-esque accounts of alien abduction are sometimes interpreted as nightmares about incest. Moreover, the conclusion of the two-part episode ends on a disquieting note: As an eerie melody spirals over a dark drone, Picard gazes into the star-flecked infinity of space, ostensibly lost in the traumatic memory of being Borged.« (Dery 1998, www.n5m.org/n5m2/texts/markdery.htm)

In einigen Fandoms ist Slash deutlich dominierender als in anderen. Grund ist vor allem der Subtext, der den weiblichen Fans als Inspiration dient. Die Begriffsdefinition von Slash variiert von Fandom zu Fandom. In der engsten Interpretation bezeichnet Slash ausschließlich Geschichten über homosexuelle Beziehungen zwischen Männern, die in der ersten Fassung keine solche Beziehung haben (klassische Beispiele der Slash Fictions im Feld der Film- und Fernsehkultur sind Kirk/Spock, Picard/Riker, Yar/Troi; aber auch Moulder/Scully, Ross/Benton etc.) Das *Umschreiben* und *Umfunktionieren* der kulturellen Organisation von Körper- und Geschlechtsnormen der Zweigeschlechtlichkeit und Heterosexualität ist hier ganz wörtlich zu verstehen, da eine der Hauptaktivitäten der *fan community* die Produktion von *fan fiction* ist, die zwar deutungsimmanent im ›Universum‹ eines Films, einer Serie oder eines Game spielen, bestimmte Aspekte jedoch radikal umdeuten oder andere Akzente setzen, als vom ›Ausgangsmaterial‹ vorgegeben. Weibliche Slasherinnen führen etwa eigene weibliche Charaktere ein und machen damit auf das Fehlen akzeptabler weiblicher Identifikationsfiguren aufmerksam. In diesem Sinne nimmt die kritische politische Handlungsmöglichkeit konkrete Formen an und wird »zu der Frage, wie die Signifikation und die Resignifikation funktionieren« (Butler 1991: 212). Dieses Angewiesensein der Macht auf die Macht der Wiederholung ist zugleich der Grund ihrer fundamentalen Instabilität, da für Butler die identische Wiederholung immer prekär, ja unwahrscheinlich ist. In ihrer Untersuchung »Psyche der Macht« (2001) führt Butler den Begriff »Subjektivation« ein, der sowohl den Vorgang einer Subjektwerdung als auch das Unterworfensein des Subjekts unter die Machtstrukturen, durch die aus poststrukturalistischer Perspektive das Subjekt erst ermöglicht und hervorgebracht wird, kennzeichnet (Butler 2001: 16-22). Der Terminus bezeichnet weder nur ›Unterordnung‹, noch nur ›Konstitution‹ eines Subjekts, sondern vielmehr eine gewisse Beschränkung *in* der Konstitution, ohne die das Subjekt überhaupt nicht hervorgebracht werden kann, eine Beschränkung also, mit und durch die sich diese Erzeugung überhaupt erst vollzieht. Obwohl das Subjekt immer schon durch die Macht konstituiert, vorgeformt wird und durch diese inszeniert ist, sollte man daneben nicht das Schöpferische bei der Subjektivation außer Acht lassen, nämlich die vom Subjekt »selbst inszenierte, handelnd hervorgebrachte Macht« (ebd.: 19).

Innerhalb einer sozial anerkannten Bekenntniskultur geschieht die Bindung des Subjekts an seine eigene Identität mittels legitimer Wahrheitsdiskurse, die es dazu zwingen, seine eigene Wahrheit anzuerkennen. Aber können wir – fragt Butler – nicht auch etwas anderes werden als das, was die Macht für uns vorgesehen hat? Gibt es Möglichkeiten für eine ›Umlenkung der Macht‹? Wie kann eine oppositionelle Beziehung zur Macht aussehen, da diese innerhalb einer Machtformation angelegt ist, gegen die sie sich wenden ›soll‹? Die Behauptung einer ›Garantie‹ von Widerstand und Opposition scheint Butler allzu euphorisch und wird von ihr sogleich dahingehend relativiert, dass sie das Subjekt als »*Effekt* einer vorgängigen Macht« verortet und Macht als »*Möglichkeitsbedingung* für eine radikal bedingte Form der Handlungsfähigkeit« begreift (ebd.: 21). Diese Handlungsfähigkeit des Subjekts übersteige jedoch die subjektkonstituierende Macht: »Wenn das Subjekt weder durch die Macht voll determiniert ist noch seinerseits vollständig die Macht determiniert (sondern immer beides zum Teil), dann geht das Subjekt über die Logik der Widerspruchsfreiheit hinaus, es ist gleichsam ein Auswuchs, ein Überschuß der Logik.« (Ebd.: 22) So ist zwar die Möglichkeit des Subjekts zum oppositionellen Handeln immer schon im Bestehenden befangen, doch dieses treibt notwendigerweise jene hervor und über sich hinaus. Im Anschluss an Derrida betont Butler, dass Wiederholungen niemals Ausfertigungen desselben seien. Die performative Herstellung geschlechtlicher Codes ist in diesem Sinne kein geschlossenes System, sondern birgt auch die Möglichkeit von Veränderung und Subversion. Mit diesem Konzept einer performativen Subjektwerdung, in deren Unvollkommenheit und latenter Variabilität zugleich die Chance des Neuen angelegt ist, kann unter dem Gesichtspunkt der Slash-Praktiken eine deterministische Auffassung von Männlichkeits-/Weiblichkeitskonstrukten vermieden werden, so dass ›Performanz‹ nun Wiederholung und zugleich Chance zur Resignifikation ist. Slash kann zeigen, dass Männlichkeit/Weiblichkeit keinesfalls ahistorische und transkulturelle Kategorien darstellen, sondern immer in historisch und kulturell spezifische Normierungs- und Herrschaftsverhältnisse eingebunden sind. Damit wird aber auch klar gestellt, dass Geschlechternormen nicht nur in sprachlich vermittelte, diskursive Beziehungen, sondern auch in institutionelle Rollen und soziale Strukturen eingebunden sind. Genau genommen markieren nämlich Verweiblichungs- bzw. Vermännlichungsstrategien weder einen Ursprung noch ein bloßes Produkt, sondern die stets vorhandene Möglichkeit eines bestimmten Prozesses der Umdeutung (*resignifying process*). Unter diesem Blickwinkel gibt es für Slasherinnen nur dynamische, hybride Wiederholungssituationen der Geschlechterverschiebung und -überschreitung.

Eine weitere Strategie des verschiebenden Zitierens von Geschlechternormen besteht darin, sich ausschließlich mit den *bad guys* eines Formats auseinander zu setzen und qua ihrer narrativen Aufwertung die moralisierende Hegemonie heroisierender Sexualität zu unterlaufen. Weitere Spielarten der Slash Fiction rücken die Nebenfiguren in den Mittelpunkt, die nach Meinung der Fans von den Drehbuchautoren vernachlässigt worden sind. Als Abgrenzung zu Slash sind die Begriffe »general fiction« – »allgemeine« Fiction (*genfic*) und »heterosexual fiction« – »heterosexuelle« Fiction (*hetfic*) in Gebrauch. Für Geschichten über gleichgeschlechtliche Beziehungen zwischen weiblichen Charakteren werden auch die Bezeichnungen *femslash* oder *femmeslash* verwendet (Abb. 58). Von allen Fanfics weicht die lesbische Variante des Slash, Femslash, am weitesten vom vorgegebenen Material ab. Femslasherinnen lesen hegemoniale Stories gegen den Strich und demonstrieren ihr ›eigenes‹ Verfügen über Inhalte, die offiziell in den Händen von Unterhaltungskonzer-

Abbildung 58: Lesbian Manga, Second Life, www.flickr.com

nen liegen (Abb. 59). Mit ihren Praktiken der Umschreibung versuchen sie, Alternativen zur repressiven und hierarchischen männlichen Sexualität zu entwickeln.

Abbildung 59: Bannerwerbung, www.femslashday.com

Im Mainstream der medialen Dispositive Fernsehen, Kino und Games sind narrative Muster und visuelle Repräsentationen maßgeblich entlang der Differenzkategorien *gender, race, class* und *sexuality* angeordnet. Die Praxis des Slash thematisiert die konzeptuellen Verschiebungen und Verwerfungen, die entstehen, wenn sich die Spannung der Geschlechterdifferenz unter dem Druck konfligierender Differenzkonstrukte entlädt. Vor dem Hintergrund der postfeministischen Theoriebildung hat kein Aspekt der Fankultur mehr akademische Aufmerksamkeit erhalten, als das vielbeachtete Genre der »Slash Fiction«. Spätestens seit Judith Butlers Studie *Gender Trouble* (1990) ist die Destabilisierung der bipolaren Geschlechtsrollenidentifikation ein integraler Bestandteil der Dekonstruktion des ›natürlichen‹ Geschlechts als eines kulturellen Ordnungsphantasmas. Im Spannungsfeld zwischen Fiktionalisierung und Erotisierung können die im Slash Fiction reinszenierten Körperspiele und -inszenierungen auch als Flucht aus der Geschlechterordnung (Dispositiv der geschlechtlichen Identität; Binarisierung der Geschlechter) verstanden werden.

Heute operieren und kommunizieren Slasherinnen vor allem im Netz. Damit einhergehend verändern und erweitern sich die inter/medialen Rahmenbedingungen ihrer Praktiken. Auf anderen Ebenen bewegen sich Einschreibungen geschlechtlich markierter Körperbilder im Kontext grafischer und animierter Computerdarstellungen. Beispiele überzogener Geschlechtsstereotypisierung in menschlichen oder Menschlichkeit nachahmenden Repräsentationen finden sich heute verstärkt im Bereich der digitalen Medien. Gender-Klischees und geschlechterstereotype Vorstellungen von Körper/Geist oder Vernunft/Gefühl kommunizieren heute Avatare und virtuelle Spielewelten (vgl. Weber 2002b). Die normative Ordnung der sexuellen Differenz funktioniert jedoch nicht nur entlang der Vektoren Körper, Geschlecht und Sexualität. Als weiterer normenproduzierender Schauplatz ist auch das Feld der nationalen Identitätsstiftungsprozesse zu nennen, wodurch die politischen Diskurse vom geschlechtlichen Körper der Nation eine neue Ausrichtung erhalten. Die Heroes der digitalen Popularkultur sind überwiegend das Resultat von Vermännlichungsstrategien. Andererseits zeigen die Computerspiele mit weiblichen Heldinnen, dass trotz der Existenz der kulturellen Codierung von Geschlecht im Rahmen einer kulturindustriellen Herstellung der Spiele Variation, Veränderung und individuelle Aneignung möglich sind (Richard 2004). Trotzdem ist die überwiegende Mehrzahl der Avatare der Ego-Shooter-Games als männlicher Krieger stilisiert und bildet den Ausgangspunkt für die Mythenbildung und die Ordnungsfunktion des Sozialgefüges. Unter diesen Vorzeichen spielen vor allem die geschlechtlichen Kodierungen des politischen Körpers und die damit eng verknüpften diskursiven Alteritätsstiftungen (z.B. Feminisierung) eine wesentliche Rolle.

Im Netz aktive Slasherinnen versuchen, die geschlechtlichen Kodierungen und Semantisierungen des Interface (Avatare, Bedienmenüs, Digital Environment etc.) mittels ihrer Umschreibungen und Hybridisierungen freizulegen. Ihr Hauptinteresse ist es, kulturelle Repräsentationsfelder der Gendertektonik zu dekonstruieren und dabei die den medialen Produkten und Geschlechtermodellen eingeschriebenen Ideologeme in ihren Verwerfungen, Widersprüchlichkeiten und potenziellen Hybridisierungen aus ihrem stillschweigenden ›Konsens‹ herauszulösen.

Slash Fictions machen Medienprodukte als Zwischenräume sichtbar und provozieren Gegenlektüren, die versuchen, die Prozesse komplexer oder auch widersprüchlicher Zuschreibungen in ihrem Aufbau, ihrer Perspektivenführung, ihrer Blickökonomie sicht- und sagbar zu machen. Thematisiert werden sowohl Beziehungsideale hegemonialer Männlichkeit als auch das Potenzial, weibliche sexuelle Lust am männlichen Körper zu feiern. Indem die weiblichen Fans selbst zu Autorinnen werden, entziehen sie die Stories ihrer auktorialen Verfügung. Im dynamischen Wechselspiel von Rezeption und Produktion bleibt der eigentliche Ort der geschlechtlichen Signifikation leer. Der *slash* zwischen Signifikat und Signifikant schafft eine Leerstelle: Ebenso wie hegemoniale Macht immer wieder von Neuem ausgehandelt werden muss, kann dies auch mit kulturellen Formen passieren. So können Männlichkeitskonstrukte mit verborgenen oppositionellen Bedeutungen ausgestattet werden und *Positionen der Uneindeutigkeit* entwickelt werden. Constance Penley macht auf die multiplen Identifikationsmöglichkeiten aufmerksam, die entstehen, wenn weibliche Fans männliche Liebesszenen umschreiben:

»If, in the psychoanalytic account of fantasy, its two poles are being and having, this fantasy has it all, and all at once: the reader/writer can be Kirk or Spock (a phallic identification, rather than a regression to the pre-Oedipal) and also have them (as sexual objects), since, as non-homosexuals, they are not unavailable to women.« (Penley 1989: 259)

Das Experimentieren mit unterschiedlichen Geschlechterrollen zählt zu den ausgeprägten stilistischen Merkmalen der Slash Stories. Die Medientechnik Internet generiert die Möglichkeit, gefahrlos, schnell und ohne weitere Folgen Identitäten zu wechseln und mehrere Identitäten zu nutzen: »We can easily move through multiple identities, and we can embrace [...] cyberspace as a way of life.« (Turkle 1995: 231) Die These der Verflüchtigung sexueller Identifizierung ist ein stilistisches Kennzeichen der perspektivischen Vielfalt des Slash-Narrativs: »Viele Erzählungen wechseln [...] häufig die Perspektive, dass ohne ein System grafischer Verweise kaum auszumachen wäre, wer gerade spricht oder denkt.« (Horst 2002: 337) In dieser Hinsicht wird deutlich gemacht, dass Slash in erster Linie als ein experimentelles Spiel mit der Auflösung und Neukonfiguration der Grenzen von Männlichkeitskonstruktionen verstanden werden kann: »Slash makes masculinity the central problem within its narrative development and tries to envision a world where conventional sexual identities are redefined in a more fluid, less hierarchical fashion.« (Jenkins 1992: 219) Demzufolge kann Slash als ein körperpolitischer Versuch verstanden werden, die Geschlechternormen durch eine radikale Vervielfältigung der Geschlechtsidentität zu verschieben. Im Unterschied zum ›schlichten‹ Geschlechtertausch zielt Slash also auf die Herstellung neuer Identitätskreationen, in denen die geschlechtliche Zugehörigkeit nicht mehr so richtig erkennbar ist oder verschwimmt und sich damit den Formen der geschlechtlichen Identifizierungs- und Registrierungstechniken entzieht. Neue Denkräume, neue Identitäten und neue Werke entstehen aus den kollaborativen Slash-Communities, in denen die Autorinnenschaft nicht mehr eindeutig feststellbar ist. In diesem Netzwerk wird Herrschaft als personengebundenes Autoritätsverhältnis ebenso abgeschafft wie Geschlechtszugehörigkeit: »Metaphorisch könnte man von einer Verflüssigung des Geschlechter-Dualismus sprechen, einer Auflösung jener Vorstellung von einer bipolaren Sexualität, auf die sich die Beziehungsmodelle und -hierarchien unserer Gesellschaft gründen.« (Horst 2002: 338) Mit der Vorstellung kollaborativer Anonymität kann die Idee eines humanistischen Subjekts als Instanz der Handlungsfähigkeit und des Neuen überwunden werden und Tätigkeitsfelder können etabliert werden, die von Kultur und Diskurs nicht vollständig determiniert werden können. Folglich muss eine genderpolitische Handlungsfähigkeit nicht nur durch den Rückgriff auf ein vordiskursives ›Ich‹ begründet werden. Diese Affirmation von Vielfalt und Grenzüberschreitung verbindet sich auf der Ebene des Storytellings mit einer Produktion und Präsentation von pluralen Identitäten, die nicht eindeutig den Figuren zugeordnet werden (Multiperspektivität). Anstelle der Repräsentation eines Inhalts scheint lediglich der *mediale Rahmen* der Identitätsbildungen ausgestellt zu werden (Abb. 60). Es haftet ihnen eine reine Zitathaftigkeit bzw. Formalität an; Reproduktion und Produktion fallen dabei beinahe zusammen. Mit der endlosen Perpetuierung von Identitätsentwürfen in den Paraden und Maskeraden scheint lediglich

›Formalität‹ ausgestellt zu werden, wodurch der identitätsstiftende mediale Blick, die Objektivierung von Körperlichkeit und damit auch der ›wahre Kern‹ von Subjektivität außen vor bleibt (vgl. Angerer 1999: 159).

Abbildung 60: Bannerwerbung, www.femslashday.com

Diese verschiedenen Praktiken produktiver Aneignung demonstrieren, dass die regelmäßige Rezeption von medialen Produkten keineswegs auf eine passive Haltung hinausläuft, sondern notwendige Voraussetzung für die Entfaltung von medialer Kompetenz ist, die zu kreativen Gebrauchsweisen führen. Diese produktiven Praktiken gibt es nicht nur in der Welt der deklarierten Fans und organisierten Fan-Communities, sondern bereits im Alltagshandeln des aktiven Konsumierens, dem machtsubversive und identitätspolitische Möglichkeiten inhärent sein können.

4.7 »*The Sims*: Grandmothers are cooler than trolls«

Oft privilegiert der theoretische Blick auf die Amateurkultur im Netz die *abweichenden* Interpretationen der Spielevorschriften als sozial relevante Ermächtigungsstrategien und etabliert damit eine kanonische Lesart populärer Praktiken. Der Theoretiker Gonzalo Frasca thematisiert in seinem Essay »The Sims: Grandmothers are cooler than trolls« die Aneignungspraktiken der Gamer/-innen und verweist auf ein Familienalbum, das die Spieleentwickler für die Herstellung von Schnappschüssen bestimmter Momente im Leben ihrer Sims konzipierten:

»According to the designers of the game, the family album is a feature that has evolved in an unexpected way. Originally, it was simply intended for allowing players to take snapshots of particular moments in their Sim's lives, and then build a family album that could be easily published online. What the designers did not anticipate was that players would use this feature to craft stories starring their Sims. Suddenly, the family album became a comic book. [...] Unlike other action videogames, where players record their performances on video in order to analyze or show off their skills, the family album storytellers‹ do not focus on the game itself but use the feature as a *narrative tool*.« (Frasca 2001, www.gamestudies.org/0101/frasca/)

Die *Sim*-Gamer/-innen geben dem Familienalbum eine andere Funktion und wandeln es zu einem kreativen Tool für Graphic Novels um. Dabei remediatisieren sie Versatzstücke der populären Kultur und versetzen etwa einen *Sim*-Charakter in das TV-Format *Big Brother* (Abb. 61) oder hybridisieren die Kinoepisoden der *Star Wars* mit der *Sim*-Ästhetik der Puppenstube:

»Other times players created narratives informed by their own life experiences (a story of a lesbian love affair or alcoholic father). Still other stories were used to parody the game world itself (a meta-Sims narrative or one set in a Star Wars universe, replete with tiny R2D2s and hoards of Stormtroopers). In any case, players transformed the play of the system as they sought out avenues for creative expression, making adjustments to the way they played the game. Players began to play The Sims in very unusual ways, in order to compose the exact ›shots‹ they wanted for their storyboard-like narratives. Strategies for successful gameplay, such as keeping game characters happy, were superceded by strategies for positioning objects and characters in a scene.« (Salen 2002, www.walkerart.org/archive/7)

Abbildung 61: Big Brother, SimsForum, www.thesims.de

Auch die Kuratorin Katie Salen sieht das aus der abweichenden Deutung gezogene Vergnügen prinzipiell als subversiv an und interpretiert Medienaneignung als ›Aufstand‹ gegen die ›Vorschriften‹ der Games. Diese rein affirmative Aufwertung der Medienreflexion ist jedoch in zweierlei Hinsicht problematisch. Erstens lässt sie den Kanon populärer Spiele als Rahmenbedingung, innerhalb dessen die dissidenten Praktiken möglich sind, unberücksichtigt und zweitens begründet sie mit der Aufwertung reflexiver Medienpraktiken (Formalität, Intertextualität, Kontextunabhängigkeit) die Verachtung gegenüber lebensbezüglichen Formen und Praktiken. Um die Gefahr eines impliziten Elitarismus abzuwenden, dürfen die Untersuchungsbereiche der Medienaneignungen der Amateure im Netz nicht auf emanzipatorische Vorzeigebeispiele und bevorrechtete Medienformate eingeschränkt werden, denen jeweils medienreflexive Ermächtigungsstrategien und subkulturelle Widerstandsmöglichkeiten inhärent sein sollte.

Die Hervorhebung des subversiven Potenzials der resignifikativen Praktiken bedeutet jedoch nicht zwangsläufig, dass Konsumation *per se* widerspenstig sein muss. So muss andererseits eingeräumt werden, dass sich nicht jede mediale Aneignung eines Online-Games ohne weiteres durch Widerspenstigkeit oder Oppositionalität auszeichnet und darf daher nicht als eine ›typische‹ Rezeptionsweise missverstanden werden. Die Rezeption und Aneignung der Games als globale Medienprodukte ist ein aktiver sozialer Prozess, der sich nicht auf marginalisierte und subordinierte Gruppen beschränken lässt, die ›immer und überall‹ kulturelle Ressourcen zur Identitätsbildung oder Bedeutungsverschiebung nutzen. Folglich erscheint es aus der Sicht einer politischen Kritik der Produktionsbedingungen und Strategien der semiotischen Macht der Game Designer problematisch, den Aneignungspraktiken *per se* ein kritisches Potenzial zu unterstellen:

»Die Gefahr an der Zelebrierung der Subversivität im Konsum von Popularkultur ist, dass die Möglichkeit politischer Kritik verschwindet, wenn die Inhalte und Formen nicht mehr kritisierbar sind, da ohnehin nur ihre Aneignung durch die Konsumenten ausschlaggebend ist.« (Lutter/Reisenleitner 1998: 78)

Lesarten, die sich ausschließlich auf die *Herausforderung* der produzentenseitig vorgegebenen Spielregeln und die *Widerstandsmöglichkeiten* gegenüber einem erfolgreichen Gameplay konzentrieren, verlieren jedoch den Konsens und die Reproduktion des Status quo aus dem Blick. Eine politische Spielekritik muss daher immer auch die medienreflexiven Kompetenzen der User/-innen thematisieren, die sich aus ihren divergierenden kulturellen Erfahrungen speist. In ihrer Vielfältigkeit zeigen die Prozesse der Umdeutung *grosso modo* auf, dass der semantische Horizont den Spielprogrammen selbst nicht inhärent sein kann, sondern erst im Prozess ihrer Aneignung ihre möglichen Bedeutungen entfalten. Die kulturellen Aneignungspraktiken von Computerspielen können also nur *Optionen* benennen, die unter den Bedingungen der Situation, der Singularität und der Kontingenz entstehen können: Sie sind den Games als unkontrollierbare Möglichkeiten inhärent, die augenblicksartig aufblitzen und wieder verschwinden können. Bekommen die Gamer/-innen Zugriff auf die Programmcodes, um in die Abläufe des Spieles einzugreifen, können sie sich die Produktionsbedingungen und die Strategien der semiotischen Macht aneignen. Diese Möglichkeit, ›hinter‹ die Spieloberflächen zu gelangen, steht den Amateuren jedoch nur in Ausnahmefällen zur Verfügung. Demzufolge ist das Amateursubjekt kein souveräner und autonomer Akteur, der frei und ungezwungen über sämtliche Möglichkeiten und Dimensionen seiner Aneignung entscheiden kann. Die Gamer/-innen experimentieren zwar mit den ihnen zur Verfügung stehenden Möglichkeiten, die Regeln des Spieles so weit wie möglich zu überwinden und versuchen, ›gegen‹ das Spiel zu spielen. Gleichermaßen können die Regeln nicht prinzipiell anihiliert werden, sondern formen auch auf eine gewisse Weise ihr eigenes Verhalten. Die Gamer/-innen bleiben folglich mehr oder weniger dem Spiel, welches sie sich spielerisch aneignen, involviert. Allerdings versuchen sie, sich der Vorschrift der Spielregeln zu entwinden und zielen darauf ab, sich der Strukturen zu bemächtigen, die sich ihrer bemächtigen wollen.

Das Spektrum dessen, was den Praktiken der Aneignung subsumiert werden kann, reicht von Umdeutungen und Umwidmungen, über Inbesitznahme und Besetzung, bis hin zur Umarbeitung. Diese vielschichtigen Aneignungsprozesse hängen eng mit sozialen Gegebenheiten, die den Rahmen der Möglichkeiten abstecken und kulturellen Vorstellungen, die Rückwirkungen auf die aneignenden Akteure entfalten, zusammen. Bedingung und Grundlage des *Prozesscharakters* der Aneignung ist das Vorhandensein von Gaming Communities, deren Mitglieder hauptsächlich online interagieren und sich wechselseitig über das Know How ihrer Aneignungspraktiken austauschen (vgl. Frasca 2001; Salen 2002; Terdiman 2003). Die Kreativität der Gaming Communities transformiert beispielsweise ein global gehyptes Konsumobjekt wie *Second Life* in ein »co-kreatives Medium« (Morris 2004: 57-62; vgl. zur medialen Berichterstattung und zum Medienereignis »Second Life« Ludlow/Wallace 2007).

Ein gewichtiges Genremerkmal der Machinima-Filme ist die ironisierende Kommentierung des Ausgangspiels oder der spezifischen Spielkultur. Ihre Gestaltungsmöglichkeiten reichen bis hin zur Entwicklung radikal neuer Spiele (*total conversions*), die mit dem Ursprungsspiel nur noch vereinzelte Parameter des Tech Tree gemeinsam haben (Postigo 2003). Beim Abspielen einer Machinima kann die virtuelle Kamera unabhängig von der Blickrichtung und der Position der Spielfigur bewegt werden. Außerdem kann nach jedem Zeitstempel eine Aufnahme des Bildschirminhaltes (*screenshot*) abgespeichert werden. Damit ist es möglich, einen bereits abgeschlossenen Ereignisablauf der Game Engine nicht nur exakt zu wiederholen, sondern ihn auch aus anderen Perspektiven zu ›filmen‹. (Girlich 1999, 3.3.) Die Praxis des »recamming« (Lowood 2006) transzendiert die Beschränkungen physikalischer Kameras. Mit der Entfesselung der virtuellen Kamera von der Avatarperspektive können die Machinimas die Plots spielfilmartig aus der third-person Perspektive zeigen. Mit diesen technischen Möglichkeiten der Umprogrammierung fungieren Games und ihre Game Engines nicht nur als Geschicklichkeitsprogramme mit getakteten Trainingseinheiten, sondern auch als 3D-Visualisierungssysteme zur Herstellung von Animationsfilmen (Girlich 1999, 3.3.). Machinima ist heute zu einem eigenständigen kulturellen Phänomen aufgestiegen und seine historische Genealogie ist historisch gut aufgearbeitet (Lowood 2005; 2006; Wehn 2004). In den Arbeiten wird darauf insistiert, dass die Grundintention von Machinima in der spielerischen Aneignung der Komplexität der Spielräume[7] (*gamespace*) liegt und weniger in der Herstellung von eigenständigen und abgeschlossenen Erzählungen (Lowood 2006).

Anfänglich wurde Machinima als Experimentierfeld für neue regelgeleitete Systeme angesehen. Den Amateuren ging es um ein Experimentieren mit Hardware und Hardware-naher Software und der virtuosen Weiterentwicklung bestehender Technologien. Die Faszination für den Computer als technisches Artefakt und die Erforschung der inneren Funktionsweisen des Computers und seiner Manipulation bildeten gemeinsam ein zentrales Motiv beim Making Off der Machinima Movies. Damit wurde klar gestellt, dass die Produzenten von Machinimas nicht auf die Interaktivität abzielten, die man generell als das herausragende Alleinstellungsmerkmal des Mediums Computer lobte. Im Gegenteil: Sie nutzten den Computer als Medium algorithmisch berechneter Bilder, um eine sich ausschließlich in der Technik selbst verortete Imagination zu entwickeln. Heute hat sich die Gaming Community sehr stark ausdifferenziert und Machinima wird von zahlreichen Subgruppen als Vehikel des Erzählens verstanden. Heute wird von allen beteiligten Seiten betont, dass sich beide Perspektiven nie prinzipiell voneinander unterschieden hätten. Beiden Ansätze gehen davon aus, dass nicht die Teleologie der Spiele, sondern vielmehr die Entwicklung der Computertechnik und die damit einhergehende Komplexität des Spielraumes im Fokus der Aufmerksamkeit steht. Machinimas verschränken produktive Aneignungsprozesse auf sämtlichen Ebenen der Produktion und Distribution und involvieren die Medientechnologie und ihre technisch-apparativen Dispositive, die Bedeutungsverschiebungen innerhalb der semiotischen Kommunikation und schließlich die soziokulturelle Institutionalisierung des Medienformats.

Machinimas stehen heute nicht einfach als eine kulturelle Repräsentation ›für‹ eine homogene Subkultur (*down*), die sich gegen die Game Designer auflehnt (*top*). Sie sind selbst einer Aneignungsdynamik unterworfen und können daher nicht als eine abgegrenzte kulturelle Form gefasst werden, da sie sich als kulturelles Phänomen verallgemeinert haben sowie kulturelle, symbolische und ökonomische Wettbewerbsmärkte ausgebildet haben (z.B. mit der Veranstaltung von Machinima-Contests). Steht folglich Machinima und die Vielzahl vergleichbarer Medienparodien nicht auch für einen toleranten Hedonismus? *Ist nicht die Missachtung der Regeln und Vorschriften unter bestimmten Bedingungen und Rahmensetzungen nicht nur erlaubt, sondern sogar obligatorsich?*

7. Der Spielraum ist ein mathematisches Gebilde, das von einem Programm in Echtzeit in einem Computer erzeugt wird. Was ein Spieler auf dem Bildschirm zu sehen bekommt, sind die Bilder einer definierten virtuellen Kamera, ein aufbereiteter Ausschnitt aus der von der Game Engine generierten Welt.

4.8 *Wikipedia* als Protagonist des Netzwerkkapitalismus

Gewöhnlich steht die Online-Enzyklopädie *Wikipedia* für die Beteiligungschancen und Ermächtigungsstrategien der Amateure im Netz (Möller 2006). Kann mit dem kulturellen Phänomen der Wiki-Netzwerke nicht auch die Formation eines neuen Kapitalismus beschrieben werden? *Wikipedia* ist nicht nur ein Projekt zur Erstellung einer »freien« Enzyklopädie in mehreren Sprachversionen, sondern kann auch als ein normativ basiertes Wissensarchiv von zivilgesellschaftlichem Beteiligungsstrategien und Demokratiediskursen angesehen werden (vgl. Frost 2006). Demzufolge kann es als ein neues soziales Ordnungssystem aufgefasst werden, das sich an Werten wie Flexibilität, Mobilität, Kreativität und Eigenverantwortung orientiert. Damit weist es vielschichtige Überlagerungen mit jener *neuen Form des Kapitalismus* auf, die Luc Boltanski und Eve Chiapello in ihrem 2003 veröffentlichten Buch »Der neue Geist des Kapitalismus« untersuchen.

In ihrer aufschlussreichen Analyse zeigen sie auf, dass seit den frühen 1970er Jahren eine neue Spielart des Kapitalismus aufgetaucht ist, die das hierarchische, an Henry Ford orientierte Produktionsregime verwarf und eine neue Organisationsform entwickelte, die auf flexiblen Netzwerken und der Eigeninitiative der Beteiligten beruhte. Zur selben Zeit entwickelten Unternehmensberater neue ›Handlungsmaximen‹ für die Personalführungskonzepte und Experten für das ›Humankapital‹ gewannen an Bedeutung. Dieser Wandel kann als eine entscheidende Voraussetzung für die Durchsetzung des Netzwerkkapitalismus begriffen werden. Im historischen Überblick unterscheiden Boltanski und Chiapello drei Phasen: erstens die des »Familienkapitalismus« mit seinem Ausgang im 19. Jahrhundert; zweitens die des »Konzernkapitalismus« der 1930er Jahre, und schließlich drittens die des »Netzwerkkapitalismus«, die sich in der zweiten Hälfte der 1960er Jahre durchsetzt und bis in die Gegenwart reicht.

In einer Welt des Wiki-Netzwerkes gibt es nur noch wenige fixe Ordnungen und Strukturen; diese liegen vielmehr jeweils in der Verantwortung der beteiligten Akteure, die unter den gegebenen Bedingungen entscheiden und gestalten müssen (Broughton 2007). Eine entscheidende Strukturähnlichkeit zwischen *Wikipedia* und dem Netzwerkkapitalismus zeigt sich am integrativen Umgang mit Kritik. Ihre gemeinsamen Orientierungsbegriffe sind ausschließlich positiv konnotiert: Selbstverwirklichung, Kreativität, Autonomie und Eigenverantwortung. Die allein positive Konnotation dieser maßgeblichen Leitbegriffe resultiert daraus, dass sie ursprünglich von Seiten der Kapitalismuskritiker geäußert wurden. Diese Kritik hält bis in die Gegenwart an und ist Ursache dafür, dass die Kritiker an der Neuformierung des Kapitalismus aktiv mitwirken. Die Idee von *Wikipedia*, mittels einer kooperativen Kritik formal gleichberechtigter Akteure eine permanente Optimierung des Wissens anzustreben, macht die Internet-Enzyklopädie zu einem maßgeblichen Protagonisten des Netzwerkkapitalismus. In ihrer sozialpraktischen Funktion ist sie untrennbar verbunden mit ihren Kritikern und steht für ein erweitertes, dynamisches Kapitalismusmodell.

Der Versuch, *Wikipedia* als die Formation eines neuen Kapitalismus zu beschreiben, ist als Ausgangspunkt für theoretisch fundierte Analysen besonders geeignet, um nicht nur grundlegende Veränderungen im Feld der digitalen Kommunikation zu erklären, sondern auch damit einhergehende gesellschaftliche Wandlungsprozesse, wie etwa die zeitgemäße Aufwertung des *Selbstunternehmers* und der ehrenamtlichen *Gratisarbeit*. So gilt die populäre Online-Enzyklopädie in den aufgeregt geführten Debatten des Team- und Projektmanagements als ein Prestigeprojekt netzförmig organisierter Projektarbeit, egalitärer Verteilungs- und Machtstrukturen und effektiver Kontrollprozeduren.

Der nachfolgende Einblick in das Praxisfeld der Online-Enzyklopädie versucht, die Mikropolitik der Wissensherstellung zu sondieren. *Wikipedia* ist ein Wiki, das heißt eine Website, bei der jeder Nutzer und jede Nutzerin über die gleichen Editierrechte verfügt und ohne Anmeldung Beiträge schreiben und bestehende Texte ändern kann: »Eine Redaktion im engeren Sinne gibt es nicht, das Prinzip basiert vielmehr auf der Annahme, dass sich die Benutzer gegenseitig kontrollieren und korrigieren.« (http://de.wikipedia.org/wiki/Wikipedia) Wikis nehmen im offenen Möglichkeitsraum des Internet eine besondere Stellung ein. Sie sind softwarebasierte Kommunikationsplattformen, die prinzipiell allen Lesenden und Schreibenden, die über einen Internetanschluss verfügen, zugänglich sind. Sie dienen dem Austausch, der Veröffentlichung und Verbreitung von Informationen und der Erzeugung, Ordnung und Archivierung von Wissen. Aufgrund ihrer Informations- und Kommunikationsmöglichkeiten gelten Wikis als basisdemokratisch organisierte Medientechnologien, welche die Zusammenarbeit zwischen mehreren Beteiligten mit dem Ziel der Wissensproduktion ermöglichen sollen.

Das Wiki-Prinzip und das Internet werden in den Diskussionen häufig als Forum zur ›freien Meinungsäußerung‹ deklariert: »Das Internet stellt bereits heute sicher das umfassendste Panoptikum politischer Meinungsvielfalt dar, das es jemals in der Geschichte gab.« (Geser 2000: 410) In diesem Zusammenhang wurde *Wikipedia* von seinen Initiatoren als Modell einer künftigen ›Informationsdemokratie‹ beschrieben, das die Transparenz und Verbreitung der Inhalte gewährleiste: »Sowohl die Interpretation der oben aufgeführten Grundsätze als auch weitere Vorgaben werden von der Gemeinschaft der Autoren festgelegt und beruhen vor allem auf sozialen Normen. Der Betreiber der *Wikipedia*, die Wikimedia Foundation, mischt sich in aller Regel nicht in diesen Prozess ein und vertraut stattdessen auf die Selbstorganisation der Gemeinschaft.« (http://de.wikipedia.org/wiki/Wikipedia)

Ein Blick hinter die Oberfläche der aktuellsten Version der Online-Enzyklopädie zeigt jedoch, dass Wikis keine ›machtfreie‹ Sphäre abbilden, sondern sich ›hinter‹ des scheinbar glatten Textkörpers ein umkämpfter Raum diskursiver Praktiken öffnet, in welchem die Autoren/Autorinnen ihre divergierenden Auffassungen in einem Feld von sich ständig ändernden Kräfteverhältnissen positionieren und dabei dauernd in den Textkorpus eingreifen. Im Prozess der Selektion, Exklusion und Aufbereitung von Themen und Texten formieren sich neue Formen der Selbst- und Fremdregierung. In der Versionenseite des Artikels wird die History der kollaborativen und konfligierenden

Beziehungen durch die in chronlogischer Reihenfolge geordneten, alten Versionen ablesbar. Die History des Artikels ist zugleich mit den Diskussionsseiten verlinkt, die einen inhaltlichen Überblick über die diskursiven Kontrollprozeduren ermöglichen.

Die auf diesem Wiki-Prinzip[8] basierende Online-Enzyklopädie *Wikipedia* gilt Medientheoretikern als eine vorbildliche Verwirklichung eines emanzipatorischen Mediengebrauchs wie ihn einst Bertold Brecht in »Der Rundfunk als Kommunikationsapparat« (1932) oder Hans Magnus Enzensberger in seinem »Baukasten zu einer Theorie der Medien« (1970) artikulierten (vgl. Ebersbach/Glaser 2004). Seine diskursiven Aushandlungsprozesse bei der Wissensherstellung etablieren eine spezifische Machtform, die Foucault in seiner Analyse zur »Mikrophysik der Macht« als Praxis der kapillaren, mikrophysikalischen, diskursiv verankerten Machtausübung bezeichnet, die ständig ein »wahres« respektive ein als »wahr« ratifiziertes Wissen hervorbringt, das erneut Machtwirkungen vervielfacht (Foucault 1976: 45).

Anhand der History des Artikels bekommen die Autoren/Autorinnen die Stärken und Schwächen ihrer Argumentation im Rahmen der sogenannten *edit wars* vorgeführt. Durch die Archivierung des Wissens auf der Versionenseite entsteht eine komplex vernetzte Wissensstruktur, deren historische Entwicklung mittels des chronologischen Aufbaus nachgezeichnet werden kann. Sie macht die Technologien des Selbst für die Autoren/Autorinnen selbst transparent und versetzt sie in die Lage, ihre eigenen Netzaktivitäten metakognitiv zu reflektieren. Mit der Sichtbarmachung der diskursiven Wissenaushandlungsprozesse entwickelt das *Wikipedia*-System spezifische Selbst- und Fremdregierungstendenzen zwischen Vernetzung und Kontrolle durch andere Teilnehmer/-innen. Eine an dieser Beobachtung anknüpfende Forschungsfrage könnte nun sein, auf welche Weise *Wikipedia* Konformitätstendenzen bezüglich der *Figur des Selbstunternehmers* ausbildet.

Das von Boltanski und Chiapello beschriebene, gegenwärtig vorherrschende Paradigma der Netzwerk- und Projektarbeit entwickelt sich vor dem Hintergrund einer informations- und kommunikationstechnisch beschleunigten

8. »Das Wiki-Prinzip wurde von Ward Cunningham, welcher es im sogenannten Portland Pattern Repository (PPR) 1995 erstmals anwandte, mittels elf Punkten umrissen: (1) *open* (unproblematische Erstellung neuer Inhalte, da die Nutzer zu diesem Zweck keinen Markup-Standard wie HTML beherrschen müssen, sondern nur eine vereinfachte Syntax, welche von der Wiki-Anwendung umgewandelt wird; sie benötigen keine zusätzliche Software, der Zugriff erfolgt über gängige Browser), (2) *incremental* (das Erstellen von Links zu noch nicht angelegten Seiten ist möglich), (3) *organic* (stetige Anpassung an Bedürfnisse/Praktiken etc. der Nutzergruppe), (4) *mundane* (nur wenige Markup-Konventionen), (5) *universal* (der Schreibprozess folgt den gleichen Prinzipien wie die Organisation/Weiterentwicklung des Wiki-Rahmens), (6) *overt* (jedes Element in Wikis ist erkennbar mit dem Quelltext verbunden), (7) *unified* (die Namen der Seiten (Lemmata) sind ohne weitere Informationen erfassbar), (8) *precise* (treffende Seitennamen), (9) *tolerant* (Änderung sind grundsätzlich erlaubt), (10) *observable* (alle Prozesse in Wikis sind beobachtbar), (11) *convergent* (Ambiguitäten/Doppelanlegungen etc. können im Laufe des Editierprozesses beseitigt werden).« (Pentzold 2007: 3)

Arbeitswelt und ist charakterisiert durch die gestiegene Notwendigkeit selbständiger Entscheidungen und eines zunehmend spezialisierten Wissen der Individuen (vgl. Riehlen 1998: 2). Während in der Wirtschaft lange Zeit ein formalistisches, bürokratisches Organisationsideal mit klaren Hierarchien und Rollenzuweisungen präferiert wurde, zählen Kooperation, Kollaboration, Hierarchie und Heterarchie zu den ›zeitgemäßen‹ Organisationsformen des sozialen Lebens. Im Rahmen der allgemeinen Reformulierung von Organisationskonzepten wird das Wiki-System als ein – in weite Bereiche der Produktion übertragbares – Musterbeispiel einer flexiblen und effizienten *human organization* angesehen.

Die in den Wiki-Guidelines postulierte Gleichordnung der Beteiligten mit symmetrischen Positionen innerhalb eines sozialen Netzwerks bleibt allerdings nicht lange bestehen. Im Unterschied zu hierarchischen Organisationen kommt es im Wikisystem zur Ausprägung dynamischer und kompetenzabhängiger Rollen und Funktionen aus der jeweiligen Projektsituation heraus. So ist beispielsweise ein ›Neuling‹ oder ›Insider‹ eine Rolle, aber keine Funktion, während ›Löschantrag‹ oder ›Rechtschreibkorrektur‹ eine Funktion darstellt, aber weniger als eine Rolle aufzufassen ist:

»Jedes Wiki braucht verschiedene Rollen und dazugehörige Leistungserbringer, um handlungs- und entscheidungsfähig zu sein. Netzwerk-Wikis müssen also einerseits bezüglich der Teilnehmerrollen beweglich bleiben und andererseits einen Weg finden, möglichst viele Teilnehmer zu einer möglichst umfangreichen Mitarbeit zu bewegen. [...] Als wesentliche Indikatoren für Wiki-Rollen können die Frequenz und Verteilung sowie die Art der Beteiligung gesehen werden. Haben die Teilnehmer den gleichen systeminternen Status, begegnen sie sich also ›auf Augenhöhe‹, dann stehen sie in einer symmetrischen Beziehung zu einander. Asymmetrische Kommunikation liegt dann vor, wenn die Struktur der Verhaltenserwartungen wesentlich dadurch bestimmt ist, ob der Akteur, mit dem man kommuniziert, einem selbst über- oder untergeordnet ist. [...] Sind die Akteure einander bekannt bzw. bilden sich im Laufe der Systemgeschichte klar zuschreibbare Identitäten durch die Verwendung konstant bleibender Pseudonyme heraus, dann manifestiert sich eine Differenzierung in verschiedene Rollen und Statuspositionen.« (Schmalz 2007: 18ff)

Das kollaborative *open content*-System des Wiki-Prinzips steht aus arbeitswissenschaftlicher Sicht für die Offenheit des Produktions- und Kommunikationsprozesses, der sich vermeintlich ›barrierelos‹ und jenseits sozialer Asymmetrien vollzieht. Als Objekt der Arbeitswissenschaft werden Wikis als eine Software benutzt, um »Computer Supported Cooperative Work« (CSCW) in Arbeitssystemen umzusetzen. Das WikiWeb dient hier in erster Linie für die möglichst effiziente und effektive Erreichung spezifischer Projektgruppenarbeitsziele (vgl. Luczak/Wolf/Mühlfelder 2001: 11f).

An die Stelle von hierarchischen und zentralisierten Befehlsketten rücken Wiki-Netzwerke, die sich aus einer Vielzahl von Teilnehmern/Teilnehmerinnen zusammensetzen, die ihre Aktivitäten in Projektgruppen und Teams organisieren und dabei immer das ›versachlichte‹ Problem und die ›effiziente‹ Projektabwicklung im Auge haben (sollen). Der post-tayloristische Netzwerkkapitalismus und das *ehrenamtliche* Community-Prinzip der *Wikipedia* haben die Trennung von Privatem und Politischem nahezu aufgehoben und damit die Forderungen der 68er-Avantgarde nach Autonomie am Arbeitsplatz fast vollständig umgesetzt. Diesbezüglich scheint es kein Zufall zu sein, dass der auf der eigenen Seite eingetragene Lexikoneintrag »Ehrenamt« das Open-Source-Projekt der *Wikipedia* explizit im Bereich des zivilgesellschaftlichen Engagements verortet:

»Die Arbeit vieler Open-Source- und Open-Content-Projekte, wie beispielsweise der Wikipedia, wird zum größten Teil ehrenamtlich geleistet und stellt so eine neue Form von bürgerschaftlichem Engagement dar, denn es entstehen öffentliche Güter in Form von freier Software und freien Inhalten, die allen unentgeltlich zur Verfügung stehen.« (http://de.wikipedia.org/wiki/Ehrenamt)

Der innerhalb der *Wikipedia*-Plattform stark gemachte Konnex von gesellschaftspolitischen Zielen und der Selbstregulationsfähigkeit von Individuen und Gruppen wertet den ›aktiven‹, ›unabhängigen‹ und ›individualistischen Dienstleistungsservice auf. André Gorz sah in seiner 1989 verfassten »Kritik der ökonomischen Vernunft« eine neue »Dienstbotengesellschaft« entstehen, in welcher die mit den entsprechenden Vermögen ausgestatteten Bürger die persönlichen Dienstleistungen der von Erwerbsarbeitslosigkeit Betroffenen in Anspruch nehmen und dieser sozial deklassierte Teil der Bevölkerung darauf angewiesen ist, sich in die Abhängigkeit persönlicher Dienstleistungsverhältnisse zu begeben (Gorz 1989: 218ff). Zahlreiche Studien über die soziale Zusammensetzung der Wiki-Community zeigen, dass sich die Engagierten überwiegend aus Erwerbstätigen mit hohem Einkommen, guter Ausbildung und mit Familie zusammensetzen, die das nötige ›soziale Kapital‹ mitbringen: Netzwerke und Kommunikationsfähigkeiten (Schuler 2007). Eine große Gruppe bilden Studenten. Zu ihrer Motivation befragt, bewerteten über 80 Prozent die Erweiterung des eigenen Wissens als wichtig bis sehr wichtig. Die sozialempirische Studie von Schroer und Hertel (2007) macht darauf aufmerksam, dass zivilgesellschaftliche Arbeit bei *Wikipedia* von den Gewinnern der Wohlfahrt geleistet wird, nämlich von im Zeitwohlstand lebenden ›Vollzeitbürgern‹. In den letzten Jahren rückte der gemeinnützige Arbeitsbegriff in das Zentrum der Demokratietheorien des amerikanischen Kommunitarismus, dessen pragmatisch orientierte Repräsentanten Amitai Etzioni, Benjamin Barber und Robert Belah und ihre Schriften auch in Deutschland breite Beachtung fanden (Reese-Schäfer 1996: 4; Roth 1995: 44-53). In der Graswurzeldemokratie der »Aktivbürger« hat der was zu sagen, der an endlosen Versammlungen teilnimmt. Folglich sind Bürgerrechte nicht mehr aus Besitz, Eigentum, Erbe oder Privilegien ableitbar, sondern müssen in einer andauernden Partizipation stetig erneuert werden.

Eine fundamentale *Wikipedia*-Regel ist der *neutral point of view* (NPOV), der in der Hauptsache fordert, eventuell divergierende Positionen nebeneinander im Artikeltext aufzuführen. Diese Neutralitätsfrage flexibilisiert die Wissensherstellung und macht aus dem Wissen etwas, das permanent in Frage gestellt und überarbeitet werden kann. Dieses Grundprinzip generiert

Bedeutungen, die immer vieldeutig sind und einen Prozess des Lesens, der immer als ein aktiver angesehen wird. Das Zusammentreffen dieser beiden Funktionen wird oft als Bedingung herrschaftsfreier und gleichberechtigter Arbeitsorganisation angesehen. Doch Zugehörigkeit zu den diskursspezifischen Ritualen bei *Wikipedia* betrifft nicht nur die Aussagen, sondern auch die Subjekte, die für sie eintreten. Sowohl die Aussagen als auch die Subjekte sind in Ausschlussprozeduren verwickelt. Die Diskussionsseite und die Versionsgeschichte zeigen, dass *Wikipedia* keineswegs herrschafts- und machtfrei organisiert ist, sondern dass sich Disziplin und Kontrolle nur verschoben haben und in einem anderen Kontext ausformen. In den auf der ›Diskussionsseite‹ stattfindenden *edit wars* sind die Mechanismen des diskursiven Regimes besonders deutlich ausgeprägt. Mit den Kontrollprozeduren der internen Diskussionen übt der Diskurs selbst Kontrolle aus. Während eines *edit wars* intensivieren sich die diskursspezifischen Rituale der Aushandlungsprozesse, Ausschlussprozeduren, Verteilungskämpfe und der Kommentare in der Versionsgeschichte. In der Regel werden wiederholte Übertretungen der Regeln und Konventionen mit dem Ausschluss an der Teilnahme am Diskurs sanktioniert. Von den Kommentatoren wird eine Aussage schließlich nur dann als ›wahr‹ anerkannt, wenn sie sich im Bereich des ›Wahren‹ der jeweiligen Disziplin befindet, die »den Regeln einer diskursiven ›Polizei‹ gehorcht« (Foucault [1974] 2002: 25). Vor dem Hintergrund wechselseitiger Kontrolle und konfligierender Dynamik werden also unterschiedliche diskursive Gegenstände und Gegenstandsfelder formatiert: die Äußerungsmodalitäten, die Begriffe und die jeweiligen Strategien. Die agonalen Subjekte haben bei *Wikipedia* außer dem Ehrenamt selbst kein Amt und müssen daher ihre Aktivitäten kontinuierlich aufrecht erhalten. Die Aktiven müssen das eigene Entscheidungsrecht *immer wieder von neuem* durch die Beteiligung bekräftigen und rechtfertigen. In *Wikipedia* müssen die Autoren/Autorinnen permanent bereit sein, ihre Argumente und Entscheidungen zu begründen, zu verhandeln oder zu korrigieren. Wer sich an diesem fortwährenden Wissenskonstitutionsprozess nicht selbst beteiligt, wird in kurzer Zeit von anderen Autoren/Autorinnen dominiert werden. Die »Verinnerlichung« von Normen des Handelns spielt in den Konzepten der oben erwähnten Kommunitarier eine zentrale Rolle. An Stelle eines Regelkanons eindeutiger Befehle und Weisungen operieren die Modelle des in der »Gründungsurkunde« von *Wikipedia* angesprochenen, zivilgesellschaftlichen Engagements mit einem sozialpsychologischen Vokabular der lebensweltlichen Beziehung zur Arbeit. Ausgegangen wird hier von einer sozialen Metaphysik, die der Arbeit ein gattungsspezifisches Subjekt, den Menschen, zu Grunde legt. Grundlage dieser Sozialpsychologie der Arbeitsmoral ist die Annahme von »inneren Werten«, die einen untrennbaren sowie beständigen Bestandteil des Ich bilden.

Allerdings zeigt sich in den aktuellen Ehrenamt-Debatten der Trend vom ›alten‹ Ehrenamt zu flexibler Projektarbeit, für die unter anderem *Wikipedia* steht: So soll der zeitgemäße *volunteer* durch seine Tätigkeit seine »persönlichen Bedürfnisse« befriedigen dürfen, er soll dabei »Spaß« haben und alltäglich mit »neuer Begeisterung« an das Werk gehen (Barber 1994). Für uns alle, postulieren tonangebende sozialforschende Regierungsberater wie Benjamin

Barber, Amitai Etzioni oder Robert Belah, bedeute dieser Wandel die Chance für *mehr* Persönlichkeit, darin Lebensgeschichte und Erwerbsbiografie zur Gratis-Ausbildung gemeinschaftlicher Werte verschmelzen sollen: Sozialkompetenz, Netzwerkfähigkeiten, Teamgeist, Gruppenkultur etc. (Etzioni 1996: 403) Motivation für Freiwilligenarbeit im Internet verhält sich also ähnlich wie bei klassischem zivilgesellschaftlichem Engagement (Frost 2006, Schroer 2007).

Die fast allgegenwärtige Netzwerkmetapher beschreibt einen neuen Produktions- und Unternehmenstypus, der sich in der Gegenwart zu einem Leitbild industrieller Modernisierung entwickelt hat. Mit dem Netz assoziiert man heute unternehmensübergreifende Kooperationsbeziehungen unterschiedlicher unternehmerischer Subjekte, hochgradige Flexibilität durch dezentrale Organisationsstrukturen und wettbewerbsorientierte Arbeitsformen, die in besonderem Maße auf der Selbstmotivation und Selbstreflexion der Beteiligten beruhen.

4.9 Amateure als kulturelle Ressource

Bestmögliche Effizienz, maximale Flexibilität und höchste Innovation: Superlativ-Rhetorik und marktförmige Lebensführung gehören heute zur rhetorischen Ausstattung der Alltagskultur. Die Slogans »Selbstunternehmertum« und »Eigenverantwortlichkeit« stehen für das politische Projekt, Individuen in liberal-demokratischen Gesellschaften zu fabrizieren, die sich wirtschaftlichen Erfolg und Misserfolg als Resultat ihres persönlichen und autonomen Handelns zurechnen. Produktivität und Selbstinszenierung sind zu allgemeinen Bedingungen erfolgreicher Subjektkonstitution geworden. Welche Rolle spielt in diesem Zusammenhang die Debatte um Identität und Differenz, sowie die Verschiebung und Aneignung kultureller Codes? Die Suche nach ›dem Neuen‹ und dessen Platzierung als zentrale Vorgehensweise im Wettstreit um die knappe Ressource Aufmerksamkeit wird begleitet von Begriffen wie ›Branding‹, ›Staging‹ oder ›Performativität‹.

Vor diesem Hintergrund wird auf der Suche nach auf sich selbst zurückgeworfenen Subjekten heute in Deregulierungs-Seminaren von hochgradig kreativen Amateuren als ›hochmotivierten Leistungsträgern‹ geschwärmt. Ein Amateur (franz. für »Liebhaber«) wird per definitionem als eine Person angesehen, die – im Gegensatz zum Profi – eine Tätigkeit aus ›Liebhaberei‹ ausübt, ohne einen Beruf daraus zu machen beziehungsweise Geld für seine Leistung zu erhalten. Obwohl er für seine Tätigkeit formal nicht ausgebildet ist, entwickle der »Amateur aus Leidenschaft« nach dem gängigen Stereotyp bei seinen Tätigkeiten ›leidenschaftliches Engagement‹ und ›Netzwerkkompetenzen‹. In Organisationstheorien ist die Rede vom Amateursubjekt als historischer Avantgarde der Ich-AG (Collins 2007). Auf der Suche nach neuem Imagedesign stilisieren unternehmerische Diskurse die kulturelle ›Arbeit‹ des Amateurs zur Leitfigur flexibilisierter Bedeutungsproduktion vor dem Hintergrund sich netzförmig organisierender Wissensaushandlungsprozesse.

Mit der Aufwertung von Eigeninitiative, flachen Hierarchien, offener Gesprächskultur, dezentralen Netzwerken und Projektorientierung hat das Personalmanagement der 1970er Jahre die Rhetorik der Neuen Linken, die 1968 mehr Eigenverantwortung für Arbeiter/-innen forderte, usurpiert und neuen Protagonisten/Protagonistinnen zum Durchbruch verholfen: Medienamateuren/Medienamateurinnen. Heute prägen sie das »Regime der Praktiken« (Foucault 1991: 75) und bedienen sich strategischer und taktischer Verfahren der Produktion, Verteilung und Zirkulation von Aussagen. Ihre soziokulturellen Praktiken gelten als Ressource für Kreativität, Motivation, Produktions- sowie Leistungssteigerung und zählen in den Aushandlungsprozessen der Unternehmensdiskurse zu den Leitfiguren kollaborativer und kooperativer Projektarbeit (Cleland/Ireland 2007: 17). Die Diskurse der Personalentwicklung interpretieren das Internet als eine Versuchsanordnung und evaluieren Wissens- und Affektorganisationen der sozialen Netzwerke im World Wide Web (vgl. zur Analyse der Weblogs Franz 2005).

Im postfordistischen Unternehmen geht es längst nicht mehr um die Steigerung des Absatzes und um die monetäre Strukturpeitsche für Lohnarbeiter, sondern es geht um die »Produktion von Subjektivität, die sich dem politischen Handeln immer mehr angleicht« (Lazzarato 2002: 130). Die neuen betrieblichen Sozialtechnologien wie etwa die »Unternehmenskultur« (Pheysey 1993) oder das »Postmoderne Management« (Smircich 2001) beruhen auf der Grundannahme, dass die materiellen Bedürfnisse und Anreize der Arbeitenden nicht mehr jene maßgebende Bedeutung verdienen (sollen), die ihnen in der klassischen Managementlehre zugeschrieben worden sind. Ergänzend zum Leistungs- und Prämienlohn sollen symbolische und soziale Gratifikationen als ausreichende Äquivalente investierter Arbeit stärker in den Vordergrund rücken (Roehling 1997: 204-17). Maurizio Lazzarato spricht in seiner Untersuchung zur Formierung von Subjektivität im postfordistischen Betrieb davon, dass die klassische Marxsche Unterscheidung zwischen dem »Reich der Notwendigkeit« (Arbeit) und dem »Reich der Freiheit« (Freizeit) nicht mehr gelte. Im fortgeschrittenen Kapitalismus liberal-demokratischer Gesellschaften sei es die gesamte Subjektivität und ihre freie Handlung, welche die Produktion des Wertes sichern würde. Diese Argumentationslinie wird in unternehmensnahen Diskussionen zur Herstellung einer Abziehfolie benutzt, um die *Figur des Amateurs* zur Avantgarde einer neuen Selbstständigkeit im Bereich der offenen Produktions- und Kommunikationsprozesse zu stilisieren. Amateure, die ohne geregelte Dienstverhältnisse und rechtliche Absicherung an ihren Netzprojekten arbeiten und sich für diskursive Wissensaushandlungsprozesse engagieren (Blogs, Wikis, soziale Netzwerke), zählen zu den Role Models ›idealer‹ Sprechsituationen im ›herrschaftsfreien Diskurs‹ (vgl. Barton 2005).

Nach Lazzarato beschränkt sich der zeitgenössische Kapitalismus nicht nur auf die Ausbeutung von Arbeit, sondern bewirtschaftet sämtliche Bereiche des Sozialen. Hier zeigt sich die präzise Bedeutung einer allgemeinen Unternehmenskultur. Mit dem Kulturbegriff versuchen die Vertreter der Unternehmenskultur, Kapitalwirtschaft und Unternehmertum eine Leistungsmentalität ›nachhaltig‹ zu etablieren. Mit dieser Diagnose nimmt Lazzarato Bezug auf die Kapitalismuskritik von Félix Guattari, der bereits in den 1970er Jahren von einem erweiterten Unternehmensbegriff ausging:

»Der Begriff des kapitalistischen Unternehmens muss um die Gemeinschaftseinrichtungen, um die staatlichen Institutionen, die medialen Apparate, die Arbeitsplätze und um die Mehrzahl der nichtbezahlten Aktivitäten erweitert werden. In gewisser Weise nimmt die Konsument/in im Supermarkt einen Arbeitsplatz ein, die Fernsehzuschauer/in vor ihrem Schirm.« (Guattari 1977: 80)

Folglich produziert die Unternehmenskultur über die rein ökonomische Wertschöpfung hinausgehend symbolische Werte und siedelt sie im Bereich der mentalen und affektiven Fähigkeiten an. Wirtschaftsunternehmen haben ein massives Interesse daran, als Good Corporate Citizens angesehen zu werden, weil nur dadurch die Märkte langfristig gesichert werden können. Die Implementierung eines kreativ-künstlerischen Rollen-Habitus in die betriebliche Ordnung verfolgt bestimmte Ziele. Es geht um die funktionale Herstellung von Sinn und die Formierung von Subjektivität. Im postfordistischen Betrieb geht es also nicht mehr vorrangig darum, Arbeitskraft für Erwerbslohn verfügbar zu machen, sondern innerhalb der betrieblichen Kultur auf Selbstsuche zu gehen. Erwartet wird, dass man im Arbeitsprozess zu einem selbstbestimmten Subjekt heranreift und dieses dann als Produkt in den betrieblichen Produktionszusammenhang gewinnbringend einbringt. Subkultureller Background ist allerdings nur dann erwünscht, wenn in ihm ein positiver Imageträger erkennbar ist und die Provokation einen signifikanten Aufmerksamkeitswert in der Öffentlichkeit aufweist (z.B. mittels businessrelevanter Corporate Blogs, die dazu dienen, die Kommunikations- oder Marketingziele des Unternehmens zu verfolgen).

Im Betrieb geht es nicht nur um die Produktion von Gebrauchsgütern, sondern auch darum, unter Laborbedingungen die menschliche Ressource als betrieblich verwertbaren Produktivfaktor zu optimieren. Der betriebliche Mehrwert resultiert aus subjektivem Input, der nicht mehr voraus gesehen werden kann. In diesem Zusammenhang entsteht ein neuer Zwang: nämlich der Strukturzwang, originell, fantasiebegabt, kreativ, erfinderisch, geschmackvoll, stilgerecht sein zu müssen. In einem Unternehmen geht es schließlich auch darum, sich von anderen zu unterscheiden und unter diesen Vorzeichen »kulturelles Kapital« (Bourdieu 1993: 49-80) zu erwerben, welches einen Wettbewerbsvorteil im sozialen Prestigekampf verspricht. Insofern zählt kulturelles Branding, Event-Know-How und die Selbststilisierung als kreativ-künstlerischer Typ zum charismatischen Profiling der Opinion-Leader und der Unternehmer-Avantgarde. Um ihre Hegemonieansprüche geltend zu machen, eignen sich Unternehmen in den gegenwärtigen Debatten um eine verbesserte Organisationskultur einen *erweiterten Kreativbegriff* an: So wird versucht, betriebliche Planung mit den Soft Issues amateurhafter Liebhaberei aufzurüsten. Die Biografien der Pionier-Amateure und kollaborative Amateurpraktiken wie die Wiki-Projekte werden im Führungskräfte-Training dazu eingesetzt, um die ›intrinsische Motivation‹ zu steigern (Klobas 2006: 123f).

Im postfordistischen Eliten-Diskurs werden in die Figur des Amateurs bestimmte Eigenschaften eingeschrieben, um in ihnen etwas zu fixieren, das sich von der gewöhnlichen Kultur der Arbeit unterscheidet. Unter diesen Vorzeichen wird im Rahmen einer stereotypen Auffassung argumentiert, die an traditionelle Kunst- und Künstlervorstellungen anknüpft. Erstens wird die elitäre Modellvorstellung des Künstlers als unabhängiges und sich im Kunstschaffen selbst verwirklichendes Subjekt tradiert:

»Dabei erfolgt die Integration oft über positive Umdeutungen und Aufwertungen einzelner, den Künstler/-innen zugeschriebenen Eigenschaften, so etwa im Rahmen neoliberaler Modelle, wo der Künstler als innovativer, flexibler und selbstverantwortlicher Unternehmer zum Modell für eine neue, erfolgreiche Elite wird.« (Creischer/Siekmann, www.societyofcontrol.com/research/)

Die Legende vom künstlerisch-kreativ begabten Amateur als Entrepreneur reproduziert in der Hauptsache eine anachronistische Anthropologie der künstlerischen Praxis. In ihrem Zentrum steht ein außerordentlich begabtes und befähigtes Subjekt, das die künftige Erfolgsgeschichte der Unternehmenskultur verkörpern soll. Dabei erhält die Figur des Amateurs eine progressive Vorbildfunktion für die Formierung der Führungspersönlichkeit im Unternehmen. Die Implementierung ›kreativer‹ Qualitäten (Vorbild: *Second Life*, *YouTube*) und Netzwerkkompetenzen (Vorbild: *Wikipedia*) in der Welt des Unternehmens dient dazu, Abweichungen von der Norm gesellschaftlicher und wirtschaftlicher Konventionen als ein bestimmtes Verhalten zu legitimieren. Das Brechen mit der Norm ist jedoch alleine dem ›kreativen‹ Unternehmer vorbehalten. Während vom gemeinen Arbeitersubjekt tayloristischer Gehorsam und fordistisches Funktionieren im Betrieb als Getriebe erwartet wird, wird vom ›subkulturellen‹ Unternehmer erwartet, dass er seinen Regel- und Tabubruch produktiv machen kann und konstruktiv verwertet.

Vom gemeinnützigen Amateursubjekt wird erwartet, dass es in erster Linie kulturellen Mehrwert produziert. Der Zwang zur ständigen Innovation ist permanent präsent. Entscheidend für die Aufrechterhaltung der Motivationsspirale ist es, dass es kein objektives und letztgültiges Kriterium der Beurteilung und Bewertung der innovativen Leistung geben soll. Das mikrophysikalische Macht/Wissen-Konzept der Unternehmenskultur geht von einer symbolischen Gratifikation aus, die direkt dem Individuum zugerechnet werden soll: Prestige, Ansehen, Image. Selbstverantwortung im Unternehmenskontext heißt also: Gewinn und Verlust entspringen der individuellen Zurechnungsfähigkeit inklusive Schuldfrage und persönlicher Risikobereitschaft. Somit verschiebt sich das Problem der Qualitätssicherung in das Wechselspiel von reflexiver Selbstbildung und panoptischer Vervielfältigung der Fremdkontrolle:

»Fraglich bleibt, warum die Autoren freiwillig den gegebenen Rahmenbedingungen, Vorgaben und Regeln folgen, ihr Handeln daran ausrichten und so zu deren Institutionalisierung beitragen, ähnlich der ›concertive control‹ in *self-managing teams*: Führung als Lenkung und Selbst-Steuerung, wobei die Machtausübung darin bestünde, die Prämissen der Selbst-Führung vorzugeben.« (Pentzold 2007: 20)

Exakt diese umfassende und lückenlose Ökonomisierung der eigenen Person, die das Amateursubjekt repräsentiert, übt auf die Unternehmenskultur eine ungebrochene Faszination aus. So schwärmen Personalmanager von den »ungewöhnlichen Leistungen [...] des Amateurs, die sich ihren Aktivitäten gänzlich hingeben und diese obsessiv und rastlos betreiben. Im kreativen Akt entstehen solche Leistungen, Kunstwerke« (Geiselhart 2006: 37). Das Kompetenzprofil für Führungskräfte lehnt sich oft direkt an das Profil des Amateurs an. Personalmanager rezipieren dabei unhinterfragt psychologische Typenlehren und erstellen Persönlichkeitsprofile, die sich aus Leitbegriffen wie etwa »Sensitivität«, »Flexibilität«, »Originalität«, »Fähigkeit zur Synthese (Collagen herstellen können)« zusammensetzt (ebd.). Diese Sichtweise bezieht sich auf den bürgerlichen Kunstbegriff, der die amateurhafte Tätigkeit als mußevolles Hobby und damit als »Nicht-Arbeit« tituliert und der Sphäre der Freizeit (und: Freiheit) zuordnet. Bereits 1934 haben Ernst Kris und Otto Kurz in ihrem Buch »Die Legende vom Künstler« darauf hingewiesen, dass die aktive Konstruktion von Legenden (etwa in Biografien und Kunstwerken) für die soziale Legitimation von Künstlern einen hohen Stellenwert darstellt. Im neoliberalen Diskurs, der nicht nur auf das Unternehmen beschränkt ist, werden narrative Versatzstücke unterschiedlicher Künstlerlegenden und -mythen zu einer neuen – nützlichen – *Kunstfigur des Amateurs* zusammengesetzt. Dabei wird der Amateur als heroischer Liebhaber seiner eigenen Projekte stets als ein Subjekt unermüdlicher Aktivität stilisiert. Coole Selbstausbeuter, die ihre Netzwerkprojekte nicht realisieren können, werden hingegen als »collateral damage« (Samuelson 2006) verbucht. Die Ökonomisierung des Amateurs als kreative Ressource verfolgt also weniger eine Aufwertung seines sozialen Status oder die soziale Anerkennung seiner Artfakte, sondern vor allem eine betriebswirtschaftliche Operationalisierung erfolgsorientierter Praxis und eine strukturelle Disziplinierung kultureller Praktiken.

Ob in Lifestyle-Magazinen, in Managementkonzepten oder bei der ›Reformierung‹ der Arbeitsmarkt- und Bildungspolitik: Kreativität wird heute von heterogenen gesellschaftlichen Institutionen als eine zentrale Anforderung des privaten und beruflichen Lebens dargestellt. Kreativitätsanrufungen basieren auf dem Versprechen, den persönlichen Erfolg selbst in die Hand nehmen zu können. In diesem Zusammenhang wird Kreativität als eine von jedem Menschen aktivierbare individuelle Ressource angesehen. Den Hintergrund der Do-it-yourself-Programmatik des Web 2.0 bilden nicht selten überkommene Vorstellungen kreativer Handlungsfähigkeit, die aufgerufen werden, um das wirtschaftsliberale Normativ und seine Figuren der Risikobereitschaft, der Eigenverantwortlichkeit und der permanenten Flexibilisierung sozial attraktiv zu machen.

Daran anschließend liegt ein weiteres Problem in der Annahme, dass die medienspezifischen Prozeduren sozialer Normalisierung und Subjektkonstitution aus ›verinnerlichten‹ Kontrolldiskursen hervorgehen und als Regulations- und Rationalisierungsanforderungen im Handeln der Subjekte vollständig wirksam sind. Diese Annahme korrespondiert mit der These Foucaults, dass die gegenwärtige Macht »eine zugleich individualisierende und totalisierende Form von Macht« (Foucault 1994: 248) sei. Die damit formulierte Gleichsetzung der individualisierenden und der totalisierenden Machtform geht davon aus, dass Herrschafts- und Selbsttechniken in einem totalisierten Verhältnis zueinander stehen. Diese Sichtweise konstruiert ein kohärentes Subjekt, dem keinerlei Widersprüche mehr anhaften. Die vielfältigen Kohärenzangebote im Netz erzeugen zwar immer neue Passungen für Subjektentwürfe, bleiben aber den letzten Beweis schuldig, dass sich Herrschaftstechniken vollständig in Selbsttechniken übersetzen lassen. Dieser Ansatz kann zwar bestimmte Individualitätsformen darstellen, die Subjekte an ihrer eigenen Entmächtigung mitwirken lassen, dennoch bleibt es unklar, in welchem Bezug sie zu den geschichtlichen Produktionsverhältnissen und sozialen Herrschaftsstrukturen stehen. Dieser abstrakte Ansatz verabsolutiert die Machtformen und desavouiert daher den emanzipatorischen Nutzen von ›Selbsttechniken‹ und ›Wissensformen‹, die weder in der Bedienung der Hardware noch in der reinen Exekution der vorgefertigten Software aufgehen. Die Daten- und Medienprozesse des Web 2.0 haben Veränderungen in den Selbst- und Fremdbeobachtungsverhältnissen etabliert, die dazu führen, dass Individuen zu Datenquellen werden, die im Unterschied zu allen anderen Datenquellen scheinbar nie zu versiegen drohen. Die Steigerung der Individualisierung des Individuums hat aber nicht zum Status ›vollständiger‹ Beobachtung geführt, sondern Hybridisierungsprozesse individueller Daten in Gang gesetzt, welche die rechnergestützte Archivier- und Verwaltbarkeit personenbezogener Informationen unterminieren und ad absurdum führen.

Das selbsttätige Bemühen der Subjekte um eine Partizipation an Herrschaftsverhältnissen läuft nicht zwangsläufig auf eine Koinzidenz von Er- und Entmächtigung hinaus: Wo Handlungsfähigkeit entsteht, ist nicht immer schon Unterwerfung. Aus diesem Grund muss jedes Subjektwerden keineswegs unabwendbar mit der Subjektunterwerfung zusammenfallen. Im Gegensatz zum kreativen Imperativ »Do It Yourself!« kann die Ermächtigung zur Handlungsfähigkeit auch eine *Überschreitung der Herrschafts- und Machtverhältnisse* bedeuten. Allerdings darf die Überschreitung nicht leichtfertig dem subjektiven Spontanismus oder dem objektivierenden Institutionalismus gleichgesetzt werden. Die amateurhafte Handlungsfähigkeit existiert weder ausschließlich in ›spontanen‹ Handlungsformen, die für nichts und niemanden anschlussfähig wären, noch als Produkt institutioneller Bedingungen. Denn die Amateurkulturen sind in einer Zeit, in der die Jugendzeit bereits zur computerbasierten Medienzeit geworden ist, durch digitale Medien vermittelt, die eine einflussreiche Rolle als Kristallisationspunkte kultureller Differenzierungen spielen. Dies bedeutet jedoch im Umkehrschluss nicht, dass sie kausal von diesen hervorgebracht würden, denn Medien sind immer auch in alltägliche, gesellschaftliche und kulturelle Kontexte eingebettet. Medien funktionieren erst innerhalb einer aktiven Medienaneignung, die eine Vielzahl von Interpretations- und Gebrauchsmöglichkeiten eröffnet und damit zur sozialen Zirkulation von Bedeutungen beiträgt. Amateure und Amateurinnen im Netz haben jenseits der *Gleichsetzung* von Herrschafts- und Selbsttechniken soziale Spielregeln einer neuen Repräsentationspolitik entstehen lassen, die Widersprüchliches, Ungleichzeitiges und die Überdeterminationen in den Selbst- und Weltverhältnissen hervorgebracht haben.

Literatur

Aarseth, Espen (2001): »Computer Game Studies, Year One«, in: *Game Studies* 1/1, www.gamestudies.org/0101/editorial.html, zuletzt gelesen am 1. Juni 2008.

Abbate, Janet (2000): *Inventing the Internet,* Cambridge, Mass. [u.a.]: MIT Press.

Adorno, Theodor W. (1969): »Kultur und Verwaltung«, in: ders., *Soziologische Schriften I,* Frankfurt a.M.: Suhrkamp, S. 122-146.

Alby, Tom (2008): *Web 2.0. Konzepte, Anwendungen, Technologien,* München: Hanser.

Alheit, Peter/Dausien, Bettina (2000): »Die biographische Konstruktion der Wirklichkeit. Überlegungen zur Biographizität des Sozialen«, in: Erika M. Hoerning (Hg.), *Biographische Sozialisation,* Stuttgart: Lucius & Lucius, S. 257-283.

Alkemeyer, Thomas (2001): »Spektakel-Gesellschaft und Spektakel-Sport – Ökonomie des Geldes und Ökonomie der Blicke«, in: Georg Friedrich (Hg.), *Zeichen und Anzeichen. Analysen und Prognosen des Sports,* Hamburg: Czwalina, S. 61-72.

Amann, Klaus/Knorr-Cetina, Karin (1990): »The Fixation of Visual Evidence«, in: Michael Lynch/Steve Woolgar (Hg.), *Representation in Scientific Practice,* Cambridge, Mass. (u.a.): MIT Press, S. 85-122.

Anderson, Ben (Hg.) (2007): *Information and Communications Technologies in Society: E-Living in a Digital Europe,* London [u.a.]: Routledge.

Anderson, Walter T. (1997): *The Future of the Self: Inventing the Postmodern Person,* New York: Jeremy P. Tarcher.

Androutsopoulos, Jannis K. (2005): »Onlinemagazine und Co. Publizistische Nischenangebote im Internet«, in: Torsten Siever/Peter Schlobinski/Jens Runkehl (Hg.), *Websprache.net. Sprache und Kommunikation im Internet,* Berlin, New York: de Gruyter, S. 98-131.

Ang, Ien (1994): »In the Realm of Uncertainty: The Global Village and Capitalist Postmodernity«, in: David Crowley/David Mitchell (Hg.), *Communication Theory Today,* Oxford: University Press, S. 189-199.

Asche, Hartmut (2003): *Web.Mapping 2: Telekartographie, Geovisualisierung und mobile Geodienste,* Heidelberg: Wichmann.

Assmann, Aleida/Assmann, Jan (Hg.) (1987): *Kanon und Zensur. Archäologie der literarischen Kommunikation*, München: Fink Verlag.

Assmann, Jan (1988): »Kollektives Gedächtnis und kulturelle Identität«, in: ders./Tonio Hölscher (Hg.), *Kultur und Gedächtnis*, Frankfurt a.M.: Suhrkamp, S. 9-19.

— (1992): *Das kulturelle Gedächtnis. Schrift, Erinnerung und politische Identität in frühen Hochkulturen*, München: C.H. Beck.

Atkins, Barry (2005): »La Storia è Un'Assurdità: Civilization come esempio di barbarie storiografica?«, in: Matteo Bittanti/Valentina Paggiarin (Hg.), *Civilization: Storie Virtuali, Fantasie Reali*, Milan: Costa & Nolan, S. 65-81.

Attems, Rudolf (2003): *Typologie des Managers. Potenziale erkennen und nutzen mit dem Myers-Briggs Type Indicator*, Frankfurt a.M. u. Wien: Redline Wirtschaft.

Au, Wagner James (2002): »Triumph of the mod. Player-created additions to computer games aren't a hobby anymore – they're the lifeblood of the industry«, in: *Salon.com 16*, www.salon.com/tech/feature/2002/04/16/modding, zuletzt gelesen am 1. Juni 2008.

Balsiger, Philipp W. (2005): *Transdisziplinarität. Systematisch-vergleichende Untersuchung disziplinenübergreifender Wissenschaftspraxis*, München: Wilhelm Fink Verlag.

Barber, Benjamin (1994): *Starke Demokratie. Über die Teilhabe am Politischen*, Hamburg: Rotbuch.

Battelle, John (2006): *The Search. How Google and its Rivals rewrote the Rules of Business and transformed our Culture*, New York: Portfolio.

Bauman, Zygmunt (1995): *Postmoderne Ethik*, Hamburg: Hamburger Edition.

Beck, Klaus (1989): »Telefongeschichte als Sozialgeschichte. Die soziale und kulturelle Aneignung des Telefons im Alltag«, in: Forschungsgruppe Telefonkommunikation (Hg.), *Telefon und Gesellschaft. Beiträge zu einer Soziologie der Telefonkommunikation*, Berlin: Spiess, S. 45-75.

Beck, Ulrich (1999): »Kinder der Freiheit: Wider das Lamento über den Werteverfall«, in: ders. (Hg.), *Kinder der Freiheit*, Frankfurt a.M.: Suhrkamp, S. 9-33.

Becker, Barbara (2000): »Elektronische Kommunikationsmedien als neue ›Technologien des Selbst‹? Überlegungen zur Inszenierung virtueller Identitäten in elektronischen Kommunikationsmedien«, in: Eva Huber (Hg.), *Technologien des Selbst. Zur Konstruktion des Subjekts*, Basel/Frankfurt a.M.: Stroemfeld/Nexus, S. 17-29.

Bell, David (Hg.) (2006): *Cyberculture, Cyberpolitics, Cybersociety*, (Critical Concepts in Media and Cultural Studies, Bd. 3), London [u.a.]: Routledge.

— (Hg.) (2006): *Identities and Bodies in Cyberculture* (Critical Concepts in Media and Cultural Studies, Bd. 4), London [u.a.]: Routledge.

— (Hg.) (2006): *Thinking and doing Cybercultures*, (Critical Concepts in Media and Cultural Studies, Bd. 2), London [u.a.]: Routledge.

Beniger, James R. (1986): *The Control Revolution*, Cambridge [u.a.]: Harvard University Press.

Bennett, Lance (Hg.) (2008): *Civic Life Online: Learning how Digital Media can Engage Youth*, Cambridge, Mass. [u.a.]: MIT-Press.

Bennett, Tony (1992): »Putting Policy into Cultural Studies«, in: Lawrence Grossberg/Cary Nelson/Paula Treichler (Hg.), *Cultural Studies*, London [u.a.]: Routledge, S. 22-34.

Berger, Arthur Asa (2002): *Video Games: A Popular Culture Phenomenon*, New Brunswick/London: Transaction.

Bhabha, Homi K. (1994): *The Location of Culture*, London/New York: Routledge.

Bitter, Gary G./Pierson, Melissa E. (2007): *Using Technology in the Classroom*, Boston [u.a.]: Allyn and Bacon.

Blood, Rebecca (Hg.) (2002): *We've Got Blog: How weblogs are Changing our Culture*, Cambridge, Mass.: Perseus Publishing.

Blum, Jeffrey S./Mehrabian, Albert (1999): »Personality and Temperament Correlates of Marital Satisfaction«, in: *Journal of Personality* 23/3, S. 93-125.

Bödeker, Hans Erich (1999): *Wissenschaft als kulturelle Praxis: 1750-1900*, Göttingen: Vandenhoeck & Ruprecht.

Boehm, Gottfried (1999): »Vom Medium zum Bild«, in: Yvonne Spielmann/Gundolf Winter (Hg.), *Bild – Medium – Kunst*, München: Fink, S. 165-177.

Boltanski, Luc/Chiapello, Ève (2003): *Der neue Geist des Kapitalismus*, Konstanz: UVK.

Bolter, Jay D./Grusin, Richard (1999): *Remediation. Understanding New Media*, Cambridge, Mass. [u.a.]: MIT Press.

— (2001): *Writing space. Computers, Hypertext and the Remediation of Print*, Mahwah, New Jersey: Lawrence Erlbaum Associates.

Bourdieu, Pierre (1979): *Entwurf einer Theorie der Praxis*, Frankfurt a.M.: Suhrkamp.

— (1982): *Die feinen Unterschiede. Kritik der gesellschaftlichen Urteilskraft*, Frankfurt a.M.: Suhrkamp.

— (1993): *Die verborgenen Mechanismen der Macht*, Hamburg: VSA.

Bredekamp, Horst (1975): *Kunst als Medium sozialer Konflikte. Bilderkämpfe von der Spätantike bis zur Hussitenrevolution*, Frankfurt a.M.: Suhrkamp.

Broadway, Cliff/Challis, Erica (Hg.) (2004): *The people's Guide to J. R. Tolkien. Essays and Reflections on Middle-Earth from TheOneRing.net, the Internet's #1 Tolkien Fan Website*, Cold Spring Harbor: Cold Spring Press.

Bröckling, Ulrich (2007): *Das unternehmerische Selbst. Soziologie einer Subjektivierungsform*, Frankfurt a.M.: Suhrkamp.

Brockmeier, Jens (2000): »Autobiographical Time«, in: *Narrative Inquiry* 10/1, S. 51-73.

— (2001): »From the End to the Beginning. Retrospective Teleology in Autobiography«, in: ders./Donald Carbaugh, *Narrative and Identity. Studies in Autobiography, Self and Culture*, Amsterdam/Philadelphia: Benjamins Publishing, S. 247-280.

— (2001): *Narrative and Identity: Studies in Autobiography, Self and Culture*, Amsterdam [u.a.]: Benjamins Publishing.

Broder, Andrei (2002): »A Taxonomy of Web Search«, in: SIGIR Forum 36/2, www.acm.org/sigir/forum/F2002/broder.pdf, zuletzt gelesen am 1. Juni 2008.

Brose, Hans-Georg/Wohlrab-Sahr, Monika/Corsten, Michael (Hg.) (1993): *Soziale Zeit und Biographie. Über die Gestaltung von Alltagszeit und Lebenszeit*, Opladen: Westdeutscher Verlag.

Broughton, John (2008): *Wikipedia: The Missing Manual*, Sebastopol: O'Reilly & Associates.

Bruner, Jerome S. (1998): »Vergangenheit und Gegenwart als narrative Konstruktionen«, in: Jürgen Straub (Hg.), *Erzählung, Identität und historisches Bewusstsein*, Frankfurt a.M.: Suhrkamp, S. 46-80.

— (1999): »Self-Making and World-Making. Wie das Selbst und seine Welt autobiographisch hergestellt werden«, in: *Journal für Psychologie* 7/1, S. 11-21.

Bruns, Karin/Reichert, Ramón (Hg.) (2007): *Reader Neue Medien. Texte zur digitalen Kultur und Kommunikation*, Bielefeld: transcript.

Brusilovsky, Peter (Hg.) (2007): *The Adaptive Web: Methods and strategies of Web personalization*, Berlin/Heidelberg: Springer.

Bublitz, Hannelore (2006): »Magic Mirrors. Zur extensiven Ausleuchtung des Subjekts«, in: Günter Burkart (Hg.), *Die Ausweitung der Bekenntniskultur – neue Formen der Selbstthematisierung?* Wiesbaden: Verlag für Sozialwissenschaften, S. 105-125.

Bucher, Hans-Jürgen (2005): »Macht das Internet uns zu Weltbürgern? Globale Online-Diskurse: Strukturwandel der Öffentlichkeit in der Netzwerk-Kommunikation«, in: Claudia Fraas/Michael Klemm (Hg.), *Mediendiskurse. Bestandsaufnahme und Perspektiven*, Frankfurt a.M. u.a.: Lang, S. 187-218.

Buckingham, David (2008): *Youth, Identity, and Digital*, Cambridge, Mass. [u.a.]: MIT-Press.

Buckley, Peter (2007): *The Rough Guide to MySpace & Online Communities. From Bebo and Friendster to MySpace*, London [u.a.]: Rough Guides.

Burchell, Graham (1996): »Liberal Government and Techniques of the Self«, in: *Economy and Society* 22/3, S. 267-82.

—/ Gordon, Colin/Miller, Peter (Hg.) (1991): *The Foucault Effect. Studies in Governmentality*, London: Harvester Wheatsheaf.

Burda, Hubert/Maar, Christa (Hg.) (2004): *Iconic Turn. Die Neue Macht der Bilder*, Köln: DuMont.

Burkart, Günter (2006): »Einleitung«, in: ders., *Die Ausweitung der Bekenntniskultur – neue Formen der Selbstthematisierung?* Wiesbaden: Verlag für Sozialwissenschaften, S. 7-40.

— (Hg.) (2006): *Die Ausweitung der Bekenntniskultur – neue Formen der Selbstthematisierung?* Wiesbaden: Verlag für Sozialwissenschaften.

Burkitt, Ian (1991), *Social Selves: Theories of the Social Formation of Personality*, London, Newbury Park, New Delhi: Sage Publications.

Burnett, Robert/Marshall, David P. (2003): *Web Theory: An Introduction*, London [u.a]: Routledge.

Burnham, Van (2001): *Supercade: A Visual History of the Videogame Age 1971–1984*, Cambridge [Mass.]: MIT Press.

Butler, Judith (1991): *Das Unbehagen der Geschlechter. Gender Studies*, Frankfurt a.M.: Suhrkamp.

— (2001): *Psyche der Macht. Das Subjekt der Unterwerfung*, Frankfurt a.M.: Suhrkamp.

Calcutt, Andrew (1999): *White Noise: An A-Z of the Contradictions of Cyberculture*, Moundsmills: McMillan.

Campbell, Colin (1987): *The Romantic Ethic and the Spirit of Modern Consumerism*, Oxford/New York: Blackwell.

Carlsson, Ulla (Hg.) (2008): *Empowerment through Media Education. An Intercultural Dialogue*, Göteborg: Nordicom.

Carr, Nicholas (2005): »The Amorality of Web 2.0«, www.roughtype.com, 3. Oktober 2005, zuletzt gelesen am 1. Juli 2008.

Cassell, Justine/Jenkins, Henry (2000): *From Barbie to Mortal Kombat*, Cambridge: University Press.

Castells, Mario (2003): *Das Informationszeitalter. Band 1: Der Aufstieg der Netzwerkgesellschaft*, Opladen: Leske + Budrich.

Causey, Matthew (2006): *Theatre and Performance in Digital Culture: From Simulation to Embeddedness*, London [u.a.]: Routledge.

Certeau, Michel de (1988): *Kunst des Handelns*, Berlin: Merve.

Chandler, Daniel (1996): *The Construction of Identity in Personal Home Pages on the World-Wide Web*, www.aber.ac.uk/~dgc/munich.html, zuletzt gelesen am 1. Juni 2008.

— (1998): *Writing Oneself in Cyberspace*, www.aber.ac.uk/media/Documents/short/homepgid.html, zuletzt gelesen am 1. Juni 2008.

— /Roberts-Young, Dilwyn (1998): *The Construction of Identity in the Personal Homepages of Adolescentes*, www.aber.ac.uk/media/Documents/short/homepgid.html, zuletzt gelesen am 1. Juni 2008.

Chick, Tom (2002): »The Fathers of Civilization. An Interview with Sid Meier and Bruce Shelley«, in: *Computer Games Online*, www.cgonline.com/features/010829-i1-fl.html, zuletzt gelesen am 1. Juni 2008.

Cleland, David I./Ireland, Lewis R. (2007): *Project Manager's Handbook. Applying Best Practices across Global Industries*, New York [u.a.]: McGraw-Hill.

Collins, David (2007): *Narrating the Management Guru: In Search of Tom Peters*, London [u.a.]: Routledge.

Coombes, Annie E./Brah, Avtar (Hg.) (2000): *Hybridity and its Discontents. Politics, Science, Culture*, London [u.a.]: Routledge.

Cottle, Thomas J. (2003): *Beyond Self-Esteem: Narratives of Self-Knowledge and Devotion to Others*, New York [u.a.]: Lang.

Courtney, Nancy (Hg.) (2007): *Library 2.0 and Beyond: Innovative Technologies and Tomorrow's User*, Westport, Conn. [u.a.]: Libraries Unlimited.

Coyne, Richard (1995): *Designing Information Technology in the Postmodern Age. From Method to Metaphor*, Cambridge, Mass./London: MIT Press.

Crary, Jonathan (2002): *Aufmerksamkeit. Wahrnehmung und moderne Kultur*, Frankfurt a.M.: Suhrkamp.

Daniels, Dieter (2002): *Kunst als Sendung. Von der Telegrafie zum Internet*, München: Beck.

Darley, Andrew (2000): *Visual Digital Culture: Surface Play and Spectacle in New Media Genres*, London/New York: Routledge.

Daston, Lorraine/Galison, Peter (2002): »Das Bild der Objektivität«, in: Peter Geimer (Hg.), *Ordnungen der Sichtbarkeit. Fotografie in Wissenschaft, Kunst und Technologie*, Frankfurt a.M.: Suhrkamp, S. 29-99.

Davis, Richard (2005): *Politics Online. Blogs, Chatrooms, and Discussion Groups in American Democracy*, New York [u.a.]: Routledge.

De Landa, Manuel (1993): »Virtual Environments and the Rise of Synthetic Reason«, in: Mark Dery (Hg.), *Flame Wars. The Discourse of Cyberculture*, Durham: Duke University Press, S. 263-286.

Dean, Mitchell (1999): *Governementality. Power and Rule in Modern Society*, London: Sage.

Deibert, Ronald J. (1997): *Parchment, Printing, and Hypermedia. Communication in World Order Transformation*, New York: Columbia University Press.

Deleuze, Gilles (1991): »Was ist ein Dispositiv?«, in: François Ewald/Bernhard Waldenfels (Hg.), *Spiele der Wahrheit. Michel Foucaults Denken*, Frankfurt a.M.: Suhrkamp, S. 153-162.

— (1993): »Postskriptum über die Kontrollgesellschaften«, in: ders., *Unterhandlungen 1972-1990*. Frankfurt a.M.: Suhrkamp, S. 254-262.

Dery, Mark (1998): *Slashing the Borg. Resistance is Fertile*, www.n5m.org/n5m2/texts/markdery.htm, zuletzt gelesen am 1. Juli 2008.

Descartes, René (1986): *Meditationen über die Erste Philosophie*, Stuttgart: Reclam.

Dickmann, Frank (2001): *Web-mapping und Web-GIS*, Braunschweig: Westermann.

Diemand, Vanessa (Hg.) (2007): *Weblogs, Podcasting und Videojournalismus. Neue Medien zwischen demokratischen und ökonomischen Potenzialen* [Ergebnis der gleichnamigen von der Fritz Thyssen Stiftung unterstützten Tagung vom 23. bis 24. September 2005 am ZKM – Zentrum für Kunst- und Medientechnologie Karlsruhe], Hannover: Heise.

Dierig, Sven/Geimer, Peter/Schmidgen, Henning (Hg.) (2004): *Kultur im Experiment*, Berlin: Kadmos.

DiMarco, John (2006): *Web Portfolio Design and Applications*, Hershey, PA [u.a.]: Idea Group Publications.

Dittler, Ullrich (Hg.) (2007): *Online-Communities als soziale Systeme. Wikis, Weblogs und Social Software im E-Learning*, Münster [u.a.]: Waxmann.

Djordjevic, Vali (2002): »The stories are out there: Fanfiction – Amateurliteratur im Internet«, in: *Telepolis* (01.03.2002), www.heise.de/tp/r4/artikel/11/11968/1.html, zuletzt gelesen am 1. Juli 2008.

Dodge, Martin/Kitchin, Rob (2000): *Mapping Cyberspace*, London: Routledge.

— (2001): *Atlas of Cyberspace*, London: Routledge.

Doesinger, Stephan (Hg.) (2008): *Space between People. How the Virtual Changes Physical Architecture*, München [u.a.]: Prestel.

Don, Abbe (1999): »Narrative and the Interface«, in: Brenda Laurel (Hg.), *The Art of Human-Computer Interface Design*, Reading, MA: Addison-Wesley, S. 383-391.

Donner, Yonatan u.a. (1997): »›Quake done quick‹ the movie«, in: *Planet Quake*, www.gamers.org/pub/idgames2/demos/j-q/qdq_1949.txt, zuletzt gelesen am 1. Juni 2008.

Doran, Jim E./Gilbert, Nigel (Hg.) (1994): *Simulating Societies. The Computersimulation of Social Phenomena*, London: UCL Press.

Douglas, Christopher (2002): »You Have Unleashed a Horde of Barbarians! Fighting Indians, Playing Games, Forming Disciplines«, in: *Postmodern Culture* 13/1, S. 47-61.

Durrer, Hans (2006): *Ways of Perception: On Visual and Intercultural Communication*, Bangkok: White Lotus Press.

Eberlein, Undine (2000): *Einzigartigkeit. Das romantische Individualitätskonzept der Moderne*, Frankfurt a.M.: Campus.

Ebersbach, Anja/Glaser, Markus/Heigl, Richard (2008): *Social Web*, Konstanz: UVK (UTB 3065, Medien- und Kommunikationswissenschaft).

Ehrenberg, Alain (2004): *Das erschöpfte Selbst. Depression und Gesellschaft in der Gegenwart*, Frankfurt a.M.: Campus.

Ehrliholzer, Regula (1997): »Mapping. Eine abgekartete Sache?«, in: Martin Heller/Jörg Huber (Hg.), *Konturen des Unentschiedenen. Interventionen*, Basel [u.a.], S. 129-150.

Enzensberger, Hans Magnus (2002): »Baukasten zu einer Theorie der Medien« (1970), in: Claus Pias u.a. (Hg.), *Kursbuch Medienkultur – Die maßgeblichen Theorien von Brecht bis Baudrillard*, Stuttgart: DVA, 4. Auflage, S. 264-278.

Erickson, Thomas (1995): *The World Wide Web as Social Hypertext*, www.pliant.org/personal/Tom_Erickson/SocialHypertext.html, zuletzt gelesen am 1. Juni 2008.

Eskelinen, Markku (2001): »Computer Game Studies, Year One«, in: *Game Studies* 1/1, www.gamestudies.org/0101/eskelinen, zuletzt gelesen am 1. Juni 2008.

Etzioni, Amitai (1968): *The Active Society*, New York/London: The Free Press.

— (1996): *Die faire Gesellschaft. Jenseits von Sozialismus und Kapitalismus*, Frankfurt a.M.: Fischer.

Faber, Marlene (2001): »Medienrezeption als Aneignung«, in: Werner Holly/Ulrich Püschel/Jörg Bergmann (Hg.), *Der sprechende Zuschauer. Wie wir uns Fernsehen kommunikativ aneignen*, Wiesbaden: Westdeutscher Verlag, S. 25-40.

Fehrmann, Gisela (Hg.) (2005): *Spuren, Lektüren. Praktiken des Symbolischen* [Festschrift für Ludwig Jäger zum 60. Geburtstag], München [u.a.]: Fink.

Ferguson, Niall (1998): »Virtual History. Towards a ›Chaotic‹ Theory of the Past«, in: ders. (Hg.), *Virtual History. Alternatives and Counterfactuals*, London: Picador, S. 1-90.

Fiebig, Henriette (Hg.) (2005): *Wikipedia. Das Buch*, Berlin: Zenodot Verlagsgesellschaft.

Fischer, Klaus (Hg.) (2005): *Socionics: Scalability of complex social systems*, Berlin [u.a.]: Springer.

Fischer-Lichte, Erika/Hasselmann, Kristiane/Kittner, Alma E. (Hg.) (2008): *Kampf der Künste! Kultur im Zeichen von Medienkonkurrenz und Eventstrategien*, Bielefeld: transcript.
Fiske, John (1989): *Understanding Popular Culture*, London: Routledge.
— (1992): »The Cultural Economy of Fandom«, in: Lisa A. Lewis (Hg.): *The Adoring Audience. Fan Culture and Popular Media*, New York/London, S. 30-49.
Flanagan, Mary/Booth, Austin (Hg.) (2002): *Reload. Rethinking Women and Cyberculture*, Cambridge, Mass. [u.a.]: MIT-Press.
Florida, Richard (2002): *The Rise of the Creative Class*, New York: Basic Books.
Floyd, Christiane (1999): »Menschsein in der informatisierten Gesellschaft – zur Virtualisierung des Selbst«, in: Peter Bittner/Jens Woinowksi (Hg.), *Mensch – Informatisierung – Gesellschaft*, Münster: LIT Verlag, S. 21-41.
Foucault, Michel (1977): *Überwachen und Strafen*, Frankfurt a.M.: Suhrkamp.
— (1979): »On Governmentality«, in: *Ideology and Consciousness* 6/1, S. 5-22.
— (1983): *Der Wille zum Wissen. Sexualität und Wahrheit I*, Frankfurt a.M.: Suhrkamp.
— (1988): *Die Geburt der Klinik. Eine Archäologie des ärztlichen Blicks* (frz. 1963), Frankfurt a.M.: Fischer.
— (1993a): »Technologien des Selbst«, in: Luther H. Martin u.a. (Hg.), *Technologien des Selbst*, Frankfurt a.M.: S. Fischer, S. 24-62.
— (1993b): *Dispositive der Macht. Über Sexualität, Wissen und Wahrheit*, Berlin: Merve.
— (2000): »Die Gouvernementalität«, in: Ulrich Bröckling/Susanne Krasmann/Thomas Lemke (Hg.), *Gouvernementalität der Gegenwart. Studien zur Ökonomisierung des Sozialen*, Frankfurt a.M.: Suhrkamp, S. 41-67.
Franck, Georg (1998): *Ökonomie der Aufmerksamkeit. Ein Entwurf*, München: Hanser.
Frasca, Gonzalo (2001): »Computer Game Studies, Year One«, in: *Game Studies* 1/1, www.gamestudies.org/0101/frasca, zuletzt gelesen am 1. Juni 2008.
Freeman, Mark Philipp (1993): *Rewriting the Self: History, Memory, Narrative*, London: Routledge.
Freyermuth, Gundolf S. (2005): »Der große Kommunikator. Soziale Konsequenzen von media merging und Transmedialisierung«, in: Torsten Siever/Peter Schlobinski/Jens Runkehl (Hg.), *Websprache.net. Sprache und Kommunikation im Internet*, Berlin, New York: de Gruyter, S. 15-45.
Friedman, Ted (1995): »Making Sense of Software. Computer Games and Interactive Textuality«, in: Steven G. Jones (Hg.), *Cybersociety*, London: Sage Publications, S. 73-89.
— (1999): »Civilization and its Discontents. Simulation, Subjectivity and Space«, in: Gregory Smith (Hg.), *On a Silver Plate. CD-ROMs and the Promises of a New Technology*, New York: New York University Press, S. 147-163.
Fromm, Rainer (2003): *Digital spielen – real morden? Shooter, Clans und Fragger: Videospiele in der Jugendszene*, Marburg: Schüren (2. Aufl.).

Frost, Ingo (2006): *Zivilgesellschaftliches Engagement in virtuellen Gemeinschaften? Eine systemwissenschaftliche Analyse des deutschsprachigen Wikipedia-Projektes*, München: Herbert UTZ Verlag.

Gaggi, Silvio (1998): *From Text to Hypertext. Decentering the Subject in Fiction, Film, the Visual Arts, and Electronic Media*, Philadelphia: University of Pennsylvania Press.

Gartner, Georg (2006): »Internet Cartography and Web Mapping«, in: *International Handbook Military Geography 41/7*, S. 416-432.

Geiselhart, Helmut (2006): *Das lernende Unternehmen im 21. Jahrhundert. Wissen produzieren, Lernprozesse initiieren, in virtuellen Realitäten agieren*, Wiesbaden: Gabler.

Gendolla, Peter (Hg.) (2007): *The Aesthetics of Net Literature. Writing, Reading and Playing in Programmable Media*, Bielefeld: transcript.

—/Schäfer, Jörgen (Hg.) (2005): *Wissensprozesse in der Netzwerkgesellschaft*, Bielefeld: transcript.

Genette, Gérard (1991): »Récit fictionnel, récit factuel«, in: ders., *Fiction et diction*, Paris: Seuil, S. 65-94.

— (1993): *Palimpseste. Die Literatur auf zweiter Stufe*, Frankfurt a.M.: Suhrkamp.

— (1998): *Die Erzählung*, Stuttgart: Fink, 2. Aufl.

— (2001): *Paratexte. Das Buch vom Beiwerk des Buches*, Frankfurt a.M.: Suhrkamp.

Geraghty, Lincoln (2007): *Living with Star Trek. American Culture and the Star Trek Universe*, London: I. B. Tauris.

Gergen, Kenneth J. (1991): *The Saturated Self. Dilemmas of Identity in Contemporary Life*, New York: Basic Books.

— (2002): *Konstruierte Wirklichkeiten. Eine Hinführung zum sozialen Konstruktivismus*, Stuttgart: Kohlhammer.

—/Gergen, Mary M. (1988): »Narrative and the Self as Relationship«, in: *Advances in Experimental Social Psychology* 21, S. 17-56.

Giannachi, Gabriella (2007): *The Politics of New Media Theatre*, London [u.a.]: Routledge.

Giddens, Anthony (1991): *Modernity and Self-Identity. Self and Society in the Late Modern Age*, Cambridge: Polity Press.

Giordano, Gerard (2005): *How Testing Came to Dominate American Schools: The History of Educational Assessment*, New York/Wien [u.a.]: Lang.

Girlich, Uwe (1999): »The Unofficial DEM Format Description 1.0.9«, in: *Planet Quake*, http://demospecs.planetquake.gamespy.com/dem/, zuletzt gelesen am 1. Juni 2008.

Gitelman, Lisa/Pingree, Geoffrey B. (2004): *New Media. 1740-1915*, Cambridge, Mass.: MIT Press.

Glass, James M. (1993): *Shattered Selves. Multiple Personality in a Postmodern World*, Ithaca/London: Cornell University Press.

Glesner, Julia (2005): *Theater und Internet. Zum Verhältnis von Kultur und Technologie im Übergang zum 21. Jahrhundert*, Bielefeld: transcript.

Goldhaber, Michael H. (2000): »Kunst und die Aufmerksamkeitsökonomie im wirklichen Raum und im Cyberspace«, in: Florian Rötzer (Hg.), *Res-*

source Aufmerksamkeit. Ästhetik in der Informationsgesellschaft, Kunstforum international 1/148, S. 78-84.

Google (2007): *Unternehmensinformationen: Unternehmensprofil,* www.google.de/intl/de/corporate, zuletzt gelesen am 1. Juni 2008.

Göttlich, Udo (2006): *Die Kreativität des Handelns in der Medienaneignung. Zur handlungstheoretischen Kritik der Wirkungs- und Rezeptionsforschung,* Konstanz: UVK.

Guattari, Félix (1977): *La révolution moleculaire,* Paris: Editions Recherche.

Güttler, Christian/Johansson, Troels Degn (2003): »Spatial Principles of Level-Design in Multiplayer First-Person Shooters«, in: *NETGAMES '03: Proceedings of the 2nd Workshop on Network and System Support for Games,* New York: ACM Press, S. 158-170.

Haggerty, Kevin D./Ericson, Richard V. (2000): »The Surveillant Assemblage«, in: *British Journal of Sociology* 4/6, S. 605-622.

— (2006): »The New Politics of Surveillance and Visibility«, in: dies. (Hg.): *The New Politics of Surveillance and Visibility,* Toronto [u.a.]: University of Toronto Press, S. 3-33.

Hahn, Alois/Kapp, Volker (1987): *Selbstthematisierung und Selbstzeugnis. Bekenntnis und Geständnis,* Frankfurt a.M.: Suhrkamp.

—/ Willems, Herbert (1998): »Zivilisation, Modernität, Theatralität. Identitäten und Identitätsdarstellungen«, in: Herbert Willems/Martin Jurga (Hg.), *Inszenierungsgesellschaft,* Opladen: Westdeutscher Verlag, S. 193-213.

Hahn, Hans Peter (2005): *Materielle Kultur. Eine Einführung,* Berlin: Reimer.

Hall, Stuart (1999a): »Cultural Studies. Zwei Paradigmen«, in: Roger Bromley u.a. (Hg.), *Cultural Studies,* Lüneburg: zu Klampen, S. 113-138.

— (1999b): »Kodieren/Dekodieren«, in: Roger Bromley u.a. (Hg.), *Cultural Studies,* Lüneburg: zu Klampen, S. 92-110.

Hancock, Hugh/Ingram, Johnnie (2007): *Machinima for Dummies,* Hoboken [N.J.]: Wiley.

Hartnell-Young, Elizabeth/Morriss, Maureen P. (2006): *Digital portfolios. Powerful tools for promoting professional growth and reflection,* Thousand Oaks: Corwin.

Hauser-Schäublin, Brigitta/Braukämper, Ulrich (Hg.) (2002): *Ethnologie und Globalisierung. Perspektiven kultureller Verflechtungen,* Berlin: Reimer.

Hellekson, Karen/Busse, Kristina (Hg.) (2006): *Fan fiction and fan communities in the age of the Internet,* London: McFarland & Co.

Hellige, Hans D. (2008): *Mensch-Computer-Interface. Zur Geschichte und Zukunft der Computerbedienung,* Bielefeld: transcript.

Hentig, Hartmut von (2000): *Kreativität. Hohe Anforderungen an einen schwachen Begriff,* Weinheim/Basel: Beltz.

Hepp, Andreas (1998): *Fernsehaneignung und Alltagsgespräche. Fernsehnutzung aus der Perspektive der Cultural Studies,* Opladen: Westdeutscher Verlag.

Herz, Jessie C. (1997): *Joystick Nation. How Videogames ate your Quaters, won our Hearts, and rewired our Minds,* Boston MA: Little, Brown and Company.

Hevern, Vincent W. (2000): *Alterity and Self-Presentation via the Web. Dialogical and narrative Aspects of Identity Construction*, www.socsci.kun.nl/psy/congress2000/papers/hevern.htm, zuletzt gelesen am 1. Juni 2008.

Hier, Sean P. (2003): »Probing the Surveillant Assemblage. On the dialectics of surveillance practices as processes of social control«, in: *Surveillance & Society* 3/1, S. 399-411, www.surveillance-and-society.org/articles1(3)/probing.pdf, zuletzt gelesen am 1. Juni 2008.

Hintermair, Manfred (1999): *Identität im Kontext von Hörschädigung. Ein Beitrag zu einer struktur- und prozessorientierten Theoriediskussion*, Heidelberg: Median-Verlag.

Hochschild, Arlie R. (1997): *The Time Bind. When Work Becomes Home and Home Becomes Work*, New York: Holt.

Holtz, Shel/Demopoulos, Ted (2006): *Blogging for Business. Everything You Need to Know and why You Should Care*, Chicago Kaplan Publishing.

Hörning Karl H./Winter, Rainer (Hg.) (1999): *Widerspenstige Kulturen. Cultural Studies als Herausforderung*, Frankfurt a.M.: Suhrkamp.

Huntington, Samuel (1993): »The Clash of Civilizations?«, in: *Foreign Affairs* 72/3, S. 22-49.

Jafari, Ali/Kaufman, Catherine (Hg.) (2006): *Handbook of Research on ePortfolios*, Hershey, PA [u.a.]: Idea Group Publications.

Jäger, Ludwig (2004): »Störung und Transparenz. Skizze zur performativen Logik des Medialen«, in: Sybille Krämer (Hg.), *Performativität und Medialität*, München: Fink, S. 35-74.

Janshen, Doris (1988): »Die Mediatisierung des Alltäglichen. Oder: Zur neuen Politikbedürftigkeit im Privatissimum«, in: Rainer Bohn/Eggo Müller/Rainer Ruppert (Hg.), *Ansichten einer künftigen Medienwissenschaft*, Berlin: Sigma, S. 201-213.

Jenkins, Henry (1992): *Textual Poachers: Television Fans and Participatory Culture*, New York [u.a.]: Routledge.

— (2004): »The Virtual World as a Company Town: Freedom of Speech in Massively Multiple Online Role Playing Games«, in: *Journal of Internet Law* 8 (1, July), S. 1-20.

Jenson, Joli (1992): »Fandom as Pathology. The Consequences of Characterization«, in: Lewis, Lisa A. (Hg.): *The Adoring Audience. Fan Culture and Popular Media*. New York/London: Routledge, S. 9-29.

Johnson, Christopher M. (2001): »A Survey of Current Research on Online Communities of Practice«, in: *The Internet and Higher Education* 4/1, S. 45-60.

Joyce, Michael (1996): *Of two Minds. Hypertext Pedagogy and Poetics*, Ann Arbor: The University of Michigan Press.

Kaplan, Robert D. (2001): »Looking the world in the eye«, in: *The Atlantic Monthly* 288/5, S. 68-82.

Keen, Andrew (2007): *The Cult of the Amateur. How Today's Internet is Killing Our Culture*, New York/NY [u.a.]: Doubleday/Currency.

Keenoy, Kevin/Levene, Mark (2005): »Personalisation of Web Search«, in: Bamshad Mobasher/Sarabjot Singh Anand (Hg.), *Intelligent Techniques for Web Personalization*, Berlin [u.a.]: Springer, S. 201-228.

Kelland, Matt/Morris, Dave/Hartas, Leo (2005): *Machinima. Making Animated Movies in 3D Virtual Environments*, Lewes: Ilex.

Kellner, Douglas (1992): »Popular culture and the construction of postmodern identities«, in: Scott Lash/Jonathan Friedman, *Modernity and Identity*, Oxford/Cambridge: Blackwell, S. 141-177.

Kent, Stephen L. (2004): *The making of Doom 3*, New York u.a.: McGraw-Hill/Osborne.

Kent, Steve (2001): *The Ultimate History of Video Games*, New York: Three Rivers Press.

Keupp, Heiner (1997): »Diskursarena Identität. Lernprozesse in der Identitätsforschung«, in: ders./Renate Höfer (Hg.), *Identitätsarbeit heute: klassische und aktuelle Perspektiven der Identitätsforschung*, Frankfurt a.M.: Suhrkamp, S. 11-39.

—/ Ahbe, Thomas/Gmür, Wolfgang/Höfer, Renate/Mitzscherlich, Beate/Kraus, Wolfgang/Straus, Florian (1999): *Identitätskonstruktionen: das Patchwork der Identitäten in der Spätmoderne*, Reinbek bei Hamburg: Rowohlt.

King, Geoff/Krzywinska, Tanya (Hg.) (2002): *Screenplay: Cinema. Videogames. Interfaces*, London/New York: Wallflower Press.

King, Lucien (2002): *Game On. The History and Culture of Videogames*, London: Laurence King Publishing.

Klaasen, Abbey (2007): »The Right Ads at the Right Time – via Yahoo; Web Giant Looks to Offer Behavioral-Targeting Tools outside its Own Properties«, in: *Advertising Age* 3/Februar, S. 34-39.

Klobas, Jane (2006): *Wikis. Tools for Information Work and Collaboration*, Oxford: Chandos.

Knorr-Cetina, Karin (1999): »Viskurse der Physik. Wie visuelle Darstellungen ein Wissenschaftsgebiet ordnen«, in: Jörg Huber/Martin Heller (Hg.), *Konstruktionen – Sichtbarkeiten*, Wien/New York: Stroemfeld/Roter Stern, S. 245-263.

Koch, Markus Christian/Astrid Haarland (2004): *Generation Blogger*, Bonn: mitp.

Kollock, Peter (1999): »The Economics of Online Cooperation: Gifts and Public Goods in Cyberspace«, in: ders./Marc Smith (Hg.), *Communities in Cyberspace*, London: Routledge, S. 220-239.

—/ Smith, Marc (Hg.) (1999): *Communities in Cyberspace*, London: Routledge,

Kommers, Piet/Ferreira, Alcindo/Kwak, Alex W. (1998): *Document management for hypermedia design*, Berlin/Heidelberg: Springer.

Krämer, Sybille (2003): »Erfüllen Medien eine Konstitutionsleistung? Thesen über die Rolle medientheoretischer Erwägungen beim Philosophieren«, in: Stefan Münker/Alexander Roesler/Mike Sandbothe (Hg.), *Medienphilosophie. Beiträge zur Klärung eines Begriffs*, Frankfurt a.M.: Fischer, S. 78-90.

Kraus, Wolfgang (1996): *Das erzählte Selbst. die narrative Konstruktion von Identität in der Spätmoderne*, Pfaffenweiler: Centaurus.

— (2002): »Falsche Freunde. Radikale Pluralisierung und der Ansatz einer narrativen Identität«, in: Jürgen Straub/Joachim Renn (Hg.), *Transitorische*

Identität. Der Prozesscharakter des modernen Selbst, Frankfurt a.M. [u.a.]: Campus, S. 159-186.
Kris, Ernst/Kurz, Otto (1995): *Die Legende vom Künstler. Ein geschichtlicher Versuch* [1934]. Frankfurt a.M.: Suhrkamp.
Kuhlen, Rainer (1995): *Informationsmarkt. Chancen und Risiken der Kommerzialisierung von Wissen, Schriften zur Informationswissenschaft Bd. 15*, Konstanz: Universitätsverlag Konstanz.
Kümmel, Albert/Schüttpelz, Erhard (Hg.) (2003): *Signale der Störung*, München: Fink.
Kushner, David (2004): *Masters of Doom. How Two guys Created an Empire and Transformed Pop Culture*, New York: Random House.
Lammes, Sybille (2003): »On the Boarder. Pleasures of Exploration and Colonial Mastery in Civilization III Play the World«, in: Marinka Copier/Joost Raessens (Hg.), *Level Up*, DIGRA Conference Utrecht: Universiteit Utrect/DIGRA, S. 120-129.
Lawrence, Faith K. (2007): *The Web of Community Trust – Amateur Fiction Online*, PhD thesis, University of Southampton.
Lazzarato, Maurizio (2002): *Videophilosophie. Zeitwahrnehmung und Postfordismus*, Berlin: b_books.
Ledford, Jerri/Tyler, Mary E. (2007): *Google Analytics 2.0*, Indianapolis/Ind.: Wiley.
Lee, Barbara (2000): »Theories of evaluation«, in: Reinhard Stockmann (Hg.), *Evaluationsforschung. Grundlagen und ausgewählte Forschungsfelder*, Opladen: Leske + Budrich, S. 127-164.
Lehmann, Kai/ Schetsche, Michael (2005): *Die Google-Gesellschaft. Vom digitalen Wandel des Wissens*, Bielefeld: transcript.
Lemann, Nicholas (2006): »Amateur Hour. Journalism Without Journalists«, in: *The New Yorker*, 7./14. August.
Lemke, Thomas (2004): »Test«, in: *Leviathan. Zeitschrift für Sozialwissenschaft* 32/1, S. 119-124.
Lessig, Lawrence (2004): *Free Culture. How Big Media Uses Technology and the Law to Lock Down Culture and Control Creativity*, New York: Penguin.
— (2006): »Eine freie (befreite) Kultur für den Remix«, in: Bernd Lutterbeck/Matthias Bärwolff/Robert A. Gehring, *Open Source Jahrbuch: Zwischen Softwareentwicklung und Gesellschaftsmodell*, Berlin: Lehmanns Media, S. 427-444.
Levy, Steven (1984): *Hackers: Heroes of the Computer Revolution*, Garden City: Anchor Press, Doubleday.
Link, Jürgen (1997): *Versuch über den Normalismus. Wie Normalität produziert wird*, Opladen: Leske + Budrich.
Lohauss, Peter (1995): *Moderne Identität und Gesellschaft. Theorien und Konzepte*, Opladen: Leske + Budrich.
Lovink, Geert (2003): *My First Recession. Critical Internet Culture in Transition*, Rotterdam: V2_Publishing/NAi Publishers.
— (2006): »Zugriff verweigert Web 2.0: Von wegen Glanz und Ruhm«, in: http://jungle-world.com/seiten/2006/36/8465.php, zuletzt gelesen am 1. Juni 2008.

Lowood, Henry E. (2005): »Real-Time Performance. Machinima and Game Studies«, in: *The International Digital Media & Arts Association Journal* 2/1, S. 10-17.

— (2006): »High-Performance Play. The Making of Machinima«, in: *Journal of Media Practice* 7/1, S. 25-42.

Lüde, Rolf von/Moldt, Daniel/Valk, Rüdiger (Hg.) (2003): *Sozionik – Modellierung soziologischer Theorie,* Münster: Lit.

Ludlow, Peter/Wallaca, Mark (2007): *The Second Life Herald. The virtual tabloid that witnessed the dawn of the metaverse,* Cambridge, Mass.[u.a.]: MIT.

Luhmann, Niklas (1993): »Individuum, Individualität, Individualismus«, in: ders., *Gesellschaftsstruktur und Semantik. Studien zur Wissenssoziologie der modernen Gesellschaft,* Bd. 3, Frankfurt a.M.: Suhrkamp, S. 149-258.

Lütdke, Hartmut (2004): »Lebensstile als Rahmen von Konsum. Eine generalisierte Form des demonstrativen Verbrauchs«, in: Kai-Uwe Hellmann/Dominik Schrage (Hg.), *Konsum der Werbung. Zur Produktion und Rezeption von Sinn in der kommerziellen Kultur,* Wiesbaden: VS Verlag, S. 103-124.

MacKeown, Patrick G./Watson, Richard T. (1997): *Metamorphosis. A Guide to the World Wide Web & Electronic Commerce. Version 2.0,* New York/NY [u.a.]: Wiley.

Maihofer, Andrea (2005): »Inter-, Trans- und Postdisziplinarität. Ein Plädoyer wider die Ernüchterung«, in: Heike Kahlert/Barbara Thiessen/Ines Weller (Hg.), *Quer denken – Strukturen verändern. Gender Studies zwischen den Disziplinen,* Wiesbaden: VS Verlag für Sozialwissenschaften, S. 185-202.

Malsch, Thomas (Hg.) (1998): *Sozionik. Soziologische Ansichten über künstliche Sozialität,* Berlin: Ed. Sigma.

Manovich, Lev (1988): »Die Ästhetik des navigierbaren Raums«, in: *Katalog vision.ruhr. Kunst, Medien, Interaktion,* Zeche Zollern II/IV Dortmund [Ausstellungskatalog], S. 84-90.

— (2002): *The Language of New Media,* Cambridge, Mass. [u.a.]: MIT Press.

Maresch, Rudolf (1996): »Mediatisierung. Dispositif der Öffentlichkeit 1800/2000«, in: ders. (Hg.), Medien und Öffentlichkeit. Positionierung, Symptome, Simulationsbrüche, München: Boer, S. 9-29.

— (2007): *Die Bühnen des Mobs und der Wichtigtuer. Die digitale Revolution entlässt ihre Kinder ins Mitmach-Web,* Telepolis, www.heise.de/tp/r4/artikel/24/24480/1.html, zuletzt gelesen am 1. Juni 2008.

Marino, Paul (2004): *3D Game-Based Filmmaking. The Art of Machinima,* Scottsdale [Ariz.]: Paraglyph.

Massumi, Brian (1993): *A User's Guide to Capitalism and Schizophrenia: Deviations from Deleuze and Guattari,* Cambridge [u.a.], Mass., Harvard University Press.

McCrae, Robert R./Costa, Paul T. Jr. (1989): »Reinterpreting the Myers-Briggs Type Indicator from the perspective of the Five-Factor Model of Personality«, in: *Journal of Personality* 13/1, S. 17-40.

McFedries, Paul (2002): »Machinima«, in: *Word Spy,* www.wordspy.com/words/machinima.asp, zuletzt gelesen am 1. Juni 2008.

Melzer, Matthias (2007): *SecondLife-Programmierung mit LindenScript*, München: Hanser.

Meyer, Torsten (2008): *Bildung im Neuen Medium. Wissensformation und digitale Infrastruktur*, Münster [u.a.]: Waxmann.

Miklaucic, Shawn (2003): »God Games and Governmentality: *Civilization II* and Hypermediated Knowledge«, in: Jack Bratich/Jeremy Packer/Cameron McCarthy (Hg.), *Foucault, Cultural Studies, and Governmentality*, New York: SUNY Press, S. 317-35.

Miller, Hugh (1995): *The Presentation of Self in Electronic Life. Goffman on the Internet*, http://ess.ntu.ac.uk/miller/cyberpsych/goffman.htm, zuletzt gelesen am 1. Juni 2008.

—/ Mather, Russell (1998): *The Presentation of Self in WWW Home Pages*, http://ess.ntu.ac.uk/miller/cyberpsych/millmath.htm, zuletzt gelesen am 1. Juni 2008.

Misoch, Sabina (2004): *Identitäten im Internet. Selbstdarstellung auf privaten Homepages*, Konstanz: UVK.

Mitchell, Tyler (2008): *Web-Mapping mit Open Source-GIS-Tools*, Beijing [u.a.]: O'Reilly.

Möller, Erik (2005): *Die heimliche Medienrevolution. Wie Weblogs, Wikis und freie Software die Welt verändern*, Hannover: Heise.

— (2006): *Die heimliche Medienrevolution – Wie Weblogs, Wikis und freie Software die Welt verändern*, Online-Verlag Heinz Heise.

Morris, Sue (2004): »Co-Creative Media. Online Multiplayer Computer Game Culture«, in: *Scan. Journal of media arts culture* 1/1, S. 57-62.

Mossberger, Karen/Tolbert, Caroline/McNeal, Ramona S. (Hg.) (2008): *Digital citizenship: The Internet, Society, and Participation*, Cambridge, Mass. [u.a.]: MIT.

Müller, Wolfgang (1982): *Geniale Dilletanten*, Berlin: Merve.

Münte-Goussar, Stephan (2008): »Regierungstechnologien der Freiheit«, in: Torsten Meyer u.a. (Hg.), *Bildung im Neuen Medium. Wissensformation und digitale Infrastruktur*, Münster: Waxmann, S. 180-201.

Murray, Janet (1997): *Hamlet on the Holodeck. The Future of Narrative in Cyberspace*, Cambridge, MA: MIT Press.

Myers, David (2003): *The Nature of Computer Games. Play As Semiosis*, New York: Peter Lang.

Neuhauser, Peg C. (1993): *Corporate Legends and Lore. The Power of Storytelling as a Management Tool*, New York: MacGraw-Hill.

Neurath, Otto (1991): »Statistische Hieroglyphe«, in: ders., *Gesammelte bildpädagogische Schriften*, hg. v. Rudolf Haller/Robin Kinross, Wien: Hölder-Pichler-Tempsky, Bd. 3, S. 40-50.

Norris, Pippa (2003): *Digital Divide. Civic Engagement, Information Poverty, and the Internet Worldwide*, Cambridge, Mass. [u.a.]: Cambridge Univ. Press.

Olbrich, Gerold u.a. (Hg.) (2002): *Desktop Mapping. Grundlagen und Praxis in Kartographie und GIS*, Berlin [u.a.]: Springer.

O'Reilly, Tim (2005): *What is Web 2.0? Design Patterns and Business Models for the Next Generation of Software*, www.oreillynet.com/pub/a/oreilly/tim/news/2005/09/30/what-is-web-20.html, zuletzt gelesen am 1. Juni 2008.

Peacock, Alan (2002): »Animation for Multimedia and New Media«, in: Maria Kuperberg (Hg.), *A Guide to Computer Animation. For TV, Games, Multimedia and Web*, Oxford/Boston: Butterworth-Heinemann, S. 92-120.

Pentzold, Christian (2007): *Wikipedia. Diskussionsraum und Informationsspeicher im neuen Netz*, München: Fischer.

Petzold, Hilarion G./Orth, Ilse (1999): *Die Mythen der Psychotherapie. Ideologien, Machtstrukturen und Wege kritischer Praxis*, Paderborn: Junfermann.

Pheysey, Diana C. (1993): *Organizational Cultures. Types and Transformations*, London [u.a.]: Routledge.

Pias, Claus (2002): *Computer Spiel Welten*, München: sequenzia.

Picot, Arnold/Fischer, Tim (Hg.) (2006): *Weblogs professionell – Grundlagen, Konzepte und Praxis im unternehmerischen Umfeld*, Heidelberg: dpunkt-verlag.

Pitts, Victoria (2004): »Illness and Internet Empowerment. Writing and Reading Breast Cancer in Cyberspace«, in: *Health. Interdisciplinary Journal of Health, Illness and Medicine* 8/1, S. 33-59.

Plake, Klaus/Jansen, Daniel/Schumacher, Birgit (2001): *Öffentlichkeit und Gegenöffentlichkeit im Internet. Politische Potenziale der Medienentwicklung*, Opladen: Westdeutscher Verlag.

Poblocki, Kacper (2002): »Becoming-State. The Bio-Cultural Imperialism of Sid Meier's Civilization«, in: *Focaal European Journal of Anthropology* 39/1, S. 163-177.

Postigo, Hector R. (2003): »From Pong to Planet Quake: Post-Industrial Transitions from Leisure to Work«, in: *Information, Communication & Society* 6/4, S. 593-607.

Prensky, Marc (2000): *Digital Game-Based Learning*, New York: McGraw Hill.

Prondczynsky, Andreas von (2001): »Evaluation der Lehrerausbildung in den USA. Geschichte, Methoden, Befunde«, in: Edwin Keiner (Hg.), *Evaluation (in) der Erziehungswissenschaft*, Weinheim/Basel: Beltz (= Beiträge zur Theorie und Geschichte der Erziehungswissenschaft; 23), S. 91-140.

Przepiorka, Sven (2006): »Weblogs, Wikis und die dritte Dimension«, in: Arnold Picot/Tim Fischer (Hg.), *Weblogs professionell. Grundlagen, Konzepte und Praxis im unternehmerischen Umfeld*, Heidelberg: dpunkt.verlag, S. 13-30.

Rappaport, Julian (1985): »Ein Plädoyer für die Widersprüchlichkeit. Ein sozialpolitisches Konzept des *empowerment* anstelle präventativer Ansätze«, in: *Verhaltenstherapie und Psychosoziale Praxis* 2, S. 257-278.

Reichert, Ramón (1998): »Die Arbeit an sich selbst. Selbstmanagement in der Betriebsdemokratie«, in: Herbert Lachmayer/Eleonore Louis (Hg.), *Work & Culture. Büro – Inszenierung von Arbeit*. Klagenfurt: Ritter, S. 235-245.

— (2001): »Agonale Selbstregierung. Marktmodelle als Bedingung für Subjektivität in agonalen Demokratietheorien«, in: *Sinnhaft* 4/1, S. 24-33.

— (2004): »Einführung«, in: ders. (Hg.), *Governmentality Studies. Analysen liberal-demokratischer Gesellschaften im Anschluss an Michel Foucault*, Hamburg: LIT-Verlag, S. 7-38.

— (2006): »Medien des Lebens. Interdependenzen von Immunologie, Kybernetik und Politik«, in: *Mitteilungen des Instituts für Wissenschaft und Kunst* 59/2, S. 34-52.
— (2008): »Government Games und Governtainment. Das Globalstrategiespiel Civilization von Sid Meier«, in: Rolf F. Nohr/Serjoscha Wiemer (Hg.), *Strategie spielen. Medialität, Geschichte und Politik des Strategiespiels*, Münster: LIT Verlag, S. 189-213.
— (2008): »Die Konstellation von Wissenstechniken und Selbstpraktiken im Web 2.0«, in: *Kakanien Revisited*, www.kakanien.ac.at/beitr/emerg/RReichert1/, zuletzt gelesen am 1. August 2008.
— (2008): »Das narrative Selbst. Erzählökonomie im Web 2.0«, in: Theo Hug u.a. (Hg.): *Erzählen – medientheoretische Reflexionen im Zeitalter der Digitalisierung*, Innsbruck: Studienverlag, S. 167-186.
Reinhardt, Jan D. (2006): »Massenmedien im und als Spiegel der Person«, in: Günter Burkart (Hg.), *Die Ausweitung der Bekenntniskultur – neue Formen der Selbstthematisierung?* Wiesbaden: Verlag für Sozialwissenschaften, S. 171-184.
Reinmann-Rothmeier, Gabi/Erlach, Christine/Neubauer, Andrea (2000): *Erfahrungsgeschichten durch Storytelling – eine multifunktionale Wissensmanagement-Methode* (Forschungsbericht Nr. 127), München: Ludwig-Maximilians-Universität, Lehrstuhl für Empirische Pädagogik und Pädagogische Psychologie, http://epub.ub.uni-muenchen.de/235/.
Richard, Birgit (2004): *Sheroes. Genderspiele im virtuellen Raum*, Bielefeld: transcript.
Ricoeur, Paul (1990): *Das Selbst als ein Anderer*, München: Fink.
— (1991): *Zeit und Erzählung*, 3 Bde., 2. Aufl., München: Fink.
— (1996): *Das Selbst als ein Anderer*, München: Fink.
Ries, Marc (Hg.) (2007): *dating 21. Liebesorganisation und Verabredungskulturen*, Bielefeld: transcript.
Röhle, Theo (2007): »Think of it first as an Advertising System«: Personalisierte Online-Suche als Datenlieferant des Marketings«, in: kommunikation@gesellschaft 8/Beitrag 1, www.soz.uni-frankfurt.de/K.G/B1_2007_Roehle.pdf, zuletzt gelesen am 1. Juni 2008.
Roehling, Mark (1997): »The Origins and Early Development of the Psychological Contract Construct«, in: *Journal of Management History* 3/2 (MCB University Press), S. 204-217.
Rose, Nikolas (1989): *Govering the Soul. The Shaping of the Private Self*, London/New York: Routledge.
— (1990): *Governing the Soul. The Shaping of the Private Self*, London/New York: Routledge.
— (1996): *Inventing Our Selves. Psychology, Power, and Personhood*, Cambridge: Cambridge University Press.
— (1999): *Powers of Liberty*, Cambridge: Cambridge University Press.
Rössler, Patrick/Schneider, Daniel (Hg.) (2005): *Instant Messaging – neue Räume im Cyberspace. Nutzertypen, Gebrauchsweisen, Motive, Regeln*, München: Fischer.

Rotenberg, Boris (2007): »Towards Personalised Search. EU Data Protection Law and its Implications for Media Pluralism«, in: Marcel Machill/Markus Beiler (Hg.), *Die Macht der Suchmaschinen. The Power of Search Engines*, Köln: Herbert von Halem Verlag, S. 87-104.

Rötzer, Florian (Hg.) (2003): *Virtuelle Welten – reale Gewalt*, Hannover: Heise.

Rowden, Mark (2004): *Identity. Transforming performance through integrated identity management*, Aldershot: Gower.

Ryan, Marie-Laure (1999): »Cyberage Narratology. Computers, Metaphor, and Narrative«, in: David Herman (Hg.): *Narratologies. New Perspectives on Narrative Analysis*, Columbus: Ohio State University Press, S. 113-141.

— (2004): »Digital Media«, in: dies., *Narrative Across Media. The Languages of Storytelling*, Lincoln u.a.: University of Nebraska Press, S. 329-336.

Salen, Katie/Palotta, Tommy: »Shoot First. Filmmaking With Gaming Engines«, in: *Res* 3/2, S. 23-27.

—/ Zimmermann, Eric (2003): *Rules of Play. Game Design Fundamentals*, Cambridge [Mass.]: MIT Press.

Samuda, Ronald J. (1998): *Psychological Testing of American Minorities. Issues and Consequences*, Thousand Oaks [u.a.]: Sage Publications.

Samuelson, Robert J. (2006): »A Web of Exhibitionists«, in: *Washington Post*, 20. September.

Schank, Roger/Abelson, Raymond P. (1977): *Scripts, Plans, Goals and Understanding*, Hillsdale, New Jersey: Lawrence Erlbaum.

Scharl, Arno/Tochtermann, Klaus (Hg.) (2007): *The Geospatial Web. How Geobrowsers, Social Software and the Web 2.0 are Shaping the Network Society*, London: Springer.

Scheibel, Michael (2008): *Architektur des Wissens. Bildungsräume im Informationszeitalter*, München: Kopaed-Verlag.

Schelling, Thomas C. (1960): *The Strategy of Conflict*, Cambridge: Harvard University Press.

— (1971): »Dynamic Models of Segregation«, in: *Journal of Mathematical Sociology*, 1/1, S. 143-86.

Schmid, Wilhelm (1998): *Philosophie der Lebenskunst. Eine Grundlegung*, Frankfurt a.M.: Suhrkamp.

Schneider, Irmela (1994): »Hybridkultur. Eine Spurensuche«, in: Christian W. Thomsen (Hg.), *Hybridkultur. Bildschirmmedien und Evolutionsformen der Künste*, Siegen: Universität GH-Siegen, S. 9-24.

Schoder, Detlef/Fischbach, Kai/Teichmann, Rene (2002): *Peer-to-Peer*, Springer: Berlin.

Schroer, Markus (2006): »Selbstthematisierung. Von der (Er-)Findung des Selbst und der Suche nach Aufmerksamkeit«, in: Günter Burkart (Hg.), *Die Ausweitung der Bekenntniskultur – neue Formen der Selbstthematisierung?* Wiesbaden: Verlag für Sozialwissenschaften, S. 41-72.

Schuegraf, Martina (2007): *Medienkonvergenz und Subjektbildung. Mediale Interaktionen am Beispiel von Musikfernsehen und Internet*, Wiesbaden: VS Verlag für Sozialwissenschaften.

Schuler, Günter (2007): *Wikipedia inside*, Münster: Unrast Verlag.

Schüttpelz, Erhard (1996): *Figuren der Rede. Zur Theorie der rhetorischen Figur,* Berlin: Schmidt.

Schweiger, Wolfgang (2001): *Hypermedien im Internet. Nutzung und ausgewählte Linkgestaltung im Internet,* München: Fischer.

Senge, Peter M. (2006): *Die fünfte Disziplin. Kunst und Praxis der lernenden Organisation,* Stuttgart: Klett-Cotta.

Siebers, Ruth (1996): *Zwischen Normalbiographie und Individualisierungssuche. Empirische Grundlagen für eine Theorie der Biographisierung,* Münster/New York: Waxmann.

Smircich, Linda (1992): »Organizations as Shared Meanings«, in: Jay M. Shafritz/Steven Ott (Hg.), *Classics of Organization Theory,* Fort Worth/London: Harcourt College Publishers, S. 55-65.

Smitten, Susanne in der (2007): *Online-Vergemeinschaftung. Potenziale politischen Handelns im Internet,* München: Fischer.

Spink, Amanda/Jansen, Bernard J. (2004): *Web search. Public Searching on the Web,* Boston: Kluwer Academic Publishers.

Squire, Kurt (2002): »Cultural Framing of Computer/Video Games«, in: *Game Studies* 2/1, www.gamestudies.org/0102/squire, zuletzt gelesen am 1. Juni 2008.

— (2004): »Sid Meier's Civilization III«, in: *Simulation and Gaming,* 35/1, S. 135-40.

Stocker, Gerfried (Hg.) (2007): *Goodbye Privacy,* Ostfildern: Hatje Cantz [Ars Electronica 2007, Festival für Kunst, Technologie und Gesellschaft].

Stockhammer, Robert (2007): *Kartierung der Erde. Macht und Lust in Karten und Literatur,* München: Fink.

Stockmann, Reinhard (Hg.) (2000): *Evaluationsforschung. Grundlagen und ausgewählte Forschungsfelder,* Opladen: Leske + Budrich.

Stone, Biz (2002): *Blogging. Genius Strategies for Instant Web Content,* Boston [u.a.]: New Riders.

Straub, Jürgen (1998): »Personale und kollektive Identität. Zur Analyse eines theoretischen Begriffs«, in: Aleida Assmann/Heidrun Friese (Hg.), *Identitäten. Erinnerung, Geschichte, Identität,* Frankfurt a.M.: Suhrkamp, S. 73-104.

—/ Renn, Joachim (Hg.) (2002): *Transitorische Identität. Der Prozesscharakter des modernen Selbst,* Frankfurt a.M. [u.a.]: Campus.

Tapscott, Don/Williams, Anthony D. (2007): *Wikinomics. Die Revolution im Netz,* München: Hanser.

Taylor, Charles (1989): *Sources of the Self,* Cambridge, Mass.: Cambridge University Press.

— (1991): *The Ethics of Authenticity,* Cambridge, Mass.: Cambridge University Press.

— (1996): *Quellen des Selbst. Die Entstehung der neuzeitlichen Identität,* Frankfurt a.M.: Suhrkamp.

Thaller, Manfred (Hg.) (1992): *Images and Manuscripts in Historical Computing,* St. Katharinen (Halbgraue Reihe zur Historischen Fachinformatik), S. 41-72.

Thier, Karin (2006): *Storytelling. Eine narrative Managementmethode*, Heidelberg: Springer Medizin Verlag.

Thomä, Dieter (1998): *Erzähle dich selbst. Lebensgeschichte als philosophisches Problem*, München: Beck.

Tillmann, Angela (2006): »Doing Identity. Selbsterzählung und Selbstinszenierung in virtuellen Räumen«, in: dies./Rainer Vollbrecht (Hg.), *Abenteuer Cyberspace. Jugendliche in virtuellen Welten*, Frankfurt a.M./New York: Peter Lang, S. 33-50.

—/Vollbrecht, Ralf (Hg.) (2006): *Abenteuer Cyberspace. Jugendliche in virtuellen Welten*, Frankfurt a.M. u.a.: Peter Lang.

Tufte, Edward R. (1983): *The Visual Display of Quantitative Information*, Cheshire [Conn.]: Graphics Press.

Turkle, Sherry (1998): *Leben im Netz. Identität in Zeiten des Internet*, Reinbek bei Hamburg: Rowohlt.

Tzschaschel, Sabine (Hg.) (2007): *Visualisierung des Raumes. Karten machen – die Macht der Karten*, Leipzig: Selbstverlag Leibniz-Institut für Länderkunde.

Vatin, Francois (1998): »Arbeit und Ermüdung. Entstehung und Scheitern der Psychophysiologie der Arbeit«, in: Philip Sarasin/Jakob Tanner (Hg.), *Physiologie und industrielle Gesellschaft. Studien zur Verwissenschaftlichung des Körpers im 19. und 20. Jahrhundert*, Frankfurt a.M.: Suhrkamp, S. 347-368.

Vattimo, Gianni (1990): *Das Ende der Moderne*, Stuttgart: Reclam.

— (1992): *Die transparente Gesellschaft*, Wien: Passagen.

— (1997): »È une rete senza centro ma ci dà un premio: la libertà«, in: *Telèma* 3, S. 3-5.

Waters, Richard (2006): »MySpace seeks to become a force in online music sales«, in: *The Financial Times*, 1. September.

Weber, Max (1972): *Wirtschaft und Gesellschaft*, Tübingen: J.C. Siebeck.

White, Harrison C. (1981): »Where Do Markets Come From?«, in: *American Journal of Sociology* 87, S. 517-547.

Wiegerling, Klaus (2002): »Mediatisierte Menschenbilder«, in: Petra Grimm/Rafael Capurro (Hg.), *Menschenbilder in den Medien – ethische Vorbilder?* Stuttgart: Franz Steiner Verlag, S. 13-24.

Willems, Herbert/Hahn, Alois (Hg.) (1999): *Identität und Moderne*, Frankfurt a.M.: Suhrkamp.

Williams, Linda (1999): *Hard Core. Power, Pleasure and the »Frenzy of the Visible«*, Berkeley, Calif. [u.a.]: University of California Press.

— (2004): *Porn Studies*, New York [u.a.]: Duke University Press.

Winkler, Hartmut (2004): *Diskursökonomie. Versuch über die innere Ökonomie der Medien*, Frankfurt a.M.: Suhrkamp.

Winter, Rainer (1995): *Der produktive Zuschauer. Medienaneignung als kultureller und ästhetischer Prozeß*, München: Quintessenz.

Wittenhagen, Julia (2003): »Informell erworbene Qualifikationen – Alle Kompetenzen bilanzieren«, in: *managerSeminare* 67, S. 80-84.

Woletz, Julie (2007): »Zur Entwicklung des Digital Storytelling am Beispiel der Videostories im Internet«, in: Simone Kimpeler, Michael Mangold und Wolfgang Schweiger (Hg.), *Die digitale Herausforderung. Zehn Jahre Forschung zur computervermittelten Kommunikation*, S. 159-169.

Wolf, Mark J.P. (Hg.) (2002): *The Medium of the Video Game*, Austin: University of Austin Press.

—/Perron, Bernard (Hg.) (2003): *The Video Game Theory Reader*, New York/London: Routledge.

Wunsch-Vincent, Sacha/Vickery, Graham (2007): *Participative Web and User-Created Content. Web 2.0, Wikis and Social Networking*, Paris: OECD.

Zerfaß, Ansgar/Swaran, Sandhu (2006): »CEO-Blogs: Personalisierung der Online-Kommunikation als Herausforderung für die Unternehmensführung«, in: Arnold Picot/Tim Fischer (Hg.), *Weblogs professionell. Grundlagen, Konzepte und Praxis im unternehmerischen Umfeld*, Heidelberg: dpunkt.verlag, S. 51-75.

Zielinski, Siegfried (1989): *Audiovisionen. Kino und Fernsehen als Zwischenspiele in der Geschichte*, Reinbeck/Hamburg: Rowohlt.

Zons, Raimar (2001): Die Zeit des Menschen – Kritik des Posthumanismus, Frankfurt a.M.: Suhrkamp.

Zwiefka, Natalie (2007): *Digitale Bildungskluft. Informelle Bildung und soziale Ungleichheit im Internet*, München: R. Fischer.

Gameografie

Black and White, Electronic Arts, 2001.
Caesar, Sierra, 1995.
Civilization I, MicroProse, 1991.
Civilization II, MicroProse, 1996.
Civilization III, MicroProse, 2001.
Civilization IV, MicroProse, 2005.
Crusader Kings, Paradox, 2004.
Doom, Cdv Software Entertainment, 1993.
Europa Universalis, Strategy First, 2000.
Great Invasions, Nobilis, 2005.
Hearts of Iron, Paradox, 2002.
Master of Orion, MicroProse, 1991.
Pax Romana, Dream Catcher, 2003.
Pharaoh, Impression Games, 2000.
Populous, Electronic Arts, 1989.
Quake, GT Interactive, 1996.
Second Life, Linden Lab, 2003.
SimCity, Maxis, 1989.
SuperPower, Dream Catcher, 2004.
The Sims, EA Games, 2000.
Utopia: The Creation of Nation, Nintendo, 1999.
Victoria, Paradox Entertainment, 2003.

Kultur- und Medientheorie

Dorothee Kimmich,
Wolfgang Matzat (Hg.)
Der gepflegte Umgang
Interkulturelle Aspekte der Höflichkeit in Literatur und Sprache
Oktober 2008, 212 Seiten,
kart., 22,80 €,
ISBN: 978-3-89942-820-9

Ramón Reichert
Amateure im Netz
Selbstmanagement und Wissenstechnik im Web 2.0
Oktober 2008, 242 Seiten,
kart., zahlr. Abb., 24,80 €,
ISBN: 978-3-89942-861-2

Gunther Gebhard,
Oliver Geisler,
Steffen Schröter (Hg.)
StreitKulturen
Polemische und antagonistische Konstellationen in Geschichte und Gegenwart
September 2008, 236 Seiten,
kart., 25,80 €,
ISBN: 978-3-89942-919-0

Henri Schoenmakers,
Stefan Bläske,
Kay Kirchmann,
Jens Ruchatz (Hg.)
Theater und Medien/ Theatre and the Media
Grundlagen – Analysen – Perspektiven.
Eine Bestandsaufnahme
September 2008, 584 Seiten,
kart., zahlr. z.T. farb. Abb., 19,80 €,
ISBN: 978-3-8376-1064-2

Michael Schetsche,
Martin Engelbrecht (Hg.)
Von Menschen und Außerirdischen
Transterrestrische Begegnungen im Spiegel der Kulturwissenschaft
August 2008, 286 Seiten,
kart., 27,80 €,
ISBN: 978-3-89942-855-1

Christa Sommerer,
Laurent Mignonneau,
Dorothée King (eds.)
Interface Cultures
Artistic Aspects of Interaction
August 2008, 348 Seiten,
kart., zahlr. Abb., 34,80 €,
ISBN: 978-3-89942-884-1

Geert Lovink
Zero Comments
Elemente einer kritischen Internetkultur
August 2008, 332 Seiten,
kart., 28,80 €,
ISBN: 978-3-89942-804-9

Simone Loleit
Wahrheit, Lüge, Fiktion: Das Bad in der deutschsprachigen Literatur des 16. Jahrhunderts
Juli 2008, 390 Seiten,
kart., 41,80 €,
ISBN: 978-3-89942-666-3

Antonia Wunderlich
Der Philosoph im Museum
Die Ausstellung »Les Immatériaux« von Jean François Lyotard
Juli 2008, 264 Seiten,
kart., zahlr. Abb., 28,80 €,
ISBN: 978-3-89942-937-4

Leseproben und weitere Informationen finden Sie unter: www.transcript-verlag.de